KURSHEFTE ETHIK/PHILOSOPHIE

Philosophische Ethik

Herausgeberin
Dr. habil. Barbara Brüning

Autorinnen

Dr. habil. Barbara Brüning
Inge Denzin
Veronika Meisenberg
Dr. Eva-Maria Sewing

Cornelsen

Wissenskasten Biografiekasten Gesetzeskasten

Kennzeichnung der Lexikonartikel:
– farbig markierte ***Namen*** unter den Texten und Bildern
– farbige Sternchen* im Text

I Wozu Ethik?	Dr. habil. Barbara Brüning
II Themen der Philosophischen Ethik	
1 Freiheit	Dr. Eva-Maria Sewing
2 Pflicht	Dr. Eva-Maria Sewing
3 Glück	Veronika Meisenberg
4 Utilitarismus	Inge Denzin
5 Moralische Gefühle	Dr. habil. Barbara Brüning
6 Tugend	Veronika Meisenberg
7 Philosophinnen	Dr. habil. Barbara Brüning
III Angewandte Ethik	Dr. habil. Barbara Brüning
	Inge Denzin
IV Metaethik	Dr. Eva-Maria Sewing

Cover: Albrecht Dürer, Allegorie der Philosophie, 1502 (Ausschnitt)

Verlagsredaktion: Heike Hermann
Illustration: Barbara Schumann, Berlin
Layout: Kai Reddig
Technische Umsetzung: Tomasz Kargol

Bei den mit [R] gekennzeichneten Texten haben die Rechteinhaber einer Anpassung an die neue Rechtschreibung widersprochen.

Die Internetadressen wurden vor der Drucklegung geprüft (Stand: Dezember 2002). Der Verlag übernimmt keine Gewähr für die Aktualität und den Inhalt dieser Adressen oder solcher, die mit ihnen verlinkt sind.

Cornelsen online http://www.cornelsen.de

1. Auflage Druck 4 3 2 1 Jahr 06 05 04 03

Alle Drucke dieser Auflage sind inhaltlich unverändert und können im Unterricht nebeneinander verwendet werden.

Druck: CS-Druck CornelsenStürtz, Berlin

ISBN 3-464-65050-2

Bestellnummer 650502

Gedruckt auf säurefreiem Papier,
umweltschonend hergestellt aus chlorfrei gebleichten Faserstoffen.

Inhaltsverzeichnis

Begleitende Unterrichtsmaterialien:
www.cornelsen-teachweb.de/co/philosophie

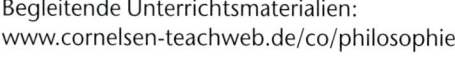

Albrecht Dürer, Allegorie der Philosophie, 1502 (Ausschnitt)

I. Wozu Ethik?

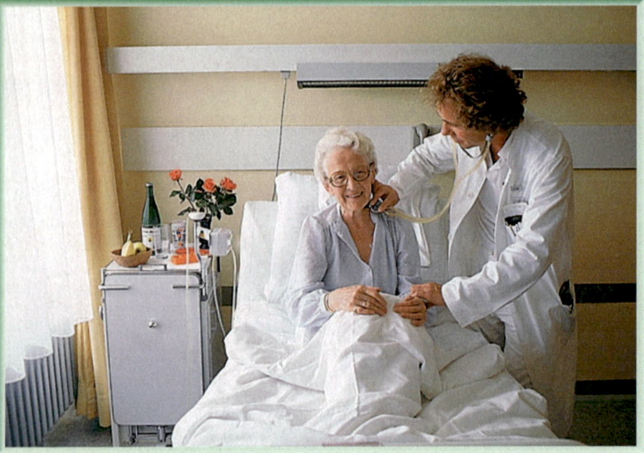

Fragen an die Ethik

Womit hat es die Ethik als philosophische Disziplin zu tun? Was ist ihr Gegenstand?
Die Ethik hat es mit menschlichen Handlungen zu tun. Dennoch ist sie keine Handlungstheorie schlechthin, denn ihr geht es vorrangig um solche Handlungen, die Anspruch auf Moralität erheben, um moralische Handlungen also. Sie fragt nach diesem qualitativen Moment, das eine Handlung zu einer moralisch guten Handlung macht, und befasst sich in diesem Zusammenhang mit Begriffen wie Moral, das Gute, Pflicht, Sollen, Erlaubnis u. a.

In welcher Weise beschäftigt sie sich mit diesem Gegenstand? Bildet sie methodische Verfahren aus, die dazu berechtigen, von der Ethik als einer Wissenschaft zu sprechen? Oder steht sie auf einer Stufe mit Weltanschauungen und Ideologien*, die keine allgemeine Verbindlichkeit beanspruchen können?
Die Ethik beschäftigt sich auf eine bestimmte methodische Weise mit ihrem Gegenstand – mit moralischen Handlungen –, da sie zu begründeten Ergebnissen gelangen will und somit weder moralisieren noch ideologisieren oder weltanschauliche Überzeugungen verkünden darf. Ihr ist es demnach um Aussagen zu tun, die nicht bloß subjektiv gültig, sondern objektiv, d. h. intersubjektiv verbindlich ausweisbar sind. […]

Worum geht es der Ethik letztendlich? Was ist ihr Ziel?
Was das Ziel der Ethik anbelangt, so artikuliert sich ihr Interesse in einer Reihe von Teilzielen:
- Aufklärung menschlicher Praxis hinsichtlich ihrer moralischen Qualität;
- Einübung in ethische Argumentationsweisen und Begründungsgänge, durch die ein kritisches, von der Moral bestimmtes Selbstbewusstsein entwickelt werden kann;
- Hinführung zu der Einsicht, dass moralisches Handeln nicht etwas Beliebiges, Willkürliches ist, das man nach Gutdünken tun oder lassen kann, sondern Ausdruck einer für das Sein als Mensch unverzichtbaren Qualität: der Humanität.

*Annemarie Pieper, *1941, deutsche Philosophin*

Tugend, die sich nicht auf Wissen gründet, wird stets nur so etwas wie geistlosen Anstand hervorbringen können.

Mary Wollstonecraft, 1759–1797, englische Philosophin

Der Moralität geht der Zwang voraus, ja, sie selbst ist noch eine Zeit lang Zwang, dem man sich nur zur Vermeidung der Unlust fügt. Später wird sie Sitte, noch später freier Gehorsam, endlich beinahe Instinkt: Dann ist sie wie alles lang Gewöhnte und Natürliche mit Lust verknüpft – und heißt nun Tugend.

Friedrich Nietzsche, 1844–1900, deutscher Philosoph

Die Vergangenheit, die Autorität über uns beansprucht, weil auf diese Weise Dinge getan werden, ist Tradition.

*Seyla Benhabib, *1950, türkisch-amerikanische Philosophin*

Mit seinem Wissen um Gut und Böse besitzt der Mensch die Gottesliebe und die Gottesfurcht. Mit beiden Fähigkeiten nehme er einen Pflug in die Hand und lasse seinen Acker fruchtbar werden.

Hildegard von Bingen, 1098–1179, deutsche Theologin

Damit ein Verhalten als moralisch bezeichnet werden kann, bedarf es mehr als einer äußeren Übereinstimmung seines Inhalts mit allgemein anerkannten Regeln: es gehört auch noch dazu, dass das Bewusstsein […] im Stande ist, den Wert der Regeln, die man ihm vorschlägt, zu beurteilen.

Jean Piaget, 1896–1980, schweizerischer Psychologe

Moral predigen ist leicht, Moral begründen schwer.

Arthur Schopenhauer, 1788–1860, deutscher Philosoph

Die aktiven Faktoren der Menschennatur sind die Neigungen und Leidenschaften. Ihr Übermaß zu hemmen ist die Aufgabe des Sittlichen.

Franz Grillparzer, 1791–1882, österreichischer Schriftsteller

Wie dem bloß tierischen Leben Gesundheit, Erhaltung und Fortpflanzung das Höchste sind, so ist Humanität im weitesten Sinne des Wortes (nach welchem es Sittlichkeit und Kultur mit begreift) das Höchste für den Menschen als Menschen; als solcher hat er die Menschheit zum Gegenstand. Sein reines Verhältnis zu ihr, die Moralität, besteht in sich, genügt sich selbst und bedarf keiner anderen Motive noch Aussichten als sich und die Menschheit.

Karoline von Günderode, 1780–1806, deutsche Philosophin

Der Glaube an den Sinn des Lebens setzt immer eine Wertskala voraus, eine Wahl, unsere Vorlieben.

Albert Camus, 1913–1960, französischer Schriftsteller und Philosoph

- *Unterscheiden Sie die auf den Fotos dargestellten Handlungen in zwei Gruppen und suchen Sie nach Charakteristika für jede Gruppe.*
- *Stellen Sie aus den Aphorismen und aus Ihrem eigenen Vorverständnis Grundbegriffe und -probleme der Ethik und Moral zusammen. Erarbeiten Sie ein Begriffsnetz Ethik/Moral und vervollständigen Sie dieses im Laufe der Unterrichtseinheit.*
- *Suchen Sie sich einen ethischen oder moralischen Grundbegriff heraus und gestalten Sie einen Comic oder eine Collage dazu und diskutieren Sie anschließend im Kurs darüber.*

Was hat Moral mit Ethik zu tun?

Asta Gröting, The inner voice/praise and blame, 2000 (mit Jennifer Field), Videostill

Die innere Stimme als fremde Stimme?

Asta Gröting inszeniert in ihrem Langzeitprojekt „Die innere Stimme" seit 1993 Dialoge von Bauchrednern mit einer von ihr gebauten Puppe. Die Bauchredner kommen aus aller Welt und sprechen jeweils in ihrer Muttersprache. Die Dialoge werden in Videofilmen und Performances inszeniert.
Für die Dialoge zwischen Bauchrednern und der Puppe hat Asta Gröting anfänglich in literarischen Texten nach inneren Stimmen recherchiert und später selbst Dialoge geschrieben. Die Puppe spricht mit dem Redner in dessen eigener Stimme, die aber als eine andere, fremde Stimme von ihm produziert wird. Es ist ein Gespräch zweier Stimmen aus demselben Körper. In ihnen spricht eine abwägende, reflektierende, teilweise philosophierende Dialektik[1], die sich über die schwierigen Probleme des richtigen Lebens, der richtigen Werte und Bewertungen, der Lebensführung und der Sorge um sich und die anderen Gedanken macht. Einige große Themen der antiken Philosophie werden von Asta Gröting wieder aufgegriffen. Es werden Fragen nach dem Körper, dem Glück, der Freundschaft, dem Tod, dem Alter, der Muße, der Arbeit, der Liebe, dem Selbstbewusstsein gestellt.

1 Dialektik: 1. hier: innere Gegensätzlichkeit; 2. philosophische Arbeitsmethode, die ihre Ausgangsposition durch gegensätzliche Behauptungen (These, Antithese) infrage stellt und in der Synthese beider Positionen eine Erkenntnis höherer Art zu gewinnen sucht

*Asta Gröting, *1961, deutsche Künstlerin*

Auch Hannah Arendt hat sich in ihrem Buch „Between Past and Future" mit der Gewissensproblematik beschäftigt und folgende Fragen an das Gewissen formuliert.

1. Ist unsere Fähigkeit zu urteilen, das Rechte vom Unrechten, das Schöne vom Hässlichen zu unterscheiden, von unserem Denkvermögen abhängig?

2. Fallen die Unfähigkeit zu denken und ein verheerendes Versagen dessen, was wir gemeinhin Gewissen nennen, zusammen?

3. Gibt es ein gutes Gewissen nur als Abwesenheit eines schlechten?

***Hannah Arendt**, 1906–1975, deutsch-amerikanische Philosophin*

- *Beschreiben Sie das Bild von Asta Gröting.*
- *Formulieren Sie schriftlich Fragen dazu. Bilden Sie anschließend Arbeitsgruppen und versuchen Sie, Ihre Fragen zu beantworten. Vergleichen Sie Ihre Antworten im Plenum.*
- *Erklären Sie anschließend den Zusammenhang zwischen Gewissen und Moral. Beziehen Sie dazu auch die Zitate von S. 5 mit ein.*

Woher stammen die Begriffe Ethik und Moral?

Aristoteles* war der Erste, der die Ethik als eine eigenständige philosophische Disziplin behandelt und von den Disziplinen der theoretischen Philosophie (Logik, Physik, Mathematik, Metaphysik[1]) unterschieden hat. Die praktische Philosophie untergliederte er in Ethik, Ökonomie und Politik. Während es die theoretische Philosophie mit dem veränderlichen und unveränderlichen Seienden zu tun hat, geht es in der praktischen Philosophie um menschliche Handlungen und ihre Produkte. [...]

Der seit Aristoteles verwendete Disziplintitel *Ethik* leitet sich ursprünglich von dem griechischen Wort ethos her, das in zwei Varianten vorkommt, nämlich einmal als *éthos*[2] – Gewohnheit, Sitte, Brauch: Wer durch Erziehung daran gewöhnt worden ist, sein Handeln an dem, was Sitte ist, was im antiken Stadtstaat, in der Polis Geltung hat und sich daher ziemt, auszurichten, der handelt „ethisch“, insofern er die Normen des allgemein anerkannten ‚Moralkodex‘ befolgt. Im engeren und eigentlichen Sinn ethisch handelt jedoch derjenige, der überlieferten Handlungsregeln und Wertmaßstäben nicht fraglos folgt, sondern es sich zur Gewohnheit macht, aus Einsicht und Überlegung das jeweils erforderliche Gute zu tun: Das *éthos* wird dann zum *ēthos*[3] Charakter; es verfestigt sich zur Grundhaltung der Tugend. [...]

Das lateinische Wort *mos*[4] (Plural: mores) ist eine Übersetzung der beiden griechischen Ethos-Begriffe und bedeutet daher sowohl Sitte als auch Charakter. Von *mos* wiederum leitet sich das deutsche Wort Moral her, das ein Synonym für Sitte ist. Zur Moral oder Sitte werden jene – aus wechselseitigen Anerkennungsprozessen in einer Gemeinschaft von Menschen hervorgegangenen und als allgemein verbindlich ausgezeichneten – Handlungsmuster zusammengefasst, denen normative Geltung zugesprochen wird. Die Ausdrücke Moral und Sitte bezeichnen mithin Ordnungsgebilde, die gewachsene Lebensformen repräsentieren, Lebensformen, die die Wert- und Sinnvorstellungen einer Handlungsgemeinschaft widerspiegeln. Während der Bedeutungsgehalt von Moral/Sitte mehr dem entspricht was mit *éthos* gemeint ist, stehen die Abstrakta[5] Moralität/Sittlichkeit in ihrer Bedeutung dem näher, was unter *ēthos* verstanden wird: Der Qualität eines Handelns, das sich einem unbedingten Anspruch (dem Guten) verpflichtet weiß. [...]

Die Ethik hat somit Moral (Sitte) und Moralität (Sittlichkeit) zu ihrem Gegenstand. Ihre Fragen unterscheiden sich von denen der Moral dadurch, dass sie sich nicht unmittelbar auf singuläre Handlungen bezieht, also auf das, was hier und jetzt in einem bestimmten Einzelfall zu tun ist, sondern auf einer Metaebene moralisches Handeln grundsätzlich thematisiert, indem sie z. B. nach dem Moralprinzip oder nach einem Kriterium zur Beurteilung von Handlungen fragt, die Anspruch auf Moralität erheben; oder indem sie die Bedingungen untersucht, unter denen moralische Normen und Werte allgemein verbindlich sind.

1 Metaphysik: Lehre, die das hinter der sinnlich erfahrbaren Welt Liegende, die letzten Gründe und Zusammenhänge des Seins behandelt
2 éthos: Transkription von griech. ἔθος: Gewohnheit, Sitte
3 ēthos: Transkription von griech. ἦθος: 1. gewohnter Sitz, Wohnort, 2. a. Gewohnheit, Sitte, Brauch, b. (moralisch) Charakter, Sinnesart
4 mos: lat. 1. Wille, 2. Gesetz, Regel, 3. Sitte, Gewohnheit, Brauch, 4. Art und Weise, 5. a. Lebenswandel, b. Gesinnung, Charakter, Individualität
5 Abstraktum: Substantiv, das Nichtdingliches bezeichnet

Annemarie Pieper, **1941, deutsche Philosophin*

- *Erläutern Sie anhand von Beispielen den Unterschied zwischen Ethik und Moral.*
- *Warum heißt das Unterrichtsfach „Ethik“ bzw. „Philosophie“ und nicht „Moral“?*
- *Geben Sie zu den angeführten sechs Aspekten der Moral jeweils ein weiteres Beispiel.*
- *Warum gehören auch Sanktionen wie Lob und Tadel zu den Aspekten der Moral?*
- *Ist es möglich, über das Bild von Asta Gröting ein moralisches Urteil zu fällen? Warum bzw. warum nicht?*

Aspekte der Moral

William Frankena hat in seinem Buch „Ethics“ die folgenden Aspekte der Moral unterschieden, um zu zeigen, durch welche Faktoren moralisches Handeln beeinflusst werden kann.

Moral

Urteilsformen	Begründungen	Grundsätze	Gefühle	Sanktionen	Standpunkte
Aussagen über spezielle Gegenstände mit moralischen Eigenschaften z. B.: B. ist ein guter Mensch.	rationale Rechtfertigung von Urteilen, Regeln, Sanktionen usw. z. B.: B ist ein guter Mensch, weil er einer Frau in Not geholfen hat.	Regeln, Ideale, Tugenden, Namen z. B.: Güte ist eine Tugend.	Motivationsquellen moralischen Handelns z. B.: B. hat der Frau aus Mitleid geholfen.	Anerkennung oder Zwangsmaßnahme; Motivationsquellen moralischen Handelns z. B.: Für seine Hilfe hat der Bürgermeister B. seinen Dank ausgesprochen.	subjektive normative Beurteilungen moralischen Handelns z. B.: Ich finde, dass B. moralisch richtig gehandelt hat.

nach William Frankena, *1908–1992, amerikanischer Philosoph*

- *Betrachten Sie noch einmal die Bilder auf S. 4. Geben Sie eine Definition von moralischen und außermoralischen Handlungen.*

Aufgaben und Funktionen der Ethik

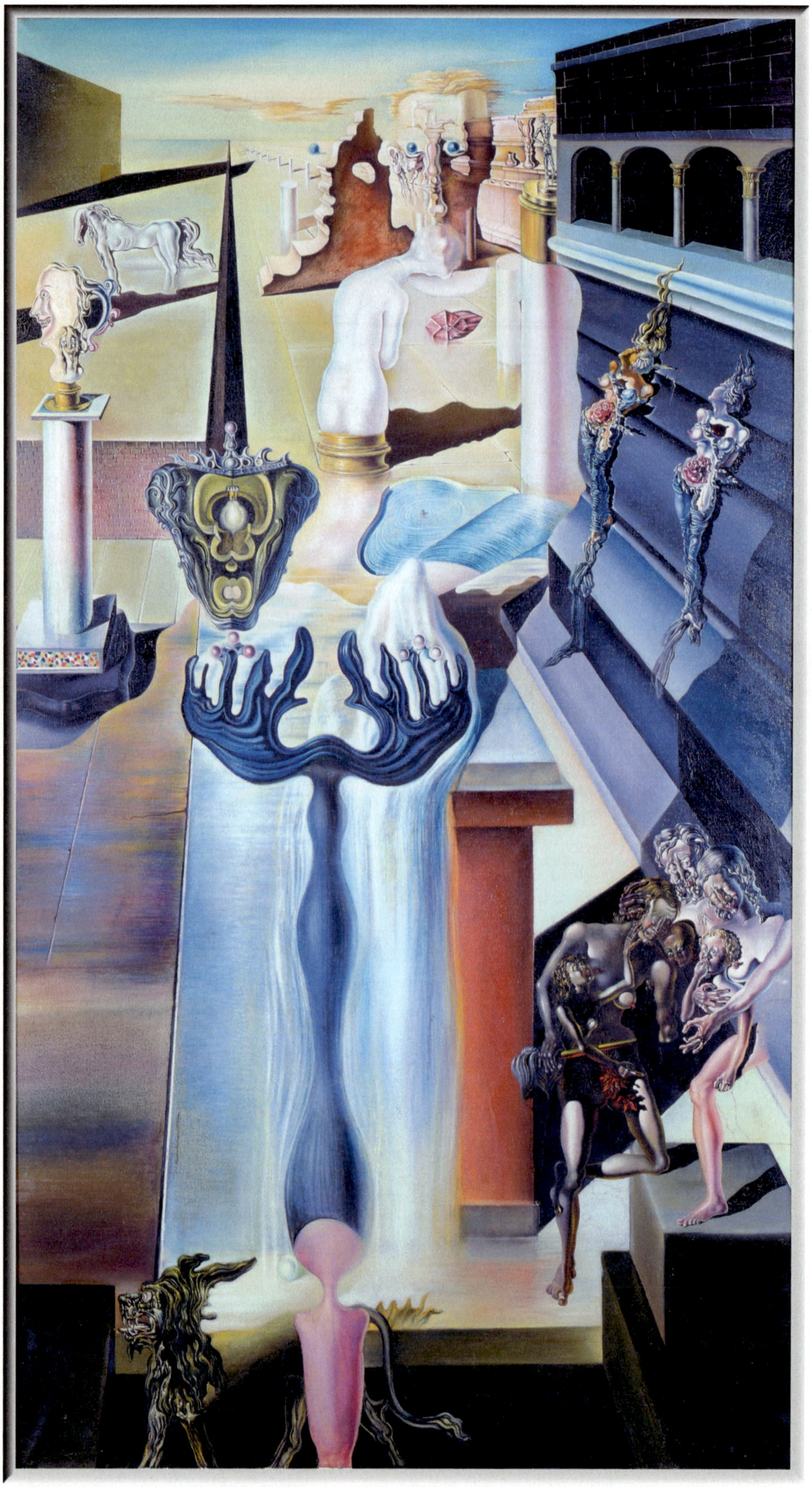

Salvador Dalí, L'homme invisible, 1929

- *Benennen Sie die verschiedenen Elemente des Bildes und überlegen Sie, in welcher Beziehung sie zu dem unsichtbaren Mann stehen.*
- *Welche Verbindung gibt es zwischen den Gedanken des Thrasymachos auf S. 9 und dem Bild von Dalí?*

Gerechtigkeit nur unter Zwang?

Platon lässt im ersten Buch seines Hauptwerkes „Der Staat" den Philosophen Sokrates mit dem jungen Thrasymachos* über Gerechtigkeit streiten. Im Verlauf der hitzigen Debatte führt Thrasymachos ein Gedankenexperiment durch, um seine Behauptung zu stützen, dass Gerechtigkeit immer das Recht des Stärkeren sei. Thrasymachos bezieht sich dabei auf eine Sage über den Hirten Gyges, der über einen Ring verfügte, der es ihm gestattete, unsichtbar zu werden.*

Wenn es nun zwei solcher Ringe gäbe, und den einen der Gerechte, den anderen der Ungerechte sich ansteckte, so würde aller Vermutung nach wohl keiner so gefestigt sein, dass er bei der Gerechtigkeit verharrte und es über sich brächte, sich fremden Gutes zu enthalten und es nicht zu berühren, angesichts der Freiheit, die er hätte, selbst vom Markte alles, wonach ihm gelüstet, unbedenklich wegzunehmen, in die Häuser einzudringen und einzuwohnen, wem er wolle, und aus der Gefangenschaft zu befreien, wen er nur wollte, und sich auch sonst alles zu erlauben wie ein Gott unter den Menschen. Bei solcher Handlungsweise aber würde er sich von dem anderen in nichts mehr unterscheiden und beide würden demselben Ziel nachgehen. Und das könnte man in der Tat als einen schlagenden Beweis dafür anführen, dass niemand aus freien Stücken gerecht ist, sondern nur unter dem Drucke des Zwanges, weil eben die Gerechtigkeit kein eigentliches Gut ist; denn jeder, der sich stark genug fühlt zum Unrechttun, der tut es auch, wo sich Gelegenheit dazu bietet.

Platon, *427–347 v. Chr., griechischer Philosoph*

- *Wenn Sie dieses Gedankenexperiment aus dem Bereich der Moral verallgemeinern, so würde dies bedeuten, dass Menschen nur dann strafbare Handlungen unterlassen, wenn sie damit rechnen müssen, mit negativen Sanktionen belegt zu werden. Können Sie die Behauptung des Thrasymachos unterstützen? Warum bzw. warum nicht?*
- *Welche Gründe lassen sich gegen Thrasymachos anführen?*
- *Folgt aus den Überlegungen des Thrasymachos, dass Sanktionen der wichtigste Aspekt der Moral sind (S. 7)? Begründen Sie Ihre Auffassung. Inwieweit geht Frankenas Bestimmung über Thrasymachos hinaus?*

> Jeder Mensch hat auch seine moralische Backside, die er nicht ohne Not zeigt und die er solange wie möglich mit den Hosen des guten Anstandes zudeckt.
>
> *Georg C. Lichtenberg, 1742–1799, deutscher Schriftsteller*

- *Überlegen Sie, in welchem Zusammenhang der Aphorismus von Lichtenberg mit den Gedanken von Thrasymachos steht. Schreiben Sie einen Gegen-Aphorismus und vergleichen Sie Ihre Gedanken im Kurs.*

Die soziale Funktion der Moral

Moral ist hier in gewisser Hinsicht ein Unternehmen der Gesellschaft, nicht lediglich eine Entdeckung oder Erfindung des Einzelnen zu seiner eigenen Lenkung. Wie Sprache, Staat oder Kirche besteht sie vor dem Einzelnen, der in sie hineingeboren wird und sie mehr oder weniger befolgt, und wird nach ihm weiterbestehen. Außerdem ist Moral nicht nur insofern gesellschaftsbezogen, als sie ein System bildet, das die Beziehungen der Individuen zueinander regelt; ein solches System könnte noch voll und ganz Konstruktion eines Einzelnen sein, wie es ein Teil des Verhaltenskodex jedes Einzelnen im Umgang mit anderen fast notwendig ist (z. B. „Mein Grundsatz ist, zuerst zu lächeln"). Doch auch in einem anderen Sinn hat die Moral weitgehend einen sozialen Bezug. Sie ist nämlich auch in ihrem Ursprung, ihren Sanktionen und ihren Funktionen eine soziale Erscheinung. Sie ist ein Instrument der Gesellschaft als Ganzer zur Lenkung des Einzelnen und kleinerer Gruppen. Sie stellt Forderungen an den Einzelnen, die – zunächst jedenfalls – von außen an ihn herantreten. Selbst wenn der Einzelne sich zum Sprecher dieser Forderungen macht, was gewöhnlich durch die so genannte „Internalisierung" bis zu einem gewissen Grade geschieht, so sind diese Forderungen doch nicht ausschließlich seine eigenen und nicht nur an ihn selbst gerichtet. Auch wenn er den Forderungen widerspricht, so muss er dieses immer noch, wie Sokrates geglaubt hat und wie wir noch näher sehen werden, vom moralischen Standpunkt aus tun, der ihm irgendwie eingeprägt ist. Man kann, wie viele Leute, der Meinung sein, dass die Gesellschaft eine übernatürliche Dimension hat unter Einschluss eines göttlichen Gesetzgebers; aber selbst dann muss man der Moral diesen sozialen Charakter zuerkennen.

Als soziale Institution dieser Art muss die Moral der Klugheit gegenübergestellt werden. Es mag sein, dass Klugheit und Moral manchmal das gleiche Verhalten vorschreiben, z. B. Ehrlichkeit. Auch mag Klugheit eine moralische Tugend sein; doch es ist nicht charakteristisch für die moralische Betrachtungsweise, allein vom Standpunkt der Wünsche oder Interessen des Einzelnen aus zu bestimmen, was richtig oder tugendhaft ist.

William Frankena, *1908–1992, amerikanischer Philosoph*

- *Fassen Sie mit eigenen Worten zusammen, worin nach Frankena die soziale Funktion der Moral besteht.*
- *Unterscheiden Sie in einem Begriffsnetz Moral, Recht und Konvention.*
- *Welches Verhältnis besteht zwischen der moralischen Autonomie des Einzelnen und der Gesellschaft als moralischer Institution?*
- *Welche Argumente gegen Thrasymachos lassen sich aus den Überlegungen von William Frankena übernehmen?*
- *Können Sie sich eine Gesellschaft vorstellen, in der nicht mehr moralisch gehandelt wird? Welche Merkmale hätte eine solche Gesellschaft?*

Wollen – Sollen – Moralisch handeln

Was ist Ihnen wichtig für Ihre Zukunft? Beschreiben Sie in einem kurzen Text, wie Sie jetzt und in der Zukunft am liebsten leben würden.

Was ist wichtig?

Ich hab Lotto gespielt. Ey, diese 35 Mille. Wenn ich die gewinne, ich würde erst mal 'ne Weltrundfahrt machen und mir die ganzen Menschen anschauen. Da gibt es ein Sprichwort: „Der einzige Weg, das Leben zu ertragen, ist es zu genießen." Solche Sachen gefallen mir wirklich sehr. Meine Zukunft ist ein Traum. Das Einzige, was ich erreichen will, ist einfach nur glücklich zu sein. Das Geld spielt nicht so 'ne Rolle, obwohl ich noch immer Lotto spiele, um mir eine Hintertür aufzulassen. Zukunft sonst so: Finanziell abgesichert zu sein. Es muss nicht so viel sein, aber genug. Ich bin auf jeden Fall auf der Suche nach der Frau meines Herzens. Liebe, Liebe, Liebe – alles andere ist nebensächlich.
Mein Traum von meiner träumerischen Sichtweise wäre: So das Leben von Diogenes* führen. Ich möchte über den Sinn des Lebens reden, ich möchte Leute kennen lernen. Diese 35 Millionen auf dem Konto haben, und dann würde ich mich auf 'ne Parkbank oder in die U-Bahn setzen, Leute vollquatschen und sie befragen. Das ist mein Traum.

Mehmet, 20 Jahre

Ehe und Kinder kann ich mir auf jeden Fall gut vorstellen. Ich hoffe sehr, dass ich Kinder kriegen werde, das ist mir sehr wichtig. Ich hätte gern vier, schon immer. Meine Mutter, die waren vier Kinder früher, und das finde ich irgendwie toll. Es können auch drei sein – und wir waren auch zu zweit immer sehr glücklich. Ich denke nur, eine große Familie ist was Schönes. Ich bin auf jeden Fall jemand, dem die Familie über den Beruf geht und über die Karriere. Also, ich will schon auch einen interessanten Beruf ausüben, aber ich will nicht die Familie hinter den Beruf stellen. Für mich ist wirklich das Arbeiten einfach nur das Mittel, um Geld zu verdienen, um leben zu können, und ich will nie die Arbeit zu meinem Leben machen. Aber berufstätig bleiben will ich auf jeden Fall – Hausfrau zu sein könnte mich, glaube ich, nicht erfüllen.

Nina, 21 Jahre

Meine Traumvision wäre so ein großer Manager, groß rauszukommen. Manager von einem gut laufenden Unternehmen, z. B. Daimler-Chrysler. So etwas würde mich reizen – ein gewinnorientiertes Unternehmen, das vor allem an Umsatz denkt, an Prestige und Profit. Dafür würde ich mich eher breitschlagen. Ich brauche einen Beruf, der mich fordert, wo ich vor Herausforderungen stehe. Ich möchte mich verwirklichen im Beruf, möchte in diesen Beruf eingehen, und ich finde diesen Beruf noch nicht. Ich möchte, dass der Beruf zu meinem Leben passt und ich zu dem Beruf. Einfach nur irgendein Job zum Geldverdienen wäre das Schlimmste für mich. Ich kann mir nicht vorstellen, jeden Morgen in eine Firma zu gehen, Sachen zu machen, ohne zu wissen, was ich damit eigentlich bewirke. Viele Leute führen ihre Arbeit aus, ohne was davon zu verstehen. Wie lebende Maschinen. Viele sind zufrieden damit, wenn sie am Fließband acht Stunden abarbeiten, nach Hause gehen und alles vergessen können. Ich wäre damit nicht zufrieden. Ich brauche was anderes.

Tino, 19 Jahre

Mein Onkel ist eine ganz andere Autoritätsperson als meine Mutter. Der sagt: „Ich bin hier der Chef im Haus, es gibt bestimmte Regeln, die sind einfach so und waren schon immer so, und es könnte ganz böse enden, wenn man sie nicht befolgt." Das habe ich aber nicht nur in der Familie meines Onkels erfahren, sondern auch im türkischen Umkreis, in der türkischen Gemeinde.

Gönül, 21 Jahre

Welche Werte kommen in den Äußerungen der Jugendlichen und in Ihrem eigenen Text zum Ausdruck? Notieren Sie dazu einige Stichworte und vergleichen Sie Ihre Ergebnisse im Plenum.

Welche der Werte teilen Sie, welche nicht? Begründen Sie Ihre Entscheidung.

Was sind Werte?

Eine allgemeine Bestimmung des Begriffs „Werte" ist sehr schwierig; sie könnte lauten: Werte sind allgemeine Inhalte, Sachverhalte, die etwas Angestrebtes, allgemein Anerkanntes ausdrücken und die eine lebensorientierende und handlungsleitende Funktion haben. Es gibt verschiedene Wert-Arten, so z. B. Güterwerte (Nützlichkeit, Brauchbarkeit), logische Werte (Wahrheit, Falschheit), ethisch-sittliche (das Gute), ästhetische (das Schöne), religiöse (das Heilige) u. a. Es gibt traditionell unterschiedliche Weisen, die Werte zu ordnen; so z. B. können sie eingeteilt werden in Eigen- bzw. Selbstwerte (z. B. das Schöne), die „an sich selbst" bzw. „an sich" werthaft sind, und Dienstwerte, die nur durch etwas anderes (z. B. auch Werte) als werthaft eingestuft werden. In der Philosophie gibt es verschiedene Bestimmungen des Begriffs „Werte". Erstens können sie als Eigenschaften bzw. Merkmale von Sachen und Personen bestimmt werden; sie kommen also den Sachen und Personen selbst zu, gehören zu ihrer Grundverfassung. Zweitens können Werte als selbstständige, abstrakte Gegenstände, als übergreifende, überzeitliche und allgemeingültige Wesenheiten verstanden werden; hier haben Werte eine absolute Geltung, sie sind „an sich" und gelten als objektiv (sie sind nicht weiter zurückführbar, also nicht weiter hintergehbar). Drittens sind Werte weder Eigenschaften bzw. Merkmale von Sachen und Personen noch abstrakte, „an sich" bestehende absolute Entitäten[1]; Werte werden als Vorstellungen oder Sachverhalte verstanden, die von Menschen gesetzt, beurteilt und angestrebt werden können; Werte werden also als lebens- und handlungsleitende Richtlinien bestimmt.

1 Entität: 1. Dasein im Unterschied zum Wesen eines Dinges,
2. (gegebene) Größe

Alexander Ulfig

Lesen Sie nochmals die Äußerungen der Jugendlichen und klassifizieren Sie die genannten Werte.

Warum ist es schwierig, eine allgemein gültige Definition von Werten zu geben?

Von wem werden Werte formuliert?

Welche Werte spielen in Ihrem Leben eine besondere Rolle?

Vernunft, Willen und Normen

Moralisches Handeln wird nicht nur durch Werte bestimmt, sondern auch durch Normen, die moralisches Verhalten vorschreiben. Immanuel Kant hat den Zusammenhang zwischen Vernunft, Willen und Normen begründet.

Ein jedes Ding der Natur wirkt nach Gesetzen. Nur ein vernünftiges Wesen hat das Vermögen, *nach der Vorstellung* der Gesetze, das ist[1] nach Prinzipien, zu handeln, oder einen *Willen*. Da zur Ableitung der Handlungen von Gesetzen *Vernunft* erfordert wird, so ist der Wille nichts anderes als praktische Vernunft. Wenn die Vernunft den Willen unausbleiblich bestimmt, so sind die Handlungen eines solchen Wesens, die als objektiv notwendig erkannt werden, auch subjektiv notwendig, das ist, der Wille ist ein Vermögen, nur *dasjenige* zu wählen, was die Vernunft, unabhängig von der Neigung, als praktisch notwendig, das ist, als gut erkennt. Bestimmt aber die Vernunft für sich allein den Willen nicht hinlänglich, ist dieser noch subjektiven Bedingungen (gewissen Triebfedern) unterworfen, die nicht immer mit den objektiven übereinstimmen; mit einem Worte, ist der Wille nicht *an sich* völlig der Vernunft gemäß (wie es beim Menschen wirklich ist): So sind die Handlungen, die objektiv als notwendig erkannt werden, subjektiv zufällig, und die Bestimmung eines solchen Willens, objektiven Gesetzen gemäß, ist *Nötigung*; das ist, das Verhältnis der objektiven Gesetze zu einem nicht durchaus guten Willen wird vorgestellt als die Bestimmung des Willens eines vernünftigen Wesens zwar durch Gründe der Vernunft, denen aber dieser Wille seiner Natur nach nicht notwendig folgsam ist.

Die Vorstellung eines objektiven Prinzips, sofern es für einen Willen nötigend ist, heißt ein Gebot (der Vernunft), und die Formel des Gebots heißt Imperativ[2].

Alle Imperative werden durch ein *Sollen* ausgedrückt und zeigen dadurch das Verhältnis eines objektiven Gesetzes der Vernunft zu einem Willen an, der seiner subjektiven Beschaffenheit nach dadurch nicht notwendig bestimmt wird (eine Nötigung). Sie sagen, dass etwas zu tun oder zu unterlassen gut sein würde, allein sie sagen es einem Willen, der nicht immer darum etwas tut, weil ihm vorgestellt wird, dass es zu tun gut sei.

1 das ist: hier: Synonym zu: das heißt
2 Imperativ: Pflichtgebot

Immanuel Kant, *1724–1804, deutscher Philosoph*

- *Erläutern Sie anhand eines Beispiels den Zusammenhang zwischen Vernunft und Normen (Imperativen).*

- *Formulieren Sie je fünf Gebote (du sollst) und Verbote (du sollst nicht), die Sie anderen mit auf ihren Lebensweg geben würden, und vergleichen Sie Ihre Ergebnisse im Plenum.*

- *Stellen Sie sich vor, es würde keine Normen geben, sondern nur ethische Werte. Würden die Menschen moralisch gut handeln können? Zeigen Sie an einem Beispiel aus dem Alltagsleben, welche Funktion Normen in Gemeinschaften haben. Schreiben Sie dazu eine Kurzgeschichte oder einen Essay. Tragen Sie anschließend Ihre Idee vor und geben Sie eine abschließende Bewertung der gesellschaftlichen Rolle von Normen.*

Tugenden als moralische Haltungen

Werte und Normen können von Menschen verinnerlicht werden und zur Ausbildung von moralischen Haltungen (Tugenden) führen, die Kant wie folgt charakterisiert (vgl. auch S. 38–41).

Tugend ist eine Idee, und keiner kann die wahre Tugend besitzen. Ein tugendhafter Mann ist demnach ebenso wenig gebräuchlich zu sagen als ein weiser Mann. Jeder strebt sich, der Tugend zu nähern, so wie der Weisheit, aber in keinem wird der höchste Grad erreicht. Wir können zwischen Tugend und Laster ein Mittleres gedenken, und das ist Untugend, welches nur im Mangel besteht. Tugend und Laster ist was Positives. Tugend ist eine Fertigkeit nach moralischen Grundsätzen, die Neigung zum Bösen zu überwinden. Oder, Tugend ist diejenige Stärke der moralischen Gesinnungen unter den Hindernissen der entgegengesetzten bösen Neigungen, da die ersten allemal das Übergewicht behalten. Also heilige Wesen sind nicht tugendhaft, weil sie keine Neigung zum Bösen zu überwinden haben, sondern ihr Wille ist dem Gesetz adäquat. Der Mensch, der nicht tugendhaft ist, ist deswegen noch nicht lasterhaft, sondern er hat nur einen Mangel der Tugend. Das Laster ist aber was Positives, der Mangel der Tugend ist aber Untugend. Eine Achtlosigkeit der moralischen Gesetze ist Untugend, aber die Verachtung der moralischen Gesetze ist Laster. Untugend ist nur, dass man das moralische Gesetz nicht tue, Laster aber, dass man das Gegenteil vom moralischen Gesetz tue. Das Erste ist was Negatives, das Zweite was Positives. Zum Laster gehört also sehr viel.

Man kann Gutartigkeit des Herzens haben ohne Tugend, denn die Tugend ist das Wohlverhalten aus Grundsätzen und nicht aus Instinkt. Gutartigkeit ist aber eine Übereinstimmung der Handlungen mit dem moralischen Gesetz aus Instinkt. Zur Tugend gehört viel. Die Gutartigkeit des Herzens kann angeboren sein. Tugendhaft kann aber keiner ohne Übung sein, weil die Neigung zum Bösen nach moralischen Grundsätzen muss unterdrückt und die Handlung mit dem moralischen Gesetz übereinstimmend muss gemacht werden. Es fragt sich: Ob ein Lasterhafter tugendhaft werden kann? Es gibt eine Bösartigkeit des Gemüts, die kann nicht korrigiert werden, sondern die bleibt beständig; aber ein böser Charakter kann immer in einen guten verwandelt werden. Weil der Charakter nach Grundsätzen handelt, so kann dieser nach und nach durch gute Grundsätze vertilgt werden, dass er über die Bösartigkeit des Gemüts herrsche. So sagt man von Sokrates*, dass er von Natur ein böses Herz gehabt, welches er aber durch Grundsätze beherrscht hat. Menschen verraten oft in ihrem Gesicht, dass sie inkorrigibel sind und dass sie beinahe zum Galgen destiniert wären; mit solchen hält es schwer, tugendhaft zu werden. Ebenso wie ein ehrlicher und rechtschaffener Mann nicht lasterhaft werden kann, und wenn er auch in einige Laster verfällt, so kehrt er wieder zurück, weil die Grundsätze in ihm schon feste Wurzeln gefasst haben.

Immanuel Kant, *1724–1804, deutscher Philosoph*

- *Wie definiert Kant den Begriff „Tugend"?*

- *Warum ist die Gutartigkeit des Herzens nach Auffassung von Kant noch keine Tugend? Stimmen Sie Kant zu? Warum bzw. warum nicht?*

Das wurde immer so gemacht ...

Francisco Jose de Goya y Lucientes, Blind Man's Buff, 1788/89

Beschreiben Sie das Bild des spanischen Malers de Goya und vergleichen Sie es mit der heutigen Zeit.

Schreiben Sie eigene Definitionen für „Brauch" und „Sitte".

Brauch und Sitte

Unter einem Brauch versteht man regelmäßig wiederkehrende Verhaltensweisen, die sich im Gemeinschaftsleben herausgebildet haben und eine gewisse Gleichartigkeit des Handelns in bestimmten Situationen bewirken. Es ist Brauch, einen Weihnachtsbaum aufzustellen, Geschenke zum Geburtstag zu machen oder gemeinsam ein Volksfest zu feiern. Solchen Bräuchen sieht man nicht ohne weiteres an, dass sie über die tatsächliche Regelmäßigkeit ihres Geschehens hinaus auch Verhaltenserwartungen im Sinne sozialer Normen enthalten. In der Tat ist die Verbindlichkeit der Brauchtumsregeln zumeist recht gering, aber sie fehlt doch nicht ganz: Zum Geburtstag werden Geschenke nicht nur gemacht, sondern auch erwartet, und in einem kleinen Dorf gilt es als selbstverständlich, dass jeder am Schützenfest teilnimmt.

Ähnlich wie das Brauchtum bezeichnet auch die Sitte Lebensgewohnheiten und Verhaltensregeln, die von Generation zu Generation überliefert werden. Dazu gehören etwa die Tischsitten, die Kleidersitten (z. B. die Gewohnheit, in einer bestimmten Weise und für eine bestimmte Zeit Trauerkleidung zu tragen) und die so genannte „Verkehrssitte", die gewisse Selbstverständlichkeiten des Geschäftslebens bezeichnet. Die Sozialnormen der Sitte unterscheiden sich vom bloßen Brauch dadurch, dass ihr Grad an Verbindlichkeit, ihr Anspruch auf Befolgung, zumeist deutlich höher ist.

Das Beispiel der Kleidersitten zeigt anschaulich die Wandelbarkeit sozialer Normen im Laufe der geschichtlichen Entwicklung. Über lange Zeiträume hinweg gaben sozial verbindliche Kleiderordnungen Auskunft über den Stand oder die gesellschaftliche Schicht, denen der Einzelne angehörte. Obwohl bestimmte Kleidersitten auch heute noch in einzelnen Gruppen der Gesellschaft, z. B. im Geschäftsleben, eine erhebliche Rolle spielen, hat sich ihre Bedeutung im Sinne verbindlicher Verhaltensregeln in der modernen Arbeits- und Freizeitgesellschaft im Ganzen doch erheblich verringert.

*Wolfgang Horn, *1939, deutscher Politikwissenschaftler*

Erläutern Sie anhand von aktuellen Beispielen, welcher Unterschied zwischen Bräuchen und Sitten besteht.

Welche Bedeutung haben Bräuche und Sitten für die Ausbildung von Moralität?

Wie könnte Goya das Bild heute gestalten? Machen Sie anhand von Skizzen Gestaltungsvorschläge.

Die Lust an der Sitte

Friedrich Nietzsche hat sich mit der Bedeutung von Sitten und Bräuchen hinsichtlich der Moralentwicklung beschäftigt. Er setzte sich kritisch damit auseinander, dass Sitten und Bräuche menschliche Gemeinschaften stabilisieren, solange sie für deren Mitglieder nützlich sind.

Eine wichtige Gattung der Lust und damit der Quelle der Moralität entsteht aus der Gewohnheit. Man tut das Gewohnte leichter, besser, also lieber, man empfindet dabei eine Lust und weiß aus der Erfahrung, dass das Gewohnte sich bewährt hat, also nützlich ist; eine Sitte, mit der sich leben lässt, ist als heilsam, förderlich bewiesen, im Gegensatz zu allen neuen, noch nicht bewährten Versuchen. Die Sitte ist demnach die Vereinigung des Angenehmen und des Nützlichen, überdies macht sie kein Nachdenken nötig. Sobald der Mensch Zwang ausüben kann, übt er ihn aus, um seine Sitten durchzusetzen und einzuführen, denn für ihn sind sie die bewährte Lebensweisheit. Ebenso zwingt eine Gemeinschaft von Individuen jedes einzelne zur selben Sitte. Hier ist der Fehlschluss: Weil man sich mit einer Sitte wohlfühlt oder wenigstens weil man vermittels derselben seine Existenz durchsetzt, so ist diese Sitte notwendig, denn sie gilt als die *einzige* Möglichkeit, unter der man sich wohlfühlen kann; das Wohlgefühl des Lebens scheint allein aus ihr hervorzuwachsen. Diese Auffassung des Gewohnten als einer Bedingung des Daseins wird bis auf die kleinsten Einzelheiten der Sitte durchgeführt; da die Einsicht in die wirkliche Kausalität[1] bei den niedrig stehenden Völkern und Kulturen sehr gering ist, sieht man mit abergläubischer Furcht darauf, dass alles seinen gleichen Gang gehe; selbst wo die Sitte schwer, hart, lästig ist, wird sie ihrer scheinbar höchsten Nützlichkeit wegen bewahrt. Man weiß nicht, dass derselbe Grad von Wohlbefinden auch bei anderen Sitten bestehen kann und dass selbst höhere Grade sich erreichen lassen. Wohl aber nimmt man wahr, dass alle Sitten, auch die härtesten, mit der Zeit angenehmer und milder werden und dass auch die strengste Lebensweise zur Gewohnheit und damit zur Lust werden kann.

1 Kausalität: Zusammenhang von Ursache und Wirkung

***Friedrich Nietzsche**, 1844–1900, deutscher Philosoph*

- *Erläutern Sie den Zusammenhang zwischen Lust und Zwang hinsichtlich der Sitten.*
- *Stimmen Sie Nietzsche zu, dass das „Wohlgefühl des Lebens" (Z. 17) allein auf den Sitten zu beruhen scheint? Begründen Sie Ihre Auffassung.*
- *Können Sie aus Ihren Erfahrungen Nietzsches These bestätigen, dass man über Sitten nicht nachdenkt bzw. nachdenken muss? Warum bzw. warum nicht?*
- *Wodurch unterscheiden sich Sitten von Normen? Erläutern Sie den Unterschied anhand von Beispielen.*

Ehrfurcht vor dem Althergebrachten?

Moralisch, sittlich, ethisch sein heißt Gehorsam gegen ein altbegründetes Gesetz oder Herkommen haben. Ob man mit Mühe oder gern sich ihm unterwirft, ist dabei gleichgültig, genug, dass man es tut. *„Gut"* nennt man den, welcher wie von Natur, nach langer Vererbung, also leicht und gern das Sittliche tut, je nachdem dies ist (z. B. Rache übt, wenn Rache üben wie bei den älteren Griechen zur guten Sitte gehört). Er wird gut genannt, weil er „wozu" gut ist; da aber Wohlwollen, Mitleiden und dergleichen in dem Wechsel der Sitten immer als „gut wozu", als nützlich empfunden wurde, so nennt man jetzt vornehmlich den Wohlwollenden, Hilfreichen „gut". Böse ist „nicht sittlich" (unsittlich) sein, Unsitte üben, dem Herkommen widerstreben, wie vernünftig oder dumm dasselbe auch sei; das Schädigen des Nächsten ist aber in allen den Sittengesetzen der verschiedenen Zeiten vornehmlich als schädlich empfunden worden, so dass wir jetzt namentlich bei dem Wort „böse" an die freiwillige Schädigung des Nächsten denken. Nicht das „Egoistische" und das „Unegoistische" ist der Grundgegensatz, welcher die Menschen zur Unterscheidung von Sittlich und Unsittlich, Gut und Böse gebracht hat, sondern: Gebundensein an ein Herkommen, Gesetz, und Lösung davon. Wie das Herkommen entstanden ist, das ist dabei gleichgültig, jedenfalls ohne Rücksicht auf Gut und Böse oder irgendeinen immanenten[1] kategorischen Imperativ, sondern vor allem zum Zweck der Erhaltung einer *Gemeinde*, eines Volkes: Jeder abergläubische Brauch, welcher aufgrund eines falsch gedeuteten Zufalls entstanden ist, erzwingt ein Herkommen, dem zu folgen sittlich ist; sich von ihm lösen ist nämlich gefährlich, für die *Gemeinschaft* noch mehr schädlich als für den Einzelnen (weil die Gottheit den Frevel und jede Verletzung ihrer Vorrechte an der Gemeinde und nur insofern auch am Individuum straft). Nun wird jedes Herkommen fortwährend ehrwürdiger, je weiter der Ursprung abliegt, je mehr dieser vergessen ist; die ihm gezollte Verehrung häuft sich von Generation zu Generation auf, das Herkommen wird zuletzt heilig und erweckt Ehrfurcht.

1 immanent: 1. innewohnend, in etwas enthalten, 2. die Grenzen möglicher Erfahrung nicht übesteigend, innerhalb dieser Grenzen liegend, bleibend; den Bereich des menschlichen Bewusstseins nicht überschreitend

***Friedrich Nietzsche**, 1844–1900, deutscher Philosoph*

- *Welche Kritik übt Nietzsche an der Verbindung von Moralität und Sitten? Teilen Sie seine Auffassung? Warum bzw. warum nicht? (Vgl. auch S. 38–41)*
- *Unterscheiden Sie in einem Begriffsnetz Sitte und Unsitte und kommentieren Sie die einzelnen Begriffe innerhalb des Netzes.*
- *Suchen Sie in einem Zitatenhandbuch nach Sprichwörtern und Aphorismen, die Nietzsches Thesen bestätigen bzw. nicht bestätigen. Sie können z. B. nachlesen in: Werner Scholze-Stubenrecht, Zitate und Aussprüche, Duden 12, Bibliographisches Institut, Mannheim 2002.*

„In und out" – wie sich Werte wandeln

Tomaschoff, 2002

Benjamin Vautier, Das Tischgebet, 19. Jh.

- *Wodurch unterscheidet sich die von Tomaschoff dargestellte Familie von der des 19. Jahrhunderts? Welche Werte und Tugenden haben sich Ihrer Meinung nach verändert; welche sind gleich geblieben?*

- *Wie sollte Ihrer Meinung nach die Familie des 21. Jahrhunderts aussehen? Welche Werte sollten in ihr realisiert werden? Gestalten Sie eine Collage dazu.*

- *Wie können Eltern Kindern und Jugendlichen Werte und Tugenden vermitteln? Erarbeiten Sie in kleinen Gruppen Vorschläge und vergleichen Sie diese im Plenum.*

Darf ich Ihnen in den Mantel helfen?

Ulf Preuss-Lausitz erforscht seit einigen Jahren den Wertewandel in den modernen Industriegesellschaften und insbesondere in den Schulen.

Wenn heute der Zerfall von *Werten* beklagt wird, werden gern *Untugenden* als Beispiel genannt – die Kinder seien unhöflich, die Ehepartner untreu, die Arbeitnehmer faul. Oder es wird beklagt, dass soziale Normen nicht mehr anerkannt würden: Dass der Dame in den Mantel zu helfen sei, dass die Kinder bei Tisch zu schweigen hätten, wenn die Eltern reden, oder dass Rücksicht zu nehmen sei im Straßenverkehr. In der Tat beschreiben diese Phänomene einen Wandel: dass nämlich das allgemeine Vorverständnis darüber, dass bestimmte Tugenden immer zu gelten hätten, ebenso entfallen ist wie die Sicherheit mancher Normen. Ist es in jeder Situation richtig, pünktlich zu sein? Haben wir im Urlaub in südlichen Ländern nicht gelernt, dass es dort geradezu unhöflich ist, präzis zur vereinbarten Zeit zu kommen? Wird heute nicht das Lob der Faulheit und Muße gesungen und kommen nicht Kritiker, die den Missbrauch der Tugenden für jedwedes politische System als fragwürdig entlarven? Ist es immer gut, ehrlich zu sein, oder ist es nicht besser, zur Aufrechterhaltung des Friedens etwa in der Familie, gegenüber den Eltern gelegentlich zu lügen – zumindest die Wahrheit zu kaschieren? Ist die Alltagsnorm noch akzeptiert, dass den Damen in den Mantel zu helfen sei, wo doch andere meinen, dies sei eher Ausdruck einer perfiden[1] symbolischen Form der Unterwerfung und der Abhängigkeit der Frauen, also eine patriarchalische Geste?
In *jeder* Situation muss heute das Kind abschätzen, ob Tugenden, Normen und Werte hier gelten oder nicht. Die Moral ist endgültig kontextabhängig geworden – heute kann gelten, was morgen falsch ist. Eine Bewertung ist ständig vom Einzelnen selbst zu finden, es gibt keine Kirche, keine Partei und keine Gemeinschaft mehr, die sagt, wo es für alle langgeht, und meine heutige Bewertung ist nicht von Dauer. Was öffentlich als „Zerfall" von Werten, meist von Tugenden und Normen, beklagt wird, erweist sich als Veränderung des moralischen Verhaltens, das als situationsbezogene Entscheidung möglicherweise viel wertorientierter stattfindet, als eine generelle Norm einfach anzuwenden oder eine sozialisierte, habitualisierte[2] Tugend gleichsam unabhängig von der konkreten Situationseinschätzung zu praktizieren. Das verlangt natürlich Bewusstsein über die eigenen Maßstäbe, Situationsbewertung, auch Einfühlungsvermögen und letztlich auch die Akzeptanz, dass andere aufgrund ihrer Maßstäbe zu anderen Schlussfolgerungen kommen, also Toleranz.
Für die Schule ergibt sich daraus, dass folgende Fähigkeiten in den Mittelpunkt moderner Erziehung zu rücken hätten: Selbstständigkeit, Entwicklung eigener Maßstäbe, Empathie[3], Toleranz, kommunikative Kompetenz, Planungsfähigkeit sowie es aushalten zu können, mit dem eigenen Urteil in der Minderheit zu sein, allein sein zu können usw.

1 perfide: hinterhältig, hinterlistig, tückisch
2 habitualisieren: 1. zur Gewohnheit werden, 2. zur Gewohnheit machen
3 Empathie: Bereitschaft und Fähigkeit, sich in die Einstellung anderer Menschen einzufühlen

Ulf Preuss-Lausitz, deutscher Erziehungswissenschaftler

- *Charakterisieren Sie an ausgewählten Beispielen den Wertewandel und seine Ursachen.*
- *Bedeutet Wertewandel, dass es keine universell gültigen Werte gibt, die für alle Menschen gelten?*
- *Was halten Sie von den Werten, die Preuss-Lausitz für die Gestaltung von Schule vorgeschlagen hat? Diskutieren und ergänzen Sie seine Vorschläge.*

Verschiedene Völker – verschiedene Sitten

Schon die Schriftsteller der Antike berichteten über verschiedene Sitten und Bräuche bei verschiedenen Völkern. Auch wenn diese Berichte zum Teil Übertreibungen sind und oft nur auf unvollständigen Beobachtungen und voreiligen Interpretationen beruhen, geben sie doch schon einen ersten Eindruck von den unterschiedlichen Normen- und Wertsystemen der Völker. Man lese dazu beispielsweise die *Historien* des Herodot (480–426 v. Chr.), des „Vaters der Geschichtsschreibung", der u. a. über die Perser zu berichten weiß, sie begrüben den Leichnam eines Verstorbenen nicht, bevor er nicht von Vögeln und Hunden herumgezerrt worden sei. Und der römische Autor Claudius Aelianus erzählt über das „Stiertöten" in Attika.
Folgendes ist in Attika Brauch: Wenn der Stier geschlachtet ist, beschuldigt der Reihe nach einer den andern des Mordes, und alle werden freigesprochen; verurteilt wird das Opfermesser, und man sagt, dieses habe den Stier getötet. Den Tag, an dem sie dies tun, bezeichnen sie als Dipolieia-Fest und als Buphonia (Stiertöten).
Es soll hier gar nicht um die Authentizität[1] solcher Berichte gehen. Vielmehr ist es interessant, dass so, wie verschiedene Völker unterschiedliche Sitten und Bräuche gepflegt haben, auch unterschiedliche Normen und Wertvorstellungen – also letztlich ethische Systeme – entstanden sind bzw. dass den Sitten und Bräuchen verschiedene Moralvorstellungen zu Grunde liegen. Das gilt heute natürlich nach wie vor, obwohl vor allem wirtschaftliche Interessen in vielen Ländern Uniformierungstendenzen begünstigen.

1 Authentizität: Echtheit, Zuverlässigkeit, Glaubwürdigkeit

Franz M. Wuketis, deutscher Biologe

- *Beschreiben Sie, welche Gründe es geben könnte für Übertreibungen und voreilige Interpretationen (Z. 3–5).*
- *Sammeln Sie verschiedene Bräuche, Sitten und Wertvorstellungen anderer Völker, indem Sie ausländische Mitschülerinnen und Mitschüler befragen. Arbeiten Sie Unterschiede und Gemeinsamkeiten heraus.*
- *Erstellen Sie eine Tabelle mit den unterschiedlichen Werten in verschiedenen Kulturen, die sich auf denselben Bereich beziehen: z. B. Familie, Natur, Religion usw. Diskutieren Sie dann, ob es absolute Werte gibt, ob alles beliebig ist und ob es Grenzen der Akzeptanz gibt. Begründen Sie Ihre Meinung.*

Dürfen wir andere Kulturen nicht kritisieren?

Desert flower

Waris Dirie stammt aus Somalia und arbeitet heute als Model in New York. Sie ist UNO-Sonderbotschafterin und engagiert sich vor allem für Mädchen in Afrika. Als Fünfjährige wurde sie entsprechend der Sitte ihres somalischen Stammes beschnitten. Als sie mit 13 Jahren an einen älteren Mann verheiratet werden sollte, floh sie mithilfe ihrer Mutter in den Westen. Waris Dirie hat ihr Schicksal in dem Buch „Desert flower“ aufgeschrieben, um Mädchen in Afrika Mut zu machen, sich gegen die Beschneidung zu wehren.

Irgendwann war es an der Zeit, dass meine älteste Schwester Aman beschnitten wurde. Wie alle jüngeren Geschwister war ich neidisch und eifersüchtig, dass sie in die Welt der Erwachsenen aufgenommen werden sollte, die mir noch verschlossen blieb. Aman war schon eine Jugendliche und damit längst über das Alter hinaus, in dem man die Mädchen gewöhnlich beschnitt, doch irgendwie hatte es zeitlich nie geklappt. Während wir ohne Unterlass durch die afrikanische Steppe zogen, war uns die Zigeunerin, die diesen traditionellen Brauch ausübte, einfach nie über den Weg gelaufen. Als mein Vater sie endlich fand, brachte er sie mit, damit sie meine beiden älteren Schwestern Aman und Halemo beschnitt. Aman war jedoch gerade unterwegs auf Wassersuche, als die Zigeunerin eintraf, und so beschnitt sie nur Halemo. Mein Vater machte sich allmählich Sorgen, denn Aman hatte das heiratsfähige Alter erreicht, doch ehe nicht alles „bei ihr geregelt“ war, konnte sie keine Ehe eingehen. In Somalia ist man davon überzeugt, dass das, was sich zwischen den Beinen der Mädchen befindet, schlecht ist, dass wir mit diesen Teilen unseres Körpers zwar geboren werden, dass sie aber etwas Unreines darstellen. Diese Teile müssen entfernt werden, und man schneidet die Klitoris, die großen und die kleinen Schamlippen ab und näht die Wunde zu, so dass nur eine Narbe zurückbleibt, wo zuvor unsere Genitalien gewesen sind. Die Einzelheiten der rituellen Beschneidung sind ein Geheimnis – sie werden einem Mädchen nicht erklärt. Du weißt nur, dass mit dir etwas Besonderes geschieht, wenn du an der Reihe bist.

So kommt es, dass die jungen Mädchen in Somalia begierig auf die Zeremonie warten, durch die sie von einem Kind zur Frau werden. Ursprünglich führte man den Eingriff durch, sobald sie in die Pubertät eintraten, sobald die Mädchen fruchtbar wurden und in der Lage waren, selbst Kinder zu bekommen. Doch im Laufe der Zeit beschnitt man die Mädchen in immer jüngerem Alter – zum Teil auch deshalb, weil sie selbst darauf drängten, ihren besonderen Augenblick herbeisehnten wie ein Kind in den Industrienationen seinen Geburtstag oder das Weihnachtsfest.

Als ich hörte, dass die alte Zigeunerin kam, um Aman zu beschneiden, bat ich, mich gleich mit an die Reihe zu nehmen. Aman war meine schöne große Schwester, mein Vorbild, und alles, was sie wünschte oder besaß, wollte ich auch haben. Am Tag vor dem großen Ereignis zog ich meine Mutter am Ärmel. „Mama, lass uns beide drankommen“, bettelte ich. „Bitte, Mama, lass es morgen bei uns beiden machen.“

Meine Mutter schob mich fort. „Sei still, du dummes Ding!“ Aman hingegen freute sich nicht besonders. „Hoffentlich ergeht es mir nicht wie Halemo“, murmelte sie, wie ich noch weiß. Ich war in jenen Tagen noch zu klein, um die Bedeutung ihrer Worte zu begreifen, und als ich Aman danach fragte, wechselte sie rasch das Thema.

Am nächsten Morgen brachten meine Mutter und ihre Freundin Aman in aller Frühe zu der Frau, die die Beschneidung durchführen sollte. Wie schon zuvor bettelte ich, dass sie mich mitnahmen, doch Mama wies mich an, bei den kleineren Kindern zu bleiben. Aber ich erinnerte mich an den Tag, als ich meiner Mutter heimlich zu ihren Freundinnen gefolgt war, und schlich der Gruppe Frauen, versteckt hinter Buschwerk und Bäumen, in einem sicheren Abstand nach.

Die Zigeunerin erschien. Sie ist eine wichtige Persönlichkeit in unserer Gesellschaft, nicht nur, weil sie über ein besonderes Wissen verfügt, sondern auch, weil sie mit den Beschneidungen viel Geld verdient. Die Kosten für eine Beschneidung zählen zu den größten Ausgaben, die ein Haushalt tragen muss. Dennoch gilt es als lohnender Einsatz, denn ohne den Eingriff haben die Töchter auf dem Heiratsmarkt keine guten Aussichten. Mit unversehrten Geschlechtsteilen gelten sie als ungeeignet für die Ehe, als unreine Schlampen, die kein Mann ernstlich als seine Frau in Betracht ziehen würde. Deshalb nimmt die Zigeunerin, wie sie genannt wird, bei uns so eine bedeutende Stellung ein. Ich jedoch nenne sie die Mörderin – wegen all der Mädchen, die durch ihre Hand gestorben sind.

Waris Dirie, somalische Sonderbotschafterin der UNO

- *Ist die Beschneidung von Mädchen und Frauen ein kultureller Wert, den andere Kulturen akzeptieren müssen? Führen Sie dazu eine Pro-und-Contra-Diskussion im Kurs.*
- *Mit welchen ethischen Argumenten könnte man dem Ritual der Beschneidung entgegentreten? Lesen Sie hierzu auch S. 38–41.*
- *Wenn Sie Interesse haben, können Sie auf der Website **www.fgmnetwork.org/articles/Waris.htm** oder in folgendem Buch lesen: Waris Dirie, Wüstenblume, Weltbild Verlag, Würzburg 1999. Eine Rede zum Thema anlässlich der Verleihung des Afrika-Preises an Waris Dirie im Jahr 2000 finden Sie unter **www.bmz.de/presse/reden/rede2000021901.html***

§ Banjul Charta der Menschenrechte und Rechte der Völker (1981)

Art. 4
Die menschliche Person ist unverletzlich. Jedes menschliche Wesen hat ein Recht auf Achtung seines Lebens und seiner körperlichen und geistigen Unversehrtheit. Niemand darf willkürlich dieses Rechts beraubt werden.

Art. 5
Jedes Individuum hat ein Recht auf Achtung seiner Menschenwürde und auf Anerkennung seiner Rechtspersönlichkeit. Alle Formen der Ausbeutung und Erniedrigung der Menschen, insbesondere Sklaverei, Sklavenhandel, Folter, grausame, unmenschliche oder erniedrigende Bestrafung oder Behandlung sind verboten.

Die „Organization for African Unity" (OAU) wurde 1963 mit Sitz in Addis Abeba/Äthiopien gegründet und ist ein Bündnis afrikanischer Staaten für Kooperation in Politik, Kultur, Wirtschaft und Wissenschaft. Der Vertrag (Banjul Charta) verpflichtete die Mitgliedsstaaten u. a. darauf, die Menschenrechte zu achten und die bestehenden Grenzen anzuerkennen. Am 8. 7. 2002 fand das letzte Gipfeltreffen der OAU in Durban/Südafrika statt, die aufgelöst und am 9. 7. 2002 durch die Afrikanische Union (AU) ersetzt wurde. Der neue Staatenbund will sich vor allem für die Armutsbekämpfung und die Wahrung der Menschenrechte einsetzen.

Worin sehen Sie die Ursachen dafür, dass auch in afrikanischen Staaten die Beschneidung von Mädchen weiterhin akzeptiert wird?

Eigene Kulturen – eigene Werte

Wie sollen wir nun verschiedene Moralvorstellungen bewerten? Haben wir überhaupt das Recht, Wertvorstellungen anderer Völker zu kritisieren und unsere eigene Ethik – welche das auch immer sein mag – als einzig richtige anzusehen? Ich halte daran fest, dass Werte und Normen etwas Relatives sind und gruppenbezogen entstehen sowie von den spezifischen Lebensbedingungen der einzelnen Gruppen und Völker abhängen. Wenn etwa Eibl-Eibesfeldt* vom Infantizid[1] bei den Eipo auf Neuguinea oder den Yanomami in Venezuela berichtet, dann muss man sich vergegenwärtigen, dass der Akt der Kindestötung von diesen Völkern offenbar als kulturell erzwungenes Mittel der Bevölkerungskontrolle empfunden wird, das uns unmoralisch und grausam erscheint, aber aus den jeweiligen soziokulturellen Rahmenbedingungen verstanden werden muss. D. h. also nicht, dass die Eipo oder Yanomami grausamer wären als wir. Gerade Eibl-Eibesfeldt betont: „Wer immer sich die Mühe macht, Menschen anderer Kulturen einfühlend zu begegnen, wird feststellen, dass sie in ihren Gefühlsregungen kaum nennenswert von uns abweichen." Das kommt nicht weiter überraschend, weil wir alle als Angehörige ein und derselben Spezies mit dem grundlegend gleichen emotionalen Potential ausgestattet sind. Unsere jeweilige Lebenssituation, die von uns jeweils übernommenen soziokulturell tradierten Normen und Wertvorstellungen können aber Emotionen in höchst unterschiedliche Richtungen lenken.
Während es sehr gefährlich sein kann, auf universell gültige Normen und Werte zu pochen, eine Ethik haben zu wollen, die für alle Menschen zu allen Zeiten gültig sein soll, wird man sicher auch im ethischen Relativismus Gefahren sehen. Wenn also alles relativ ist, wird man sagen, dann dürfte man ja auch die Stasi-Spitzel nicht verurteilen, weil sie im Rahmen einer bestimmten Ideologie* eines bestimmten Normensystems richtig gehandelt haben; dann wären auch die zu entschuldigen, die mit den Nazis kooperiert oder die stalinistischen Exzesse unterstützt haben. Diese Konsequenz drängt sich sicher auf, und ich bin mir durchaus dessen bewusst, wie problematisch es ist, einen Relativismus in der Ethik zu vertreten.

1 Infantizid: Kindesmord

Franz Wuketis, deutscher Biologe

Wie begründet Franz Wuketis den Relativismus ethischer Werte? Stimmen Sie seiner Auffassung zu? Warum bzw. warum nicht?

Gemeinsame Werte verbinden

Ende der achtziger Jahre empfahl das College de France[1] dem französischen Unterrichtsministerium, eine Richtlinie zu beschließen, die den Ethnozentrismus aus den Schulen verbannen sollte. Unter Ethnozentrismus versteht man den Vorrang europäischer humanistischer Wertvorstellungen, z. B. der Menschenrechte, vor anderen Kulturen (vgl. z. B. Recht, Gerechtigkeit, Menschenrechte, Cornelsen, Berlin 2001, S. 112–115). Nach dieser Ankündigung veröffentlichte Alain Finkielkraut sein viel diskutiertes Buch „La Défaite de la pensée", in dem er einen Relativismus kultureller Werte ohne einen gemeinsamen Maßstab der Bewertung verwirft.

Der Unterricht der Zukunft will „mit dem ethnozentrischen Menschheitsbild brechen, das Europa zum Ursprung aller Entdeckungen und aller Fortschritte macht". Dieser Wille scheint sich in die große kritische Tradition einzureihen, die in Europa mit dem Anbruch der Neuzeit begann. „Wir sind alle in uns eingegrenzt und aufgeschichtet, und wir sehen nicht weiter als bis zu unserer Nasenspitze", sagte bereits Montaigne*, der die Rolle der Erziehung eben darin sah, diese grundlegende Kurzsichtigkeit zu korrigieren und durch das Lehren des Zweifels das selbstverständliche Haften des Menschen an seiner heimatlichen Umgebung zu lösen.
Doch manchmal trügt der Schein: Wenn das Gutachten vom College de France die unüberwindliche Pluralität der Kulturen ausruft, wenn es die Wissenschaft – und nur sie – vom Gesetz der Relativität ausschließt, schwört es dem neuzeitlichen Geist ab – unter der Ägide[2] der Werte des Zweifels und der Toleranz, die aus ebendiesem Geist hervorgegangen sind.
Toleranz gegen Humanismus: So könnte man das Paradoxe einer Kritik des Ethnozentrismus zusammenfassen, die dazu führt, jedes Individuum auf seine Ethnie[3] zu zentrieren. Von Kultur nur im Plural zu sprechen, bedeutet nämlich, den Menschen verschiedener Epochen oder entfernter Zivilisationen die Möglichkeit zu verweigern, über denkbare Bedeutungen oder Werte, die über ihren Entstehungsbereich hinausgehen, miteinander in Verbindung zu treten.

1 College de France: Hochschule in Paris
2 Ägide: Schirmherrschaft
3 Ethnie: Menschengruppe mit einheitlicher Kultur

*Alain Finkielkraut, *1949, französischer Philosoph*

Was bedeutet es für Sie, durch gemeinsame Werte miteinander in Verbindung zu treten? Stellen Sie Ihren Standpunkt anhand eines Beispiels dar.

Das Einzige, was noch schwieriger ist, als ein geordnetes Leben zu führen: Es anderen nicht aufzuzwingen.

Marcel Proust, 1871–1922, französischer Schriftsteller

Sokratisches Gespräch

Weshalb stellt Sokrates Fragen?

Der Philosoph Sokrates hielt sich oft auf dem Marktplatz von Athen, der agora, auf. Dort kam er mit vielen Menschen ins Gespräch und redete mit ihnen „über Gott und die Welt". Sokrates wendete bei seinen Gesprächen eine besondere Methode an, die in der philosophischen Tradition als „Sokratisches Gespräch" bezeichnet wird. Da er keine schriftlichen Dokumente hinterlassen hat, machte ihn sein Schüler Platon zum Hauptgesprächspartner seiner philosophischen Dialoge. In dem folgenden Gespräch philosophiert Sokrates mit dem jungen Rhapsoden[1] Ion über die Beziehung zwischen Kunst und Wissen. Lesen Sie den folgenden Dialogausschnitt und notieren Sie sich Stichworte über die Gesprächsführung.*

Ion: Was ist also wohl die Ursache, Sokrates, dass ich, wenn jemand über einen andern Dichter spricht, weder sonderlich Acht gebe noch auch irgendetwas der Rede Wertes mit beizubringen imstande bin, sondern ordentlich wie schlummere; sobald aber jemand des Homeros[2] erwähnt, dann gleich erwache und aufmerke und gar vieles zu sagen weiß?

Sokrates: Das ist nicht schwer aufzufinden, Freund; sondern es ist wohl jedem deutlich, dass du durch Kunst und Wissenschaft über den Homeros zu reden unvermögend bist. Denn vermöchtest du es durch Kunst: So vermöchtest du auch über alle anderen Dichter zu reden. Denn die Dichtkunst ist doch wohl das Ganze, oder nicht?

Ion: Ja.

Sokrates: Wenn nun jemand auch irgendeine andere Kunst ganz nimmt, so ist es immer dieselbe Betrachtungsart in allen Künsten. Wie ich das meine, willst du das wohl von mir hören, Ion?

Ion: Gar sehr, o Sokrates, beim Zeus! Denn ich mag gar gern euch Weisen zuhören.

Sokrates: Ich wollte wohl, du sprächest wahr, Ion! Aber weise seid ihr wohl eigentlich, ihr Rhapsoden und Schauspieler, und die, deren Gedichte ihr singt; ich aber rede eben nur die Wahrheit, wie es sich für einen ungelehrten Menschen schickt. So auch darüber, wonach ich dich jetzt fragte, betrachte nur, wie gemein und ungelehrt, so dass jeder Mensch es einsehen kann, das ist, was ich eben sagte, dass es nur eine und dieselbe Untersuchung sei, wenn jemand eine Kunst ganz nimmt. Lass es uns aber durchgehen. Die Malerei ist doch eine ganze Kunst.

Ion: Ja.

Sokrates: Und auch viele Maler gibt es und hat es gegeben, gute und schlechte.

Ion: Freilich.

Sokrates: Hast du nun wohl je einen gesehen, der stark darin ist zu zeigen, was Polygnotos, des Aglaophon Sohn, gut malt und was nicht, von andern Malern aber es nicht kann? Und wenn jemand Werke von andern Malern vorzeigt, dann schlummert und verlegen ist und seinerseits nichts beizubringen hat; wenn er aber über den Polygnotos, oder welchen anderen einzelnen Maler du sonst willst, seine Meinung mitteilen soll, dann erwacht und seiner Gedanken mächtig ist und vieles zu sagen weiß?

Ion: Beim Zeus, nein, dergleichen nicht.

Sokrates: Oder wie, hast du wohl in der Bildnerei einen gesehen, der von Daidalos, dem Sohne des Metion, oder Epeios, dem des Panops, oder Theodoros dem Samier oder irgendeinem andern einzelnen Bildner stark wäre zu erklären, was er gut gebildet hat, bei anderer Bildner Werken aber verlegen wäre und schlummerte, nicht habend, was er sage?

Ion: Nein, beim Zeus, auch einen solchen habe ich nicht gesehen.

Sokrates: Auch nicht, glaube ich, beim Flötenspielen oder dem Gesang zur Lyra oder beim Spiel darauf, noch auch bei der Rhapsodenkunst wirst du einen gesehen haben, der über den Olympos stark ist sich zu erklären oder über den Thamyras oder Orpheus oder Phemios, den Ithakesischen Rhapsoden, über Ion den Ephesischen aber im Argen wäre und nichts darüber zu sagen wüsste, was der gut vorträgt und was schlecht?

Ion: Dagegen weiß ich dir nicht zu widersprechen, Sokrates; jenes aber bin ich mir wohl bewusst, dass ich über den Homeros am besten unter allen Menschen rede und sehr reichhaltig, so dass auch alle andern sagen, ich redete gut, über die andern aber nicht. Also sieh zu, was das wohl sein mag.

1 Rhapsode: Im antiken Griechenland fahrender Sänger, der eigene oder fremde Dichtungen, zum Teil mit Kitharabegleitung, vortrug.
2 Homeros bzw. Homer: 8. Jh. v. Chr., griechischer Dichter, vermutlich der Verfasser der „Ilias" und der „Odyssee".

***Platon**, 427–348/47 v. Chr., griechischer Philosoph*

- *Welche Besonderheiten des Gesprächs sind Ihnen aufgefallen?*
- *An welchen Stellen des Gesprächs hätten Sie möglicherweise anders reagiert?*
- *Was könnte Sokrates Ion auf seine letzte Bemerkung antworten? Formulieren Sie schriftlich einen Vorschlag.*
- *An welchen Stellen hätten Sie, wenn Sie Ion wären, Sokrates anders geantwortet?*
- *Wie beurteilen Sie Sokrates Gesprächsführung? Was würden Sie anders machen?*
- *Beschreiben Sie die beiden Bilder und diskutieren Sie, inwiefern sich die darauf dargestellten Gespräche von einem „Sokratischen Gespräch" unterscheiden.*

Henri Matisse, Das Gespräch, 1911

Max Buri, Die Dorfpolitiker, 19. Jh.

Kritisch sein Wissen prüfen

Die sokratische Methode wurde durch den Philosophieprofessor Leonard Nelson Anfang des 20. Jahrhunderts für das Philosophiestudium und später auch für den Schulunterricht wiederentdeckt. In der Bundesrepublik war es vor allem Gustav Heckmann, ein Schüler Nelsons, der in den fünfziger Jahren mit Studentinnen und Studenten nach der sokratischen Methode philosophierte und diese weiterentwickelte im Sinne von „Selberdenken – in der Gemeinschaft". Gustav Heckmann hat gemeinsam mit seinem Schüler Dieter Krohn die folgende Charakteristik eines „Sokratischen Gesprächs" formuliert.

Zu den öffentlich Diskutierenden und Philosophie Lehrenden gehörte auch Sokrates. Er nahm aber eine ihn von den Sophisten[1] scharf unterscheidende Sonderstellung ein. Diese übten eine Kunst der Argumentation, die einer philosophischen Position, was für einer auch immer, unabhängig von deren Wahrheitsgehalt, zum Siege verhelfen und den Vertreter der Gegenposition entwaffnen könnte. Ganz anders Sokrates. Ihm ging es um vernünftige Orientierung im Leben des Einzelnen und der Gesellschaft. Ist mein Tun sinnvoll? Wie leben meine Mitbürger? Ist unser Zusammenleben in Gesellschaft und Staat gut? Über diese Fragen redete er mit seinen Mitbürgern, wo immer er Gelegenheit dazu hatte. Seine für die Philosophiegeschichte epochemachende Entdeckung ist die Erkenntnis, dass dem Menschen die Antworten auf diese Fragen nicht durch Belehrung von außen zukommen können: Dass vielmehr jeder Einzelne sie nur in sich selbst findet; und dass er sie finden *kann* in einem forschenden Sich-selbst-Befragen; und dass ihm dabei das Gespräch mit anderen in gleicher Weise Suchenden eine wesentliche Hilfe sein kann. […] In dieser Art sprach Sokrates vor allem mit Menschen, die etwas galten in der Gesellschaft. Diesen zeigte er, dass sie sich über die Aufgabe, die ihre gesellschaftliche Stellung ihnen auferlegte, nicht im Klaren waren und die zur Lösung dieser Aufgabe erforderliche Einsicht nicht hatten. So hat er sich die Feindschaften zugezogen, die ihm zum Verhängnis wurden. In diesen Gesprächen tritt außer der Ethik ein zweiter Sachbereich hervor, der Gegenstand des „Sokratischen Gesprächs" sein kann, nämlich das kritische Prüfen, ob eine Meinung zureichend begründet ist. Sokrates zeigt seinen Gesprächspartnern, dass ihr vermeintliches Wissen nicht zureichend begründet ist. Und er zeigt uns, dass das Unterscheiden des bloß vermeintlichen, kritischer Prüfung nicht standhaltenden Wissens von wohlbegründetem Wissen, dass dieses Unterscheiden zu der Art von Wissen gehört, das wir uns durch bloßes Denken, einsames oder gemeinschaftliches, erwerben können. Wir können diesen Sachbereich des das Wissen kritisch prüfenden Wissens Erkenntnistheorie nennen. Sokrates kannte einen dritten Sachbereich, neben Ethik und Erkenntnistheorie, der im „Sokratischen Gespräch" erforscht werden kann: die Mathematik. In dem Dialog „Menon" wird geschildert, wie der Sklave des Menon im Gespräch mit Sokrates zu der Einsicht kommt, dass das Quadrat über der Diagonale eines gegebenen Quadrats an Fläche doppelt so groß ist wie das gegebene Quadrat. Ethik, Erkenntnistheorie und Mathematik: In diesen Bereichen handelt es sich um Einsicht, nicht um Kenntnis von Fakten. Zum Gewinnen von Einsichten ist Denken, einsames oder gemeinschaftliches, notwendig und hinreichend. Faktenkenntnis hingegen kann nicht durch bloßes Denken erworben werden.

1 Sophisten: Im antiken Athen der bezahlte Lehrer, der die Jugend in Wissenschaft, Philosophie, und Redekunst ausbildet.
2 Vgl. S. 34/35 über den Prozess des Sokrates.
3 dämonisch: Mit „daimon" bezeichneten die Griechen eine Gottheit bzw. ein göttliches Wesen.

Gustav Heckmann, Dieter Krohn, deutsche Philosophen

- *Fassen Sie mit eigenen Worten zusammen, worin das Charakteristische der sokratischen Methode besteht und vergleichen Sie sie mit den auf den Bildern dargestellten Gesprächen.*

- *Lesen Sie noch einmal das Gespräch zwischen Sokrates und Ion und untersuchen Sie, ob Sie die von Heckmann und Krohn genannten Merkmale dort wieder finden können.*

- *Weitere Informationen finden Sie auf der Website* ***www.philosophisch-politische-akademie.de/sokr1a.html****. Oder Sie können in folgenden Schriften lesen: 1. Ion, in: Platon, Sämtliche Werke, Bd. 1, Rowohlt, Reinbek 1994, S. 99–110; 2. Gustav Heckmann, Dieter Krohn, Über Sokratisches Gespräch und sokratische Arbeitswochen, in: Zeitschrift für die Didaktik der Philosophie, Heft 1, 1988, S. 38–44 (Weiterentwicklung des „Sokratischen Gesprächs").*

II. Themen der Philosophischen

Die „Philosophische Ethik" deckt ein breites Themenspektrum ab, das in diesem Kapitel dargestellt wird. Auf dieser Seite erhalten Sie einen Überblick über die Themen und Fragestellungen.

Schreiben Sie sich zu jedem Thema eine wichtige Frage auf, die im Unterricht besprochen werden könnte. Ein Beispiel zum ersten Thema: Können Menschen überhaupt frei sein?

1. Freiheit

- Was heißt Freiheit?
- Handlungsfreiheit
- Willensfreiheit
- Freiheit und Determiniertheit
- Freiheit und Moralität
- Freiheit und Gewissen
- Freiheit als Subjektivität
- Freiheit und Verantwortung

2. Pflicht

- Gewissen und Selbstverpflichtung
- Seine Pflicht tun
- Pflicht und Vernunft
- Pflicht und Freiheit
- Pflicht, Verantwortung und Subjektivität
- Pflicht und Gerechtigkeit

Johann Eduard Müller, Prometheus* und die Okeaniden, 1868/79

Tod des Sokrates* – Holzstich nach der Zeichnung von Theodor Grosse, um 1880

3. Glück

- Formen des Glücks
- Glück und Unglück
- Flow
- Hedonismus
- Glück und Gemeinschaft
- Glück und Tod

Armstrong am 25. 7. 1999 auf der letzten Etappe der Tour de France.

4. Utilitarismus

- Was ist Utilitarismus?
- Nützlichkeit
- Freude und Leid
- Handlungs- und Regelutilitarismus
- Das Problem der Mehrheit
- Präferenz-Utilitarismus
- Der Wert des Lebens
- Konsequenzen

5. Moralische Gefühle

- Gefühle und Erkenntnis
- Gefühle und Vernunft
- Soziale Kälte
- Mitleid
- Gefühle und Sachlichkeit

Paula Modersohn-Becker, Der barmherzige Samariter, 1907

7. Philosophinnen

- Hat die Philosophie die Frauen vergessen?
- Was ist „Feministische Ethik"?
- Unterschiedliche Moralvorstellungen bei Mädchen und Jungen?
- Mutterliebe und neue Väter

6. Tugend

- Intellektuelle und ethische Tugenden
- Tugendhaftes Handeln
- Weisheit
- Demut

Frida Kahlo, Wurzeln oder der Pedregal, 1943

Titelblatt zu: Gregor Reisch, Margarita philosophica, 1503

1. Freiheit

Was heißt Freiheit?

In den antiken Mythen ist Prometheus* ein Titan, der sich durch besondere Klugheit und Kühnheit auszeichnete. Prometheus – so einer der Mythen – schuf den Menschen als Ebenbild der Götter und wird zukünftig deren Verbündeter gegen die Götter, die er mit List und Klugheit übervorteilt. So stahl Prometheus den Göttern schließlich das Feuer, welches sie eifersüchtig im Olymp bewachten. Dabei verschaffte er dem Menschen eine ihm bislang verwehrte Machtposition, die er weiterhin gegen die Götter nutzte. Als Schöpfer des Menschen und als dessen Verbündeter gegen die Götter wird Prometheus zum Sinnbild für menschliche Emanzipation und Freiheit.

Der Listen des Prometheus überdrüssig, verbannte Zeus ihn in ein Gebirge, wo er dem in Ketten an einen Felsen Angeschmiedeten durch einen Adler die Leber zerreißen ließ. Dieses grausame Schauspiel wiederholte sich Tag für Tag, da Prometheus' Leber nachts wieder nachwuchs. So litt Prometheus Todesqualen und symbolisiert neben Schöpfertum und Freiheit auch die existenzielle Hilflosigkeit und Gebundenheit des Menschen.

- *Ist der Mensch ein freies oder ein gebundenes Wesen? Tauschen Sie sich auch auf der Grundlage Ihrer persönlichen Erfahrungen über die Ambivalenz der menschlichen Existenz aus.*

- *Was heißt Freiheit? Versuchen Sie den Begriff zu definieren. Berücksichtigen Sie dabei auch, auf welche Bereiche sich die Freiheit des Menschen erstreckt.*

- *Erstellen Sie einen Kriterienkatalog, in dem Sie die unterschiedlichen Einschränkungen differenzieren, die der menschlichen Freiheit entgegenstehen.*

- *Beschreiben Sie, welche Konsequenzen es für die Beurteilung von Handlungen hat, wenn man die Freiheit des Menschen voraussetzt.*

Johann Eduard Müller, Prometheus und die Okeaniden[1], 1868/79

1 Okeaniden: Götter und Göttinnen des Wassers

- *Beschreiben Sie den Ausdruck des hier dargestellten Prometheus und die Wirkung auf Sie.*

Handlungsfreiheit

Im Allgemeinen wird mit dem Begriff der Freiheit die Annahme der menschlichen Handlungsfreiheit verbunden. Dabei geht man von der Erfahrung aus, dass der Mensch grundsätzlich die Möglichkeit der Entscheidung hat. Diese Annahme teilt auch Aristoteles in seiner Schrift „Nikomachische Ethik“ und führt dabei auch die Bedeutung für die moralische und rechtliche Beurteilung menschlichen Verhaltens vor Augen.

Als unfreiwillig gilt, was unter Zwang oder aus Unwissenheit geschieht. Gewaltsam ist ein Vorgang, dessen bewegendes Prinzip von außen her eingreift, und zwar so, dass bei seinem Einwirken die handelnde oder die erleidende Person in keiner Weise mitwirkt: Wenn z. B. jemand durch einen Sturmwind irgendwohin entführt wird oder durch Menschen, in deren Gewalt er sich befindet.

Taten aber, die aus Angst vor noch größerem Unheil oder für ein edles Ziel ausgeführt werden, […] lassen die Streitfrage entstehen, ob sie unfreiwillig oder freiwillig sind. Ähnlich ist es, wenn im Seesturm Teile der Ladung über Bord geworfen werden, denn an sich wirft man Güter nicht aus freien Stücken weg. Jedoch um sich und die anderen zu retten, tut es jeder, der einen gesunden Menschenverstand hat. Solche Handlungen haben also einen Mischcharakter, stehen aber näher dem Freiwilligen, denn im Augenblick des Vollzugs besteht die Freiheit der Wahl, und das Ziel der Handlung wechselt je nach den Umständen. Also muss man von „freiwillig“ und „unfreiwillig“ sprechen im Hinblick auf den Zeitpunkt des Handelns. Der Mensch handelt aber freiwillig. Denn das Prinzip, das die dienenden Glieder des Leibes bei solchem Handeln bewegt, ist im Menschen, und immer da, wo das bewegende Prinzip im Menschen liegt, steht es auch in der Macht des Menschen zu handeln oder nicht zu handeln. […]

Der Satz aber: „Mit Willen schlecht ist niemand, niemand wider seinen Willen glücklich“, ist in der ersten Hälfte falsch und nur in der zweiten richtig. Denn glücklich ist niemand wider seinen Willen, aber Minderwertigkeit ist freiwillig. Sonst müsste man zurücknehmen, dass der Mensch das bewegende Prinzip oder der „Erzeuger“ seiner Handlungen sei, so wie er der Erzeuger seiner Kinder ist. Wenn dies aber klar ist und wir das Handeln auf keine anderen Prinzipien zurückführen können als auf solche in uns, dann ist das Handeln, dessen Prinzipien in uns sind, auch selbst in unsere Macht gegeben, also freiwillig.

***Aristoteles**, 384–322 v. Chr., griechischer Philosoph*

Kann der Mensch wollen, was er will?

John Locke akzentuiert die Frage nach der Freiheit auf einer anderen Ebene. Er setzt sich in den folgenden Überlegungen aus seinem „Essay concerning human understanding" sehr kritisch mit der Annahme menschlicher Willensfreiheit auseinander.

Oft wird das anerkanntermaßen unendlich größte Gut vernachlässigt, um die wechselnden Unlustempfindungen zu befriedigen, die aus unsern, auf Nichtigkeiten gerichteten Begierden entspringen. Während aber das anerkannt größte, ja ewige, unaussprechliche Gut, das zuweilen das Gemüt bewegt und beeinflusst, den Willen nicht dauernd festhält, sehen wir auf der andern Seite, wie jedes wirklich große und stark wirkende Unbehagen, das einmal sich des Willens bemächtigt hat, diesen nicht wieder freilässt. Wir können daraus in überzeugender Weise entnehmen, welches der Faktor ist, der wirklich den Willen bestimmt. So wird der Wille durch jeden heftigen Körperschmerz, durch die unbezähmbare Leidenschaft einer starken Verliebtheit oder durch ungeduldige Rachgier dauernd angespannt erhalten, und der so bestimmte Wille lässt es nicht zu, dass der Verstand sein Objekt außer Acht lasse, vielmehr richten sich alle Gedanken des Geistes und alle Kräfte des Körpers kraft der Bestimmtheit des Willens ununterbrochen auf diesen einen Punkt, indem der Wille so lange durch jenes oberste Unbehagen beeinflusst wird, als dasselbe andauert. Hieraus scheint mir klar hervorzugehen, dass der Wille oder das Vermögen, uns einer Handlung vor allen anderen zuzuwenden, durch das Gefühl des Unbehagens in uns bestimmt wird. […]
Da es somit klar ist, dass der Mensch in den meisten Fällen nicht die Freiheit hat zu wollen oder nicht zu wollen, […] so ist die nächste Frage die, ob der Mensch die Freiheit habe, von den zwei Möglichkeiten der Bewegung oder Ruhe diejenige zu wollen, die ihm beliebt. Diese Frage trägt so deutlich den Stempel ihrer eigenen Absurdität an der Stirn, dass uns schon das genügend davon überzeugen könnte, dass die Freiheit nicht den Willen betrifft. Denn wenn man fragt, ob der Mensch die Freiheit hat, Bewegung oder Ruhe, Reden oder Schweigen zu wollen, je nachdem es ihm gefällt, so heißt das, man fragt, ob jemand wollen kann, was er will, oder ob ihm gefallen kann, was ihm gefällt, eine Frage, die doch wohl keiner Antwort bedarf. Wer sie aber aufwerfen kann, muss einen Willen annehmen, der die Akte eines andern bestimmt und seinerseits wieder durch einen dritten bestimmt wird, usw. bis ins Unendliche [eine Absurdität, auf die schon oben hingewiesen wurde].

***John Locke**, 1632–1704, englischer Politiker und Philosoph*

- *Erklären und unterscheiden Sie, was unter Handlungs- und unter Willensfreiheit zu verstehen ist.*
- *Erläutern und vergleichen Sie die Positionen von Aristoteles und John Locke.*
- *Vertritt Locke eine deterministische Position? Setzen Sie sich kritisch mit seinen Analysen auseinander.*
- *Diskutieren Sie das Verhältnis von Handlungsfreiheit und Willensfreiheit: Setzt Handlungsfreiheit Willensfreiheit voraus? Begründen Sie Ihren Standpunkt.*

Willensfreiheit als Voraussetzung für freies Handeln?

Wir betrachten uns jedenfalls immer dann als frei, wenn sich uns die Frage stellt, was wir tun sollen oder tun sollten. Fragen rationaler oder moralischer Richtigkeit stellen sich uns nur in Situationen, in denen wir überzeugt sind, zwischen zwei oder mehreren Alternativen frei wählen zu können. Gebote, dies oder das zu tun, sind nur dann sinnvoll, wenn man es tun kann und das geforderte Verhalten nicht schon mit naturgesetzlicher Notwendigkeit eintritt. In diesem Sinn richten sich moralische Gebote, wie schon Kant* betont hat, immer an freie Personen.
Handeln wir rational, so folgen wir unseren Präferenzen. Sind die vorgegeben und entziehen sich unserer Kontrolle, so ist unser Verhalten durch sie bestimmt, wenn auch nicht kausal und auch nicht vollständig – es kann ja mehrere gleich gute Alternativen geben, unter denen dann keine als rational ausgezeichnet ist. Im vollen Sinn sind wir also nur dann frei, wenn wir auch die Möglichkeit haben, unsere Ziele oder Präferenzen selbst zu bestimmen. Diese Freiheit bezeichnet man als *Willensfreiheit*. […]
Nun setzt zwar jede sinnvolle Entscheidung Präferenzen voraus, aber ebenso setzt jedes Lernen aus der Erfahrung vorgängige Annahmen und Erwartungen voraus, ohne dass man behaupten könnte, Erfahrungen könnten diese „Vorurteile" immer nur bestätigen und nie Anlass sein, sie zu modifizieren. Erfahrungen zwingen uns oft nicht, bestimmte Überzeugungen oder Theorien aufzugeben, sie können aber Anlass sein, das zu tun. Tatsächlich lernen wir durch Erfahrung. […]
Entsprechend verstehen wir Willensfreiheit: Wir bilden uns auch unsere Präferenzen; sie formen sich nicht automatisch aus Anlage, Erziehung und Erfahrungen. Wir bilden sie in uns aufgrund von Erfahrungen und modifizieren sie aufgrund neuer Erfahrungen.

*Franz von Kutschera, *1932, deutscher Philosoph*

- *Vergleichen Sie das Verständnis von Willensfreiheit bei Franz von Kutschera und John Locke und prüfen Sie, zu welchen Konsequenzen beide jeweils kommen.*
- *Erörtern Sie das Verhältnis von Handlungsfreiheit und Willensfreiheit noch einmal unter Bezug auf die Ambivalenz von Freiheit und Gebundenheit in der Plastik Johann E. Müllers.*

Freiheit oder Determination?

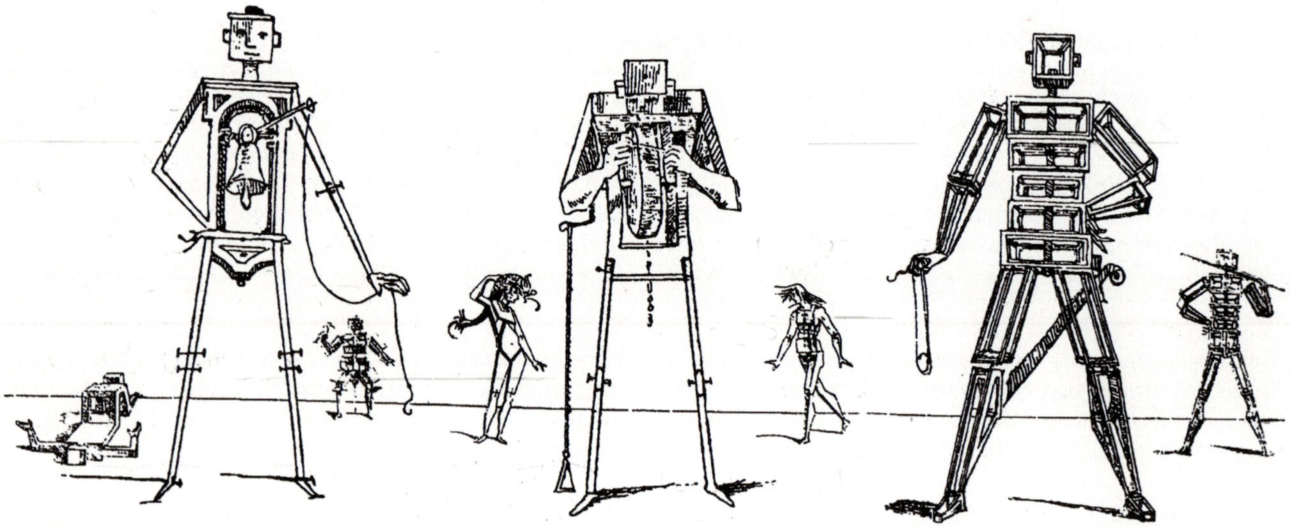

Giovanni Battista, Automatenmenschen, 1624

Zu Lebzeiten Descartes' entwickelte sich ein lebhaftes Interesse für Automaten und Roboter, welche menschliche oder tierische Bewegungen oder Laute auf mechanischem Weg nachahmten. Die aus dieser Zeit stammenden Automaten-Menschen kann man als Vorbilder heutiger Star-Trek-Androiden ansehen. Gibt es Ihrer Meinung nach grundsätzliche Unterschiede zwischen diesen künstlichen Menschen und dem Menschen?*

Untersuchen Sie, ob und inwiefern die Mechanik der Automaten-Menschen dem Menschenbild des folgenden Textes von Leibniz entspricht.

Die Allgemeingültigkeit des Kausalgesetzes

Stellt man die Freiheit des menschlichen Willens in Zweifel, so kommt man nicht umhin, die Triebkräfte für Entscheidungsakte außerhalb der subjektiven Selbstbestimmung anzusetzen. Freiheit scheint so in Determiniertheit umzuschlagen. Die Vertreter einer solchen anthropologischen Position – als einer der Ersten Gottfried W. Leibniz – berufen sich dabei auf das Kausalgesetz, dem auch menschliches Denken und Handeln unterworfen sind.

Eine unendliche Anzahl großer und kleiner, innerer und äußerer Beweggründe wirken in uns zusammen, deren man sich sehr oft nicht bewusst ist, und ich habe bereits gesagt, dass man, wenn man ein Zimmer verlässt, gewisse Gründe hat, die einen bestimmen, einen bestimmten Fuß voranzusetzen, ohne dass man darauf achtet. […] Das alles stimmt auch vollständig mit den Grundsätzen der Philosophen überein, wonach eine Ursache nicht wirken kann, wenn sie keine Disposition zur Tätigkeit besitzt: Diese Disposition enthält eine Vorherbestimmung, mag nun der Handelnde sie von außen empfangen oder mag er sie vermöge seines eigenen früheren Handelns erhalten haben. […]
Aus diesem Grund ist auch der Fall mit dem Esel Buridans[1] zwischen zwei Weideplätzen, die ihn gleichmäßig anziehen, eine Erdichtung, die im Universum und in der Ordnung der Natur nicht vorkommen kann […]. Es wird daher immer im Esel und außerhalb des Esels sehr viele Dinge geben, die ihn, obgleich uns nicht bemerkbar, bestimmen werden, sich eher nach der einen als nach der anderen Seite zu wenden. Und obgleich der Mensch frei ist, was der Esel nicht ist, so ist es nichtsdestoweniger wahr, dass auch beim Menschen der Fall eines vollkommenen Gleichgewichts zwischen zwei Entschlüssen unmöglich ist und dass ein Engel oder wenigstens Gott immer den Entschluss, den der Mensch gefasst hat, würde begründen können, indem er eine Ursache oder einen Beweggrund darlegt, der den Menschen wirklich zu dem gefassten Entschluss bewogen hat, obgleich dieser Grund häufig sehr zusammengesetzt und uns unbegreiflich sein würde, weil die Verkettung der untereinander zusammenhängenden Ursachen weit reicht. […]
Was das Wollen selbst anbetrifft, so ist es unrichtig, wenn man sagt, dass es ein Gegenstand des freien Willens sei.
[…] Wir folgen auch nicht immer dem letzten Urteil des praktischen Verstands, indem wir uns zum Wollen entschließen, immer aber folgen wir beim Wollen dem Resultat aller Antriebe, die sowohl von Seiten der Vernunft als auch von Seiten der Leidenschaften kommen, und zwar geschieht das oft ohne ein ausdrückliches Urteil des Verstands.

1 Der französische Philosoph Johannes Buridan (um 1300–1359) vertrat in der Lehre vom Willen einen intellektuellen Determinismus. Ihm wird, wahrscheinlich irrtümlich, die Geschichte eines Esels zugeschrieben, der zwischen zwei Heubündeln verhungert, weil er sich nicht entscheiden kann.

Gottfried W. Leibniz, *1646–1716, deutscher Philosoph*

Erläutern Sie am Beispiel des „Esels Buridans", wie Leibniz gegen die Willensfreiheit argumentiert.

Diskutieren Sie, ob Sie Leibniz' Argumente überzeugend finden und begründen Sie Ihre Meinung.

Wie beurteilen Sie Leibniz' Unterscheidung zwischen Mensch und Tier? Halten Sie diese von seinem Ansatz her für konsequent?

Unser Verhalten ist Ergebnis unseres Charakters, unser Charakter ist Ergebnis …

Ganz anders als Leibniz analysiert David Hume die Bedingungen menschlichen Denkens, Wollens und Handelns. Hume hebt besonders die Bedeutung charakterlicher und soziokultureller Konstanten für Willensbildung und Verhalten hervor.

Wenn wir die Menschheit betrachten in ihren Unterschieden des Geschlechts, des Alters, der Regierungen, der äußeren Lebensbedingungen, der Erziehung, immer gibt sich dieselbe Gleichförmigkeit und regelmäßige Wirksamkeit natürlicher Prinzipien zu erkennen. Gleiche Ursachen erzeugen überall gleiche Wirkungen, genauso wie bei der wechselseitigen Wirkung der Elemente und Naturkräfte.

Bestimmte voneinander verschiedene Bäume bringen regelmäßig Früchte hervor, die einen verschiedenen Geschmack haben; diese Regelmäßigkeit lässt man als Beispiel dafür gelten, dass in den Körpern der Außenwelt Notwendigkeit und Ursächlichkeit bestehe. Aber sind die Erzeugnisse von Guyana und der Champagne etwa in regelmäßigerer Weise voneinander verschieden als die Gefühle, Handlungen und Affekte der beiden Geschlechter, von denen die einen durch ihre Kraft und Reife, die anderen durch ihre Zartheit und Weichheit ausgezeichnet sind?

Sind die Veränderungen unseres Körpers von der Kindheit bis zum Greisenalter regelmäßiger und berechenbarer als diejenigen unseres Geistes und unseres seelischen Verhaltens?

[…] Haut, Poren, Muskeln und Nerven eines Tagelöhners sind von denen eines vornehmen Mannes verschieden; aber seine Gefühle, Handlungen und Gebarungsweisen sind es auch. Die verschiedene gesellschaftliche Stufe beeinflusst das ganze Geschöpf innerlich und äußerlich. […]

Wenn wir eine Handlung ausgeführt haben, geben wir zwar zu, dass wir von bestimmten Gesichtspunkten und Motiven beeinflusst wurden, aber wir können uns schwer davon überzeugen, dass wir von einer Notwendigkeit geleitet wurden, und dass es uns ganz unmöglich gewesen wäre, anders zu handeln. Die Vorstellung der Notwendigkeit scheint etwas von Macht und Gewalt und Zwang in sich zu schließen, und von dergleichen haben wir kein Bewusstsein. […]

Wir können uns einbilden, die Freiheit in uns zu fühlen, aber ein Zuschauer wird wohl aus unseren Motiven und unserem Charakter auf unsere Handlungen schließen; und selbst wo er dies nicht kann, nimmt er im Allgemeinen an, dass er es könnte, wenn ihm jede Besonderheit unserer Lebensumstände, unser Temperament und die geheimsten Wurzeln unseres Charakters und unserer Gesinnung vollkommen bekannt wären. Dies aber ist nach obiger Lehre das eigentliche Wesen der Notwendigkeit.

[…] Durch die Lehre von der Freiheit oder der Zufälligkeit (des menschlichen Wollens) aber wird dieser Zusammenhang auf nichts reduziert. Ihr zufolge sind also die Menschen nicht verantwortlicher für Handlungen, die beabsichtigt und vorbedacht sind, als für solche, die ganz zufällig und unbedacht geschehen. Handlungen sind ihrem eigentlichen Wesen nach etwas Vorübergehendes und Vergängliches. Wenn sie nicht aus einer Ursache entspringen, die in dem Charakter oder Temperament der sie vollbringenden Person liegt, so haften sie derselben (gar) nicht (eigentlich) an und können (demgemäß), wenn sie gut sind, ihnen nicht zur Ehre und (ebenso), wenn sie schlecht sind, ihnen nicht zur Schande gereichen. Die Tat als solche mag (immerhin) tadelnswert sein, sie mag allen sittlichen und religiösen Vorschriften zuwiderlaufen, aber die Person ist nicht dafür verantwortlich. Da die Tat nicht aus etwas hervorging, das dauernd oder beständig in ihr ist, und da sie auch nichts dergleichen hinterlässt, so ist es unmöglich, dass die Person deswegen Gegenstand der Strafe oder Rache werde. Nach der Freiheitshypothese ist also ein Mensch, nachdem er die scheußlichsten Verbrechen begangen hat, ebenso rein wie im ersten Augenblick seiner Geburt. Sein Charakter ist ja bei seinen Handlungen gar nicht mit im Spiel; dieselben entspringen nicht aus ihm, und ihre Schlechtigkeit kann demnach niemals als Beweis seiner eigenen Verworfenheit dienen. Nur wenn das Prinzip der Notwendigkeit Geltung hat, gewinnt ein Mensch durch seine Handlungen Wert oder Unwert, mag dies auch der allgemeinen Meinung noch so sehr zuwiderlaufen.

***David Hume**, 1711–1776, englischer Philosoph und Diplomat*

- *Unterscheiden Sie die verschiedenen von Hume aufgeführten Bedingungen menschlichen Denkens und Handelns.*
- *Was meint Hume damit, aus dem Charakter auf die Handlungen zu schließen?*
- *Wie erklärt Hume das „Vorurteil" von der Freiheit des Willens?*
- *Humes Kritik an der Lehre von der Freiheit mündet in den Vorwurf, diese ziehe die Person aus der Verantwortung. Vollziehen Sie Humes Argumentation nach und diskutieren Sie sie kritisch.*

Philosophy of mind

Verschärft und durch empirische Untersuchungen unterstützt werden Leibniz' und Humes deterministische Hypothesen heute durch Vertreter der *philosophy of mind* und die Hirnforschung. So berichtet beispielsweise der amerikanische Neurologe Antonio Damasio von erstaunlichen Koinzidenzen[1] von Verletzungen des vorderen Stirnhirns und Verlust von Moralempfinden und Fähigkeit zu Schuldgefühlen bei Unfallpatienten. „Welche Bewusstseinstätigkeit wir auch betrachten, stets lassen sich bestimmte Teile des Gehirns identifizieren, die gemeinsam dazu beitragen, diese Tätigkeit hervorzubringen." Demnach wäre menschliche Willensfreiheit eine Illusion.

1 Koinzidenz: Zusammentreffen, Zusammenfall zweier Ereignisse

- *Stellen Sie in einem Rollenspiel einen beliebigen Entscheidungsprozess aus der Perspektive der entscheidenden Person und aus der Perspektive eines genauen Beobachters dar.*
- *Führen Sie ein Streitgespräch zur Frage: Hat der Mensch einen freien Willen?*

Ist moralisches Handeln ohne Freiheit möglich?

Der Mensch als Sinnenwesen und als intelligibles Wesen

Dass der Mensch den Gesetzen der Kausalität unterworfen ist, gestehen die Vertreter der Freiheitstheorie den Deterministen zu. Sie betrachten den Menschen jedoch als vielschichtiges Wesen: als Natur- und Sinnenwesen und als Vernunftwesen. Als Letzteres ist der Mensch als frei anzusehen. Diese Unterscheidung ebenso wie das Postulat der Freiheit gehen auf Immanuel Kant zurück, demzufolge Moralität ohne vorausgesetzte Freiheit undenkbar wäre.

Der Begriff der Kausalität, als *Naturnotwendigkeit*, zum Unterschiede derselben, als *Freiheit*, betrifft nur die Existenz der Dinge, sofern sie *in der Zeit bestimmbar* ist, folglich als Erscheinungen, im Gegensatze ihrer Kausalität, als Dinge an sich selbst. Nimmt man nun die Bestimmungen der Existenz der Dinge in der Zeit für Bestimmungen der Dinge an sich selbst, (welches die gewöhnlichste Vorstellungsart ist), so lässt sich die Notwendigkeit im Kausalverhältnisse mit der Freiheit auf keinerlei Weise vereinigen; sondern sie sind einander kontradiktorisch[1] entgegengesetzt. Denn aus der Ersteren folgt: Dass eine jede Begebenheit, folglich auch jede Handlung, die in einem Zeitpunkte vorgeht, unter der Bedingung dessen, was in der vorhergehenden Zeit war, notwendig sei. Da nun die vergangene Zeit nicht mehr in meiner Gewalt ist, so muss jede Handlung, die ich ausübe, durch bestimmende Gründe, *die nicht in meiner Gewalt sind*, notwendig sein, d. i. ich bin in dem Zeitpunkte, darin ich handle, niemals frei. […] Denn in jedem Zeitpunkte stehe ich doch immer unter der Notwendigkeit, durch das zum Handeln bestimmt zu sein, *was nicht in meiner Gewalt ist*, und die a parte priori[2] unendliche Reihe der Begebenheiten, die ich immer nur, nach einer schon vorherbestimmten Ordnung, fortsetzen, nirgend von selbst anfangen würde, wäre eine stetige Naturkette, meine Kausalität also niemals Freiheit. […]

Wenn ich von einem Menschen, der einen Diebstahl verübt, sage: Diese Tat sei nach dem Naturgesetze der Kausalität aus den Bestimmungsgründen der vorhergehenden Zeit ein notwendiger Erfolg, so war es unmöglich, dass sie hat unterbleiben können; wie kann dann die Beurteilung nach dem moralischen Gesetze hierin eine Änderung machen und voraussetzen, dass sie doch habe unterlassen werden können, weil das Gesetz sagt, sie hätte unterlassen werden sollen, d. i. wie kann derjenige, in demselben Zeitpunkte, in Absicht auf dieselbe Handlung, ganz frei heißen, in welchem, und in derselben Absicht, er doch unter einer unvermeidlichen Naturnotwendigkeit steht?

Um nun den scheinbaren Widerspruch zwischen Naturmechanismus und Freiheit in ein und derselben Handlung an dem vorgelegten Falle aufzuheben, muss man sich an das erinnern, was in der Kritik der reinen Vernunft gesagt war, oder daraus folgt: Dass die Naturnotwendigkeit, welche mit der Freiheit des Subjekts nicht zusammen bestehen kann, bloß den Bestimmungen desjenigen Dinges anhängt, das unter Zeitbedingungen steht, folglich nur denen des handelnden Subjekts als Erscheinung, dass also sofern die Bestimmungsgründe einer jeden Handlung desselben in demjenigen liegen, was zur vergangenen Zeit gehört und *nicht mehr in seiner Gewalt ist* (wozu auch seine schon begangenen Taten und der ihm dadurch bestimmbare Charakter in seinen eigenen Augen als Phänomens[3] gezählt werden müssen). Aber ebendasselbe Subjekt, das sich andererseits auch seiner, als Dinges an sich selbst[4], bewusst ist, betrachtet auch sein Dasein, *sofern es nicht unter Zeitbedingungen* steht, sich selbst aber nur als bestimmbar durch Gesetze, die es sich durch Vernunft selbst gibt, und in diesem seinem Dasein ist ihm nichts vorhergehend vor seiner Willensbestimmung, sondern jede Handlung, und überhaupt jede dem innern Sinne gemäß wechselnde Bestimmung seines Daseins, selbst die ganze Reihenfolge seiner Existenz, als Sinnenwesen, ist im Bewusstsein seiner intelligibelen[5] Existenz nichts als Folge, niemals aber als Bestimmungsgrund seiner Kausalität, als *Noumens*[6], anzusehen. In diesem Betracht nun kann das vernünftige Wesen, von einer jeden gesetzwidrigen Handlung, die es verübt, ob sie gleich, als Erscheinung, in dem Vergangenen hinreichend bestimmt, und sofern unausbleiblich notwendig ist, mit Recht sagen, dass er sie hätte unterlassen können; denn sie, mit allem Vergangenen, das sie bestimmt, gehört zu einem einzigen Phänomen seines Charakters, den er sich selbst verschafft, und nach welchem er sich als einer von aller Sinnlichkeit unabhängigen Ursache, die Kausalität jener Erscheinungen selbst zurechnet.

Hiermit stimmen auch die Richtersaussprüche desjenigen wundersamen Vermögens in uns, welches wir Gewissen nennen, vollkommen überein. Ein Mensch mag künsteln, so viel als er will, um ein gesetzwidriges Betragen, dessen er sich erinnert, sich als unvorsätzliches Versehen, als bloße Unbehutsamkeit, die man niemals gänzlich vermeiden kann, folglich als etwas, worin er vom Strom der Naturnotwendigkeit fortgerissen wäre, vorzumalen und sich darüber für schuldfrei zu erklären, so findet er doch, dass der Advokat, der zu seinem Vorteil spricht, den Ankläger in ihm keineswegs zum Verstummen bringen könne, wenn er sich bewusst ist, dass er zu der Zeit, als er das Unrecht verübte, nur bei Sinnen, d. i. im Gebrauche seiner Freiheit war, und gleichwohl *erklärt* er sich sein Vergehen, aus gewisser übler, durch allmähliche Vernachlässigung der Achtsamkeit auf sich selbst zugezogener Gewohnheit bis auf den Grad, dass er es als eine natürliche Folge, derselben ansehen kann, ohne dass dieses ihn gleichwohl wider den Selbsttadel und den Verweis sichern kann, den er sich selbst macht. Darauf gründet sich denn auch die Reue über eine längst begangene Tat bei jeder Erinnerung derselben; eine schmerzhafte, durch moralische Gesinnung gewirkte Empfindung.

1 kontradiktorisch: sich widersprechend, sich gegenseitig aufhebend
2 a parte priori: von früher her bestimmend
3 Phänomen: das Erscheinende, sich den Sinnen Zeigende; der sich der Erkenntnis darbietende Bewusstseinsinhalt
4 Ding an sich: das Wesen ist unabhängig von jeder sinnlichen und natürlichen Bestimmtheit
5 intelligibel: Grundlage der empirischen Existenz, die sittliches Handeln erst ermöglicht (vgl. S. 27)
6 Noumen: hier: das bloß Gedachte, objektiv nicht Wirkliche

Immanuel Kant, *1724–1804, deutscher Philosoph*

- *Gliedern Sie den Text in mehrere Abschnitte und fassen Sie die Kernaussagen zusammen.*
- *Inwiefern besteht ein nur scheinbarer Widerspruch zwischen Kausalität und Freiheit ein und derselben Handlung?*
- *Vergleichen Sie Kants Beurteilung des Gewissens als Beleg für die Freiheit des Subjekts mit Humes* und Damasios Auffassung (S. 25) und diskutieren Sie beide Positionen.*

Max Ernst, Untitled (Men Will Never Understand It), 1921

- *Beschreiben Sie die Wirkung von Max Ernsts Gemälde auf Sie persönlich und geben Sie ihm einen Titel.*
- *Inwiefern lässt sich ein Zusammenhang zwischen der künstlerischen Darstellung und der von Kant vorausgesetzten Dualität menschlichen Seins feststellen?*

Nur als freie Vernunftwesen sind wir moralisch

In seiner Unterscheidung der beiden Naturen des Menschen als Sinnen- und Vernunftwesen lässt sich der sonst eher für seinen „trockenen" Stil bekannte Kant zu emphatischen Äußerungen über den unauflöslichen Zusammenhang von Freiheit und Moral hinreißen.

Pflicht! du erhabener großer Name, der du nichts Beliebtes, was Einschmeichelung bei sich führt, in dir fassest, sondern Unterwerfung verlangst, doch auch nichts drohest, was natürliche Abneigung im Gemüte erregte und schreckte, um den Willen zu bewegen, sondern bloß ein Gesetz aufstellst, welches von selbst im Gemüte Eingang findet und doch sich selbst wider Willen Verehrung (wenn gleich nicht immer Befolgung) erwirbt, vor dem alle Neigungen verstummen, wenn sie gleich insgeheim ihm entgegenwirken, welches ist der deiner würdige Ursprung, und wo findet man die Wurzel deiner edlen Abkunft, welche alle Verwandtschaft mit Neigungen stolz ausschlägt, und von welcher Wurzel abzustammen, die unnachlassliche Bedingung desjenigen Werts ist, den sich Menschen allein selbst geben können?
Es kann nichts Minderes sein, als was den Menschen über sich selbst (als einen Teil der Sinnenwelt) erhebt, was ihn an eine Ordnung der Dinge knüpft, die nur der Verstand denken kann, und die zugleich die ganze Sinnenwelt, mit ihr das empirisch-bestimmbare Dasein des Menschen in der Zeit und das Ganze aller Zwecke (welches allein solchen unbedingten praktischen Gesetzen, als das moralische, angemessen ist) unter sich hat. Es ist nichts anders als die *Persönlichkeit*, d. i. die Freiheit und Unabhängigkeit von dem Mechanismus der ganzen Natur, doch zugleich als ein Vermögen eines Wesens betrachtet, welches eigentümlichen, nämlich von seiner eigenen Vernunft gegebenen reinen praktischen Gesetzen, die Person also, als zur Sinnenwelt gehörig, ihrer eigenen Persönlichkeit unterworfen ist, sofern sie zugleich zur intelligiblen[1] Welt gehört; da es denn nicht zu verwundern ist, wenn der Mensch, als zu beiden Welten gehörig, sein eigenes Wesen, in Beziehung auf seine zweite und höchste Bestimmung, nicht anders, als mit Verehrung und die Gesetze derselben mit der höchsten Achtung betrachten muss.
Auf diesen Ursprung gründen sich nun manche Ausdrücke, welche den Wert der Gegenstände nach moralischen Ideen bezeichnen. Das moralische Gesetz ist *heilig* (unverletzlich). Der Mensch ist zwar unheilig genug, aber die *Menschheit* in seiner Person muss ihm heilig sein. In der ganzen Schöpfung kann alles, was man will und worüber man etwas vermag, auch *bloß als Mittel* gebraucht werden; nur der Mensch, und mit ihm jedes vernünftige Geschöpf, ist *Zweck an sich selbst.* Er ist nämlich das Subjekt des moralischen Gesetzes, welches heilig ist, vermöge der Autonomie seiner Freiheit.

1 intelligibel: nur durch den Intellekt im Gegensatz zur sinnlichen Wahrnehmung, Erfahrung erkennbar. Intelligible Welt: hier: die unerkennbare und unerfahrbare Welt des Seienden an sich.

Immanuel Kant, *1724–1804, deutscher Philosoph*

- *Identifizieren Sie das Kants Ausführungen zugrunde liegende Menschenbild und diskutieren Sie es.*
- *Wird Kant in Ihren Augen dem Wesen des Menschen gerecht, wenn er Moralität nur auf die Vernunftbestimmtheit des Menschen gründet?*
- *Schreiben Sie eine Definition zum Begriff „Moralität".*

Das Gewissen – letzte Berufungsinstanz?

Iustitia, um 1890

Die Frage nach der Freiheit des Menschen ist im praktischen Leben insbesondere mit der Frage nach der Freiheit des Gewissens verbunden. Im Deutschen Grundgesetz (Art. 4) ist Gewissensfreiheit als Grundrecht festgeschrieben. Diese spielt im öffentlichen Leben, in den Bereichen des Rechts und der Politik eine bedeutende Rolle. Es gibt unterschiedliche Theorien über das Wesen und die Entstehung des Gewissens: Den einen gilt es als angeborenes individuelles Wertgefühl, für die anderen ist es das Ergebnis eines soziokulturell bedingten Erziehungsprozesses, wieder anderen gilt es als göttliche Stimme im Menschen. Seit jeher aber wurde das Bewusstsein persönlicher Freiheit an die Möglichkeit, nach dem eigenen Gewissen zu handeln, geknüpft. Diskutieren Sie dazu folgende Fragen:

- *Was ist für Sie das Gewissen? Stellen Sie eine eigene Theorie über Entstehung und Eigenschaften des Gewissens auf und vergleichen Sie Ihre Ergebnisse.*
- *Informieren Sie sich über die Gewissenstheorien Nietzsches*, Freuds* und Piagets* und diskutieren Sie die Frage, ob es ein Ausdruck von Freiheit ist, nach seinem Gewissen zu handeln. Literatur: Friedrich Nietzsche, Zur Genealogie der Moral, Reclam Verlag, Ditzingen 1988; Sigmund Freud, Abriss der Psychoanalyse, Fischer Verlag, Frankfurt/M. 1994; Jean Piaget, Die Psychologie des Kindes, dtv, München 1993.*
- *Ist das Gewissen unfehlbar? Kann man moralische Urteile, die sich auf das Gewissen berufen, in jedem Fall rechtfertigen?*
- *Muss man seinem Gewissen folgen, um moralisch zu handeln?*
- *Darf man andere zwingen, gegen ihr Gewissen zu handeln (z. B. wenn man Abgeordnete des Deutschen Bundestages beeinflusst, für die Beteiligung deutscher Truppen in kriegerischen Interventionen zu stimmen)?*
- *Die Abbildung ist eine Allegorie für die Gerechtigkeit. Gibt es Ihrer Meinung nach einen Zusammenhang mit dem Gewissen? Berücksichtigen Sie in Ihren Überlegungen auch die auf S. 24/25 angesprochenen Fragen.*

Der Gerichtshof des Gewissens

Die Beantwortung der Fragen nach Unfehlbarkeit des Gewissens, Gewissenszwang und Gewissensfreiheit ist abhängig von der Theorie, was das Gewissen sei. Im Folgenden werden mit den Konzeptionen von Adam Smith und Georg W. F. Hegel zwei unterschiedliche Auffassungen über das Gewissen vorgestellt.*

Wenn ich mich bemühe, mein eigenes Verhalten zu prüfen, wenn ich mich bemühe, über dasselbe ein Urteil zu fällen und es entweder zu billigen oder zu verurteilen, dann teile ich mich offenbar in all diesen Fällen gleichsam in zwei Personen. Es ist einleuchtend, dass ich, der Prüfer und Richter, eine Rolle spiele, die verschieden ist von jenem anderen Ich, nämlich von der Person, deren Verhalten geprüft und beurteilt wird. Die erste Person ist der Zuschauer, dessen Empfindungen in Bezug auf mein Verhalten ich nachzufühlen trachte, indem ich mich an seine Stelle versetze und überlege, wie dieses Verhalten mir wohl erscheinen würde, wenn ich es von diesem eigentümlichen Gesichtspunkt aus betrachte. Die zweite Person ist der Handelnde, die Person, die ich im eigentlichen Sinne mein Ich nennen kann, und über deren Verhalten ich mir – in der Rolle eines Zuschauers – eine Meinung zu bilden suche. Die erste ist der Richter, die zweite die Person, über die gerichtet wird. Dass jedoch der Richter in jeder Beziehung mit demjenigen, über den gerichtet wird, identisch sein sollte, das ist ebenso unmöglich, wie dass die Ursache in jeder Beziehung mit der Wirkung identisch wäre.

Der Beifall der ganzen Welt wird uns nicht viel helfen, wenn unser eigenes Gewissen uns verurteilt, und die Missbilligung der ganzen Menschheit wird nicht im Stande sein, uns zu betrüben, wenn der Gerichtshof in unserer eigenen Brust uns freispricht und wenn unser Herz uns sagt, dass die ganze Menschheit im Unrecht ist.

Wir lernen aber bald in unserer eigenen Seele einen Richter zwischen uns und den Menschen unserer Umgebung aufzustellen, um so uns selbst gegen solche parteiischen Urteile verteidigen zu können. Wir stellen uns vor, dass wir unter den Augen eines ganz unparteiischen und gerechten Menschen handeln, der weder zu uns noch zu denjenigen, deren Interessen durch unser Vorgehen berührt werden, in irgendeiner näheren Beziehung steht, der weder uns noch ihnen Vater, Bruder oder Freund ist, sondern der für uns alle nichts anderes ist als schlechthin ein Mensch, ein unparteiischer Zuschauer, der unser Verhalten mit derselben Gleichgültigkeit betrachtet, mit welcher wir dasjenige anderer Leute ansehen. Wenn wir uns in die Lage eines solchen Menschen versetzen und wenn uns dann unsere Handlungen in einem angenehmen Licht erscheinen, wenn wir fühlen, dass ein solcher Zuschauer nicht umhin könnte, alle die Beweggründe gutzuheißen, die unser Verhalten bestimmten, dann mögen die Urteile der Welt noch so ungünstig sein, wir müssen doch mit unserem Betragen zufrieden sein und uns trotz des Tadels unserer Gefährten als würdigen und schicklichen Gegenstand der Billigung ansehen. Wenn uns umgekehrt der Mensch in unserem Innern verurteilt, dann erscheint uns auch der lauteste Beifall der Menschen nur als ein törichtes, unwissendes Lärmen, und wir können dann, sofern wir die Rolle dieses unparteiischen Richters übernehmen, nicht umhin, unsere eigenen Handlungen mit dem gleichen Unwillen und mit der gleichen Unzufriedenheit zu betrachten wie er.

Adam Smith, 1723–1790, englischer Ökonom und Philosoph

Zeigen Sie Bezüge zwischen Smiths' Theorie des Gewissens und der Abbildung der Iustitia auf.

Adam Smith

1723–1790. Der englische Moralphilosoph und Freund David Humes* wurde als Begründer der Nationalökonomie weltberühmt. Sein Werk „An Inquiry into the Nature and Causes of the Wealth of Nations" (1776) gilt als Standardwerk der klassischen Volkswirtschaftslehre. In seiner Moralphilosophie entwickelt er Gedanken Humes über die moralischen Gefühle weiter: Für ihn gründen moralische Handlungen und Werturteile im sozialen Miteinander, dessen Grundlage die zwischenmenschliche Sympathie ist. Die Sympathie als grundlegendes moralisches Gefühl ist Voraussetzung für einen Ausgleich individueller Interessen sowohl beim Einzelnen wie im Staat.

Die Subjektivität des Gewissens

Man kann von der Pflicht sehr erhaben sprechen, und dieses Reden stellt den Menschen höher und macht sein Herz weit; aber wenn es zu keiner Bestimmung fortgeht, wird es zuletzt langweilig: Der Geist fordert eine Besonderheit, zu der er berechtigt ist. Dagegen ist das Gewissen diese tiefste innerliche Einsamkeit mit sich, wo alles Äußerliche und alle Beschränktheit verschwunden ist, diese durchgängige Zurückgezogenheit in sich selbst. Der Mensch ist als Gewissen von den Zwecken der Besonderheit nicht mehr gefesselt, und dieses ist somit ein hoher Standpunkt, ein Standpunkt der modernen Welt, welche erst zu diesem Bewusstsein, zu diesem Untergange in sich gekommen ist. Die vorangegangenen sinnlicheren Zeiten haben ein Äußerliches und Gegebenes vor sich, sei es Religion oder Recht; aber das Gewissen weiß sich selbst als das Denken, und dass dieses mein Denken das allein für mich Verpflichtende ist.

Das wahrhafte Gewissen ist die Gesinnung, das, was *an und für sich* gut ist, zu wollen; es hat daher feste Grundsätze, und zwar sind ihm diese die für sich objektiven Bestimmungen und Pflichten. Von diesem seinem Inhalte, der Wahrheit, unterschieden, ist es nur die *formelle Seite* der Tätigkeit des Willens, der als *dieser* keinen eigentümlichen Inhalt hat. Aber das objektive System dieser Grundsätze und Pflichten und die Vereinigung des subjektiven Wissens mit demselben ist erst auf dem Standpunkte der Sittlichkeit vorhanden.

Hier auf dem formellen Standpunkte der Moralität ist das Gewissen ohne diesen objektiven Inhalt, so für sich die unendliche formelle Gewissheit seiner selbst, die eben darum zugleich als die Gewissheit *dieses* Subjekts ist.

Das *Gewissen* drückt die absolute Berechtigung des subjektiven Selbstbewusstseins aus, nämlich *in sich* und *aus sich* selbst zu wissen, was Recht und Pflicht ist, und nichts anzuerkennen, als was es so als das Gute weiß, zugleich in der Behauptung, dass, was es so weiß und will, in *Wahrheit* Recht und Pflicht ist.

Das Gewissen ist als diese Einheit des subjektiven Wissens und dessen, was an und für sich ist, ein Heiligtum, welches anzutasten *Frevel* wäre. Ob aber das Gewissen eines *bestimmten Individuums* dieser Idee des Gewissens gemäß ist, ob das, was es *für gut hält* oder ausgibt, auch wirklich gut ist, dies erkennt sich allein aus dem *Inhalt* dieses Gutseinsollenden. Was Recht und Pflicht ist, ist als das an und für sich Vernünftige der Willensbestimmungen wesentlich weder das *besondere* Eigentum eines Individuums noch in der *Form* von Empfindung oder sonst einem einzelnen, d. i. sinnlichen Wissen, sondern wesentlich von *allgemeinen*, gedachten Bestimmungen, d. i. in der Form von *Gesetzen* und *Grundsätzen*. Das Gewissen ist daher diesem Urteil unterworfen, ob es *wahrhaft* ist oder nicht, und seine Berufung nur *auf sein Selbst* ist unmittelbar dem entgegen, was es sein will, die Regel einer vernünftigen, an und für sich gültigen allgemeinen Handlungsweise. Der Staat kann deswegen das Gewissen in seiner eigentümlichen Form, d. i. als *subjektives Wissen,* nicht anerkennen, sowenig als in der Wissenschaft die subjektive *Meinung*, die *Versicherung* und *Berufung* auf eine subjektive Meinung, eine Gültigkeit hat. Was im wahrhaften Gewissen nicht unterschieden ist, ist aber unterscheidbar, und es ist die bestimmende Subjektivität des Wissens und Wollens, welche sich von dem wahrhaften Inhalte trennen, sich für sich setzen und denselben zu einer *Form* und *Schein* herabsetzen kann. Die Zweideutigkeit in Ansehung des Gewissens liegt daher darin, dass es in der Bedeutung jener Identität des subjektiven Wissens und Wollens und des wahrhaften Guten vorausgesetzt und so als ein Heiliges behauptet und anerkannt wird und ebenso als die nur subjektive Reflexion des Selbstbewusstseins in sich doch auf die Berechtigung Anspruch macht, welche jener Identität selbst nur vermöge ihres an und für sich gültigen vernünftigen Inhalts zukommt.

Georg W. F. Hegel, 1770–1831, deutscher Philosoph

Wodurch unterscheidet sich nach Hegel das wahrhafte vom bloß subjektiven Gewissen?

Vergleichen Sie die Gewissenstheorien von Smith und Hegel und zeigen Sie auf, zu welchen Schlussfolgerungen beide hinsichtlich der Frage nach dem Recht des Einzelnen, dem eigenen Gewissen zu folgen, gelangen.

Welche Position vertreten Sie hinsichtlich dieses Problems? Führen Sie ein Streitgespräch zu einem aktuellen politischen Fall.

Freiheit als Subjektivität

Karel Appel, Schrei nach Freiheit, 1948

Der holländische Maler Karel Appel gründete in den späten vierziger Jahren des 20. Jahrhunderts zusammen mit fünf anderen bildenden Künstlern und Dichtern die revolutionäre Gruppe „COBRA", die programmatisch sowohl Dogmatismus sowie alle theoretischen Einflüsse auf das künstlerische Schaffen ablehnte, da diese das künstlerische Schaffen ihrem Verständnis nach nur behindern. Stattdessen lautete ihre Losung: Experimentieren.

- *Beschreiben Sie die Wirkung des Gemäldes „Schrei nach Freiheit".*
- *Erläutern Sie, wie die künstlerischen Grundsätze der Gruppe „COBRA" hier umgesetzt werden.*
- *Welches Verständnis von Freiheit wird hier deutlich?*

Das Subjekt als Entwurf

Ungefähr zeitgleich mit der Künstlergruppe „COBRA" verfasste Sartre sein Programm einer existentialistischen Philosophie, die eine Modewelle existentialistischen Lebensgefühls im Nachkriegseuropa initiierte. Diesem eng verbunden waren auch Sartres Lebensgefährtin, die Schriftstellerin Simone de Beauvoir* und der Schriftsteller Albert Camus*. Ein zentraler Gedanke der existentialistischen Philosophie ist der Begriff der totalen individuellen Freiheit: In einer Welt ohne Gott bleibt dem Individuum kein anderer Halt als es selbst und die von ihm selbst geschaffenen Werte.*

Der atheistische[1] Existentialismus*, für den ich stehe, [...] erklärt, dass, wenn Gott nicht existiert, es mindestens *ein* Wesen gibt, bei dem die Existenz der Essenz vorausgeht, ein Wesen, das existiert, bevor es durch irgendeinen Begriff definiert werden kann, und dass dieses Wesen der Mensch [...] ist. Was bedeutet hier, dass die Existenz der Essenz vorausgeht? Es bedeutet, dass der Mensch zuerst existiert, sich begegnet, in der Welt auftaucht und sich *danach* definiert.

Wenn der Mensch, so wie ihn der Existentialist begreift, nicht definierbar ist, so darum, weil er anfangs überhaupt nichts ist. Er wird erst in der weiteren Folge sein, und er wird so sein, wie er sich geschaffen haben wird. Also gibt es keine menschliche Natur, da es keinen Gott gibt, um sie zu entwerfen.

[...] Der Mensch ist nichts anderes, als wozu er sich macht. Das ist der erste Grundsatz des Existentialismus. Das ist es auch, was man die Subjektivität nennt und was man uns unter eben diesem Namen zum Vorwurf macht. Aber was wollen wir denn damit anderes sagen, als dass der Mensch eine größere Würde hat als der Stein oder der Tisch? Denn wir wollen sagen, dass der Mensch zuerst existiert, d. h. dass er zuerst ist, was sich in eine Zukunft hinwirft und was sich bewusst ist, sich in der Zukunft zu planen.
Der Mensch ist zuerst ein Entwurf, der sich subjektiv lebt, anstatt nur ein Schaum zu sein oder eine Fäulnis oder ein Blumenkohl; nichts existiert diesem Entwurf vorweg [...].
Aber wenn wirklich die Existenz der Essenz vorausgeht, so ist der Mensch verantwortlich für das, was er ist. Somit ist der erste Schritt des Existentialismus, jeden Menschen in Besitz dessen, was er ist, zu bringen und auf ihm die gänzliche Verantwortung für seine Existenz ruhen zu lassen. Und wenn wir sagen, dass der Mensch für sich selber verantwortlich ist, so wollen wir nicht sagen, dass der Mensch gerade eben nur für seine Individualität verantwortlich ist, sondern dass er verantwortlich ist für alle Menschen. Es gibt zweierlei Sinn in dem Wort Subjektivismus, und unsere Gegner arbeiten auf unehrliche Weise mit dieser Tatsache. Subjektivismus bedeutet einerseits Wahl des individuellen Subjekts durch sich selber und andererseits Unmöglichkeit für den Menschen, die menschliche Subjektivität zu überschreiten. Dieser zweite Sinn ist der tiefere Sinn des Existentialismus. Indem wir sagen, dass der Mensch sich wählt, verstehen wir darunter, dass jeder unter uns sich wählt; aber damit wollen wir ebenfalls sagen, dass, indem er sich wählt, er alle Menschen wählt. Tatsächlich gibt es nicht eine unserer Handlungen, die, indem sie den Menschen schafft, der wir sein wollen, nicht gleichzeitig ein Bild des Menschen schafft, so wie wir meinen, dass er sein soll. Wählen, dies oder jenes zu sein, heißt gleichzeitig, den Wert dessen, was wir wählen, bejahen, denn wir können nie das Schlechte wählen. Was wir wählen, ist immer das Gute, und nichts kann für uns gut sein, wenn es nicht gut für alle ist.

1 Atheismus: Gottesleugnung, Verneinung der Existenz Gottes oder seiner Erkennbarkeit

***Jean-Paul Sartre**, 1905–1980, französischer Schriftsteller und Philosoph*

- *Erklären Sie mit Ihren eigenen Worten Sartres Begriff der Subjektivität.*
- *Eröffnet Sartres Bestimmung des Menschen als Subjektivität diesem eine Existenz in völliger Freiheit im Sinne eines „Laisser-faire"?*

Verantwortlichkeit und mauvaise foi

Für Sartre ist die existentielle Grundverfasstheit des Menschen als Subjektivität Voraussetzung für eine Moralphilosophie, die hohe Ansprüche an den Einzelnen stellt.

Dostojewskij hatte geschrieben: „Wenn Gott nicht existierte, so wäre alles erlaubt.“ Da ist der Ausgangspunkt des Existentialismus. In der Tat, alles ist erlaubt, wenn Gott nicht existiert, und demzufolge ist der Mensch verlassen, da er weder in sich noch außerhalb seiner eine Möglichkeit findet, sich anzuklammern. Vor allem findet er keine Entschuldigungen. Geht tatsächlich die Existenz der Essenz voraus, so kann man nie durch Bezugnahme auf eine gegebene und feststehende menschliche Natur Erklärungen geben; anders gesagt, es gibt keine Vorausbestimmung mehr, der Mensch ist frei [...]. Wenn wiederum Gott nicht existiert, so finden wir uns keinen Werten, keinen Geboten gegenüber, die unser Betragen rechtfertigen. So haben wir weder hinter uns noch vor uns, im Lichtreich der Werte, Rechtfertigungen oder Entschuldigungen. Wir sind allein, ohne Entschuldigungen. Das ist es, was ich durch die Worte ausdrücken will: Der Mensch ist verurteilt, frei zu sein. Verurteilt, weil er sich nicht selbst erschaffen hat, anderweit aber dennoch frei, da er, einmal in die Welt geworfen, für alles verantwortlich ist, was er tut. [...]
Wenn wir die Situation des Menschen als eine freie Wahl bestimmt haben, ohne Entschuldigungen und ohne Hilfe, so ist jeder Mensch, der in der Entschuldigung durch seine Leidenschaften Zuflucht sucht, jeder Mensch, der eine Vorausbestimmung erfindet, ein Mensch von schlechtem Willen. [...]
Der schlechte Wille ist offenbar eine Lüge, weil er die totale Freiheit der Bindung verhehlt. Auf derselben Ebene behaupte ich, dass es ebenso schlechter Wille ist, wenn ich wähle, zu erklären, dass gewisse Werte vor mir bestehen; ich bin im Widerspruch mit mir selber, wenn ich zu gleicher Zeit dieselben will und sage, dass sie sich mir auferlegen.
[...] Wenn ich erkläre, dass die Freiheit durch jeden konkreten Umstand hindurch kein anderes Ziel haben kann, als sich selber zu wollen, wenn der Mensch einmal erkannt hat, dass er in Verlassenheit Werte setzt – dann kann er nur eines noch wollen, nämlich die Freiheit als Grundlage aller Werte. Das bedeutet nicht, dass er die Freiheit als abstrakte will. Es will einfach heißen, dass die Handlungen der Menschen, die guten Willens sind, zur letzten Bedeutung das Streben nach Freiheit als solcher haben. [...] Wir wollen die Freiheit um der Freiheit willen und durch jeden besonderen Einzelumstand hindurch. Und indem wir die Freiheit wollen, entdecken wir, dass sie ganz und gar von der Freiheit der andern abhängt und dass die Freiheit der andern von der unsern abhängt. Gewiss hängt die Freiheit als Definition des Menschen nicht vom andern ab, aber sobald ein Sichbinden vorhanden ist, bin ich verpflichtet, gleichzeitig mit meiner Freiheit die der andern zu wollen, und ich kann meine Freiheit nicht zum Ziel nehmen, wenn ich nicht zugleich die Freiheit der andern zum Ziel nehme.

Jean-Paul Sartre, *1905–1980, französischer Schriftsteller und Philosoph*

- *Erklären Sie, inwiefern der „schlechte Wille“ letzten Endes die Freiheit als Grundbedingung menschlicher Existenz negiert.*

- *Welche moralischen Normen gelten umgekehrt für das moralisch integre freie Individuum?*

- *Entspricht Sartres Schlussfolgerung, die eigene Freiheit impliziere die Freiheit der Anderen, Kants* kategorischem Imperativ? Erläutern Sie Zusammenhänge und Unterschiede der Theorie der Verantwortung und des kategorischen Imperativs.*

Der Mensch überschreitet seine Bedingungen

Der existentialistischen Philosophie wurde häufig vorgeworfen, sie fördere den Subjektivismus und legitimiere mit ihrem Freiheitsbegriff Beliebigkeit und Irrationalität. Mit diesen Vorwürfen, die vor allem von Seiten der marxistisch-sozialistischen Philosophie formuliert wurden, setzt sich Simone de Beauvoir auseinander.

Indem die Psychoanalyse den Wert durch die Autorität, die Wahl durch den Trieb ersetzt, bietet sie eine Ersatzmoral an: ihre Vorstellung von Normalität. [...] Wenn ein Subjekt die als normal angesehene Entwicklung nicht in ihrer Gesamtheit reproduziert, wird behauptet, die Entwicklung sei unterwegs stecken geblieben, und dieses Steckenbleiben wird als Mangel, als Verneinung und nie als positive Entscheidung gedeutet [...]. Das Individuum wird immer in seiner Bindung an die Vergangenheit erklärt und nicht mit Bezug auf eine Zukunft, in die es sich entwirft. Daher erhalten wir immer nur ein unauthentisches Bild, und in dieser Unauthentizität lässt sich kaum ein anderes Kriterium finden als die Normalität. [...] Die Theorie des historischen Materialismus hat überaus wichtige Wahrheiten an den Tag gebracht. Die Menschheit ist keine Tierart; sie ist eine historische Realität. Die menschliche Gesellschaft ist eine Antiphysis: Sie lässt das Vorhandensein der Natur nicht passiv über sich ergehen, sondern macht sie sich zunutze. Diese Nutzbarmachung ist keine innere, subjektive Operation: Sie vollzieht sich objektiv in der Praxis. [...] [Dennoch] bleibt Engels' Darstellung oberflächlich, und die Wahrheiten, die er entdeckt, wirken zufällig. Das liegt daran, dass man sie unmöglich genauer untersuchen kann, ohne über den historischen Materialismus hinauszugehen. Er kann keine Lösungen der hier angesprochenen Probleme liefern, weil diese den ganzen Menschen betreffen und nicht jene homo oeconomicus genannte Abstraktion. [...], die Lektion aus der Arbeit hat sich nicht einem passiven Subjekt eingeprägt, sondern das Subjekt hat sich selbst geformt und erobert, indem es seine Werkzeuge formte und die Erde eroberte.

Simone de Beauvoir, *1908–1986, französische Philosophin*

- *Zeigen Sie auf, welches Vorgehen Simone de Beauvoir ihren Kritikern vorwirft.*

- *Wie rechtfertigt Simone de Beauvoir ihr Verständnis von Freiheit? Ist das seine Situation überschreitende Subjekt völlig losgelöst von Determinanten?*

- *Vorschlag für eine Facharbeit: Ist es ein Ausdruck von Freiheit, nach seinem Gewissen zu handeln? Ein Vergleich der Gewissenstheorien bei Nietzsche*, Freud*, Kant und Sartre.*

> Was wir Freiheit nennen, ist die Unzurückführbarkeit der Ordnung der Kultur auf die der Natur.
>
> **Jean-Paul Sartre**, *1905–1980, französischer Schriftsteller und Philosoph*

Der entfesselte Prometheus

Raoul Hausmann, Tatlin zu Hause, 1920

Hybris[1] ist heute unsere ganze Stellung zur Natur, unsere Naturvergewaltigung mit Hilfe der Maschinen und der so unbedenklichen Techniker- und Ingenieur-Erfindsamkeit; Hybris ist unsere ganze Stellung zu Gott, will sagen zu irgendeiner angeblichen Zweck- und Sittlichkeits-Spinne hinter dem großen Fangnetz-Gewebe der Ursächlichkeit [...]; Hybris ist unsre Stellung zu uns, denn wir experimentieren mit uns, wie wir es keinem Tiere erlauben würden.

1 Hybris: in der Antike frevelhafter Übermut, Selbstüberhebung (besonders gegen die Gottheit), Vermessenheit

Friedrich Nietzsche, *1844–1900, deutscher Philosoph*

- *Geben Sie dem Bild einen Titel und beschreiben Sie die Wirkung.*
- *Vergleichen Sie die Darstellung mit der des Prometheus* auf S. 22/23.*
- *Nietzsche bezeichnet den modernen Menschen als „großen Experimentator". Beschreiben Sie mit eigenen Worten, wie er das Verhältnis des Menschen zur Natur, Welt und Umwelt diagnostiziert.*
- *Setzen Sie Hausmanns Gemälde und Nietzsches Diagnose in einen Zusammenhang. Unterscheiden Sie die drei von Nietzsche genannten Formen menschlicher Hybris und veranschaulichen Sie sie durch konkrete aktuelle Beispiele.*

Insbesondere die rücksichtslose Ausbeutung der Natur durch den Menschen des Industrie- und Wissenschaftszeitalters motivierte die Menschen in der zweiten Hälfte des 20. Jahrhunderts dazu, sich in Bürgerinitiativen oder politischen Parteien zu einer Ökologiebewegung zusammenzuschließen und für die Achtung vor der Natur zu kämpfen. In diesem Zusammenhang häufte der Künstler Joseph Beuys während einer Aktion auf der documenta in Kassel im Jahre 1982 große Basaltblöcke aufeinander, die im Gegenzug für 7000 Eichen, die im Stadtgebiet gepflanzt werden sollten, Stück für Stück wieder fortgeräumt werden sollten. Diese Aktion verstand Beuys als symbolischen Kampf gegen die Verwüstung des Planeten.*

Der kategorische Imperativ im 20./21. Jahrhundert

Zu ähnlichen Diagnosen gelangt der Philosoph Hans Jonas, der diese in seinem Werk „Das Prinzip Verantwortung“ (1979) zum Anlass seiner Aktualisierung der traditionellen Moralphilosophie nimmt.

Heute, in der Form der modernen Technik, hat sich *techne*[1] in einen unendlichen Vorwärtsdrang der Gattung verwandelt, in ihr bedeutsamstes Unternehmen, in dessen fortwährend sich selbst überbietendem Fortschreiten zu immer größeren Dingen man den Beruf des Menschen zu sehen versucht ist und dessen Erfolg maximaler Herrschaft über die Dinge und über den Menschen selbst als die Erfüllung seiner Bestimmung erscheint. So bedeutet der Triumph des homo *faber*[2] über sein äußeres Objekt zugleich seinen Triumph in der inneren Verfassung des homo *sapiens*[3], von dem er einst ein dienender Teil zu sein pflegte. Mit anderen Worten, auch abgesehen von ihren objektiven Werken nimmt die Technologie ethische Bedeutung an durch den zentralen Platz, den sie jetzt im subjektiven menschlichen Zweckleben einnimmt. Ihre kumulative Schöpfung, nämlich die sich ausdehnende künstliche Umwelt, verstärkt in stetiger Rückwirkung die besonderen Kräfte, welche sie hervorgebracht haben: Das schon Geschaffene erzwingt deren immer neuen erfinderischen Einsatz in seiner Erhaltung und weiteren Entwicklung und belohnt sie mit vermehrtem Erfolg – der wieder zu dem gebieterischen Anspruch beiträgt. Dieses positive Feedback von funktioneller Notwendigkeit und Belohnung – in dessen Dynamik der Stolz auf die Leistung nicht zu vergessen ist – nährt die wachsende Überlegenheit einer Seite der menschlichen Natur über alle anderen, und unvermeidlich auf ihre Kosten. Wenn nichts so gelingt wie das Gelingen, so nimmt auch nichts so gefangen wie das Gelingen. Was immer sonst zur Fülle des Menschen gehört, wird an Prestige überstrahlt durch die Ausdehnung seiner Macht, und so ist diese Ausdehnung, indem sie mehr und mehr der Kräfte des Menschen an ihr Geschäft bindet, begleitet von einer Schrumpfung seines Selbstbegriffs und Seins. In dem Bilde, das er von sich selbst unterhält – der programmatischen Vorstellung, die sein aktuelles Sein so sehr bestimmt, wie sie es spiegelt –, ist der Mensch jetzt immer mehr der Hersteller dessen, was er tun kann – und am meisten der Vorbereiter dessen, was demnächst zu tun im Stande sein wird. Doch wer ist „er“? Nicht ihr oder ich: Es ist der kollektive Täter und die kollektive Tat, nicht der individuelle Täter und die individuelle Tat, die hier eine Rolle spielen; und es ist die unbestimmte Zukunft viel mehr als der zeitgenössische Raum der Handlung, die den relevanten Horizont der Verantwortung abgibt. Dies erfordert Imperative neuer Art. Wenn die Sphäre des Herstellens in den Raum wesentlichen Handelns eingedrungen ist, dann muss Moralität in die Sphäre des Herstellens eindringen, von der sie sich früher fern gehalten hat, und sie muss dies in der Form öffentlicher Politik tun. […]

Ein Imperativ, der auf den neuen Typ menschlichen Handelns passt und an den neuen Typ von Handlungssubjekt gerichtet ist, würde etwa so lauten: „Handle so, dass die Wirkungen deiner Handlung verträglich sind mit der Permanenz echten menschlichen Lebens auf Erden“; oder negativ ausgedrückt: „Handle so, dass die Wirkungen deiner Handlung nicht zerstörerisch sind für die künftige Möglichkeit solchen Lebens“; oder einfach: „Gefährde nicht die Bedingungen für den indefiniten Fortbestand der Menschheit auf Erden“ […].

Der neue Imperativ sagt eben, dass wir zwar unser eigenes Leben, aber nicht das der Menschheit wagen *dürfen*; und dass *Achill*[4] zwar das Recht hatte, für sich selbst ein kurzes Leben ruhmreicher Taten von einem langen Leben ruhmloser Sicherheit zu wählen (unter der stillschweigenden Voraussetzung nämlich, dass eine Nachwelt da sein wird, die von seinen Taten zu erzählen weiß); dass wir aber nicht das Recht haben, das Nichtsein künftiger Generationen wegen des Seins der jetzigen zu wählen oder auch nur zu wagen. Warum wir dieses Recht nicht haben, warum wir im Gegenteil eine Verpflichtung gegenüber dem haben, was noch gar nicht ist und „an sich“ auch nicht zu sein braucht, jedenfalls nicht als nicht existent keinen *Anspruch* auf Existenz hat, ist theoretisch gar nicht leicht und vielleicht ohne Religion überhaupt nicht zu begründen.

1 techne: griech.: Kunst: a. „schöne Kunst“: Wissenschaft, b. „niedere Kunst“: Handwerk
2 homo faber: lat.: a. Künstler oder Handwerker, b. Bauhandwerker. Hier: Der Mensch mit seiner Fähigkeit, für sich Werkzeuge und technische Hilfsmittel zur Naturbewältigung herzustellen.
3 homo sapiens: lat.: einsichtsvoll, verständig, weise, philosophisch gebildet
4 Achilleus: Der Hauptheld der „Ilias“ von Homer, der zwei verschiedenen Überlieferungen nach beim Kampf um Troja durch Apollon oder durch Paris im Apollontempel zu Thymbra getötet wurde.

Hans Jonas, 1903–1993, deutsch-amerikanischer Philosoph

- *Erklären Sie die gesellschaftliche und die ethische Bedeutung der modernen Technologie.*
- *Verdeutlichen Sie sich, zu welchen politischen und ethischen Konsequenzen die Vormachtstellung der Technologie heute zwingt.*
- *Vergleichen Sie Jonas' neue Version eines moralischen Imperativs mit dem kategorischen Imperativ Kants. Stellen Sie Gemeinsamkeiten und Unterschiede fest.*
- *Diskutieren Sie auf der Grundlage eines solchen Vergleichs die Berechtigung deontologischer Ethik (Richtung der Moralphilosophie, die die Moralität einer Handlung von der Verpflichtung gegenüber Prinzipien abhängig macht. Vgl. Kap. II, 2. Pflicht und Kap. IV, Metaethik).*

Denn es besteht eine *unbedingte Pflicht* der Menschheit zum Dasein, die nicht verwechselt werden darf mit der bedingten Pflicht jedes Einzelnen zum Dasein. Über das individuelle Recht zum Selbstmord lässt sich reden, über das Recht der Menschheit zum Selbstmord nicht. […] Niemals darf Existenz oder Wesen des Menschen im Ganzen zum Einsatz in den Welten des Handelns gemacht werden.

Hans Jonas, 1903–1993, deutsch-amerikanischer Philosoph

Sokrates: „Denn das befiehlt mir der Gott."

Tod des Sokrates – Holzstich nach der Zeichnung von Theodor Grosse, um 1880

Das Kunstwerk zeigt den Philosophen Sokrates, wie er im Begriff ist, den tödlichen Schierlingsbecher, zu dem er vom athenischen Gericht verurteilt worden war, zu trinken. Obwohl er legal die Möglichkeit gehabt hatte, dem Urteil die Verbannung vorzuziehen, und er später trotz des Urteils von seinen Anhängern und Freunden bedrängt wurde, sich dem Urteil durch Flucht zu entziehen, beugte sich Sokrates dem Urteilsspruch. Der Holzstich hält die Situation unmittelbar vor Sokrates' Tod fest. Der Künstler bezieht sich dabei auf die Darstellung von Sokrates' Schüler Platon, der in seiner „Apologie" den Prozess und die Verteidigung des Sokrates festgehalten hat. In der folgenden Textpassage erklärt Sokrates, wieso er sich nicht von der den damaligen Machthabern unbequemen Lebensweise des öffentlichen Philosophierens hat abhalten lassen, obwohl ihm dies Missgunst, Verfolgung und schließlich das Todesurteil einbrachte.*

Die Anklage warf Sokrates zwei „Fehlhaltungen" vor, die man sonst den Naturphilosophen und den Sophisten zur Last legte: Erstens eine verächtliche Haltung gegen die Götter, die die Stadt Athen verehrte, und die Einführung zuvor unbekannter Kulte; zweitens zersetzender Einfluss der Jugend durch sein Philosophieren, worin eine Gefahr für die attische Demokratie gesehen wurde. Sokrates berief sich nach der Darstellung bei Platon in der Verteidigung auf den „theos", von dem er sich leiten ließ. „Theos" wird mit „Gott" übersetzt, gemeint ist hier jedoch etwas anderes als die Gottesvorstellungen in den Weltreligionen.

Überlegen Sie, wie der Begriff „Gott" in dem folgenden Text mit anderen Worten umschrieben werden könnte.

Gewissen als Selbstverpflichtung

Da sagt vielleicht manch einer: „Schämst du dich nicht, Sokrates, einer Beschäftigung nachzugehen, die dich jetzt das Leben kosten kann?" Dem würde ich dann mit Recht entgegnen: „Du sprichst nicht wohl, Mensch, wenn du meinst, es dürfe jemand eine Gefahr auf Leben und Tod in Betracht ziehen, wenn er auch nur einigermaßen etwas Wert ist – statt allein darauf zu blicken, ob er, sooft er etwas tut, Recht oder Unrecht daran tut und ob er wie ein anständiger Mann handelt oder wie ein Lump. [...]

Denn so ist's doch richtig, ihr Männer von Athen: Wo einer sich aufstellt, im Glauben, es sei das Beste so, oder wo er von seinem Vorgesetzten aufgestellt wird, dort muss er, meine ich, ausharren und die Gefahr auf sich nehmen, ohne an den Tod zu denken oder an irgendetwas anderes außer der Schande. Ich hätte mich ja ganz verkehrt verhalten, ihr Männer von Athen, wenn ich zwar damals, als mich die mir von euch zugeteilten Vorgesetzten aufstellten, bei Potidaia[1] und Amphipolis[1] und Delion[1], wenn ich damals an der Stelle, wo sie mich aufstellten, ausgeharrt und dem Tod ins Auge geblickt hätte wie mancher andere auch, wenn ich hingegen da, wo der Gott mich aufgestellt hat (wie ich jedenfalls annahm und vermutete: Ich solle als Philosoph leben und mich und meine Mitmenschen prüfen) – wenn ich dort aus Furcht vor dem Tode oder irgendetwas anderem den mir zugewiesenen Platz verließe.

Wenn ihr mich also jetzt laufen lasst [... und] sagtet: „Sokrates, dieses Mal wollen wir nicht auf Anytos[2] hören, sondern dich laufen lassen, allerdings nur unter der Bedingung, dass du nicht mehr diesen Untersuchungen frönst und Philosophie betreibst. Wenn du aber noch einmal dabei ertappt wirst, dann musst du sterben. Wenn ihr mich also, wie gesagt, unter dieser Bedingung laufen lassen wolltet, dann würde ich euch antworten: „Ich schätze und verehre euch, ihr Männer von Athen, doch gehorchen werde ich eher dem Gotte als euch und, solange ich atme und dazu im Stande bin, nimmer aufhören, zu philosophieren und auf euch einzureden und jedem von euch, den ich treffe, ins Gewissen zu reden, indem ich in meiner gewohnten Art zu ihm sage: ‚Mein Bester, du bist Athener, ein Bürger der größten und durch Bildung und Macht berühmtesten Stadt, und du schämst dich nicht, dich darum zu kümmern, wie du zu möglichst viel Geld und wie du zu Ehre und Ansehen kommst, doch um die Vernunft und die Wahrheit und darum, dass du eine möglichst gute Seele hast, kümmerst und sorgst du dich nicht?' Und wenn einer von euch das bestreitet und sagt, er kümmere sich darum, dann werde ich ihn nicht gleich laufen lassen und weggehen, sondern ihn fragen und prüfen und ausforschen, und wenn ich den Eindruck bekomme, dass er keine Tugend besitzt, obwohl er's behauptet, dann werde ich ihm den Kopf zurechtsetzen, weil er das Wertvollste am niedrigsten einschätzt und das Minderwertige höher. Und das werde ich bei Jüngeren und Älteren tun, wie ich sie treffe, und bei Fremden und Einheimischen – um so viel mehr bei euch Einheimischen, als ihr mir durch Herkunft näher steht. Denn das befiehlt mir – seid dessen gewiss – der Gott.

1 Potidaia, Amphipolis, Delion: Schauplätze des Peloponnesischen Krieges

2 Anytos: wohlhabender Athener, der um 400 v. Chr. in der Politik hervortrat. 403 maßgeblich am Sturz der „Dreißig" beteiligt, war er 403/02 und 397/96 Stratege. Entsprechend den seit 403 herrschenden restaurativen und „staatserhaltenden" Tendenzen wurde er 399 zu Sokrates' Hauptankläger.

__Platon__, 427–348/47 v. Chr., griechischer Philosoph

- *Vollziehen Sie Sokrates' Argumente für seine Entscheidung nach. Worauf gründet diese letzten Endes?*
- *Interpretieren Sie Sokrates' Ausspruch: „Denn das befiehlt mir … der Gott". Beruft sich Sokrates hier auf eine äußere Autorität?*
- *Sie können sich die Rede auf folgender CD anhören: LOGOI: Platon, Apologie des Sokrates, Headroom 2001, ISBN: 3934887082.*
- *Vorschlag für ein Referat: Das Daimónion bei Sokrates. Sie können zur Vorbereitung lesen: Romano Guardini, Der Tod des Sokrates, M. Grünewald Verlag, Mainz 2001.*

Sokrates gilt als einer der ersten Philosophen, die Verpflichtung gegenüber letzten Prinzipien und damit gegenüber dem eigenen Gewissen programmatisch zur Grundlage von moralischen Entscheidungen und Handlungen gemacht haben. Sokrates' Pflichtverständnis entgegen steht die im folgenden Textauszug vertretene Auffassung des Vaters. Der Auszug stammt aus dem Roman „Deutschstunde" (1968) von Siegfried Lenz, in dem sich der Ich-Erzähler Siggi Jepsen erinnernd mit seiner Kindheit und Vergangenheit während des Zweiten Weltkrieges unter nationalsozialistischer Herrschaft und besonders mit dem Verhältnis zu seinem Vater auseinander setzt.

Schließen Selbstverpflichtung und Pflicht gegenüber dem Gesetz einander aus?

Zuerst merkte ich, daß der Maler da einen Brief in den Händen hielt, einen rot durchkreuzten Eilbrief, den er offensichtlich bereits gelesen hatte und den er nun meinem Vater zurückreichte, herrisch und außer sich, mit einer kurzen, heftigen Bewegung, und da wußte ich schon, dass mein Vater, vor der Wahl – entweder den Inhalt des Briefes mündlich zu wiederholen oder den Brief selbst sprechen zu lassen –, sich wie immer für das entschieden hatte, was ihn am wenigsten beanspruchte. Er hatte den Maler einfach lesen lassen und nahm den Brief nun ruhig an sich mit seinen rötlich behaarten Händen und faltete ihn sorgsam, während der Maler sagte: Ihr seid verrückt, Jens, ihr könnt euch das nicht anmaßen.

Mir entging nicht, dass er von einer Mehrzahl sprach, der er meinen Vater jetzt schon ohne weiteres zuzählte. Ihr habt kein Recht dazu, sagte der Maler, und mein Vater darauf: Ich hab das nicht geschrieben, Max, ich maß mir auch nix an, und er konnte seine Hände nicht daran hindern, eine Bewegung unbestimmter Hilflosigkeit zu machen. Nein, sagte der Maler, du maßt dir das nicht an, du sorgst nur dafür, daß sie sich ihre Anmaßung leisten können.

Was soll ich denn machen?, fragte mein Vater kühl, und der Maler: Die Bilder von zwei Jahren – weißt du, was das heißt? Ihr habt mir Berufsverbot gegeben. Genügt euch das nicht? Was werdet ihr euch noch ausdenken? Ihr könnt doch nicht Bilder beschlagnahmen, die niemand zu Gesicht bekommen hat. Die nur Ditte kennt und allenfalls Teo. – Du hast den Brief gelesen, sagte mein Vater. Ja, sagte der Maler, ich hab ihn gelesen. – Dann weißt du auch, sagte mein Vater, daß verfügt worden ist, alle Bilder aus den letzten beiden Jahren einzuziehen: Ich hab sie morgen verpackt auf der Dienststelle in Husum abzuliefern. […]

Ich muß mir die Augen wischen, sagte der Maler. Wisch sie nur, sagte mein Vater, dabei wird sich nichts verändern. – Ihr wißt nicht mehr, was ihr tut, sagte der Maler, und da rutschte meinem Vater der Satz raus: Ich tu nur meine Pflicht, Max. Da sah ich auf die Hände des Malers, kräftige, erfahrene Hände, die er sachte hob vor dem Leib und schnell in die Luft greifen ließ, und ich verfolgte auch, wie er die Finger zuerst spreizte und dann zur Faust schloß, als sei dies eine Entscheidung. Die Hände meines Vaters dagegen hingen schlaff und bereit an der Hosennaht, zwei gehorsame Wesen möchte ich mal sagen, jedenfalls machten sie sich nicht besonders bemerkbar. Gehen wir, Max?, fragte er. Der Maler rührte sich nicht. Nur daß die sehn, ich hab meine Pflicht getan, sagte mein Vater. R

*Siegfried Lenz, *1926, deutscher Schriftsteller*

- *Versuchen Sie die Beweggründe eines Menschen zu beschreiben, der sich so äußert wie dieser Vater.*
- *Auch Sokrates unterwirft sich den Gesetzen, wenn er die Möglichkeit zur Flucht ausschlägt. Halten Sie diese Entscheidung für ähnlich motiviert wie die Pflichttreue des Vaters?*
- *Diskutieren Sie das komplexe Verhältnis von Selbstverpflichtung und Pflicht gegenüber Gesetzen oder Autoritäten. Finden Sie eigene Beispiele. Was ist für Sie persönlich vorrangig? Begründen Sie Ihre Meinung.*

Ich aber tue meine Pflicht!

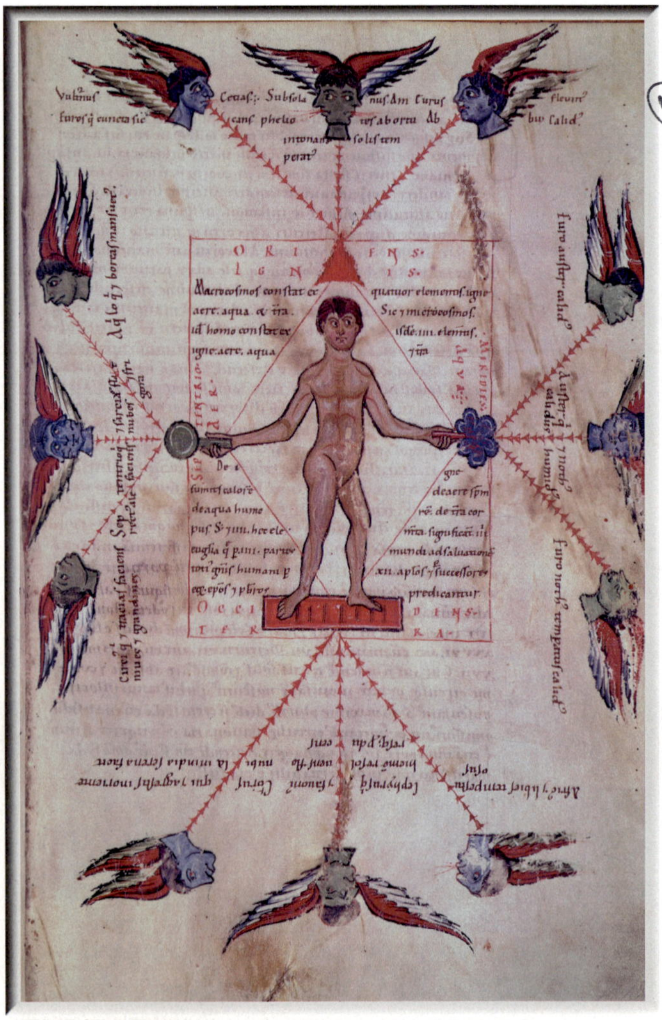

Chronologische und astronomische Sammelhandschrift, Der Mensch als Mikrokosmos mit den vier Elementen und den zwölf Windgöttern, Ende 12. Jh.

- *Beschreiben Sie das Bild und erklären Sie den Titel „Der Mensch als Mikrokosmos".*

Tugend als Einsicht in die Notwendigkeit

Die folgenden Passagen aus den „Selbstbetrachtungen" des Marc Aurel zeigen die Verankerung der stoizistischen Moralphilosophie in einer umfassenden kosmologischen Ordnungsvorstellung.*

Als etwas Ähnliches wie deine Gesundheit musst du die Verwirklichung und Vollendung der Dinge ansehen, die der Allnatur gut scheinen. Und so heiße alles, was geschieht, willkommen – auch wenn es dir hart erscheint –, weil es dorthin führt: zur Gesundheit des Kosmos und zur Wohlfahrt und zum erfolgreichen Wirken des Zeus. Denn er hätte solches Schicksal nicht über einen Menschen verhängt, wenn es nicht dem Ganzen förderlich wäre. Denn selbst die geringste Natur bringt nichts, was nicht dem von ihr durchwalteten (Körper) förderlich ist. Du musst daher aus zwei Gründen das, was dir widerfährt, lieb haben: Einmal, weil es dir widerfuhr und dir verordnet wurde und zu dir irgendwie in Beziehung stand, da es dir von oben, aus den letzten Ursachen, verhängt ist. Zum anderen, weil für den, der das Weltganze durchwaltet, auch das, was jeden Einzelnen von uns und nur ihn trifft, Ursache der Wohlfahrt und Vollendung des Weltganzen und – beim Zeus! – gerade seiner Fortdauer ist. Denn es wird das Ganze verstümmelt, wenn du auch nur irgendetwas von seinem Zusammenhang und Zusammenhalt durchschneidest, einerlei, ob es seine Teile oder seine Ursachen sind. Du durchschneidest es aber; soweit es an dir liegt, wenn du über den Lauf der Welt murrst, und machst es in gewissem Sinne zunichte.

Die Kreisläufe des Kosmos sind immer dieselben: auf und nieder von Ewigkeit zu Ewigkeit. […]

Sieh dich nicht danach um, was andere Menschen denken! Denn nur darauf musst du scharf achten, wohin dich die Natur führt: Die des Weltganzen durch das, was dir widerfährt, und deine eigene durch das, was du tun musst. Jeder aber muss das tun, was sich aus seiner Naturanlage ergibt; es sind aber die übrigen Dinge ihrer Naturbestimmung nach der vernünftigen Wesen wegen da und in jedem anderen Bereich die schlechteren Dinge um der besseren willen; die vernünftigen Wesen aber sind füreinander geschaffen. Der maßgebende Zug in der (geistigen) Veranlagung des Menschen ist das Gemeinschaftsgefühl, sodann die Unnachgiebigkeit gegenüber den Lockungen des Körpers. Denn es ist der denkenden Vernunft eigentümlich, sich selber (von allem andern) abzugrenzen und sich niemals besiegen zu lassen, weder von der Bewegung der Sinne noch der Triebe; denn beide sind tierischer Natur. Das Denken dagegen will den Vorrang haben und nicht von ihnen unterjocht werden. Mit Fug und Recht: Denn es ist seiner Natur nach befähigt, alle jene (Bewegungen) zu gebrauchen. Der dritte Grundzug in der Veranlagung vernünftiger Wesen ist die Eigenschaft, sich nicht vorschnell hinreißen und täuschen zu lassen. Wenn sich unsere Vernunft an diese Grundtatsachen hält, dann mag sie nur gradeswegs zum Ziele gehen, und so erfüllt sie ihre eigene Bestimmung.

***Marc Aurel**, 121–180, römischer Kaiser und Philosoph*

- *Beschreiben Sie die kosmologische Grundvoraussetzung von Marc Aurels Seinsverständnis.*
- *Zeigen Sie auf, welche Schlussfolgerung Marc Aurel aus seinem Seinsverständnis (Ontologie) für menschliche Verhaltensnormen zieht.*
- *Versuchen Sie das mit dem hier beschriebenen Seinsgefühl verbundene Lebensgefühl in Worte zu fassen.*
- *Welche konkreten Erwartungen hat Marc Aurel an den tugendhaften Menschen? Wie hängen diese mit seinen ontologischen Grundvoraussetzungen zusammen?*
- *Versuchen Sie, auch mit Bezug auf die Abbildung, das mit dem hier beschriebenen Seinsgefühl verbundene Lebensgefühl in Worte zu fassen.*
- *Welche konkreten Erwartungen hat Marc Aurel an den tugendhaften Menschen? Wie hängen diese mit seinen ontologischen Grundvoraussetzungen zusammen?*

Das Ideal des Weisen

Seit jeher fand die den Stoikern wesenseigentümliche gelassene Geisteshaltung im Umgang mit Unglück, Schicksalsschlägen oder Ungerechtigkeit – oft bezeichnet als stoische Ruhe – Bewunderer. Seneca, der diese Geisteshaltung nicht nur in seinen Schriften, sondern auch ganz existentiell unter Beweis stellte, als er von seinem ehemaligen Schüler, dem römischen Kaiser Nero, gezwungen wurde, sich selbst zu töten, versteht unter Tugend Apathía[1]: die Selbstüberwindung des Menschen mittels seiner geistigen Fähigkeiten.

Es ist nichts Wunderbares, bei völliger Ruhe nicht erschüttert zu werden; das aber bewundere, wenn einer sich aufrichtet, wo alle niedergeschlagen sind, wenn er steht, wo alle zu Boden liegen. Was ist denn das Üble bei Folterqualen und bei allem andern, was wir widrig nennen? Das, glaube ich, dass der Geist davon gelähmt, gebeugt, überwältigt wird; wovon aber einem weisen Manne nichts begegnen kann. Er steht aufrecht unter jeder schweren Last, nichts macht ihn kleiner, nichts von allem, was zu ertragen ist, missfällt ihm. Denn er beklagt sich nicht, dass ihn betroffen hat, was irgend den Menschen treffen kann. Er kennt seine Kräfte und weiß, dass er eine Last zu tragen im Stande ist. Ich nehme den Weisen nicht aus der Zahl der Menschen heraus und behaupte nicht, dass er keinen Schmerz empfinde wie ein keiner Empfindung zugänglicher Felsen; es ist mir bewusst, dass er aus zwei Teilen zusammengesetzt ist: der eine ist vernunftlos, dieser wird gebissen, gebrannt, empfindet Schmerz; der andere ist vernünftig, dieser hat unerschütterliche Ansichten, ist unerschrocken und unbezwinglich. In diesem wohnt jenes höchste Gut des Menschen, ehe es vollständig ist, herrscht noch ein unsicheres Schwanken der Gesinnung; ist es aber zur Vollendung gelangt, so besitzt er eine unerschütterliche Festigkeit. Daher hat ein erst beginnender und noch im Fortschreiten zu dem Höchsten begriffener Verehrer der Tugend, wenn er auch dem höchsten Gute bereits nahe gekommen ist, doch noch nicht die letzte Hand an dasselbe gelegt, er wird bisweilen still stehen und in der Anstrengung seines Geistes etwas nachlassen; denn er ist noch nicht über das Ungewisse hinausgekommen, er verweilt noch immer auf schlüpfrigem Boden. Der Glückliche aber und der Mann von vollendeter Tugend liebt sich dann am meisten, wenn er die Probe aufs Mutigste bestanden hat und das, was andern furchtbar ist, nicht nur erträgt, sondern willkommen heißt, wenn es der Preis irgendeiner edlen Pflicht ist, und will lieber von sich sagen hören: Er ist umso viel besser, als: Er ist umso viel glücklicher. Ich komme nun auf das, wozu deine Erwartung mich ruft. Damit es nicht scheine, als schwebe unsere Tugend außerhalb der Natur der Dinge: Der Weise kann zittern, Schmerz empfinden und erbleichen, denn das alles sind Empfindungen des Körpers. Wo also ist der Anfang des Unglücks, wo das wahre Übel? Da ist es vorhanden, wenn jene Empfindungen den Geist niederziehen, wenn sie ihn zum Geständnis der Unterwürfigkeit bringen, wenn sie ihn Reue über sich selbst empfinden lassen. Der Weise aber überwindet das Schicksal durch Tugend.

1 Apathía: griech.: Unempfindlichkeit, Gefühllosigkeit, Gelassenheit, Leidenschaftslosigkeit

Seneca, *um 4 v. Chr.–65 n. Chr., römischer Philosoph*

- *Beschreiben Sie Senecas Menschenbild und zeigen Sie auf, wie der Weise das Schicksal überwinden kann.*
- *Setzen Sie sich kritisch mit Senecas Erwartungen an den Weisen auseinander. Halten Sie diese in jedem Fall für wünschenswert? Diskutieren Sie in diesem Zusammenhang auch die Lebenseinstellung der Fatalisten*.*

Ähnlich wie Seneca fordert auch Marc Aurel den Menschen zur Überwindung körperlicher Bedürfnisse auf – wenn nötig, auch mit der Konsequenz, die eigene Existenz aufzugeben.

Die Pflichten des Menschen

Wenn du dir selber solche Eigenschaften beilegst wie „gut“, „sittsam“, „wahrhaftig“, „verständig“, „gleichgesinnt“, „hochsinnig“ und dergleichen, dann hüte dich davor, dass dir jemals andere Benennungen zuteil werden. Und wenn du den Anspruch auf diese Benennungen verlierst, kehr schnell zu ihnen zurück! Und denk daran, dass das Wort „verständig“ dir einen Menschen bezeichnen will, der mit seinem Verstand in jede Sache scharf eindringt und gründlich darüber nachdenkt; das Wort „gleichgesinnt“ die freiwillige Ergebung in das, was uns die Allnatur zuteilt; das Wort „hochsinnig“ die Erhebung der denkenden Seele über glatte oder raue Regungen des „Fleisches“ und über eitlen Ruhm und den Tod und dergleichen. Darum wirf dich mit ganzer Seele auf diese wenigen Eigenschaften! Und wenn du die Kraft hast, ihnen treu zu bleiben, dann bleib dabei wie einer, der auf die Inseln der Seligen entrückt ist. Wenn du aber merkst, dass du wieder vom Wege abirrst und nicht Sieger bleibst, dann zieh dich getrost in einen Winkel zurück, wo du den Sieg erringst. Oder scheide überhaupt aus dem Leben, aber nicht im Zorn, sondern ohne viel Umstände, aus freiem Entschluss und mit frommen Gedanken. Um aber stets an jene Tugenden zu denken, gibt es eine mächtige Hilfe: Dass man die Götter im Herzen hat und nie vergisst, dass sie nicht wollen, dass man ihnen schmeichelt, sondern dass ihnen alle vernünftigen Wesen ähnlich zu werden suchen und dass […] der Mensch die Pflichten des Menschen erfüllt.

Marc Aurel, *121–180, römischer Kaiser und Philosoph*

Ich aber tue mein Pflicht; alles andere geht mich nichts an. Denn entweder sind es unbeseelte oder vernunftlose Dinge oder Wesen, die in die Irre gehen und ihren Weg nicht kennen.

Marc Aurel, *121–180, römischer Kaiser und Philosoph*

- *Erläutern Sie den Pflichtbegriff Marc Aurels unter Berücksichtigung dieses Zitats. Vergleichen Sie sein Verständnis von Pflicht mit dem des Vaters in der „Deutschstunde“ von Siegfried Lenz (S. 35).*
- *Diskutieren Sie, ob es berechtigt ist, die stoische Moralphilosophie als Fatalismus zu bezeichnen.*

Das Gesetz der Sittlichkeit gebietet

Der gute Wille und Handlungen aus Pflicht

Immanuel Kant, den die Tugendlehre der Stoa sehr beeindruckte, bindet den moralischen Wert von Handlungen an deren Pflichtcharakter: Nur wer aus Pflicht handelt, handelt moralisch gut. Damit wird Kant zum Begründer der deontologischen[1] Ethik. Kriterium für die moralische Beurteilung von Handlungen kann jedoch nicht sein, ob sie subjektiven Pflichtgefühlen genügen, sondern dem Aufklärer Kant gilt eine Handlung nur dann als pflichtgemäß, wenn sie den Maßstäben der Vernunft genügt.*

Es ist überall nichts in der Welt, ja überhaupt auch außer derselben zu denken möglich, was ohne Einschränkung für gut könnte gehalten werden, als allein ein guter Wille. Verstand, Witz, Urteilskraft und wie die Talente des Geistes sonst heißen mögen, oder Mut, Entschlossenheit, Beharrlichkeit im Vorsatze als Eigenschaften des Temperaments sind ohne Zweifel in mancher Absicht gut und wünschenswert; aber sie können auch äußerst böse und schädlich werden, wenn der Wille, der von diesen Naturgaben Gebrauch machen soll und dessen eigentümliche Beschaffenheit darum Charakter heißt, nicht gut ist. […]

Einige Eigenschaften sind sogar diesem guten Willen selbst beförderlich und können sein Werk sehr erleichtern, haben aber dem ungeachtet keinen inneren unbedingten Wert, sondern setzen immer doch einen guten Willen voraus, der die Hochschätzung, die man übrigens mit Recht für sie trägt, einschränkt und es nicht erlaubt, sie für schlechthin gut zu halten. Mäßigung in Affekten und Leidenschaften, Selbstbeherrschung und nüchterne Überlegung sind nicht allein in vielerlei Absicht gut, sondern scheinen sogar einen Teil vom innern Werte der Person auszumachen; allein es fehlt viel daran, um sie ohne Einschränkung für gut zu erklären (so unbedingt sie auch von den Alten gepriesen worden). Denn ohne Grundsätze eines guten Willens können sie höchst böse werden, und das kalte Blut eines Bösewichts macht ihn nicht allein weit gefährlicher, sondern auch unmittelbar in unsern Augen noch verabscheuungswürdiger, als er ohne dieses dafür würde gehalten werden.

Der gute Wille ist nicht durch das, was er bewirkt oder ausrichtet, nicht durch seine Tauglichkeit zu Erreichung irgendeines vorgesetzten Zweckes, sondern allein durch das Wollen, d. i. an sich gut, und, für sich selbst betrachtet, ohne Vergleich weit höher zu schätzen als alles, was durch ihn zu Gunsten irgendeiner Neigung, ja wenn man will, der Summe aller Neigungen, nur immer zu Stande gebracht werden könnte. Wenngleich durch eine besondere Ungunst des Schicksals oder durch kärgliche Ausstattung einer stiefmütterlichen Natur es diesem Willen gänzlich an Vermögen fehlte, seine Absicht durchzusetzen; wenn bei seiner größten Bestrebung dennoch nichts von ihm ausgerichtet würde und nur der gute Wille (freilich nicht etwa als ein bloßer Wunsch, sondern als die Aufbietung aller Mittel, soweit sie in unserer Gewalt sind) übrig bliebe: So würde er wie ein Juwel doch für sich selbst glänzen, als etwas, das seinen vollen Wert in sich selbst hat. […]

Um aber den Begriff eines an sich selbst hoch zu schätzenden und ohne weitere Absicht guten Willens […] zu entwickeln, wollen wir den Begriff der Pflicht vor uns nehmen, der den eines guten Willens, obzwar unter gewissen subjektiven Einschränkungen und Hindernissen, enthält, die aber doch, weit gefehlt, dass sie ihn verstecken und unkenntlich machen sollten, ihn vielmehr durch Abstellung heben und desto heller hervorscheinen lassen.

[…] Sein Leben zu erhalten ist Pflicht, und überdem hat jedermann dazu noch eine unmittelbare Neigung. Aber um deswillen hat die oft ängstliche Sorgfalt, die der größte Teil der Menschen dafür trägt, doch keinen innern Wert und die Maxime derselben keinen moralischen Gehalt. Sie bewahren ihr Leben zwar pflichtmäßig, aber nicht aus Pflicht. Dagegen wenn Widerwärtigkeiten und hoffnungsloser Gram den Geschmack am Leben gänzlich weggenommen haben; wenn der Unglückliche, stark an Seele, über sein Schicksal mehr entrüstet als kleinmütig oder niedergeschlagen, den Tod wünscht und sein Leben doch erhält, ohne es zu lieben, nicht aus Neigung oder Furcht, sondern aus Pflicht: alsdann hat seine Maxime einen moralischen Gehalt.

Wohltätig sein, wo man kann, ist Pflicht, und überdem gibt es manche so teilnehmend gestimmte Seelen, dass sie auch ohne einen andern Bewegungsgrund der Eitelkeit oder des Eigennutzes ein inneres Vergnügen daran finden, Freude um sich zu verbreiten, und die sich an der Zufriedenheit anderer, sofern sie ihr Werk ist, ergötzen können. Aber ich behaupte, dass in solchem Falle dergleichen Handlung, so pflichtmäßig, so liebenswürdig sie auch ist, dennoch keinen wahren sittlichen Wert habe, sondern mit andern Neigungen zu gleichen Paaren gehe, z. B. der Neigung nach Ehre, die, wenn sie glücklicherweise auf das trifft, was in der Tat gemeinnützig und pflichtmäßig, mithin ehrenwert ist, Lob und Aufmunterung, aber nicht Hochschätzung verdient; denn der Maxime fehlt der sittliche Gehalt, nämlich solche Handlungen nicht aus Neigung, sondern aus Pflicht zu tun. Gesetzt also, das Gemüt jenes Menschenfreundes wäre vom eigenen Gram umwölkt, der alle Teilnehmung an anderer Schicksal auslöscht, er hätte immer noch Vermögen, andern Notleidenden wohl zu tun, aber fremde Not rührte ihn nicht, weil er mit seiner eigenen genug beschäftigt ist, und nun, da keine Neigung ihn mehr dazu anreizt, risse er sich doch aus dieser tödlichen Unempfindlichkeit heraus und täte die Handlung ohne alle Neigung, lediglich aus Pflicht, alsdann hat sie allererst ihren echten moralischen Wert.

1 Deontologie: Pflichtenlehre; von griech. déon: das Nötige, Erforderliche, die Pflicht, die rechte Zeit

***Immanuel Kant**, 1724–1804, deutscher Philosoph*

- *Charakterisieren Sie mit eigenen Worten, was Kant unter dem guten Willen versteht.*
- *Erläutern Sie Kants Unterscheidung von Handlungen aus Pflicht und pflichtgemäßen Handlungen.*
- *Bestimmen Sie das der Geringschätzung von interessebedingten Handlungen zugrunde liegende Menschenbild Kants.*
- *Stimmen Sie Kants Urteil zu, Handlungen, die aus Neigung und nicht nur aus Pflicht getan würden, fehlte der sittliche Gehalt? Begründen Sie Ihren Standpunkt.*

Schließen Pflicht und Interesse sich aus?

Im folgenden Dialogauszug aus „Nathan der Weise" lässt Lessing den Juden Nathan einem Klosterbruder anvertrauen, unter welchen Umständen er viele Jahre zuvor ein verwaistes Christenmädchen an Kindes Statt angenommen hat.

Nathan: Ihr traft mich mit dem Kinde zu Darun.
Ihr wißt wohl aber nicht, dass wenig Tage
Zuvor, in Gath die Christen alle Juden
Mit Weib und Kind ermordet hatten; wisst
Wohl nicht, daß unter diesen meine Frau
Mit sieben hoffnungsvollen Söhnen sich
Befunden, die in meines Bruders Hause,
Zu dem ich sie geflüchtet, insgesamt
Verbrennen müssen. [...] Als
Ihr kamt, hatt' ich drei Tag' und Nächt' in Asch'
Und Staub vor Gott gelegen, und geweint. –
Geweint? Bisher mit Gott auch wohl gerechtet,
Gezürnt, getobt, mich und die Welt verwünscht;
Der Christenheit den unversöhnlichsten
Hass zugeschworen –

Klosterbruder: Ach! Ich glaub's Euch wohl!

Nathan: Doch nun kam die Vernunft allmählich wieder.
Sie sprach mit sanfter Stimm': „Und doch ist Gott!
Doch war auch Gottes Ratschluss das! Wohlan!
Komm! Übe, was du längst begriffen hast;
Was sicherlich zu üben schwerer nicht,
Als zu begreifen ist, wenn du nur willst.
Steh auf!" – Ich stand! Und rief zu Gott: Ich will!
Willst du nur, daß ich will! – Indem stiegt Ihr
Vom Pferd', und überreichtet mir das Kind,
In Euern Mantel eingehüllt. – Was Ihr
Mir damals sagtet; was ich Euch: Hab' ich
Vergessen – So viel weiß ich nur; ich nahm
Das Kind, trugs auf mein Lager, küsst' es, warf
Mich auf die Knie' und schluchzte: Gott! auf Sieben
Doch nun schon Eines wieder!

Gotthold E. Lessing, *1729–1781, deutscher Schriftsteller*

- *Handelte Ihrer Meinung nach Nathan, als er das Mädchen annahm, moralisch gut?*
- *Welchen moralischen Wert könnte Nathans Verhalten im Sinne der Ausführungen Kants beanspruchen?*
- *Stimmen Sie Kants Urteil zu, dass Handlungen, die aus Neigung und nicht nur aus Pflicht getan werden, der sittliche Gehalt fehlen würde?*

Dem Vernunftgesetz verpflichtet!

In den folgenden Ausführungen aus seiner Schrift „Grundlegung zur Metaphysik der Sitten" (1785) präzisiert Kant, welche Handlungsmaximen der gute Wille verfolgen müsse, um gut genannt werden zu können.

Eine Handlung aus Pflicht hat ihren moralischen Wert *nicht in der Absicht*, welche dadurch erreicht werden soll, sondern in der Maxime[1], nach der sie beschlossen wird, hängt also nicht von der Wirklichkeit des Gegenstands der Handlung ab, sondern bloß von dem Prinzip des Wollens, nach welchem die Handlung unangesehen aller Gegenstände des Begehrungsvermögens geschehen ist. [...] *Pflicht ist die Notwendigkeit einer Handlung aus Achtung fürs Gesetz.* Zum Objekte als Wirkung meiner vorhabenden Handlung kann ich zwar *Neigung* haben, aber niemals *Achtung*, eben darum, weil sie bloß eine Wirkung und nicht Tätigkeit eines Willens ist. Ebenso kann ich für Neigung überhaupt, sie mag nun meine oder eines andern seine sein, nicht Achtung haben, ich kann sie höchstens im ersten Falle billigen, im zweiten bisweilen selbst lieben, das ist, sie als meinem eigenen Vorteile günstig ansehen. Nur das, was bloß als Grund, niemals aber als Wirkung mit meinem Willen verknüpft ist, was nicht meiner Neigung dient, sondern sie überwiegt, wenigstens diese von deren Überschlage bei der Wahl ganz ausschließt, mithin das bloße Gesetz für sich, kann ein Gegenstand der Achtung und hiermit ein Gebot sein. [...]
Was kann das aber wohl für ein Gesetz sein, dessen Vorstellung, auch ohne auf die daraus erwartete Wirkung Rücksicht zu nehmen, den Willen bestimmen muss, damit dieser schlechterdings und ohne Einschränkung gut heißen könne? Da ich den Willen aller Antriebe beraubt habe, die ihm aus der Befolgung irgendeines Gesetzes entspringen könnten, so bleibt nichts als die allgemeine Gesetzmäßigkeit der Handlungen überhaupt übrig, welche allein dem Willen zum Prinzip dienen soll, das ist, ich soll niemals anders verfahren als so, *dass ich auch wollen könne, meine Maxime solle ein allgemeines Gesetz werden.* [...] Die Frage sei z. B.: Darf ich, wenn ich im Gedränge bin, nicht ein Versprechen tun, in der Absicht, es nicht zu halten? [...]
Würde ich wohl damit zufrieden sein, dass meine Maxime (mich durch ein unwahres Versprechen aus Verlegenheit zu ziehen) als ein allgemeines Gesetz (sowohl für mich als andere) gelten solle, und würde ich wohl zu mir sagen können: Es mag jedermann ein unwahres Versprechen tun, wenn er sich in Verlegenheit befindet, daraus er sich auf andere Art nicht ziehen kann? So werde ich bald inne, dass ich zwar die Lüge, aber ein allgemeines Gesetz zu lügen gar nicht wollen könne; denn nach einem solchen würde es eigentlich gar kein Versprechen geben, weil es vergeblich wäre, meinen Willen in Ansehung meiner künftigen Handlungen andern vorzugeben, die diesem Vorgeben doch nicht glauben, oder, wenn sie es übereilterweise täten, mich doch mit gleicher Münze bezahlen würden, mithin meine Maxime, sobald sie zum allgemeinen Gesetze gemacht würde, sich selbst zerstören müsste.

1 Maxime: Hauptgrundsatz, Leitsatz, subjektiver Vorsatz für das eigene sittliche Handeln, Lebensregel

Immanuel Kant, *1724–1804, deutscher Philosoph*

- *Erklären Sie den Unterschied zwischen dem Zweck und der Maxime einer Handlung besonders im Hinblick auf deren moralischen Wert.*
- *Erläutern Sie Kants Vorstellung des Sittengesetzes in eigenen Worten und mit eigenen Beispielen.*
- *Formulieren Sie die Frage, die sich jede in einer Entscheidungssituation befindliche Person stellen muss, wenn sie beansprucht, moralisch wertvoll zu handeln. Welche intellektuellen und charakterlichen Fähigkeiten setzt Kant voraus?*

Freiheit und Pflicht – ein Gegensatz?

Eine wie auf S. 38/39 vorgestellte, auf den Grundgedanken der Pflicht gegründete Ethik legt nahe, dass man sie mit dem durch die Sitte Gebotenen in Zusammenhang bringt. Das moralisch Richtige koinzidiert[1] dann mit dem sittlich Anerkannten. In diesem Sinn umfassen moralische Pflichten sowohl Gebote, wie z. B. „Du sollst Versprechen halten …", wie auch Verbote, wie z. B. „Du sollst nicht lügen …". So scheint eine Pflichtethik sich auf Tugendkataloge und Verbotslisten zu beschränken, wobei soziale, kulturelle oder historische Verhaltenskonventionen letzten Endes die Quelle ethischer Normen bilden. Eine derartige deontologische ethische Position bezeichnet man als Konventionalismus, im Bereich des Rechts als Rechtspositivismus (Recht ist, was faktisch gilt). Sie können hierzu auch lesen in: Recht, Gerechtigkeit, Menschenrechte, Cornelsen, Berlin 2001, S. 24–27.

1 Koinzidenz: Zusammentreffen, Zusammenfall zweier Ereignisse

Tauschen Sie sich über Konventionalismen in Ihrem persönlichen Umfeld, aber auch über übergreifende gesellschafts- oder kulturkreisabhängige konventionalistische Normen aus.

Worin sehen Sie die Berechtigung, worin die Probleme einer auf Konventionen gegründeten Ethik?

… sich nie zu einer Spazierfahrt mitnehmen lassen

Immanuel Kant ließ ausschließlich Handlungen aus Pflicht als moralische Handlungen gelten. Insofern bezieht er eine ähnlich deontologische ethische Position wie der oben beschriebene Konventionalismus – gerade auch weil er es kategorisch ablehnt, Handlungen von ihren Folgen her moralisch zu beurteilen. Sein eigenes Leben unterwarf Kant strengen Gewohnheiten und Pflichten: Sein Alltag verlief nach pedantisch eingehaltenen Mustern, die keine Ausnahme erlaubten, und es scheinbar nahe legen, ihn für einen Vertreter des ethischen Konventionalismus anzusehen. Im Folgenden finden Sie einen Text mit anschaulichen Beispielen aus Kants Leben. Wenn Sie sich für weitere Informationen über das Leben Kants oder anderer Philosophen interessieren, können Sie lesen in: Wilhelm Weischedel, Die philosophische Hintertreppe. Vierunddreißig große Philosophen in Alltag und Denken, dtv, München 1999.

Emil Doersting, Kant und seine Tischgenossen, um 1900

Überhaupt ist der Tageslauf des alten Kant streng eingeteilt. Ein Freund erzählt davon: „Kant stand jeden Tag im Sommer und im Winter des Morgens um fünf Uhr auf. Sein Bedienter war pünktlich um drei Viertel auf Fünf vor seinem Bette, weckte ihn und ging nicht eher fort, als bis sein Herr aufgestanden war. Bisweilen war Kant noch so schläfrig, dass er den Bedienten selbst bat, er möchte ihn noch etwas ruhen lassen: Aber dieser hatte von ihm selbst solche gemessene Befehle, sich dadurch nicht irre machen zu lassen und ihm durchaus keinen längeren Aufenthalt im Bette zu gestatten, dass er ihn öfters zwang, pünktlich aufzustehen." In geregeltem Wechsel folgen sodann Arbeit in der Studierstube und Vorlesungstätigkeit; nachmittags wird ein längeres Mahl im Kreise von Freunden eingenommen. Selbst das Schlafengehen, pünktlich um 10 Uhr, ist zeremoniell geregelt. Auch darüber berichtet ein Zeitgenosse: „Durch vieljährige Gewohnheit hatte er eine besondere Fertigkeit erlangt, sich in die Decken einzuhüllen. Beim Schlafengehen setzte er sich erst ins Bett, schwang sich mit Leichtigkeit hinein, zog den einen Zipfel der Decke über die eine Schulter unter dem Rücken durch bis zur andern und durch eine besondere Geschicklichkeit auch den andern unter sich, und dann weiter bis auf den Leib. So emballiert[1] und gleichsam wie ein Kokon eingesponnen, erwartete er den Schlaf." […]

Nichts kann Kant so sehr verärgern, als wenn wohlmeinende Freunde ihn in der Regelmäßigkeit seines Lebens stören. So lädt ihn einst ein Edelmann zu einer Spazierfahrt über Land ein, die sich so lange ausdehnt, dass Kant „erst gegen zehn Uhr voll Angst und Unzufriedenheit bei seiner Wohnung abgesetzt wird". Als Philosoph setzt er dieses kleine Erlebnis sofort in eine allgemeine Lebensregel um, nämlich „sich nie von jemanden zu einer Spazierfahrt mitnehmen zu lassen"; der Biograf fügt hinzu: „nichts in der Welt wäre im Stande gewesen, ihn von seiner Maxime abzubringen".

1 emballieren: verpacken, einpacken

Wilhelm Weischedel, 1905–1975, deutscher Philosoph

Das vernünftige Subjekt als autonomer Gesetzgeber und als Glied des Reichs der Zwecke

Als Programmatiker der Aufklärungsbewegung hatte Kant in seinem Aufsatz „Was ist Aufklärung?" jedoch die Befreiung des Menschen von ihm aufgenötigten Konventionen und Verpflichtungen vertreten. Wie der Gedanke seiner Pflichtethik mit seinem Postulat der Emanzipation des Subjekts zusammenzudenken ist, erläutert Kant in folgendem Text.

Der Begriff eines jeden vernünftigen Wesens, das sich durch alle Maximen seines Willens als allgemein gesetzgebend betrachten muss, um aus diesem Gesichtspunkte sich selbst und seine Handlungen zu beurteilen, führt auf einen ihm anhängenden sehr fruchtbaren Begriff, nämlich den *eines Reichs der Zwecke*.

Ich verstehe aber unter einem *Reiche* die systematische Verbindung verschiedener vernünftiger Wesen durch gemeinschaftliche Gesetze. Weil nun Gesetze die Zwecke ihrer allgemeinen Gültigkeit nach bestimmen, so wird, wenn man von dem persönlichen Unterschiede vernünftiger Wesen, im gleichen allem Inhalte ihrer Privatzwecke abstrahiert, ein Ganzes aller Zwecke [...] gedacht werden können, welches nach obigen Prinzipien möglich ist.

Denn vernünftige Wesen stehen alle unter dem Gesetz, dass jedes derselben sich selbst und alle anderen *niemals bloß als Mittel*, sondern jederzeit *zugleich als Zweck an sich selbst* behandeln solle. [...]

Es gehört aber ein vernünftiges Wesen als *Glied* zum Reiche der Zwecke, wenn es darin zwar allgemein gesetzgebend, aber auch diesen Gesetzen selbst unterworfen ist. Es gehört dazu *als Oberhaupt*, wenn es als gesetzgebend keinem Willen eines andern unterworfen ist.

Das vernünftige Wesen muss sich jederzeit als gesetzgebend in einem durch Freiheit des Willens möglichen Reiche der Zwecke betrachten, es mag nun sein als Glied oder als Oberhaupt. [...]

Moralität besteht also in der Beziehung aller Handlung auf die Gesetzgebung, dadurch allein ein Recht der Zwecke möglich ist. Diese Gesetzgebung muss aber in jedem vernünftigen Wesen selbst angetroffen werden und aus seinem Willen entspringen können, dessen Prinzip also ist: Keine Handlung nach einer anderen Maxime zu tun, als so, dass es auch mit ihr bestehen könne, dass sie ein allgemeines Gesetz sei, und also nur so, *dass der Wille durch seine Maxime sich selbst zugleich als allgemein gesetzgebend betrachten könne*. Sind nun die Maximen mit diesem objektiven Prinzip der vernünftigen Wesen, als allgemein gesetzgebend, nicht durch ihre Natur schon notwendig einstimmig, so heißt die Notwendigkeit der Handlung nach jenem Prinzip praktische Nötigung, das ist *Pflicht*. Pflicht kommt nicht dem Oberhaupte im Reiche der Zwecke, wohl aber jedem Glied und zwar allen in gleichem Maße zu. [...]

Im Reiche der Zwecke hat alles entweder einen *Preis* oder eine *Würde*. Was einen Preis hat, an dessen Stelle kann auch etwas anderes als *Äquivalent* gesetzt werden; was dagegen über allen Preis erhaben ist, mithin kein Äquivalent verstattet, das hat eine Würde. [...]

Nun ist Moralität die Bedingung, unter der allein ein vernünftiges Wesen Zweck an sich selbst sein kann, weil nur durch sie es möglich ist, ein gesetzgebend Glied im Reiche der Zwecke zu sein. Also ist Sittlichkeit und die Menschheit, sofern sie derselben fähig ist, dasjenige, was allein Würde hat. [...]

Und was ist es denn nun, was die sittlich gute Gesinnung oder die Tugend berechtigt, so hohe Ansprüche zu machen? Es ist nichts Geringeres als der *Anteil*, den sie dem vernünftigen Wesen *an der allgemeinen Gesetzgebung* verschafft und es hierdurch zum Gliede in einem möglichen Reiche der Zwecke tauglich macht, wozu es durch seine eigene Natur schon bestimmt war, als Zweck an sich selbst und eben darum als gesetzgebend im Reiche der Zwecke, in Ansehung aller Naturgesetze als frei, nur denjenigen allein gehorchend, die es selbst gibt und nach welchen seine Maximen zu einer allgemeinen Gesetzgebung (der es sich zugleich selbst unterwirft) gehören können. Denn es hat nichts einen Wert als den, welchen ihm das Gesetz bestimmt. Die Gesetzgebung selbst aber, die allen Wert bestimmt, muss eben darum eine Würde, das ist unbedingten, unvergleichbaren Wert haben, für welchen das Wort *Achtung* allein den geziemenden Ausdruck der Schätzung abgibt, die ein vernünftiges Wesen über sie anzustellen hat. *Autonomie* ist also der Grund der Würde der menschlichen und jeder vernünftigen Natur.

Immanuel Kant, *1724–1804, deutscher Philosoph*

- *Erläutern Sie die ambivalente Eigenschaft des Menschen als moralischer Gesetzgeber und als Unterworfener des Sittengesetzes.*
- *Stellen Sie ein Begriffsnetz aus den folgenden Schlüsselwörtern her: Pflicht – Würde – Reich der Zwecke – autonomer Wille – Sittengesetz. Kennzeichnen Sie die Beziehungen.*
- *Vergleichen und unterscheiden Sie Kants Pflichtethik und den ethischen Konventionalismus. Bestimmen Sie, was jeweils unter Pflicht verstanden wird.*
- *Finden Sie eigene Beispiele für Konventionalismus und Pflichtethik.*

Deontologische Ethik

(subjektiver) Konventionalismus	(objektive) Pflichtethik
faktisch geltende Verhaltenskonvention der Gemeinschaft	Würde des Menschen als Mitglied des Reichs der Zwecke
ethisch gültige Norm für Mitglieder	verpflichtende moralische Norm und Voraussetzung für moralisches Handeln

Es gibt keine Zeichen in der Welt

Der individuelle Akt bindet die Menschheit

Jean-Paul Sartre ist einer der Hauptvertreter des philosophischen Existentialismus. Er betrachtet die existentiellen Grundlagen menschlicher Existenz und Handelns und stellt die Freiheit als Grundbefindlichkeit des Menschen in den Mittelpunkt seiner literarischen Werke und philosophischen Untersuchungen. Dass der Einzelne gezwungen ist, frei zu sein – Sartre spricht von der Faktizität der Freiheit –, stellt das Subjekt in jeder Situation vor neue Probleme, die die totale Verantwortung für jede seiner Entscheidungen und Handlungen erkennen lassen. Daher gibt es weder Verhaltensmuster noch Entschuldigungen als Flucht vor der Verantwortung. Indem Sartre die Verantwortung des Subjekts als notwendige Konsequenz aus seiner unbedingten Freiheit folgen lässt, entwickelt er auf der Grundlage der Freiheitstheorie eine eigenwillige Variante deontologischer Ethik.*

Wenn es wahr ist, dass einer Situation gegenüber – z. B. der Situation, die aus mir ein geschlechtliches Wesen macht, das Beziehungen mit einem Wesen eines andern Geschlechts haben kann, das Kinder haben kann – ich gezwungen bin, eine Stellung zu wählen, und dass ich auf jeden Fall die Verantwortung einer Wahl trage, die, indem sie auch bindet, auch die ganze Menschheit bindet, auch wenn kein Wert a priori[1] meine Wahl bestimmt – so hat sie nichts zu tun mit einer Laune.
Wenn andererseits die Existenz der Essenz vorangeht und wir zur gleichen Zeit existieren wollen, wie wir unser Bild gestalten, so ist dieses Bild für alle und für unsere ganze Epoche gültig. Somit ist unsere Verantwortlichkeit viel größer, als wir es etwa voraussetzen könnten, denn sie bindet die ganze Menschheit. Bin ich Arbeiter und wähle, eher einer christlichen Gewerkschaft beizutreten als Kommunist zu sein – will ich mit diesem Beitritt anzeigen, dass Bescheidung im Grunde die Lösung ist, die dem Menschen zukommt, dass das Reich des Menschen nicht auf Erden ist –, so binde ich dadurch nicht nur meinen Fall: Ich will für *alle* Selbstbescheidung üben, folglich hat mein Schritt die ganze Menschheit gebunden.
Und will ich eine individuellere Tatsache – mich verheiraten und Kinder haben, selbst wenn diese Heirat einzig und allein von meiner Lage oder von meiner Leidenschaft oder von meinem Begehren abhängt, so binde ich dadurch nicht nur mich selber, sondern verpflichte die ganze Menschheit auf den Weg der Monogamie. So bin ich für mich selbst und für alle verantwortlich, und ich schaffe ein bestimmtes Bild des Menschen, den ich wähle; indem ich mich wähle, wähle ich den Menschen.

1 a priori: von der Erfahrung oder Wahrnehmung unabhängig

Jean-Paul Sartre, 1905–1980, französischer Schriftsteller und Philosoph

- *Der existentialistischen Philosophie wurde aufgrund ihrer Freiheitstheorie häufig Subjektivismus vorgeworfen (vgl. S. 30/31). Untersuchen Sie, wie Sartre diesen Einwand entkräftet.*
- *Erläutern Sie den Stellenwert jeder subjektiven Wahl sowohl für den Einzelnen wie auch für die Menschheit.*
- *Versuchen Sie, den Zusammenhang von subjektiver Wahl, Verantwortung und Pflicht zu erläutern.*

Die Verlassenheit

Aufgrund des allgemeinen Aspekts jeder subjektiven Wahl kommt der Entscheidung des Einzelnen stets eine besondere Bedeutung zu, die noch durch die Tatsache, dass er ganz allein für seine Entscheidung einstehen muss, verschärft wird. Dessen existenzielle Situation schildert Sartre eindringlich in folgendem Beispiel.

Um Ihnen ein Beispiel zu geben, [...] führe ich den Fall eines meiner Schüler an [...]: Sein Vater lebte in Zwiespalt mit seiner Mutter und neigte übrigens zur Kollaboration, sein ältester Bruder war bei der deutschen Offensive von 1940 getötet worden; und jener junge Mann wünschte in seinem etwas primitiven, aber hochherzigen Gefühl, ihn zu rächen. Seine Mutter lebte allein mit ihm [...] und fand nur Trost an ihm.
Dieser junge Mann hatte [...] die Wahl, entweder nach England zu gehen und sich in die Freien Französischen Streitkräfte einzureihen – d. h. seine Mutter zu verlassen – oder bei seiner Mutter zu bleiben und ihr leben zu helfen. Er gab sich gut Rechenschaft davon, dass diese Frau nur durch ihn lebte und dass sein Verschwinden – und vielleicht sein Tod – sie in die Verzweiflung stürzen würde. Er gab sich auch Rechenschaft, dass im Grunde [...] jede Handlung, die er mit Rücksicht auf seine Mutter unternahm, ihre Entsprechung haben werde in dem Sinne, dass er ihr zu leben verhalf, währenddem jede Handlung, die er unternahm, um wegzureisen und zu kämpfen, eine zweideutige Handlung war, die im Sand verlaufen und zu nichts dienen würde. Z. B. indem er nach England reiste, konnte er unbestimmte Zeit in einem spanischen Lager verbleiben, wenn er über Spanien fuhr; er konnte in England oder in Algier ankommen und in ein Büro versetzt werden, um Schreibarbeiten zu machen. Folglich befand er sich angesichts zweier ganz verschiedener Typen von Handlungen: Einer konkreten, unmittelbaren, die sich aber nur an ein Individuum richtete; oder aber einer Handlung, die sich an ein unendlich weiteres Ganzes, eine nationale Gemeinschaft wendete, die aber eben deswegen zweideutig war [...].
Und gleichzeitig zögerte er zwischen zwei Typen von Moralen. Auf der einen Seite eine Moral der Sympathie, der individuellen Hingabe, und auf der andern Seite eine umfassendere Moral, die aber von einer fragwürdigeren Wirksamkeit sein konnte. Es musste zwischen den beiden gewählt werden. Wer konnte ihm helfen, zu wählen? Die christliche Lehre? Nein. Die christliche Lehre sagt: Seid barmherzig, liebet euren Nächsten, opfert euch auf für den andern, wählt den rauen Weg usw. Aber welches ist der raueste Weg? Wen soll man lieben wie seinen Bruder: den Kämpfer oder die Mutter? Welches ist die größere Nützlichkeit: Jene unbestimmte, in einer Gesamtheit zu kämpfen, oder jene sichere, einem genau bestimmten Menschen leben zu helfen? Wer kann a priori darüber entscheiden? Niemand. Keine aufgezeichnete Moral kann es sagen. Die kantische Moral erklärt: Behandelt die andern nie als Mittel, sondern als Zweck. Sehr gut; bleibe ich bei meiner Mutter, so behandle ich sie als Zweck und nicht als Mittel, aber ich laufe Gefahr, diejenigen als Mittel zu behandeln, die um mich her kämpfen; und umgekehrt, wenn ich mich denen anschließe, die kämpfen, so behandle ich sie als Zweck und laufe dementsprechend Gefahr, meine Mutter als Mittel zu behandeln.
Wenn die Werte unbestimmt sind und immer zu weit gespannt für den bestimmten und konkreten Fall, [...] so bleibt uns nichts, als uns auf unsern Instinkt zu verlassen.

Jean-Paul Sartre, 1905–1980, französischer Schriftsteller und Philosoph

Edvard Munch, Asche, 1894

Beschreiben Sie den Ausdruck von Edvard Munchs Gemälde „Asche". Der ursprüngliche Titel lautet „Adam und Eva nach dem Fall". Stellen Sie einen Zusammenhang zur Entscheidungssituation des Subjekts her – so wie Sartre sie schildert.

Können Sie die hier beschriebene Stimmung persönlich nachvollziehen? Tauschen Sie Ihre Erfahrungen über den Stellenwert von Entscheidungen aus.

Die Pflicht zur Authentizität

Sobald ein Sichbinden vorhanden ist, bin ich verpflichtet, gleichzeitig mit meiner Freiheit die der andern zu wollen, und ich kann meine Freiheit nicht zum Ziel nehmen, wenn ich nicht zugleich die Freiheit der andern zum Ziel nehme. Folglich, wenn ich auf der Ebene völliger Unverfälschtheit erkannt habe, dass der Mensch ein Wesen ist, bei dem die Existenz der Essenz vorausgeht, dass er ein freies Wesen ist, das in den verschiedenen Umständen nicht anders kann, als seine Freiheit wollen, habe ich gleichzeitig anerkannt, dass ich auch für die andern nur die Freiheit wollen kann. So kann ich im Namen dieses Freiheitswillens, der in der Freiheit selber enthalten ist, Urteile fällen über diejenigen, die danach trachten, sich die totale Unmotiviertheit ihres Daseins und seine totale Freiheit zu verbergen. Die einen, die mit dem Geist des Ernstes oder mit deterministischen Entschuldigungen ihre totale Freiheit verdecken wollen, werde ich Feiglinge nennen; die andern, die zu zeigen versuchen wollen, dass ihre Existenz notwendig war, da sie doch nur die Zufälligkeit selber des menschlichen Erscheinens auf Erden ist, werde ich Schmutzfinken nennen. Jedoch Feiglinge und Schmutzfinken können nur auf der Ebene der strengen Authentizität abgeurteilt werden.

Jean-Paul Sartre, 1905–1980, französischer Schriftsteller und Philosoph

Wozu ist das Subjekt für Sartre verpflichtet? Erläutern Sie Sartres Pflichtbegriff an Beispielen.

Vergleichen Sie Sartres Verständnis von Pflicht mit den Vorstellungen der Stoa (S. 36/37) oder Kants* (S. 38–41) und arbeiten Sie in einer Tabelle Unterschiede und Gemeinsamkeiten heraus.*

Inwiefern ist Sartre ein Vertreter deontologischer Ethik?

Überzeugt Sie die handlungsdeontologische Position?

Vorschlag für eine Facharbeit: Sartres handlungsdeontologische Verantwortungsethik. Eine kritische Darstellung.

Pflichtethik
Deontologische Ethik

Handlungsdeontologen

In jeder Situation muss ich neu entscheiden, was richtig ist, und kann mich nicht auf allgemeine Prinzipien berufen.

Man kann sich nicht auf allgemeine Grundsätze berufen (existentialistische Ethik).

Regeldeontologen

In jeder Situation muss ich das allgemeinverbindliche sittliche Prinzip erfüllen.

z. B. Sokrates*, Kant

Gegenseitig auf Fairness verpflichtet!

Franz M. Jansen, Masken, 1925

- *Reflektieren Sie ausgehend von dem Gemälde „Masken" die Bedeutung von Maskierungen. Gäbe es eine Auswirkung auf das Verhalten, wenn alle maskiert wären?*

- *Beschreiben Sie den von Rawls angenommenen Ausgangszustand, auf dessen Basis eine durch Gerechtigkeit bestimmte Gesellschaftsstruktur beschlossen werden kann. Erklären Sie, wieso Grundsätze der Gerechtigkeit nur hinter dem so genannten „Schleier des Nichtwissens" festgelegt werden können.*

- *Formulieren Sie die beiden Gerechtigkeitsgrundsätze, auf die sich Rawls zufolge die Vertragspartner einigen würden, mit eigenen Worten und versuchen Sie sie zu begründen.*

Die Betrachtungsweise der Gerechtigkeitsgrundsätze nenne ich Theorie der Gerechtigkeit als Fairness. [...] Es sind diejenigen Grundsätze, die freie und vernünftige Menschen in ihrem eigenen Interesse in einer anfänglichen Situation die Gleichheit zur Bestimmung der Grundverhältnisse ihrer Verbindung annehmen würden.

***John Rawls**, 1921–2002, amerikanischer Philosoph*

Voraussetzungen und Grundsätze der Gerechtigkeit

John Rawls untersucht in seinem Werk „A Theory of Justice" erste Prinzipien der Moral, auf die sich freie und gleiche Menschen unter Berücksichtigung ihrer eigenen Interessen einigen würden. Rawls ist ein Vertreter deontologischer Ethik, insofern er das Prinzip Fairness zur Grundlage von Gemeinschaftsstrukturen macht. Sie können hierzu auch lesen in: Recht, Gerechtigkeit, Menschenrechte, Cornelsen, Berlin 2001, S. 46–47.

In der Theorie der Gerechtigkeit als Fairness spielt die ursprüngliche Situation der Gleichheit dieselbe Rolle wie der Naturzustand in der herkömmlichen Theorie des Gesellschaftsvertrags. Dieser Urzustand wird natürlich nicht als ein wirklicher geschichtlicher Zustand vorgestellt, noch weniger als primitives Stadium der Kultur. Er wird als rein theoretische Situation aufgefasst, die so beschaffen ist, dass sie zu einer bestimmten Gerechtigkeitsvorstellung führt. Zu den wesentlichen Eigenschaften dieser Situation gehört, dass niemand seine Stellung in der Gesellschaft kennt, seine Klasse oder seinen Status, ebenso wenig sein Los bei der Verteilung natürlicher Gaben wie Intelligenz oder Körperkraft. Ich nehme sogar an, dass die Beteiligten ihre Vorstellung vom Guten und ihre besonderen psychologischen Neigungen nicht kennen. Die Grundsätze der Gerechtigkeit werden hinter einem Schleier des Nichtwissens festgelegt. Dies gewährleistet, dass dabei niemand durch die Zufälligkeiten der Natur oder der gesellschaftlichen Umstände bevorzugt oder benachteiligt wird. Da sich alle in der gleichen Lage befinden und niemand Grundsätze ausdenken kann, die ihn aufgrund seiner besonderen Verhältnisse bevorzugen, sind die Grundsätze der Gerechtigkeit das Ergebnis einer fairen Übereinkunft oder Verhandlung. [...] Ich behaupte, dass die Menschen im Urzustand zwei ganz andere Grundsätze wählen würden: Einmal die Gleichheit der Grundrechte und -pflichten; zum anderen den Grundsatz, dass soziale und wirtschaftliche Ungleichheiten, etwa verschiedener Reichtum oder verschiedene Macht, nur dann gerecht sind, wenn sich aus ihnen Vorteile für jedermann ergeben, insbesondere für die schwächsten Mitglieder der Gesellschaft.

***John Rawls**, 1921–2002, amerikanischer Philosoph*

Natürliche Pflichten	Verpflichtungen
Verhaltensnormen, die unabhängig von Vereinbarungen (also außerhalb von Institutionen oder Konventionen) gelten	Verhaltensnormen, die sich auf Grund von freiwilligen Vereinbarungen (in Institutionen oder Konventionen) für die Partner ergeben
unbedingte Geltung	relative Geltung
Gerechtigkeit	Fairness

- *Welche Konsequenz hat die Annahme unbedingter Geltung der Gerechtigkeit als natürliche Pflicht für das Völkerrecht (besonders für kriegerische Auseinandersetzungen)?*

Ist man zur Gerechtigkeit verpflichtet?

Für Rawls ist der Grundsatz der Gerechtigkeit nicht das nur bedingt gültige Ergebnis einer freiwilligen Übereinkunft von Vertragspartnern, sondern er kann unbedingte Geltung beanspruchen.

Verpflichtungen [...] entstehen durch freiwillige Akte [...]. Des Weiteren ist der Inhalt von Verpflichtungen stets durch Institutionen der Gebräuche festgelegt, deren Regeln angeben, was man zu tun hat. Und schließlich bestehen Verpflichtungen gewöhnlich gegenüber bestimmten Menschen, denen nämlich, die in dem betreffenden Rahmen zusammenarbeiten. [...] Während sich alle Verpflichtungen aus dem einen Grundsatz der Fairness ergeben, gibt es viele natürliche Pflichten, positive und negative. [... Beispiele für natürliche Pflichten] sind: Die Pflicht, einem anderen zu helfen, wenn er in Not oder Gefahr ist, vorausgesetzt, es ist ohne ungebührliche eigene Gefährdung und Schädigung möglich; die Pflicht, einem anderen keinen Schaden und kein Unrecht anzutun; die Pflicht, kein unnötiges Leiden hervorzurufen. [...] Von den Verpflichtungen unterscheiden sich nun die natürlichen Pflichten dadurch, dass sie unabhängig von irgendwelchen freiwilligen Akten gelten. Sie stehen auch in keinem notwendigen Zusammenhang mit Institutionen oder Gebräuchen; ihr Inhalt ist im Allgemeinen nicht durch die Regeln von solchen festgelegt. Wir haben etwa die natürliche Pflicht, nicht grausam zu sein, ebenso die, anderen zu helfen, ob wir uns nun dazu verpflichtet haben oder nicht. Es hilft nichts, wenn jemand sagt, er habe nicht versprochen, nicht grausam oder rachsüchtig zu sein oder anderen zu helfen. [...] Die natürlichen Pflichten zeichnen sich weiter dadurch aus, dass sie zwischen Menschen unabhängig von ihren institutionellen Beziehungen gelten; sie gelten zwischen allen als gleichen moralischen Subjekten. [...] Unter dem Blickwinkel der Gerechtigkeit als Fairness ist die Gerechtigkeit eine grundlegende natürliche Pflicht. Sie fordert von uns, vorhandene und für uns geltende gerechte Institutionen zu unterstützen und ihre Regeln zu beachten. Sie verlangt von uns auch die Förderung noch nicht verwirklichter gerechter Regelungen, zumindest wenn uns das ohne allzu große Nachteile möglich ist. Ist also die Grundstruktur der Gesellschaft gerecht, oder doch so gerecht, wie man es den Umständen nach vernünftigerweise erwarten kann, so hat jeder die natürliche Pflicht, seine Rolle in ihr zu spielen. Jeder ist an diese Institutionen gebunden, unabhängig von seinen freiwilligen Akten, seien sie äußerlich oder innerlich. Obwohl sich also die Grundsätze der natürlichen Pflicht aus einer Vertragstheorie herleiten, setzt doch ihre Geltung keine Übereinkunft, sei sie ausdrücklich oder stillschweigend, und überhaupt keinen freiwilligen Akt voraus.

***John Rawls**, 1921–2002, amerikanischer Philosoph*

- *Unterscheiden Sie Verpflichtungen und natürliche Pflichten und geben Sie Beispiele.*
- *Vollziehen Sie Rawls' Begründung für den Pflichtcharakter der Gerechtigkeit nach. Finden Sie diese überzeugend?*
- *Inwiefern kann jemand zugleich eine natürliche Pflicht und eine Verpflichtung, sich nach bestimmten Grundsätzen zu verhalten, haben?*

3. Glück

Formen des Glücks

Fertigen Sie in Kleingruppen einen Assoziationsstern zum Thema Glück an. Besprechen Sie Ihre Ergebnisse in der Gruppe und stellen Sie sie anschließend dem Plenum vor.

Erstellen Sie anhand von Bildern, eigenen Zeichnungen und selbst verfassten sowie zitierten Sentenzen eine Collage, in der unterschiedliche Dimensionen von Glück dargestellt werden. Versuchen Sie durch eine reflektierte Anordnung der einzelnen Bild- und Textelemente ihre persönliche Sicht und Wertung der einzelnen Vorstellungen von Glück zum Ausdruck zu bringen.

Henri Matisse, Le Bonheur de vivre, 1905–1906

Betrachten Sie das Bild von Henri Matisse und beschreiben Sie es. Mit welchen gestalterischen Mitteln (Komposition, Formgebung, Farbwahl) arbeitet der Künstler und welche Wirkung haben diese?

Wie wird Glück in diesem Bild dargestellt?

Vergleichen Sie die Aussage des Bildes zum Thema Glück mit den von Ihnen angefertigten Collagen. Welche Unterschiede fallen Ihnen auf?

Luck oder happiness?

Das Wort Glück wird im Deutschen offensichtlich in zwei wohl zu unterscheidenden Grundbedeutungen verwendet, die in anderen Sachen regelmäßig auch durch terminologische Varianten auseinander gehalten werden, im Lateinischen etwa als *fortuna* und *beatitudo*, im Griechischen als *eutychia* und *eudaimonia*, im Französischen als *la bonne chance* und *le bonheur*, im Englischen als *luck* und *happiness*. Gemeint ist in dem einen Fall der Glückszufall, die Glücksgabe, die wir nicht erzwingen können, das Glück, das man hat; im anderen Fall das Glücklichsein, die Glückserfahrung, das Glückserlebnis, aber auch der gute Geist, der uns innerlich erfüllen muss, wenn wir fähig sein sollen, die äußerlich zufallende Gabe glücksbringend zu empfangen bzw. beim Ausbleiben solcher Zufälle nicht unglücklich zu werden. [...]

Glück als fortuna

Innerhalb des Begriffes Glück als *fortuna*, also dem, was einem zufällt und was man hat oder haben kann, lassen sich mindestens die folgenden Unterscheidungen treffen:

1. Mit dem Wort ‚Glück' meint man zumeist das einzelne Ereignis, den einzelnen günstigen Zufall. Gemeint sein kann dabei einmal (a) das einzelne positive Ereignis, der glückliche Zufall: das vierblättrige Kleeblatt und das gewinnbringende Lotterielos; gemeint sein kann daneben aber auch (b) das einzelne, zufällige und von uns nicht herbeizuführende Ereignis, wodurch ein Übel verhindert wird. Das Glück in diesem letzten Sinne dürfte gemeint sein in jener geistvollen „Definition" von Bernard Shaw, nach der das Glück der Stuhl ist, der zufällig dasteht, wenn man im Begriffe ist, sich zwischen zwei andere zu setzen.

2. Mit ‚Glück' meint man sodann die Glücksgüter, die man haben oder nicht haben kann, also das, was man sich und anderen aus Anlass des Geburtstages oder zum Jahreswechsel zu wünschen pflegt: Gesundheit, Wohlstand, Erfolge und sonstige einzelne Güter.

3. Das Wort ‚Glück' bezeichnet weiterhin den Zustand des vom Glück (im ersten und zweiten Sinne) Begünstigtseins: Glücklich ist nach dieser Bedeutung der Mensch, der bei allen oder doch den meisten seiner Bestrebungen Glück und Erfolg hat, also das „Glückskind", das „Sonntagskind" und der „Glückspilz". [...]

Glück als *beatitudo*

Auch bei dem Glück, das man empfindet, beim Zustand des Glücklichseins kann man bei genauem Hinsehen wiederum mehrere Bedeutungen unterscheiden.

Glück als Hochgefühl:

Glück kann erstens das Glück des Augenblicks sein, das Hochgefühl und das Höhepunkterlebnis. Hierbei mag man, je nach dem Niveau, vielleicht zwei Unterscheidungen treffen:

a. Das Glück im Sinne von Spaß, Vergnügen, Genuss oder im Sinne von Sigmund Freud*: „das Erleben starker Lustgefühle".

b. Von diesem ausgesprochen sensualistischen Glücksbegriff möchte ich die doch eher geistigen Höhepunkterlebnisse unterscheiden. [...] Friedrich Nietzsche* behauptet: „Das Wenigste gerade, das Leiseste, Leichteste, einer Eidechse Rascheln, ein Hauch, ein Husch, ein Augenblick – wenig macht die Art des besten Glücks."[...]

c. Neben den genannten einzelnen Widerfahrnissen des individuellen Lebens können sodann auch die mehr oder weniger institutionalisierten Formen von Lebenshöhepunkten gemeint sein: das Fest, das Mahl, das Singen, das Tanzen.

Glück als Charakterangelegenheit

Glück ist fernerhin der Geist, das Talent und der Charakter, der das Glück im Sinne der günstigen Fügungen und Lebenswiderfahrnisse herbeiruft und mit ihnen umzugehen weiß. Als Seelenverfassung meint er auch jenen guten Geist, der den Menschen innerlich so erfüllt, dass er in relativer Unabhängigkeit von äußeren Glücksfällen oder deren Ausbleiben im Innersten eudaimon, glücklich wird.

Günther Bien, deutscher Philosoph

Systematisieren Sie die von Günther Bien erläuterten Glücksbegriffe in einem Schaubild.

Welche der von Bien genannten Formen von Glück lassen sich im Bild von Matisse wiederfinden?

Ob jemand fähig ist, sein Glück zu finden, Glück zu ertragen, sich glückliche Umstände zu erhalten, das enthält eine wesentliche Aussage über diesen Menschen. Im umgekehrten Fall gilt das vielleicht noch mehr: Ob einer einfach kein Glück hat, wie er sein Unglück erträgt – das verrät viel von der Struktur des Menschen, von der Struktur dessen, was wir seinen Charakter nennen.

Alexander Mitscherlich, 1908–1982, deutscher Arzt und Psychologe

Licht und Dunkel

„Was immer geschieht, an uns liegt es, Glück oder Unglück darin zu sehen." [...] Glück ist ein innerer Zustand. Er hängt davon ab, wie wir die Welt um uns erleben. Unser Erleben hängt wiederum von der Deutung ab, die wir dem Geschehen geben. Natürlich gibt es Erfahrungen, die den Zustand inneren Friedens zerstören, etwa wenn ein lieber Mensch uns wegstirbt. Den Tod eines lieben Menschen kann ich nicht umdeuten und darin Glück sehen. Aber wie ich mit dem Tod umgehe, das liegt doch letztlich an mir. Ich kann darin eine Herausforderung sehen, zu wachsen, meine ureigensten Quellen zu entdecken. Und dann kann ich durch die Trauer und den Schmerz des Abschieds hindurch etwas Neues in mir entdecken und zu einem Zustand gelangen, den ich mit Glück umschreiben darf. Wenn ich dann durch einen langen Prozess der Trauerarbeit zu einer anderen Bewertung dieses Todes gekommen bin, kann ich bestätigen, was La Rochefoucauld sagt: „Unser Glück liegt nicht in den Dingen, sondern in deren Bewertung durch uns." Ich darf diesen Satz aber nicht als Trick benutzen, alles so zu bewerten, dass es mir positiv erscheint. Die „Macht des positiven Denkens" kann auch zur Tyrannei werden, zum Zwang, alles positiv sehen zu müssen. Licht und Dunkel, Freude und Schmerz gehören zu meinem Leben. Erst wenn ich diese Gegensätzlichkeit annehme und mich damit aussöhne, komme ich zu einer Bewertung meines Lebens, die mich noch nicht glücklich macht, die aber die Voraussetzung dafür schafft, glücklich zu werden.

*Anselm Grün, *1945, deutscher Theologe*

Welchen Stellenwert misst Anselm Grün dem von Bien bezeichneten „Glück als Charakterangelegenheit" bei?

Glück und Unglück

Die Dichterin Ebner-Eschenbach hat gesagt: „Im Unglück finden wir meistens die Ruhe wieder, die uns durch die Furcht vor dem Unglück geraubt wurde." Viele sind in der Tat nicht fähig, das Glück zu genießen, weil sie Angst haben, es könnte nicht lange dauern. Berühmt ist die Sage von Polykrates. Er konnte nicht glücklich sein über seinen wunderschönen Ring, weil er ständig in Angst lebte, er könnte ihn verlieren. Wer mitten im Glück von der Angst vor dem Unglück heimgesucht wird, der ist unfähig, wirklich glücklich zu sein. Erst wenn das, wovor wir am meisten Angst hatten, eingetreten ist, zerstieben unsere Illusionen und wir kommen am Nullpunkt unseres Lebens an, vor dem wir mit viel Anstrengung davonzulaufen suchten. Doch gerade an diesem Nullpunkt, in der Tiefe unserer Seele, dort kommen wir zur Ruhe. Und von dort aus werden wir fähig, in der Ruhe den Frieden zu finden und im Frieden eine Ahnung von Glück.

*Anselm Grün, *1945, deutscher Theologe*

Bewerten Sie die Sicht Anselm Grüns vor dem Hintergrund eigener Erfahrungen mit Glück und Unglück.

Betrachten Sie das Gemälde von Henri Matisse erneut. Wie beurteilen Sie persönlich die hier gestaltete Vorstellung von Glück? Begründen Sie und berücksichtigen Sie dabei auch die Ausführungen Biens und Grüns.

Was macht uns glücklich?

Als ich 25 war, bekam ich ich Hodenkrebs, und daran wäre ich fast gestorben. Ich hatte eine Überlebenschance von nicht mal 40 Prozent, und ehrlich gesagt, ein paar von meinen Ärzten haben das auch nur aus reiner Freundlichkeit gesagt. Ich weiß schon, der Tod ist nicht gerade ein Thema für Small talk. Krebs auch nicht, oder Narben am Schädel, oder das, was unter der Gürtellinie liegt. Aber ich habe auch nicht vor, mich nett und unverbindlich mit Ihnen zu unterhalten. Ich will, dass Sie die Wahrheit erfahren. Ich bin sicher, es ist Ihnen lieber, davon zu hören, wie das mit dem Krebs wirklich war, wieso ich danach trotzdem die „Tour de France" gewinnen konnte, dieses Straßenrennen von über 3800 Kilometern, von dem man sagt, es sei der härteste Sportwettkampf der Welt. Sie wollen etwas erfahren über Glauben und nicht weiter Begründbares, über dieses ganz unwahrscheinliche Comeback, wodurch ich heute neben so überragenden Fahrern wie Greg LeMond und Miguel Induráin stehen kann.

*Lance Armstrong, *1971, amerikanischer Radsportler*

Armstrong am 25.7.1999 auf der letzten Etappe der Tour de France.

Glückspilze?

Seit 1996 zählte Lance Armstrong zu den Topfahrern unter den internationalen Radprofis. Im gleichen Jahr wurde bei ihm Hodenkrebs diagnostiziert und kurz darauf erfuhr er, dass er zwei große Tumore im Gehirn hatte. In seinem Buch „It's Not About The Bike: My Journey Back to Life" erzählt er, wie die Krankheit sein Wertesystem und damit auch seine Glücksvorstellung verändert hat.

Ich hatte immer geglaubt, aus Radrennen als Sieger hervorzugehen, würde aus mir einen stärkeren und wertvolleren Menschen machen. Aber das war nicht so. Warum ich? Warum überhaupt jemand? [...] Was ist stärker, die Angst oder die Hoffnung? [...] Anfangs war ich voller Angst und hatte wenig Hoffnung, [...] aber ich weigerte mich, zuzulassen, dass die Angst meinen Optimismus niedermacht. Natürlich wollte ich leben, aber ob es dazu kam oder nicht, war ein Geheimnis. [...] Angst zu haben, ist eine unschätzbare Lehre. Wer je Angst in einem solchen Ausmaß erlebt hat, kennt seine Hinfälligkeit besser als die meisten Menschen, und ich glaube, dass man sich durch diese Erfahrung verändert. Ich musste mich sehr tief beugen, und es blieb mir nur die Zuflucht ins Philosophische. Die Krankheit zwang mich, mir mehr abzuverlangen, als je zuvor und forderte von mir ein neues Wertesystem.
Ein paar Tage zuvor hatte ich eine E-Mail von einem Soldaten bekommen, der in Asien stationiert war. Er war ein Leidensgenosse, ebenfalls Krebspatient, und wollte mir etwas mitteilen. „Du weißt es noch nicht", schrieb er, „aber *wir* sind die Glückspilze." „Der hat ja nicht alle Tassen im Schrank", sagte ich laut. Was konnte er bloß damit meinen?

Lance Armstrong hatte 1999 nicht zum ersten Mal an einer „Tour de France" teilgenommen, aber es war die erste, bei der er siegte. Was brachte ihn dazu, sich nach seiner Krankheit den Schmerzen und Quälereien dieses Radrennens auszusetzen? Welche Vorstellung von Glück steht dahinter? Im folgenden Text beschreibt er exemplarisch, was er während des Rennens erlebte.

Ich spürte, wie sich die Erschöpfung in meinem ganzen Körper ausbreitete, und beugte mich weit über den Lenker. Ich riss Mund und Nase auf und rang nach Atem. [...] Und noch immer war es ganz schön weit bis zum Ziel. [...] Ich riskierte einen Blick über die Schulter. Ich hatte schon fast damit gerechnet, dass Zülle an meinem Hinterreifen hing. Aber da war niemand. Ich schaute wieder nach vorn. Jetzt konnte ich das Ziel sehen – es ging nur noch bergauf. Ich war auf dem Weg zum Gipfel. Dachte ich auf diesen letzten paar hundert Metern an Krebs? Nein. Ich würde lügen, wenn ich das behauptete. Aber ich glaube, dass – direkt oder indirekt – all das bei mir war, was in den letzten zwei Jahren mit mir geschehen war. Alles, was ich mitgemacht hatte, war nun zusammengeschnürt und gut verstaut – der ganze Kampf gegen den Krebs und all das mangelnde Vertrauen in meinen Sport, dass ich den Weg zurück schaffen würde. Entweder bin ich dadurch schneller geworden oder die anderen wurden langsamer. Ich weiß nicht, was stimmt. Als ich weiterkletterte, hatte ich zwar Schmerzen, aber ich spürte auch Begeisterung über das, was ich alles mit meinem Körper machen konnte. Rennen zu fahren und sich zu quälen, ist schon hart. Aber es ist trotzdem nicht damit zu vergleichen, dass man in einem Krankenhausbett liegt, mit Kathetern in der Brust, und spürt, wie einem das Platin in den Venen brennt, und man sich 24 Stunden übergeben muss, fünf Tage in der Woche.

*Lance Armstrong, *1971, amerikanischer Radsportler*

- *Beschreiben Sie, was Glück für Lance Armstrong bedeutet und vergleichen Sie es mit Ihren Vorstellungen von Glück.*

- *Vorschlag für ein fächerverbindendes Referat mit Englisch: Die Veränderung der Wertevorstellungen bei Lance Armstrong durch seine Krebserkrankung. Sie können dazu folgendes Buch lesen: Lance Armstrong, Sally Jenkins, It's Not About The Bike: My Journey Back to Life, Berkley Publishing Group 2001, ISBN: 0425179613*

Glück braucht Erleben

Robert Spaemann vertritt die Ansicht, dass gewisse Voraussetzungen Glück ermöglichen bzw. verhindern können.

Nach einer verbreiteten Vorstellung ist Glück identisch mit subjektivem Wohlbefinden. Das sagen viele Menschen, aber im Grunde glauben sie es selbst nicht. Man stelle sich vor, jemand böte mir an, mich in Narkose zu versetzen – und zwar lebenslang. Er führte ein paar Drähte ins Gehirn ein und erzeugte dann in mir einen Zustand der Dauereuphorie[1]. Er garantierte mir, dass ich mich zwanzig Jahre oder länger in höchstem Maße wohl fühle; viel besser als alle meine Freunde und Bekannten, die ein ganz gewöhnliches Leben führen. Nach dieser Zeit würde ich schmerzlos eingeschläfert. Ich glaube, kein Mensch, der nicht in einem Zustand sehr tiefer Depression[2] ist, wäre bereit, sich auf diese Sache einzulassen. Warum? Er will offenbar noch etwas anders, als sich nur wohl zu fühlen. Er will sich nicht bloß einbilden, er wäre in einer herrlichen Welt, sondern er will wirklich in der Welt sein. Er will mit wirklichen Freunden zu tun haben. D. h. Glück hat etwas mit Wirklichkeit zu tun. Aristoteles* hat gesagt, Lust, als subjektives Sich-Wohlfühlen, ist zwar ein Bestandteil des Glücks – von einem Menschen, der ständig leidet, werden wir nicht sagen, dass er glücklich ist –, aber von dem Menschen, den ich eben beschrieben habe, werden wir dies auch nicht behaupten. Aristoteles sagte, Glück sei gelungene Praxis, gelingendes Handeln. Wer seine Ziele als vernünftiges Wesen im Kontakt mit der Wirklichkeit zu verwirklichen versucht, beabsichtigt dabei aber nicht, in jedem Moment seines Lebens glücklich zu sein. Wenn man ständig bestrebt ist, glücklich zu sein, ist das eine sichere Weise, sich um das Glück zu bringen. Glück ist das, was, wie Max Scheler einmal sagte, ‚auf dem Rücken der Akte' zu einem kommt. Ich werde erst nachträglich, wenn ich versuche, mich zu erinnern, entdecken, dass ich in bestimmten Augenblicken des Lebens glücklich war. In diesen Momenten habe ich wahrscheinlich gar nicht daran gedacht, glücklich sein zu wollen. D. h. Glück ist gelingendes Leben. Dabei verlieren Dinge, mit denen wir überschüttet werden, ihre Bedeutung als Quelle der Freude. Epikur*, der Lustgewinn als das höchste Ziel des Lebens erklärte, erkannte den Zusammenhang von Glück und Askese[3]. Er war der Meinung, dass nur ein solcher Mensch glücklich sein kann, der seine Bedürfnisse außerordentlich reduziert und deshalb im Stande ist, rasch Freude zu empfinden. Verzicht ist eine Bedingung für Glück. Wir müssen einen Preis zahlen. Wenn wir den nicht zu zahlen bereit sind, dann bringen wir uns ganz sicher um das Glück des Lebens. [...]

Das Fernsehen ist ein Glückszerstörungsinstrument. Es tut so, als befriedigte es alle Augenblicksbedürfnisse des Menschen. Das ist die sicherste Weise, es zu einer wirklich tiefen Befriedigung nicht kommen zu lassen. Denn wirkliche Befriedigung braucht Realität und nicht ein Geschehen auf der Mattscheibe. Wenn Menschen mehrere Stunden am Tag aus der Realität in eine imaginäre Welt auswandern, verlieren sie immer mehr die Fähigkeit, in die Realität zurückzukehren und dort ihr Glück zu finden, indem sie sich mit ihr auseinander setzen. Nun tut das Fernsehen so, als präsentiere es die reale Welt und lade den Zuschauer dazu ein, sich mit ihr auseinander zu setzen. Aber selbst eine so genannte Reality-Show bleibt für den Zuschauer eine bloße Fiktion, weil er ein Unglück oder eine Katastrophe sieht, in die er aktuell gar nicht eingreifen kann. Das, was das Fernsehen als Realität zeigt, ist für den Zuschauer eben dadurch, das sie im Fernsehen auftaucht und ihm gar nicht in seinem von ihm selbst beeinflussbaren Lebenskreis begegnet, keine Realität. Diese Entfernung aus der Wirklichkeit, dieses Aussteigen aus der Realität ist ein Schritt auf dem Weg zu jenem Menschen, der bewusstlos mit Drähten im Gehirn daliegt und in dem Euphorie erzeugt wird. Vorstufen dieser Bewusstlosigkeit zeigen sich bereits daran, dass aufgrund des Fernsehens die Kommunikation zwischen den Menschen leidet. Das Geschehen in den diversen Programmen scheint für viele interessanter zu sein als die Möglichkeit, von seinen Mitmenschen direkt etwas zu erfahren. So schließen sich die Zuschauer in ihre Wohnungen oder Zimmer ein und schauen mehr oder weniger genau das, was auch der Nachbar sieht. Würden sie sich wenigstens über das Gesehene untereinander austauschen, hätten sie eine Möglichkeit, wieder in die Realität zurückzukehren. Stattdessen werden sie immer einsamer.

1 Euphorie: Hochstimmung, Hochgefühl
2 Depression: Niedergeschlagenheit, traurige Stimmung
3 Askese: streng enthaltsame und entsagende Lebensweise

*Robert Spaemann, *1927, deutscher Philosoph*

- *Fassen Sie Spaemanns Verstellungen von Glück mit Ihren eigenen Worten zusammen.*

- *Vergleichen Sie die Ausführungen von Spaemann mit der Beschreibung von Armstrong.*

> Wenn man beständig bestrebt ist, glücklich zu sein, ist das eine sichere Weise, sich um das Glück zu bringen.
>
> *Robert Spaemann, *1927, deutscher Philosoph*

- *Erklären Sie dieses Zitat und veranschaulichen Sie es mit Beispielen.*

- *Spaemann kritisiert die modernen Medien als realitätsfern. Der Philosoph Niklas Luhmann hingegen prägte das Bonmot, dass alles, was wir wüssten, über das Fernsehen vermittelt sei. Jeder wisse z. B., so Luhmann, dass er vor seiner Haustüre eine Mülltonne habe, in die er seinen Abfall werfe. Aber was weiter damit geschehe, erfahre er nur aus dem Fernsehen. Luhmann vertritt also die Ansicht, dass gerade die Medien ein geeignetes Mittel seien, Realität zu vermitteln.*

- *Erörtern Sie in einer Podiumsdiskussion, ob Fernsehen Glück zerstören kann. Beziehen Sie in Ihre Diskussion auch die von Luhmann bzw. Spaemann angeführten Argumente zum Realitätsgehalt der Medien ein.*

Ist Glück lernbar?

Vergnügen und Freude

Mihaly Csikszentmihalyi beschreibt den Zustand tiefen Glücks als „Flow". In seinem gleichnamigen Buch stellt er die These auf, dass jeder Mensch fähig ist, diesen Zustand tiefen Glücks zu erreichen, indem er die landläufigen Vorstellungen von Glück kritisch überdenkt und seine Einstellung zum Leben entsprechend verändert.

Gefragt, welche Dinge das Leben besser machen, denken die meisten Menschen zunächst, das Glück bestünde aus Vergnügungen: gutes Essen, guter Sex und alle Annehmlichkeiten, die man mit Geld kaufen kann. Wir stellen uns vor, wie befriedigend es wäre, in exotische Länder zu reisen, von interessanten Menschen und teuren Geräten umgeben zu sein. Wenn wir uns die Dinge nicht leisten können, an die uns Werbeanzeigen in Hochglanz immer wieder erinnern, dann sind wir glücklich bei einem gemütlichen Abend vor dem Fernseher und einem Glas Wein.

Vergnügen ist ein Gefühl von Zufriedenheit, das man immer dann empfindet, wenn eine Information im Bewusstsein uns sagt, dass die Erwartungen erfüllt wurden, die das biologische Programm oder gesellschaftliche Konditionierung gesetzt haben. Wenn man hungrig ist, macht einem das Essen Spaß, weil es ein körperliches Ungleichgewicht reduziert. Abends ausruhen und passiv Informationen der Medien aufnehmen, das ist angenehm entspannend. Nach Acapulco verreisen ist schön, weil die Neuartigkeit unsere Sinne belebt, die von der immer gleichen Routine des Alltagslebens abgestumpft wurden, und weil wir wissen, dass die „Reichen und Glücklichen" auf diese Weise ihre Zeit verbringen.

Vergnügen ist ein wichtiger Bestandteil der Lebensqualität, bringt jedoch an sich noch kein Glück hervor. Schlaf, Ruhe, Essen und Sex verschaffen einem homöostatische[1] Erfahrungen, die das Bewusstsein ordnen, wenn die Bedürfnisse des Körpers sich bemerkbar gemacht und psychische Entropie[2] ausgelöst haben. Aber sie bewirken kein psychologisches Wachstum. Sie vermitteln dem Selbst keine Komplexität. Vergnügen hilft, die Ordnung aufrechtzuerhalten, doch an sich kann es keine neue Ordnung im Bewusstsein schaffen.

Wenn man weiter darüber nachdenkt, was das Leben lebenswert macht, geht man über angenehme Erinnerungen hinaus und kommt auf andere Vorfälle, andere Erfahrungen, die mit angenehmen überlappen, aber in eine Kategorie fallen, die einen anderen Namen verdient: Freude. Freude findet statt, wenn man sich nicht nur eine bestehende Erwartung, ein Bedürfnis oder einen Wunsch erfüllt hat, sondern über seine Vorprogrammierung hinausging und etwas Unerwartetes erreicht, vielleicht etwas, das man sich vorher nicht einmal vorgestellt hat.

Diese Vorwärtsbewegung zeichnet die Freude aus, ein Gefühl, dass etwas neuartig ist, dass man etwas erreicht hat. Ein Tennisspiel, das einen bis an die Leistungsgrenze führt, macht Freude, ebenso das Lesen eines Buches, das einem bestimmte Dinge in neuem Licht zeigt, eine Unterhaltung, die einen anregte, Gedanken auszudrücken, die einem zuvor nicht bewusst waren. Einen schwierigen Geschäftsabschluss tätigen oder irgendeine andere Arbeit erfolgreich abschließen ist erfreulich. Keine dieser Erfahrungen ist vielleicht zum gegebenen Zeitpunkt besonders angenehm, doch hinterher denkt man daran zurück und sagt: „Das hat wirklich Spaß gemacht", und wünscht sich, es würde noch einmal passieren. Nach einem erfreulichen Ereignis wissen wir, dass wir uns verändert haben, dass das Selbst gewachsen ist: In gewisser Hinsicht sind wir selbst dadurch komplexer geworden.

Erfahrungen, die Vergnügen bereiten, können ebenfalls Freude machen, aber die beiden Gefühle sind recht unterschiedlich. Jeder hat z. B. Spaß am Essen. Freude am Essen ist jedoch etwas anderes. Ein Gourmet hat Freude am Essen, wie jeder andere, der einer Mahlzeit genügend Aufmerksamkeit schenkt, um die verschiedenen dadurch ausgelösten Gefühle unterscheiden zu können. Dieses Beispiel zeigt, dass wir Vergnügen ohne den Einsatz psychischer Energie erleben können, doch Freude findet nur als Folge ungewöhnlicher Aufmerksamkeit statt. Man kann ohne jede Mühe Vergnügen empfinden, wenn die entsprechenden Gehirnzellen elektrisch oder als Folge einer chemischen Einwirkung stimuliert werden. Es ist jedoch unmöglich, ein Tennisspiel, ein Buch oder eine Unterhaltung als angenehm zu empfinden, wenn die entsprechenden Gehirnzellen elektrisch oder als Folge einer chemischen Einwirkung stimuliert werden. Es ist jedoch unmöglich, ein Tennisspiel, ein Buch oder eine Unterhaltung als angenehm zu empfinden, wenn man sich nicht völlig auf diese Aktivität konzentriert.

Aus diesem Grund ist Vergnügen so flüchtig, wächst das Selbst lediglich auf Grund angenehmer Erfahrungen nicht. Um Komplexität zu erreichen, muss man psychische Energie in neue Ziele investieren, die eine relative Herausforderung darstellen. Diesen Prozess kann man bei Kindern leicht beobachten. In den ersten Lebensjahren ist jedes Kind eine kleine „Lernmaschine", die tagtäglich neue Bewegungen und neue Worte ausprobiert. Die entzückte Konzentration auf dem Gesicht des Kindes, wenn es eine neue Fertigkeit erlernt, ist ein gutes Zeichen für Freude. Und jeder einzelne erfreuliche Lernprozess trägt zur Komplexität des sich entwickelnden Selbst beim Kind bei.

1 homöostatisch: im körperlichen Gleichgewicht sein
2 psychische Entropie: seelisches Ungleichgewicht, seelische Störung

***Mihaly Csikszentmihalyi**, amerikanischer Psychologe*

- Fassen Sie zusammen, was Csikszentmihalyi unter Vergnügen versteht.
- Erklären Sie in diesem Zusammenhang die Begriffe „biologisches Programm" und „gesellschaftliche Konditionierung" und geben Sie Beispiele.
- Arbeiten Sie heraus, inwiefern sich nach Csikszentmihalyi „Freude" von „Vergnügen" unterscheidet.
- Stimmen Sie seiner Auffassung zu? Begründen Sie Ihren Standpunkt.
- Arbeiten Sie Parallelen zwischen Csikszentmihalyis und Spaemanns Standpunkt heraus.
- Vergleichen Sie Csikszentmihalyis Ausführungen mit dem aristotelischen Eudämonie*-Begriff, vgl. S. 52/53.

In einer weltweit angelegten und alle gesellschaftlichen Schichten umfassenden Studie bat Csikszentmihalyi mit seinem Team viele tausend Personen, möglichst genau zu beschreiben, wie sie sich fühlten, wenn ihr Leben am erfülltesten war und wenn das, was sie taten, ihnen die meiste Freude bereitete.

Überlegen Sie, wann Sie einmal im Sinne Csikszentmihalyis „Freude" empfunden haben. Versuchen auch Sie möglichst genau zu beschreiben, wie Sie sich in dieser Situation fühlten bzw. wie die Rahmenbedingungen und Ihre psychologische Verfassung zu diesem Zeitpunkt war. Halten Sie Ihre Ergebnisse in Stichworten fest.

Die Komponenten der Freude

Die erste Überraschung, auf die wir bei unserer Studie stießen, war, wie ähnlich sehr unterschiedliche Aktivitäten beschrieben wurden, wenn sie besonders gut liefen. Offensichtlich fühlte sich ein Langstreckenschwimmer bei der Durchquerung des Ärmelkanals fast genauso wie ein Schachspieler bei einem Turnier oder ein Bergsteiger beim Aufstieg in eine steile Felswand. Sämtliche Gefühle wurden in wichtigen Einzelheiten von den Befragten geteilt, ob es sich um einen Komponisten handelte, der ein neues Quartett schrieb, oder einen Teenager aus dem Getto, der an einem Meisterschaftsspiel im Basketball teilnahm.
Die zweite Überraschung war, dass die Befragten unabhängig von Kultur, Bildung, Gesellschaftsschicht, Alter oder Geschlecht Freude fast gleich beschrieben. Was sie taten, um Freude zu erleben, unterschied sich gewaltig – die älteren Koreaner meditieren gern, japanische Teenager schwärmen gern auf Motorrädern aus –, aber sie beschrieben in nahezu identischen Begriffen, wie sie sich fühlten, wenn sie Freude erlebten. Auch die Gründe, warum die jeweilige Aktivität genossen wurde, wiesen mehr Ähnlichkeiten als Unterschiede auf. Kurz, optimale Erfahrung und die psychischen Bedingungen, die sie ermöglichen, scheinen in der ganzen Welt die gleichen zu sein.
Aus unseren Studien geht hervor, dass die Phänomenologie[1] der Freude acht Hauptkomponenten umfasst. Wenn Menschen darüber nachdenken, wie sie sich fühlen, wenn eine Erfahrung höchst positiv ist, nennen sie zumindest eine, oft auch alle anderen. Erstens, die Erfahrung findet gewöhnlich statt, wenn wir auf eine Aufgabe stoßen, der wir uns gewachsen fühlen. Zweitens müssen wir fähig sein, uns auf das zu konzentrieren, was wir tun. Drittens und viertens, die Konzentration ist gewöhnlich möglich, weil die angefangene Aufgabe deutliche Ziele umfasst und unmittelbare Rückmeldung liefert. Fünftens, man handelt mit einer tiefen, aber mühelosen Hingabe, welche die Sorgen und Frustrationen des Alltagslebens aus dem Bewusstsein verdrängt. Sechstens, erfreuliche Erfahrungen machen es möglich, ein Gefühl von Kontrolle über Tätigkeiten zu erleben. Siebtens, die Sorgen um das Selbst verschwinden, doch paradoxerweise taucht das Selbstgefühl nach der flow-Erfahrung gestärkt wieder auf. Und schließlich ist das Gefühl für Zeitabläufe verändert; Stunden vergehen in Minuten, Minuten können sich vermeintlich zu Stunden ausdehnen. Die Kombination dieser Bestandteile ruft ein tiefes Gefühl von Freude hervor, welches so lohnend ist, dass man bereit ist, viel Energie dafür aufzuwenden, um es immer wieder zu erleben.
Nun sehen wir uns die einzelnen Elemente genauer an, um besser zu begreifen, was erfreuliche Aktivitäten so erstrebenswert macht. Mit diesem Wissen ist es möglich, Kontrolle über das Bewusstsein zu erlangen und selbst die eintönigsten Momente des Alltagslebens in Ereignisse zu verwandeln, die dem Selbst helfen zu wachsen.

1 Phänomenologie: Wissenschaft von den Erscheinungsformen

Mihaly Csikszentmihalyi, amerikanischer Psychologe

Pablo Picasso, 1910

Vergleichen Sie die von Ihnen gesammelten Aspekte mit denen Csikszentmihalyis und überlegen Sie, welcher aller genannten Aspekte Ihnen besonders wichtig erscheint.

Man kann das Leben ohne Freude aushalten, es kann sogar angenehm sein. Aber es steht, abhängig von Glücksfällen und der Kooperation der Umwelt, immer auf der Kippe. Wenn man jedoch persönliche Kontrolle über die Qualität von Erfahrungen erlangen will, muss man lernen, wie man das mit Freude füllen kann, was man tagein, tagaus erlebt.

Mihaly Csikszentmihalyi, amerikanischer Psychologe

Wie beurteilen Sie die These, dass Glück lernbar sei? Berücksichtigen Sie dabei auch die Unterscheidung zwischen „Vergnügen" und „Freude".

Suchen Sie einen Titel für das Bild Picassos.

Welche Verbindung könnte man zwischen diesem Bild und Csikszentmihalyis Vorstellung von Freude ziehen. Deuten Sie dabei auch die von Picasso eingesetzten farblichen und kompositorischen Mittel und deren Wirkung.

Lustprinzip oder Vernunft?

Glück bedeutet, meine Lust zu stillen

Nicht selten stehen wir im Alltag vor der Frage, was wir tun sollen: das, wozu wir im Moment Lust haben, oder was eigentlich vernünftig wäre? Die Frage, was den Menschen letztlich glücklicher macht, ein lustbestimmtes oder ein vernunftgeleitetes Leben, war schon in der antiken Philosophie umstritten und wird bis heute diskutiert.

Gerade deshalb ist die Lust, wie wir sagen, Ursprung und Ziel des glückseligen Lebens. Denn sie haben wir als erstes und angeborenes Gut erkannt, und von ihr aus beginnen wir mit jedem Wählen und Meiden, und auf sie gehen wir zurück, indem wir wie mit einem Richtscheit mit der Empfindung ein jedes Gut beurteilen. Und gerade weil dies das erste und in uns angelegte Gut ist, deswegen wählen wir auch nicht jede Lust, sondern bisweilen übergehen wir zahlreiche Lustempfindungen, sooft uns ein übermäßiges Unbehagen daraus erwächst. Sogar zahlreiche Schmerzen halten wir für wichtiger als Lustempfindungen, wenn uns eine größere Lust daraus folgt, dass wir lange Zeit die Schmerzen ertragen haben. Jede Lust also ist, weil sie eine verwandte Anlage hat, ein Gut, jedoch nicht jede ist wählenswert; wie ja auch jeder Schmerz ein Übel ist, aber nicht jeder ist in sich so angelegt, dass er immer vermeidenswert wäre. Doch durch vergleichendes Messen und den Blick auf Zuträgliches und Unzuträgliches ist dies alles zu beurteilen. Denn wir verfahren mit dem Gut zu bestimmten Zeiten wie mit dem Übel, mit dem Übel ein andermal wie mit einem Gut. Auch die Selbstgenügsamkeit halten wir für ein großes Gut, nicht damit wir es ganz und gar mit dem Wenigen genug sein lassen, sondern um uns dann, wenn wir das meiste nicht haben, mit dem Wenigen zu begnügen, da wir im vollen Sinne überzeugt sind, dass jene am lustvollsten den Aufwand genießen, die seiner am wenigsten bedürfen, und dass alles Anlagebedingte leicht, das Ziellose aber schwer zu beschaffen ist. Denn bescheidene Suppen verschaffen eine ebenso starke Lust wie ein aufwändiges Mahl, sooft das schmerzhafte Gefühl des Mangels aufgehoben wird; auch Brot und Wasser spenden höchste Lust, wenn einer sie aus Mangel zu sich nimmt. Sich also zu gewöhnen an einfache und nicht aufwendige Mahlzeiten befähigt zu voller Gesundheit, macht den Menschen unbeschwert gegenüber den notwendigen Anforderungen des Lebens, stärkt unsere Verfassung, wenn wir uns in Abständen zu aufwändigen Mahlzeiten aufmachen, und entlässt uns angstfrei gegenüber dem Zufall. Wenn wir also sagen, die Lust sei das Ziel, meinen wir damit nicht die Lüste der Hemmungslosen und jene, die im Genuss bestehen, wie einige, die dies nicht kennen und nicht eingestehen oder böswillig auffassen, annehmen, sondern: weder Schmerz im Körper noch Erschütterung in der Seele zu empfinden. Denn nicht Trinkgelage und aneinander gereihte Umzüge, auch nicht das Genießen von Knaben und Frauen, von Fischen und allem Übrigen, was eine aufwändige Tafel bietet, erzeugen das lustvolle Leben, sondern ein nüchterner Verstand, der die Gründe für jedes Wählen und Meiden aufspürt und die bloßen Vermutungen vertreibt, von denen aus die häufigste Erschütterung auf die Seelen übergreift.

***Epikur**, 341–271 v. Chr., griechischer Philosoph*

- *Was macht nach Epikur ein glückliches Leben aus?*
- *Was versteht Epikur unter dem Ausspruch, die Lust sei das Ziel (Z. 1)?*
- *Von welchem Lustbegriff grenzt Epikur sich ab?*
- *Inwiefern hat Epikur die Lehre des Hedonismus differenziert? Verdeutlichen Sie, inwieweit seine Äußerungen von der ursprünglichen Lehre des Hedonismus (vgl. Wissenskasten) abweichen.*

Hedonismus

Der Begriff Hedonismus wird abgeleitet von dem griechischen Wort hedoné: Freude, Vergnügen, Lust, Annehmlichkeit. Es bezeichnet eine ethische Haltung, die einerseits das Erreichen des Glücks als oberstes Ziel menschlichen Handelns und Strebens lehrt und andererseits das Wesen des Glücks im Erreichen der Lust sieht. Das ethische Verhalten wird von einem objektiven Gut her bestimmt, das ein Höchstmaß an menschlichem Wohlbefinden bietet. Inhaltlich beschränkt sich der Hedonismus darauf, Glück negativ zu bestimmen als Vermeiden von Unlust, positiv als möglichst großen Lustgewinn. Die Tradition des Hedonismus reicht bis in die Antike zurück. Die Kyrenaiker* betrachteten Lust als ein unbedingtes Gut, das um seiner selbst willen zu erstreben sei. Für die Epikureer gilt der Leitsatz, dass die Lust das Prinzip des glücklichen Lebens darstelle. Dieses Verständnis müsse mit einer kritischen Überlegung darüber, was als wirkliche Lust bezeichnet werden könne, einhergehen. Dazu bedarf es der richtigen Abschätzung der Lust und ihrer Folgen. Das bedeutet eine Absage an die Hingabe an unreflektiertem Lustgenuss.
Der Hedonismus beinhaltet eine psychologische und eine ethische Komponente: 1. Die These, Lust sei das einzige vorrangige Ziel, wonach die Menschen streben, stellt eine deskriptive Aussage dar – sie entspricht einem psychologischen Hedonismus. 2. Die These, dass Lust das einzige und höchste Gut ist (vgl. Bentham*), entspricht einem ethischen Hedonismus. Nach Bentham lässt sich der Gratifikationswert einer Handlungsfolge an folgenden Kriterien bemessen: 1. Intensität des Lustgewinns, 2. Dauer des Lustgewinns, 3. zeitliche und räumliche Nähe von Intensität und Dauer, 4. positive oder negative Folgen.

Was den Furchtmenschen unrettbar verrät, ist, dass er sich amüsieren kann. Der Furchtfreie kennt die Freude, die Begeisterung, auch den Rausch, die Völlerei – aber er ist nicht amüsabel.

Walther Rathenau, 1867–1922, deutscher Politiker

- *Erklären Sie den Ausspruch Rathenaus.*
- *Konfrontieren Sie die Position Rathenaus mit den Grundgedanken des Hedonismus.*

Das glückliche Leben bedarf der Tugend

Während Epikur Lust als Ziel menschlichen Handelns sieht, bewertet Aristoteles Lust als eine angenehme Begleiterscheinung, die sich automatisch einstellt, wenn der Mensch tugendhaft, d. h. der natürlichen Ordnung gemäß handelt. Da die Lust mit der sittlichen Vollkommenheit gegeben ist, wird der sittlich Beste auch der Glücklichste sein. Das Lust- bzw. Glücksgefühl eines Menschen ist demnach abhängig von seinen Tätigkeiten. Daraus ergibt sich eine Rangordnung der Lüste bzw. des Glücks. Ganz oben steht die Lust, die mit dem reinen (d. h. philosophischen, nicht an einen bestimmten Zweck bzw. Nutzen orientierten) Denken verknüpft ist. Danach folgt die Lust, die mit den sittlichen Tugenden verbunden ist (vgl. S. 84/85), und zuletzt stehen die sinnlich-körperlichen Lüste, soweit sie notwendig sind.

Wir haben ausgemacht, dass die Eudämonie* keine ruhende Beschaffenheit ist; sonst könnte sie auch dem beigelegt werden, der sein Leben verschläft […]. Wenn nun […] im Gegenteil die Eudämonie […] eher in eine Art der Betätigung zu setzen ist; und wenn nun von den Arten der Betätigung die einen notgedrungen, und um durch sie anderes zu erreichen, betrieben werden, die anderen aber an und für sich den Gegenstand des Wollens bilden: So muss man die Eudämonie offenbar zu der Klasse derjenigen Betätigungen zählen, die an und für sich und nicht zu denen, die um anderes zu erreichen gewollt werden. Denn die Eudämonie bedarf nichts, sie genügt sich selbst. An und für sich aber gewollt werden diejenigen Betätigungen, bei denen nichts weiter begehrt wird als die Tätigkeit selbst. Dahin nun zählen die Menschen erstens die der sittlichen Anforderung entsprechenden Handlungsweisen; denn das Edle und Würdige zu tun gehört zu dem, was an und für sich gewollt werden soll. Aber sie zählen dahin zweitens auch von den Arten des Spieles diejenigen, die Vergnügen bereiten; denn auch diese werden nicht betrieben, um durch sie anderes zu erreichen. […] Nun meint man wohl, diese Dinge müssten doch Bestandteile der Glückseligkeit bilden, weil die Mächtigen und Großen darin ihr Vergnügen finden. Indes diese Art von Menschen kann man kaum als Beweismittel gelten lassen. Tugend und Vernunft, die Quellen edler Betätigung, haben nichts mit Macht und Herrschaft zu schaffen, und wenn jene Menschen in ihrer Unfähigkeit zum Genusse reiner und eines gebildeten Geistes würdiger Freuden zu sinnlichen Genüssen greifen, so darf man sich deshalb nicht der Meinung hingeben, diese verdienten wirklich den Vorzug. […] Also ist die Eudämonie nicht im Spiele zu suchen. Es wäre auch wider alle Vernunft, dass das Spiel der letzte Zweck sein sollte, und dass man die Mühen und Schmerzen eines ganzen Lebens um des bloßen Spieles willen tragen sollte. Denn alles, darf man sagen, ergreifen wir, um ein anderes dadurch zu erreichen, nur die Eudämonie nicht; sie ist selbst der Zweck. […] Das Spiel dagegen, sofern es dazu dient, die ernste Anstrengung zu fördern, […] das darf für das Richtige gelten. Denn Spielen bedeutet ein Ausruhen, und des Ausruhens bedarf man […]. Also nicht der letzte Zweck ist die Erholung; vielmehr sie wird vorgenommen, damit man nachher in seiner Tätigkeit umso besser fortfahren könne.

Und so ergibt sich denn, dass das glückselige Leben doch wohl das der sittlichen Gesinnung gemäße Leben ist; dieses aber ist ein Leben ernster Tätigkeit und nicht des Spieles.

Aristoteles, 384–322 v. Chr., griechischer Philosoph

Max Ernst,
Apaisement, 1961

- *Eine glücklich machende Tätigkeit beschreibt Aristoteles als eine Tätigkeit, die „an und für sich" getan werden sollte. Wie ist diese Beschreibung zu verstehen? Finden Sie Beispiele.*
- *Definieren Sie den aristotelischen Glücksbegriff und grenzen Sie ihn dabei von seiner Vorstellung von Spiel ab. Stimmen Sie Aristoteles zu?*
- *Vergleichen Sie die Positionen Epikurs und Aristoteles und arbeiten Sie Unterschiede und Gemeinsamkeiten heraus. Welcher Ansatz liegt Ihrer persönlichen Vorstellung von Glück näher?*
- *Suchen Sie Parallelen zum Ansatz Spaemanns (S. 49).*
- *Referat: Fertigen Sie ein Referat zum aristotelischen Begriff der Handlung an. Textgrundlage: Nikomachische Ethik, Buch 1, Kap. 5 und 6.*
- *Beschreiben Sie die Wirkung der Skulptur von Max Ernst.*
- *Welche Bedeutung hat der Kreis für die Aussage der Skulptur? Überlegen Sie dazu, wofür die Form des Kreises symbolisch stehen könnte, und beziehen Sie Ihre Überlegungen in die Deutung der Skulptur ein.*
- *Zeigen Sie Parallelen zwischen Aristoteles' Vorstellung von einem glückseligen Leben und Max Ernsts Skulptur auf.*
- *Halten Sie ein Kurzreferat zum Begriff „Eudämonismus".*

Glück im Anderen?

Du sollst dir kein Bildnis machen

Es ist bemerkenswert, daß wir gerade von dem Menschen, den wir lieben, am mindesten aussagen können, wie er sei. Wir lieben ihn einfach. Eben darin besteht ja die Liebe, das Wunderbare an der Liebe, daß sie uns in der Schwebe des Lebendigen hält, in der Bereitschaft, einem Menschen zu folgen in allen seinen möglichen Entfaltungen. Wir wissen, daß jeder Mensch, wenn man ihn liebt, sich wie verwandelt fühlt, wie entfaltet, und daß auch dem Liebenden sich alles entfaltet, das Nächste, das lange Bekannte. Vieles sieht er wie zum ersten Male. Die Liebe befreit es aus jeglichem Bildnis. Das ist das Erregende, das Abenteuerliche, das eigentlich Spannende, daß wir mit den Menschen, die wir lieben, nicht fertig werden: Weil wir sie lieben; solange wir sie lieben. Man höre bloß die Dichter, wenn sie lieben; sie tappen nach Vergleichen, als wären sie betrunken, sie greifen nach allen Dingen im All, nach Blumen und Tieren, nach Wolken, nach Sternen und Meeren. Warum? So wie das All, wie Gottes unerschöpfliche Geräumigkeit, schrankenlos, alles Möglichen voll, aller Geheimnisse voll, unfassbar ist der Mensch, den man liebt. Nur die Liebe erträgt ihn so. […]

Unsere Meinung, daß wir das Andere kennen, ist das Ende der Liebe, jedes Mal, aber Ursache und Wirkung liegen vielleicht anders, als wir anzunehmen versucht sind – nicht weil wir das Andere kennen, geht unsere Liebe zu Ende, sondern umgekehrt: Weil unsere Liebe zu Ende geht, weil ihre Kraft sich erschöpft hat, darum ist der Mensch fertig für uns. Er muß es sein. Wir können nicht mehr! Wir künden ihm die Bereitschaft, auf weitere Verwandlungen einzugehen. Wir verweigern ihm den Anspruch alles Lebendigen, das unfassbar bleibt, und zugleich sind wir verwundert und enttäuscht, daß unser Verhältnis nicht mehr lebendig sei.

„Du bist nicht", sagte der Enttäuschte oder die Enttäuschte, „wofür ich dich gehalten habe."

Und wofür hat man sich denn gehalten?

Für ein Geheimnis, das der Mensch ja immerhin ist, ein erregendes Rätsel, das auszuhalten wir müde geworden sind. Man macht sich ein Bildnis. Das ist das Lieblose, der Verrat. […]

Du sollst dir kein Bildnis machen, heißt es, von Gott. Es dürfte auch in diesem Sinne gelten: Gott als das Lebendige in jedem Menschen, das, was nicht erfaßbar ist. Es ist eine Versündigung, die wir, so wie sie an uns begangen wird, fast ohne Unterlass wieder begehen.

Ausgenommen, wenn wir lieben.

Max Frisch, 1911–1991, schweizerischer Schriftsteller

Pablo Picasso, Portrait de Dora Maar, 1937. Dora Maar war die Geliebte Picassos.

- *Was ist nach Max Frisch das Beglückende am Anderen?*
- *Zeigen Sie Verbindungen zwischen dem „Portrait de Dora Maar" und dem Text auf.*
- *Möchten Sie so dargestellt werden? Warum bzw. warum nicht?*
- *Beschreiben Sie das Bild möglichst genau.*
- *Das Gemälde Picassos lässt sich der Kunstrichtung des Kubismus* zuordnen. Versuchen Sie zunächst ohne Hilfe eines Lexikons, die Besonderheiten dieses Stils zu erkennen und die Aussage, die das „Portrait de Dora Maar" über den „Mit-Mensch" macht, herauszuarbeiten.*

> Das Bild ist ein Modell der Wirklichkeit.
>
> *Ludwig Wittgenstein, 1889–1951, österreichischer Philosoph*

- *Steht dies Zitat von Wittgenstein im Widerspruch zu den Aussagen von Max Frisch? Begründen Sie Ihre Meinung.*

Ganz allein kann keiner glücklich werden

Das Gelingen und das Glück unseres Lebens ist zu einem großen Teil von unseren Mit-Menschen abhängig. Nicht nur in materieller, sondern auch in psychologisch-emotionaler Hinsicht sind wir wechselseitig aufeinander angewiesen. Insofern ist unsere Suche nach Glück nicht nur Privatsache, sondern findet immer in einem gesellschaftlichen Kontext statt. In letzter Konsequenz bedeutet dies, dass unser Streben nach Glück immer auch eine moralische Dimension hat. Mit dem Problem, wie sich ein gutes Leben zu einem moralisch guten Leben verhält, befasst sich der Philosoph Martin Seel in seinem Werk „Versuch über die Form des Glücks". In folgendem Abschnitt behandelt er die Bedeutung gegenseitiger Anerkennung für ein gelingendes Leben.

Wenn es zutrifft, dass zu einem guten Leben die Teilnahme an intersubjektiver Praxis und die Erfahrung gelingender dialogischer Interaktionen gehört, so liegen interne Bezüge zwischen Moral und gutem Leben auf der Hand. Ein solches Leben ist außerhalb moralischer Beziehungen und Bindungen nicht möglich. Nicht nur ist es genetisch so, dass wir zu Personen, die eines selbstbestimmten Lebens fähig sind, nur in Kontexten moralischer Anerkennung werden können; auch für ein gelingendes Leben selbst sind Kontexte interpersonaler, stets moralisch gefärbter Anerkennung konstitutiv. Jemanden nicht allein als einen Faktor in der Reichweite des eigenen Handelns zu beachten, sondern als ein dialogisches Gegenüber wahrzunehmen, schließt eine Wechselseitigkeit der Beziehungen mit ein, die moralische Konturen hat. Wir können wechselseitig in der Position eines lebendigen und beredten Gegenübers nur verweilen, wenn wir einander als ein solches Gegenüber respektieren. Wir selbst können so nur sein, wenn wir andere so sein lassen, die ihrerseits uns so sein lassen.

Man kann dies – einander ein freies Gegenüber sein zu lassen – als ein implizites Versprechen interpretieren. Es enthält das Versprechen, nichts zu tun, was das freie Einandergegenübersein oder wenigstens Einandergegenüberseinkönnen verletzt, nichts zu tun, was dem jeweils anderen die praktische Antwortfähigkeit und Antwortmöglichkeit nimmt. Man verpflichtet einander auf die Freiheit zum dialogischen Umgang miteinander, man erkennt einander als ein faktisches oder auch nur potentielles Gegenüber an. Verlässlichkeit dieser Art ist für gelingende Interaktionen der oben beschriebenen Art essentiell. Wir müssen uns darauf verlassen können, dass wir uns nicht zu bloßen Objekten unseres Handelns machen, uns nicht instrumentalisieren. Gelingende Interaktion ist nur in (halbwegs) verlässlichen, aus wechselseitiger Anerkennung gebildeten Kontexten möglich. Gelingende Interaktion, mit einem Wort, ist immer *auch* ein gelingendes moralisches Verhältnis. Das Gut dialogischer Interaktionen ist an das Gute einer wechselseitigen Rücksicht gebunden.

Natürlich sind Verlässlichkeit und Vertrauen oft eine Sache des Grades. Natürlich kann das Vertrauen, auf dem gelingende Interaktion basiert, von den Beteiligten gebrochen werden oder unter äußerem Zwang zusammenbrechen. Jedoch ist dies selbst ein moralisches Verhältnis, ein Vertrauensbruch setzt ebenso wie verweigerte, zerstörte oder verhinderte Anerkennung moralische Erwartungen, Unterscheidungen und Standards voraus, die etwas als moralisches Versagen oder moralisch verwerfliche Verhinderung zu verstehen erlauben. Und natürlich sind nicht alle Interaktionen der oben beschriebenen Art in erster Linie moralisch (folglich nicht alles Scheitern dieser Interaktionen in erster Linie ein moralisches Scheitern). Dezidiert moralische Interaktion ist vielmehr der Sonderfall der Auseinandersetzung *über* die Art der gebotenen Wechselseitigkeit des Verhaltens unter interagierenden Subjekten. Gleichwohl ist Moralität eine konstitutive Dimension von Interaktionen der genannten Art; sie sind immer auch von moralischer Anerkennung getragen. Sobald wir in Anerkennungsbeziehungen dieser Art *eintreten* – wie es in jeder normalen Sozialisation der Fall ist –, nehmen wir an moralischen Verhältnissen teil, erwerben wir die Fähigkeit zur moralischen oder moralisch gefärbten Interaktion. Sobald wir uns – implizit, durch unser Verhalten, oder explizit, durch eigene Überlegung – dafür entscheiden, ein Leben zu führen, für das dialogische Interaktion ein wesentlicher interner Zweck ist, haben wir uns für eine Beachtung moralischer Rücksichten entschieden.

Jedenfalls für eine gewisse Beachtung für diejenige, die nötig ist, uns mit bestimmten Interaktionspartnern in ein ungezwungenes dialogisches Verhältnis zu setzen, für diejenige, die die intersubjektive Artikulation eines gemeinsamen Lebensraums möglich macht. Diese Form von Anerkennung ist ein unumgängliches Element dialogischer Interaktionen, ohne notwendigerweise ihr Zentrum oder Telos[1] zu sein. Anerkennung unter bestimmten Personen ermöglicht diesen ein artikulierendes, um seiner selbst willen gesuchtes Miteinandersein, es legt sie nicht auf bestimmte, moralische, unmoralische oder sonstige Zwecke ihres Miteinanderseins und Miteinander-Handelns fest. Wie weit also die untereinander praktizierte Anerkennung auch das Verhalten gegenüber Dritten bestimmt, ob eine Anerkennung *bestimmter* anderer auch eine Anerkennung *beliebiger* anderer impliziert, muss vorerst noch offen bleiben. Die bisherige Überlegung zeigt nur, dass jeder, dem es um ein für ihn gutes Leben geht, einen starken präferentiellen[2] Grund hat, sich auf moralische Verpflichtungen (zumindest einigen gegenüber) einzulassen.

1 Telos: das Ziel, der (End)zweck
2 präferentiell: vorrangig, vorzugsweise

Martin Seel, deutscher Philosoph

- *Wie begründet Martin Seel den Zusammenhang zwischen Moral und einem guten Leben?*
- *Seel vertritt die These, dass Interaktion Voraussetzung für ein glückliches Leben sei. Welche Konsequenzen hat dieser Gedanke für das individuelle Glücksstreben? Nennen Sie Beispiele.*
- *Vergleichen Sie die Aussagen von Max Frisch über den Umgang mit „dem Anderen" mit Seels Ausführungen und zeigen Sie Unterschiede und Parallelen auf.*
- *Projektvorschlag: Informieren Sie sich über die Glücksvorstellungen in anderen Kulturen, z. B. im Buddhismus, und vergleichen Sie diese mit dem Ansatz Martin Seels. Führen Sie eine Podiumsdiskussion, in der die unterschiedlichen Positionen Ihren Standpunkt argumentativ vertreten. Literaturvorschlag: Dalai-Lama, Der Pfad des Glücks, Herder Verlag, Freiburg 2001.*

In dieser Welt glücklich werden?

Ist Glück nichts weiter als die Sucht nach Leben?

Ganz gleich, worin man sein Glück zu finden glaubt, im sinnenreichen Genuss des Lebens, in der konzentrierten Arbeit an einem Projekt, im selbstlosen Engagement für eine Sache oder Menschen oder etwa in der meditativen Suche nach ruhiger Bedürfnislosigkeit, all diese Ansätze haben eines gemeinsam: Ihr Lebensziel und -sinn liegt in der Suche nach gelingendem Leben, nach „Glück". Dieser optimistischen Lebenshaltung steht die pessimistische Philosophie Arthur Schopenhauers gegenüber. Glück als Lebensinhalt ist für ihn lediglich eine trügerische Illusion, denn das Leben hat letztlich nur ein Ziel – den sicheren Tod.

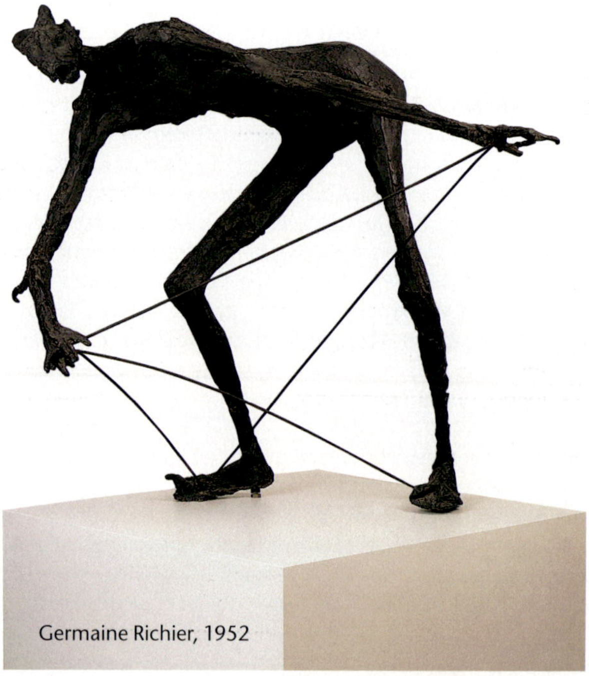

Germaine Richier, 1952

Es gibt nur *einen* angeborenen Irrtum, und es ist der, dass wir da sind, um glücklich zu sein. Angeboren ist er uns, weil er mit unserm Dasein selbst zusammenfällt und unser ganzes Wesen eben nur seine Paraphrase[1], ja unser Leib sein Monogramm ist: Sind wir doch eben nur Wille zum Leben; die sukzessive Befriedigung alles unseres Wollens aber ist, was man durch den Begriff des Glücks denkt.
Solange wir in diesem angeborenen Irrtum verharren, auch wohl gar noch durch optimistische Dogmen[2] in ihm bestärkt werden, erscheint uns die Welt voll Widersprüche. Denn bei jedem Schritt, im Großen wie im Kleinen, müssen wir erfahren, dass die Welt und das Leben durchaus nicht darauf eingerichtet sind, ein glückliches Dasein zu enthalten. Während nun hierdurch der Gedankenlose sich eben bloß in der Wirklichkeit geplagt fühlt, kommt bei dem, welcher denkt, zur Pein in der Realität noch die theoretische Perplexität[3] hinzu, warum eine Welt und ein Leben, welche doch einmal dazu da sind, dass man darin glücklich sei, ihrem Zwecke so schlecht entsprechen? Sie macht vorderhand sich Luft in Stoßseufzern, wie „Ach, warum sind der Tränen unterm Mond so viel?", und dergleichen mehr, in ihrem Gefolge aber kommen beunruhigende Skrupel gegen die Voraussetzungen jener vorgefassten optimistischen Dogmen. Immerhin mag man dabei versuchen, die Schuld seiner individuellen Unglückseligkeit bald auf die Umstände, bald auf andere Menschen, bald auf sein eigenes Missgeschick oder auch Ungeschick zu schieben, auch wohl erkennen, wie diese sämtlich dazu mitgewirkt haben; dieses ändert doch nichts in dem Ergebnis, das man den eigentlichen Zweck des Lebens, der ja im Glücklichsein bestehe, verfehlt habe; worüber dann die Betrachtung, zumal wenn es mit dem Leben schon auf die Neige geht, oft sehr niederschlagend ausfällt; daher tragen fast alle ältlichen Gesichter den Ausdruck dessen, was man auf Englisch disappointment nennt. Überdies aber hat uns bis dahin schon jeder Tag unsres Lebens gelehrt, dass die Freuden und Genüsse, auch wenn erlangt, an sich selbst trügerisch sind, nicht leisten, was sie versprechen, das Herz nicht zufrieden stellen und endlich ihr Besitz wenigstens durch die sie begleitenden oder aus ihnen entspringenden Unannehmlichkeiten vergällt wird, während hingegen die Schmerzen und Leiden sich als sehr real erweisen und oft alle Erwartungen übertreffen. So ist denn allerdings im Leben alles geeignet, uns von jenem ursprünglichen Irrtum zurückzubringen und uns zu überzeugen, dass der Zweck unseres Daseins nicht der ist, glücklich zu sein. Ja, wenn näher und unbefangen betrachtet, stellt das Leben sich vielmehr dar, wie ganz eigentlich darauf abgesehn, dass wir uns *nicht* glücklich darin fühlen sollen, indem dasselbe, durch seine ganze Beschaffenheit, den Charakter trägt von etwas, daran uns der Geschmack benommen, das uns verleidet werden soll und davon wir, als von einem Irrtum zurückzukommen haben, damit unser Herz von der Sucht zu genießen, ja, zu leben, geheilt und von der Welt abgewendet werde. In diesem Sinne wäre es demnach richtiger, den Zweck des Lebens in unser Wehe, als in unser Wohl zu setzen.

1 Paraphrase: Umschreibung eines sprachlichen Ausdrucks mit anderen Wörtern
2 Dogma: festgelegte Lehrmeinung, starrer Lehrsatz
3 Perplexität: Bestürzung, Verwirrung

***Arthur Schopenhauer**, 1788–1860, deutscher Philosoph*

- *Was denkt Arthur Schopenhauer über das Glück und wie ist in diesem Zusammenhang seine Formulierung „Wille zum Leben" (Z. 5) zu deuten?*
- *Überlegen Sie, welches Welt- und Menschenbild hinter Schopenhauers Denkansatz steht und welche Konsequenzen daraus für das Leben erwachsen müssten. (Vgl. auch Kap. II. 5, Gefühl und Mitleid, S. 74–83)*
- *Lassen Sie die Skulptur von Germaine Richier auf sich wirken und beschreiben Sie sie möglichst genau.*
- *Versuchen Sie die Skulptur im Sinne Schopenhauers zu deuten. Beziehen Sie dabei die verwendeten gestalterischen Mittel mit ein.*
- *Welchen Titel würden Sie der Skulptur geben?*
- *Vorschlag für ein fachübergreifendes Referat: Der Schriftsteller Thomas Mann war fasziniert von der düsteren Philosophie Arthur Schopenhauers. Stellen Sie dem Plenum Manns Erzählung „Der Wille zum Glück" vor und zeigen Sie, inwiefern hier der Einfluss Schopenhauers erkennbar ist. Die Erzählung finden Sie z. B. in: Thomas Mann, Der Wille zum Glück, Erzählungen 1893–1903, Fischer Verlag, Frankfurt/M. 1991.*

Der Tod als Lehrmeister

Unsere Haltung dem Tod gegenüber wird durch Hoffnung ebenso sehr beeinflusst wie durch Angst. Wenn Angst die Mutter der Feigheit ist, dann ist Hoffnung ihr Vater.

Die Menschen erdulden endlose Demütigungen und ein menschenunwürdiges Leben in der Hoffnung, dass ihr Elend enden und dass das Leben eines Tages wieder lebenswert sein *wird*. Wenn sie hoffen, verzichten sie auf Liebe, Mut und Ehrlichkeit, auf Stolz und Menschlichkeit. Hoffnung ist ein ebenso gefährlicher Feind des Mutes wie Angst.

Die alten Römer und die Spartaner traten dem Tod nicht nur furchtlos, sondern auch ohne niedrige Hoffnungen entgegen. Ein Feigling, der überlebte, hatte nichts mehr zu hoffen. [...]

Das Leben, das ich wünsche, ist ein Leben, das ich nicht in alle Ewigkeit ertragen könnte. Es ist ein Leben der Liebe und Intensität, des Leidens und Schaffens, das das Leben lebenswert und den Tod willkommen macht. Es gibt kein anderes Leben, das ich vorziehen würde. Noch möchte ich nicht sterben.

Wenn ich mich frage, welche historische Gestalt ich sein möchte, so finde ich, dass alle Menschen, die ich am meisten bewundere, nach den gängigen Maßstäben zutiefst unglücklich waren. Sie kannten die Verzweiflung. Aber ihr Leben war lebenswert – ich wünsche nur, dass das meine ihnen in dieser Hinsicht gleichkäme –, und ich bezweifle nicht, dass sie froh waren zu sterben.

Wie man einen guten Schlaf verdienen kann, so kann man auch verdienen zu sterben. Warum sollte ich hoffen, wieder aufzuwachen? Um zu tun, was ich in der Zeit, die mir zur Verfügung stand, nicht getan habe? Wir alle haben so viel mehr Zeit, als wir gut ausnützen. Wie viele Stunden in einem Leben werden so genützt, dass man rückblickend stolz darauf sein könnte?

Für die meisten von uns kommt der Tod nicht früh genug. Durch das Gefühl, der Tod sei fern und belanglos, werden Leben verdorben und faul. Man lebt besser, wenn man erwartet, beispielsweise mit vierzig Jahren zu sterben, wenn man sich lange vor dem zwanzigsten Geburtstag sagt: Was immer ich werde tun können, sollte ich bis dahin getan haben, und was ich bis dahin nicht getan habe, werde ich wahrscheinlich niemals tun. Man kann nicht sicher sein, dass man vierzig – oder dreißig – Jahre alt wird, aber man führt ein besseres Leben, wenn man ein Rendezvous mit dem Tod ausgemacht hat.

Nicht nur die Liebe kann tiefer, inniger und leidenschaftlicher werden, wenn man erwartet, bald zu sterben, das ganze Leben wird dadurch bereichert. Warum sollte ich mich bis zum letzten Augenblick betrügen und erst dann gierig Anblicke, Geräusche und Gerüche verschlingen, wenn es fast zu spät ist? Auch in unserem Umgang mit anderen ist es gut, daran zu denken, dass sie sterben werden: Man wird menschlicher dadurch.

Es ist nichts Morbides[1] dabei, an den Tod zu denken und über ihn zu sprechen. Wer die Ehrlichkeit geringschätzt, kennt nicht ihre Freuden. Die Apostel der Hoffnung wissen nicht, wie befreiend es ist, wenn man der Hoffnung entsagt.

Es mag scheinen, dass ein Mensch ohne Hoffnung unmenschlich ist. Wie kann man an ihn appellieren, wenn er unsere Hoffnungen nicht teilt? Er setzt nicht mehr auf die Zukunft – und die Zukunft ist das Gemeinsame der Menschheit. Solche Rede mag überzeugend klingen, aber Antigone straft sie Lügen. Adel hält auch dann an einem Plan fest, wenn die Hoffnung verschwunden ist. Plan und Hoffnung sind ebenso wenig identisch wie Demut und Unterwürfigkeit oder Ehrlichkeit und Aufrichtigkeit. Hoffnung sucht Erlösung in der Zukunft, hängt von der Zukunft ab. Sinnvolles Handeln kann seine eigene Belohnung sein und den Handelnden erlösen, was auch die Zukunft bringen mag. Antigone ist keiner Zukunft ausgeliefert. Menschlichkeit, Liebe und Mut überleben die Hoffnung.

Mein Tod ist keine Tragödie. Aber kann ich leugnen, dass der Tod anderer ungerecht, unfair und unheilbar tragisch ist? Wir tadeln lieber den Tod als die Gestorbenen, wenn wir sie geliebt haben; daher täuschen wir uns, wie sie sich vielleicht getäuscht hätten. Wir sagen nicht: Wie viele Monate haben sie vergeudet, sondern: Wenn sie nur noch ein paar Wochen länger hätten leben können! Nicht: Wie schade, dass sie nicht *mehr* getan haben, sondern: Wie ungerecht, dass sie so früh gestorben sind. Dennoch gilt dies nicht für jeden Tod. Es gibt Tode, die uns ein Vorwurf, Tode, die zu beneiden sind.

Oft beklagen wir den Tod anderer, weil wir dadurch allein gelassen werden. Aber wir hassen nicht den Schlaf, weil wir uns manchmal einsam fühlen, wenn andere eingeschlafen sind und wir noch wach liegen. Der Tod kann wie der Schlaf Trennung bedeuten, bedeutet es auch meist. Wir sind selten ehrlich genug, daran zu denken, wie einsam wir sind. Der Tod geliebter Menschen erinnert uns daran, was die Unehrlichkeit uns verborgen hatte: an unsere tiefe Einsamkeit und unseren bevorstehenden Tod. Bei der Suche nach Ehrlichkeit ist der Tod ein grausamer, aber ausgezeichneter Lehrer. [...]

Die moderne Wissenschaft lässt den Schluss zu, dass in wesentlichen Fragen die östlichen Religionen vermutlich den Tatsachen näher kamen als das Alte oder Neue Testament. Daraus folgt nicht, dass wir Buddhas* Ratschlag befolgen sollten, uns von dieser Welt zu lösen, sie nicht mehr zu lieben, zu resignieren. Auch brauchen wir nicht Laotses* wunderbaren Humor und seine weise Verspottung von Vernunft, Kultur und menschlichem Streben nachzuahmen. Es stehen uns viele Möglichkeiten offen. Ich sage mit Shakespeare: „Die ganze Welt ist Bühne." Der Mensch scheint im Weltganzen eine sehr bedeutungslose Rolle zu spielen, und meine Rolle ist winzig. Die Frage, die sich mir stellt, lautet nicht – außer vielleicht in müßigen Augenblicken –, welche Rolle amüsanter wäre, sondern, was ich aus meiner Rolle machen will. Mein Ziel und mein Ratschlag für andere ist, das meiste daraus zu machen: Alles hineinzulegen, was du hast, und mit einem gewissen Adel zu leben und womöglich auch zu sterben.

1 morbid: 1. kränklich, krankhaft, 2. im (sittlichen) Verfall begriffen

Walter Kaufmann, deutsch-amerikanischer Philosoph

- *Erläutern Sie, welche Bedeutung Walter Kaufmann dem Tod für ein gelingendes Leben beimisst und erklären Sie in diesem Zusammenhang seine kritische Einschätzung der „Hoffnung".*
- *Vergegenwärtigen Sie sich noch einmal die Positionen Schopenhauers und Kaufmanns und schreiben Sie einen philosophischen Essay zu dem Thema „Kann der Mensch trotz seines Wissens um den Tod glücklich werden?"*
- *Vergleichen Sie die Position Kaufmanns mit dem Ansatz Spaemanns und dem Erfahrungsbericht Lance Armstrongs (S. 48/49).*

4. Utilitarismus

Maxime des Utilitarismus

Handle so, dass die Folgen deiner Handlung bzw. Handlungsregel für das Wohlergehen aller Betroffenen optimal sind.

*nach Otfried Höffe, *1943, deutscher Philosoph*

Man kann also von einer Handlung sagen, sie entspreche dem Prinzip der Nützlichkeit [...], wenn die ihr innewohnende Tendenz, das Glück der Gemeinschaft zu vermehren, größer ist als irgendeine andere ihr innewohnende Tendenz, es zu vermindern. Von einer Handlung, die mit dem Prinzip der Nützlichkeit übereinstimmt, kann man stets [...] sagen, sie sei eine Handlung, die getan werden soll.

***Jeremy Bentham**, 1748–1832, englischer Philosoph*

Ich weiß nicht, was ich mir als das Gute vorstellen soll, wenn ich die Lust des Geschmackes, die Lust der Liebe, die Lust des Ohres beiseite lasse, ferner die angenehmen Bewegungen, die durch den Anblick einer Gestalt erzeugt werden, und was sonst noch für Lustempfindungen im gesamten Menschen durch irgendein Sinnesorgan entstehen. So kann man auch nicht sagen, dass ausschließlich die Freude des Geistes das Gute ausmache. Denn die Freude des Geistes erkenne ich in der Hoffnung auf alle jene Dinge, die ich eben genannt habe, und darauf, dass die Natur, wenn sie sie besitzt, von Schmerzen frei sein wird.

***Epikur**, 341–271 v. Chr., griechischer Philosoph*

Es wäre unsinnig anzunehmen, dass der Wert einer Freude ausschließlich von der Quantität abhängen sollte, wo doch in der Wertbestimmung aller anderen Dinge neben der Quantität auch die Qualität Berücksichtigung findet.

John S. Mill, 1806–1876, englischer Philosoph

Angenommen, ich beginne dann so weit moralisch zu denken, dass ich erkenne, dass meine eigenen Interessen nicht einfach aus dem Grund, weil sie meine eigenen sind, mehr zählen als die Interessen anderer. Anstelle meiner eigenen Interessen habe ich nun die Interessen aller zu berücksichtigen, die von meiner Entscheidung betroffen sind. Dies erfordert von mir, dass ich alle diese Interessen abwäge und jenen Handlungsverlauf wähle, von dem es am wahrscheinlichsten ist, dass er die Interessen der Betroffenen weitestgehend befriedigt. Also muss ich – wenigstens auf einer bestimmten Ebene meiner moralischen Überlegungen – den Handlungsverlauf wählen, der per saldo für alle Betroffenen die besten Konsequenzen hat. [...] Dies bedeutet, dass wir Interessen einfach als Interessen abwägen, nicht als meine Interessen oder die Interessen der Deutschen oder die Interessen der Weißen. Dies verschafft uns ein grundlegendes Prinzip der gleichen Interessenabwägung.

*Peter Singer, *1946, australischer Philosoph*

- *Formulieren Sie zu den Begriffen in der Strukturskizze eigene Begriffsdefinitionen und vergleichen Sie diese im weiteren Verlauf des Kapitels mit der Interpretation der Begriffe im Utilitarismus.*

- *Lesen Sie die verschiedenen Zitate durch und nehmen Sie kurz Stellung zu deren Aussagen.*

- *Notieren Sie sich Fragen an oder Kritikpunkte zu den verschiedenen philosophischen Theorien, die sich Ihnen durch die Zitate stellen. Versuchen Sie im Verlauf der intensiveren Auseinandersetzung mit dem Utilitarismus, die die folgenden Seiten bieten, diese Fragen zu beantworten.*

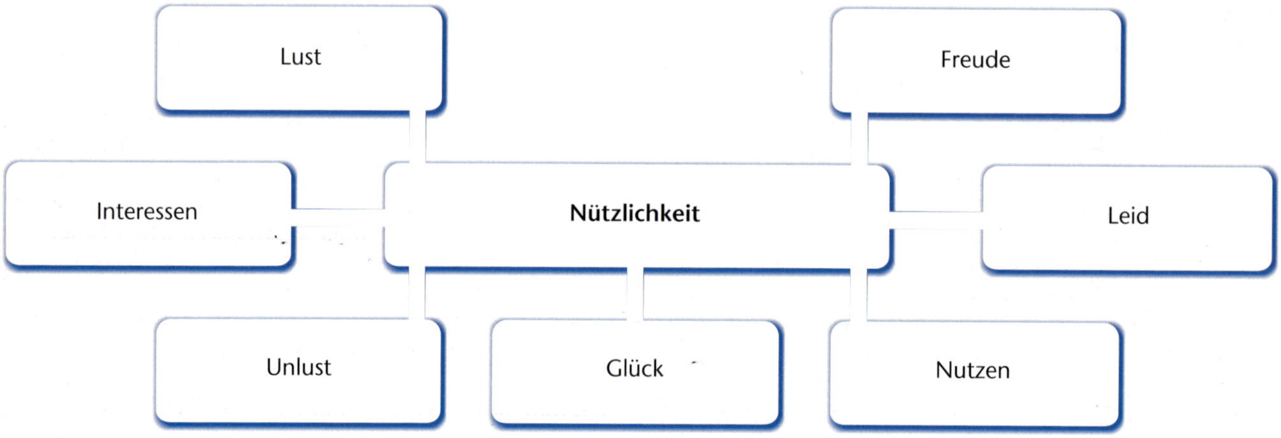

Utilitarismus

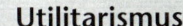

Der Begriff Utilitarismus wurde vom lateinischen *utilitas* abgeleitet, das übersetzt wird mit „Brauchbarkeit, Nutzen, Vorteil, das Beste, Glück, guter Dienst". In der Ethik bezeichnet der Utilitarismus eine Position, welche die Richtigkeit einer Handlung nach der Nützlichkeit ihrer Folgen beurteilt. Für die größtmögliche Zahl von Menschen soll der größte Nutzen oder Vorteil erreicht werden. Der Utilitarismus ist eine normative, d.h. normgebende Ethik, die die Bewertung einer Handlung hinsichtlich ihres Zieles (griech.: *telos*) oder ihres Zweckes vornimmt und somit eine teleologische Ethik ist. Der Zweck des menschlichen Handelns wird im Utilitarismus in der größtmöglichen Nutzensumme gesehen, d.h. eine Handlung wird als ethisch richtig bewertet, wenn im Vergleich zu allen anderen Handlungsalternativen diejenige gewählt wird, die die größte Menge der bezweckten Werte, den größten Nutzen hervorbringt. Der Vergleich der Handlungsalternativen wird möglich durch die Erstellung einer Werttheorie. Im Utilitarismus ist der höchste anzustrebende Wert der größtmögliche Nutzen der größtmöglichen Menge, das sittlich Gute ist zugleich das Nützlichste. Der klassische Utilitarismus, der vom englischen Philosophen Jeremy Bentham* (vgl. S. 61) begründet wurde, definiert den größten Nutzen oder die Nützlichkeit einer Handlung als die Erreichung des höchsten Gewinnes, Vorteiles, Freude oder Glückes für die größte Anzahl von Menschen, wobei davon ausgegangen wird, dass das größte Glück einer Gemeinschaft auch das größte Glück eines jeden Individuums in der Gemeinschaft bedeutet. Die besonders im englischsprachigen Raum verbreitete ethische Theorie des Utilitarismus hat u.a. Auswirkungen auf Entscheidungen bezüglich der Ökonomie der Sozialgesetzgebung.

Prinzip der Nützlichkeit

Über das Prinzip der Nützlichkeit

Jeremy Bentham entwirft in dem folgenden Textauszug aus seinem Hauptwerk „An Introduction to the Principles of Morals and Legislation" sein ethisches Prinzip der Nützlichkeit, wonach das sittliche Gute zugleich dasjenige ist, das den größten Nutzen für die größte Anzahl von Teilnehmern einer Gemeinschaft bedeutet. Im hedonistischen Kalkül bietet Bentham eine Möglichkeit, die Nützlichkeit einer Handlung zu berechnen, um eine Entscheidung zwischen Handlungsalternativen zu erleichtern.

1. Die Natur hat die Menschheit unter die Herrschaft zweier souveräner Gebieter – *Leid* und *Freude* – gestellt. Es ist an ihnen allein aufzuzeigen, was wir tun sollen, wie auch zu bestimmen, was wir tun werden. Sowohl der Maßstab für richtig und falsch als auch die Kette der Ursachen und Wirkungen sind an ihrem Thron festgemacht. Sie beherrschen uns in allem, was wir tun, was wir sagen, was wir denken: Jegliche Anstrengung, die wir auf uns nehmen können, um unser Joch von uns zu schütteln, wird lediglich dazu dienen, es zu beweisen und zu bestätigen. Jemand mag zwar mit Worten vorgeben, ihre Herrschaft zu leugnen, aber in Wirklichkeit wird er ihnen ständig unterworfen bleiben. Das *Prinzip der Nützlichkeit* erkennt dieses Joch an und übernimmt es für die Grundlegung jenes Systems, dessen Ziel es ist, das Gebäude der Glückseligkeit durch Vernunft und Recht zu errichten. Systeme, die es infrage zu stellen versuchen, geben sich mit Launen anstatt mit Sinn, mit einer Laune anstatt mit der Vernunft, mit Dunkelheit anstatt mit Licht ab.

2. Das Prinzip der Nützlichkeit ist die Grundlage des vorliegenden Werkes; es wird daher zweckmäßig sein, mit einer ausdrücklichen und bestimmten Erklärung dessen zu beginnen, was mit ihm gemeint ist. Unter dem Prinzip der Nützlichkeit ist jenes Prinzip zu verstehen, das schlechthin jede Handlung in dem Maß billigt oder missbilligt, wie ihr die Tendenz innezuwohnen scheint, das Glück der Gruppe, deren Interesse infrage steht, zu vermehren oder zu vermindern, oder – das Gleiche mit anderen Worten gesagt – dieses Glück zu befördern oder zu verhindern. Ich sagte: Schlechthin jede Handlung, also nicht nur jede Handlung einer Privatperson, sondern auch jede Maßnahme der Regierung.

3. Unter Nützlichkeit ist jene Eigenschaft an einem Objekt zu verstehen, durch die es dazu neigt, Gewinn, Vorteil, Freude, Gutes oder Glück hervorzubringen (dies alles läuft im vorliegenden Fall auf das Gleiche hinaus), oder (was ebenfalls auf das Gleiche hinausläuft) die Gruppe, deren Interesse erwogen wird, vor Unheil, Leid, Bösem oder Unglück zu bewahren; sofern es sich bei dieser Gruppe um die Gemeinschaft; sofern es sich um ein bestimmtes Individuum handelt, geht es um das Glück dieses Individuums.

4. „Das Interesse der Gemeinschaft" ist einer der allgemeinsten Ausdrücke, die in den Redeweisen der Moral vorkommen können; kein Wunder, dass sein Sinn oft verloren geht. Wenn er einen Sinn hat, dann diesen: Die Gemeinschaft ist ein fiktiver *Körper*, der sich aus den Einzelpersonen zusammensetzt, von denen man annimmt, dass sie sozusagen seine *Glieder* bilden. Was also ist das Interesse der Gemeinschaft? Die Summe der Interessen der verschiedenen Glieder, aus denen sie sich zusammensetzt.

5. Es hat keinen Sinn, vom Interesse der Gemeinschaft zu sprechen, ohne zu wissen, was das Interesse des Individuums ist. Man sagt von einer Sache, sie sei dem Interesse förderlich oder *zugunsten* des Interesses eines Individuums, wenn sie dazu neigt, zur Gesamtsumme seiner Freuden beizutragen: Oder, was auf das Gleiche hinausläuft, die Gesamtsumme seiner Leiden zu vermindern.

6. Man kann also von einer Handlung sagen, sie entspreche dem Prinzip der Nützlichkeit oder – der Kürze halber – der Nützlichkeit (d. h. in Bezug auf die Gemeinschaft insgesamt), wenn die ihr innewohnende Tendenz, das Glück der Gemeinschaft zu vermehren, größer ist als irgendeine andere ihr innewohnende Tendenz, es zu vermindern. [...]

7. Man kann von jemandem sagen, er sein ein Anhänger des Prinzips der Nützlichkeit, wenn die Billigung oder Missbilligung, die er mit einer Handlung oder einer Maßnahme verbindet, durch die Tendenz bestimmt ist und der Tendenz entspricht, die ihr nach seiner Ansicht innewohnt, um das Glück der Gemeinschaft zu vermehren oder zu vermindern; oder mit anderen Worten, wenn seine Billigung oder Missbilligung von der Übereinstimmung oder Nichtübereinstimmung der Handlung mit den Gesetzen oder Geboten der Nützlichkeit abhängt.

8. Von einer Handlung, die mit dem Prinzip der Nützlichkeit übereinstimmt, kann man stets entweder sagen, sie sei eine Handlung, die getan werden soll, oder zum Mindesten, sie sei keine Handlung, die nicht getan werden soll. Man kann auch sagen, es sei richtig zu sagen, dass sie getan werden sollte; es sei zum Mindesten nicht falsch zu sagen, dass sie getan werden sollte: Sie sei eine richtige Handlung; zum Mindesten sei sie keine falsche Handlung. So verstanden haben die Wörter *sollen, richtig* und *falsch* sowie andere Wörter dieser Art einen Sinn; werden sie anders verstanden, haben sie keinen Sinn.

9. Ist die Richtigkeit dieses Prinzips jemals förmlich bestritten worden? Anscheinend ja, und zwar von denen, die nicht wussten, was sie meinten. Ist es eines direkten Beweises fähig? Anscheinend nein: Denn was dazu dient, um etwas anderes zu beweisen, kann nicht selber bewiesen werden; eine Beweiskette muss irgendwo anfangen. Es ist ebenso unmöglich wie überflüssig, einen solchen Beweis vorzulegen.

***Jeremy Bentham**, 1748–1832, englischer Philosoph*

- *Lesen Sie den Text durch und markieren Sie einzelne Abschnitte.*
- *Versuchen Sie mit Ihren Worten zu beschreiben, was Bentham unter den folgenden Formulierungen versteht, und notieren Sie Ihre Ergebnisse:*
  – die Herrschaft von Leid und Freude in der menschlichen Natur
  – das Prinzip der Nützlichkeit
  – das Interesse der Gemeinschaft.
- *Wie verbindet Bentham individuelles Glücksstreben mit demjenigen der Gemeinschaft?*
- *Beurteilen Sie die ethischen Begriffe „richtig" und „falsch" im Sinne Benthams.*
- *Wie überzeugend erscheint Ihnen Benthams ethische Theorie? Diskutieren Sie im Plenum und begründen Sie Ihre Meinung.*

Das hedonistische Kalkül

Für eine *Anzahl* von Personen wird der Wert einer Freude oder eines Leids, sofern man sie im Hinblick auf jede von ihnen betrachtet, gemäß sieben Umständen größer oder kleiner sein: Das sind die sechs vorigen, nämlich a) die *Intensität*, b) die *Dauer*, c) die *Gewissheit* oder *Ungewissheit*, d) die *Nähe* oder *Ferne*, e) die *Folgenträchtigkeit*, f) die *Reinheit* einer Freude oder eines Leids. Hinzu kommt ein weiterer Umstand, nämlich g) das *Ausmaß*, d.h. die Anzahl der Personen, auf die Freude oder Leid sich erstrecken oder (mit anderen Worten) die davon betroffen sind.

Wenn man also die allgemeine Tendenz einer Handlung, durch die die Interessen einer Gemeinschaft betroffen sind, genau bestimmen will, verfahre man folgendermaßen. Man beginne mit einer der Personen, deren Interessen am unmittelbarsten durch eine derartige Handlung betroffen zu sein scheinen, und bestimme: a) den Wert jeder erkennbaren *Freude*, die von der Handlung in *erster* Linie hervorgebracht zu sein scheint; b) den Wert jeden *Leids*, das von ihr in *erster* Linie hervorgebracht zu sein scheint; c) den Wert jeder Freude, die von ihr in *zweiter* Linie hervorgebracht zu sein scheint. Dies begründet die *Folgenträchtigkeit* der ersten *Freude* und die *Unreinheit* des ersten Leids; d) den Wert jeden *Leids*, das von ihr in zweiter Linie anscheinend hervorgebracht wird. Dies begründet die *Folgenträchtigkeit* des ersten *Leids* und die *Unreinheit* der ersten Freude. e) Man addiere die Werte aller *Freuden* auf der einen und die aller *Leiden* auf der anderen Seite. Wenn die Seite der Freude überwiegt, ist die Tendenz der Handlung im Hinblick auf die Interessen dieser *einzelnen* Person insgesamt *gut*; überwiegt die Seite des Leids, ist ihre Tendenz insgesamt *schlecht*. f) Man bestimme die *Anzahl* der Personen, deren Interessen anscheinend betroffen sind, und wiederhole das oben genannte Verfahren im Hinblick auf jeden von ihnen. Man addiere die Zahlen, die den Grad der *guten* Tendenz ausdrücken, die die Handlung hat – und zwar in Bezug auf jedes Individuum, für das die Tendenz insgesamt *gut* ist; das Gleiche tue man in Bezug auf jedes Individuum, für das die Tendenz insgesamt *schlecht* ist. Man ziehe die *Bilanz;* befindet sich das Übergewicht auf der Seite der *Freude,* so ergibt sich daraus für die betroffene Gesamtzahl oder Gemeinschaft von Individuen eine allgemein gute *Tendenz* der Handlung; befindet es sich auf der Seite des *Leids,* ergibt sich daraus für die gleiche Gemeinschaft eine allgemein schlechte *Tendenz.* Es kann nicht erwartet werden, dass dieses Verfahren vor jedem moralischen Urteil und vor jeder gesetzgebenden oder richterlichen Tätigkeit streng durchgeführt werden sollte. Es mag jedoch immer im Blick sein, und je mehr sich das bei solchen Anlässen tatsächlich durchgeführte Verfahren diesem annähert, desto mehr wird sich ein solches Verfahren dem Rang eines exakten Verfahrens annähern.

***Jeremy Bentham**, 1748–1832, englischer Philosoph*

Skizzieren Sie in Kleingruppen das hedonistische Kalkül, indem Sie eine sittliche Entscheidung wie das Halten eines Versprechens, das Lügen, das Stehlen oder die Einhaltung von Verboten o. Ä. anhand von Beispielen aus Ihrem Lebensumfeld füllen. Wenn Sie sich auf ein Beispiel geeinigt haben, tragen Sie alle Betroffenen in die Tabelle ein und messen Sie deren Freude oder Leid bezüglich der aufgeführten Kriterien in einer Skala von Punkten (–10 = maximales Leid, +10 = maximale Freude). Verteilen Sie jeweils einzeln die Punkte und entscheiden Sie danach, ob die Handlung im Sinne des Kalküls als richtig oder falsch zu bewerten ist. Vergleichen Sie die Ergebnisse in der Kleingruppe und stellen Sie Ihr Beispiel und Ihre Ergebnisse im Plenum vor.

	Betroffene/r A	Betroffene/r B	Betroffene/r C	Betroffene/r D	Betroffene/r E
unmittelbare Freude Intensität, Dauer, Gewissheit, Nähe, Folgenträchtigkeit, Reinheit, Ausmaß					
unmittelbares Leid Intensität, Dauer, Gewissheit, Nähe, Folgenträchtigkeit, Reinheit, Ausmaß					
mittelbare Freude Intensität, Dauer, Gewissheit, Nähe, Folgenträchtigkeit, Reinheit, Ausmaß					
mittelbares Leid Intensität, Dauer, Gewissheit, Nähe, Folgenträchtigkeit, Reinheit, Ausmaß					
Summe					

Diskutieren Sie in Partnerarbeit die Unterschiede zwischen dem Egoismus und dem Prinzip der Nützlichkeit.

Beurteilen Sie schriftlich, welche Entscheidungshilfe Benthams Prinzip der Nützlichkeit und sein hedonistisches Kalkül in aktuellen Ethikdebatten über Sterbehilfe, Schwangerschaftsabbruch oder Genforschung bietet.

Freude und Leid

Edgar Ende, Die Barke, 1933

Überlegen Sie, welche Bedeutung für die dargestellten Menschen in der Barke die Kugel über ihnen haben könnte. Notieren Sie die verschiedenen Gedanken der Personen und besprechen Sie Ihre Ergebnisse in Partnerarbeit.

Versuchen Sie, nach Bearbeitung der Texte der Philosophen Bentham (S. 60/61) und Mill einen Titel für das Bild des Künstlers Edgar Ende zu finden, der der utilitaristischen Ethik der Philosophen entspricht.*

Die Qualität von Lust oder Unlust

John S. Mill entwickelte Jeremy Benthams Prinzip der Nützlichkeit, das eine Steigerung von Freude und eine Vermeidung von Leid für möglichst viele Teilnehmer in einer Gemeinschaft bezwecken soll, weiter, indem er zu der Quantität von Freude oder Leid, von Lust oder Unlust deren Qualität hinzuzieht.

Freude und Leid

Die Auffassung, für die die Nützlichkeit oder das Prinzip des größten Glücks die Grundlage der Moral ist, besagt, dass Handlungen insoweit und in dem Maße moralisch richtig sind, als sie die Tendenz haben, Glück zu befördern, und insoweit moralisch falsch, als sie die Tendenz haben, das Gegenteil von Glück zu bewirken. Unter „Glück" wird dabei Lust (pleasure) und das Freisein von Unlust (pain), unter „Unglück" Unlust und das Fehlen von Lust verstanden. Damit die von dieser Theorie aufgestellte Norm deutlich wird, muss freilich noch einiges mehr gesagt werden, insbesondere darüber, was die Begriffe Lust und Unlust einschließen sollen und inwieweit dies von der Theorie offen gelassen wird. Aber solche zusätzlichen Erklärungen ändern nichts an der Lebensauffassung, auf der diese Theorie der Moral wesentlich beruht: Dass Lust und das Freisein von Unlust die einzigen Dinge sind, die als Endzwecke wünschenswert sind, und dass alle anderen wünschenswerten Dinge (die nach utilitaristischer Auffassung ebenso vielfältig sind wie nach jeder anderen) entweder deshalb wünschenswert sind, weil sie selbst lustvoll sind oder weil sie Mittel sind zur Beförderung von Lust und zur Vermeidung von Unlust. [...]
Die Anerkennung der Tatsache, dass einige *Arten* der Freude wünschenswerter und wertvoller sind als andere, ist mit dem Nützlichkeitsprinzip durchaus vereinbar. Es wäre unsinnig anzunehmen, dass der Wert einer Freude ausschließlich von der Quantität abhängen sollte, wo doch in der Wertbestimmung aller anderen Dinge neben der Quantität auch die Qualität Berücksichtigung findet.
Fragt man mich nun, was ich meine, wenn ich von der unterschiedlichen Qualität von Freuden spreche, und was eine Freude – bloß als Freude, unabhängig von ihrem größeren Betrag – wertvoller als eine andere macht, so gibt es nur eine mögliche Antwort: Von zwei Freuden ist diejenige die wünschenswertere, die von allen oder nahezu allen, die beide erfahren haben, ungeachtet des Gefühls, eine von beiden aus moralischen Gründen vorziehen zu müssen, entschieden bevorzugt wird. Wird die eine von zwei Freuden von denen, die beide kennen und beurteilen können, so weit über die andere gestellt, dass sie sie auch dann noch vorziehen, wenn sie wissen, dass sie größere Unzufriedenheit verursacht, und sie gegen noch so viele andere Freude, die sie erfahren konnten, nicht eintauschen möchten, sind wir berechtigt, jener Freude eine höhere Qualität zuzuschreiben, die die Quantität so weit übertrifft, dass diese im Vergleich nur gering ins Gewicht fällt.

Die Verbindung von Glück und Qualität

Es ist nun aber eine unbestreitbare Tatsache, dass diejenigen, die mit beiden gleichermaßen bekannt und für beide gleichermaßen empfänglich sind, der Lebensweise entschieden den Vorzug geben, an der auch ihre höheren Fähigkeiten beteiligt sind. Nur wenige Menschen würden darin einwilligen, sich in eines der niederen Tiere verwandeln zu lassen, wenn man ihnen verspräche, dass sie die Befriedigung des Tiers im vollen Umfange auskosten dürften. Kein intelligenter Mensch möchte ein Narr, kein gebildeter Mensch ein Dummkopf, keiner, der feinfühlig und gewissenhaft ist, selbstsüchtig und niederträchtig sein – auch wenn sie überzeugt wären, dass der Narr, der Dummkopf oder der Schurke mit seinem Schicksal zufriedener ist als sie mit dem ihren. Das, was sie ihm voraushaben, würden sie auch für die vollständigste Erfüllung all der Wünsche nicht aufgeben, die sie mit ihm gemeinsam haben. Sollte ihnen dies doch einmal in den Sinn kommen, dann nur in Fällen äußersten Unglücks, in denen sie bereit sind, fast jedes andere Schicksal in Kauf zu nehmen, wie wenig sie sich auch von ihm versprechen, nur um dem ihren zu entgehen. Ein höher begabtes Wesen verlangt mehr zu seinem Glück, ist wohl auch größeren Leidens fähig und ihm sicherlich in höherem Maße ausgesetzt als ein niedriges Wesen; aber trotz dieser Gefährdungen wird es niemals in jene Daseinsweise absinken wollen, die es als niedriger empfindet.

Es ist unbestreitbar, dass ein Wesen mit geringerer Fähigkeit zum Genuss die besten Aussichten hat, voll zufrieden gestellt zu werden; während ein Wesen von höheren Fähigkeiten stets das Gefühl haben wird, dass alles Glück, das es von der Welt, so wie sie beschaffen ist, erwarten kann, unvollkommen ist. Aber wenn diese Unvollkommenheiten überhaupt nur erträglich sind, kann es lernen, mit ihnen zu leben, statt die anderen zu beneiden, denen diese Unvollkommenheiten nur deshalb nicht bewusst sind, weil sie sich von den Vollkommenheiten keine Vorstellung machen können, mit denen diese verglichen werden. Es ist besser, ein unzufriedener Mensch zu sein als ein zufrieden gestelltes Schwein; besser ein unzufriedener Sokrates* als ein zufriedener Narr. Und wenn der Narr oder das Schwein anderer Ansicht sind, dann deshalb, weil sie nur die eine Seite der Angelegenheit kennen. Die andere Partei hingegen kennt beide Seiten. [...]

Die Beurteilung der Qualität

Gegen dieses Urteil der einzig zuständigen Richter kann es, so meine ich, keine Berufung geben. Darüber, welche von zwei Befriedigungen es sich zu verschaffen am meisten lohnt oder welche von zwei Lebensweisen ungeachtet ihrer moralischen Eigenschaften und ihrer Folgen dem menschlichen Empfinden am meisten zusagt, kann nur das Urteil derer, die beide erfahren haben, oder, wenn sie auseinander gehen sollten, das der Mehrheit unter ihnen als endgültig gelten. Und wir dürfen umso weniger zögern, ihr Urteil über die Qualität einer Befriedigung zu akzeptieren, als wir uns selbst hinsichtlich der Quantität auf keinen anderen Richtspruch berufen können. Was anders sollte darüber entscheiden, welche von zwei Schmerzempfindungen die heftigste oder welche von zwei lustvollen Empfindungen die intensivste ist, als das Mehrheitsvotum derer, denen beide vertraut sind? Angenehme und unangenehme Empfindungen sind unter sich sehr ungleichartig, und Unlust ist stets von anderer Art als Lust. Welche andere Instanz als das Empfindungs- und Urteilsvermögen der Erfahrenen sollte uns sagen können, ob es sich auszahlt, für eine bestimmte angenehme Empfindung eine bestimmte unangenehme Empfindung in Kauf zu nehmen? Wenn diese nun aber erklären, dass die aus den höheren Fähigkeiten erwachsenden Freuden *der Art nach* – ungeachtet ihrer Intensität – denen vorzuziehen sind, deren die tierische Natur ohne die höheren Fähigkeiten fähig ist, dann verdienen sie auch in dieser Frage unsere volle Beachtung.

Ich bin auf diesen Punkt näher eingegangen, weil er für ein angemessenes Verständnis der Begriffe Nützlichkeit oder Glück, als Leitvorstellungen des menschlichen Handelns verstanden, absolut unerlässlich ist. Zur Annahme der utilitaristischen Norm ist er dagegen nicht unbedingt erforderlich; denn die Norm des Utilitarismus ist nicht das große Glück des Handelnden selbst, sondern das größte Glück insgesamt; und wenn es vielleicht auch fraglich ist, ob ein edler Charakter durch seinen Edelmut glücklicher wird, so ist doch nicht zu bezweifeln, dass andere durch ihn glücklicher sind und dass die Welt insgesamt durch ihn unermesslich gewinnt. Der Utilitarismus kann sein Ziel daher nur durch die allgemeine Ausbildung und Pflege eines edlen Charakters erreichen, selbst wenn für jeden Einzelnen der eigene Edelmut eine Einbuße an Glück und nur jeweils der Edelmut der anderen einen Vorteil bedeuten würde. Aber man braucht einen widersinnigen Gedanken wie diesen nur auszusprechen, um zu sehen, dass er jede Widerlegung überflüssig macht.

John S. Mill, 1806–1876, englischer Philosoph

Beschreiben Sie Mills Unterscheidung von Qualität und Quantität schriftlich.

Es ist besser, ein unzufriedener Mensch zu sein als ein zufrieden gestelltes Schwein.

John S. Mill, 1806–1876, englischer Philosoph

John S. Mill

Der englische Philosoph, Ökonom und Logiker John Stuart Mill wurde 1806 in London geboren und starb 1876 in Avignon. Er gilt als Mitbegründer der ethischen Theorie des Utilitarismus und gründete mit 17 Jahren die „Utilitarian Society", die sich für Redefreiheit und das Wahlrecht der Arbeiter einsetzte. Von 1865–1868 vertrat er die liberale Partei im englischen Parlament und setzte sich für die Gleichberechtigung der Frauen ein. Den Sozialismus sah Mill als ideales, aber fernes gesellschaftliches System an, zu dem zu seiner Zeit nur ein Teil der Gesellschaft fähig sei. Im Sinne des Gemeinwohls machte er sich für die gleiche allgemeine Bildung aller in der Gesellschaft stark. Nach dem Vorbild Benthams sieht Mill im größtmöglichen Glück aller das höchste sittliche Ziel. Er modifiziert Benthams Utilitarismus, indem er neben die Quantität der Lust bzw. Unlust deren Qualität stellt. Sein ethisches Hauptwerk erschien 1863 unter dem Titel „Utilitarianism".

Handlungs- und Regelutilitarismus

Norbert Hoerster skizziert in seinem Buch „Utilitaristische Ethik und Verallgemeinerung" einige Beispiele, in denen die Handlungsweise der Betroffenen in Bezug auf die unmittelbaren Folgen ihrer Handlung diese als moralisch richtig erscheinen lässt. Die Betrachtung der mittelbaren oder möglichen allgemeinen Folgen lässt sie jedoch in ihrer ethischen Beurteilung zweifelhaft erscheinen.

Beispiel A

A hat dem B versprochen, mit ihm an einem Samstag Nachmittag Schach zu spielen. Am Samstag Morgen bittet C seinen Freund A, ihm am Nachmittag bei seinem Umzug zu helfen. A kann B nicht mehr erreichen, um die Schachpartie abzusagen. A würde, so wollen wir annehmen, durch seine Hilfe beim Umzug mehr Gutes tun als durch die Teilnahme am Schachspiel. Insbesondere wäre B.s Enttäuschung über A.s Ausbleiben durch A.s Beitrag zum Umzug mehr als aufgewogen. Ist A nicht trotzdem verpflichtet, seine Verabredung einzuhalten, d. h. eine Handlungsalternative zu wählen, die unter den möglichen Alternativen in ihren Folgen nicht die optimale ist?

Beispiel B

A wohnt in der Großstadt X und ist Eigentümer eines Schwimmbades. In einem heißen Sommer werden die Bewohner von X aufgefordert, wegen bestehender Wasserknappheit ihren Verbrauch an Wasser auf das Nötigste zu beschränken. Während sich die übrigen Besitzer von Schwimmbädern an diese Aufforderung halten und im Interesse einer gesicherten Trinkwasserversorgung auf Badefreude verzichten, setzt A sein Bad in Betrieb. Er geht mit Recht davon aus, dass die Wassermenge für ein Schwimmbad im gesamten Wasserhaushalt der Stadt nicht ins Gewicht fällt, dass er andererseits mit einem funktionsfähigen Schwimmbad seinen erwarteten Partygästen eine Freude machen wird. A wählt demnach die Handlungsalternative mit den besten Folgen. Handelt er nicht trotzdem sittlich falsch?

Beispiel C

A verspricht seinem kleinen Sohn, er werde das gewünschte Fahrrad zu Weihnachten nur bekommen, wenn er sich in der Schule in Zukunft besonders anstrenge. In Wirklichkeit hat A das Fahrrad schon gekauft und ist entschlossen, es seinem Sohn in jedem Falle zu schenken. Der Sohn zeigt als Folge des Versprechens eine geringfügige Besserung in seinen Schulleistungen. Wird A.s Lüge durch diese positiven Folgen, wie der Handlungsutilitarist schließen müsste, tatsächlich gerechtfertigt?

*Norbert Hoerster, *1937, deutscher Philosoph*

- *Überlegen Sie zunächst in Kleingruppen, ob die Handlungsweise A.s in Bezug auf die unmittelbaren Folgen für den Nutzen der Betroffenen als richtig zu bezeichnen ist. Notieren Sie Ihre Ergebnisse.*
- *Formulieren Sie dann die in unserer Gesellschaft anerkannten moralischen Regeln, gegen die A mit seinem Handeln verstößt, und versuchen Sie zu analysieren, nach welchem moralischen Prinzip A handelt.*
- *Überlegen Sie in Stillarbeit, nach welchem moralischen Prinzip A kritisiert werden kann. Besprechen Sie Ihre Überzeugungen im Plenum.*
- *Entwerfen Sie mögliche Folgen der Handlungen A.s, die in ihrem Nutzen für die Betroffenen oder die Allgemeinheit als falsch angesehen werden müssen.*
- *Tragen Sie Ihre Ergebnisse im Plenum zusammen.*
- *Erinnern Sie sich an die Forderungen des kategorischen Imperativs von Kant* (vgl. S. 38–41) und beziehen Sie diese auf die Handlungsweise von A. Diskutieren Sie, wie A im Sinne des kategorischen Imperativs handeln müsste.*
- *Beschreiben Sie in einem kurzen Text die Vor- und Nachteile des Handlungs- gegenüber dem Regelutilitarismus.*

Handlungs- und Regelutilitarismus

Die klassische Form des Utilitarismus, wie Bentham* und Mill ihn vertraten, fordert von dem Handelnden, dass er jede einzelne Handlung hinsichtlich ihrer Folgen und ihres Nutzens in Bezug auf die betreffende Gruppe untersucht. Eine Handlung ist demnach richtig, wenn sie gute Folgen für den Nutzen der Allgemeinheit hat. Das fordert nicht nur eine hohe Reflexionsbereitschaft von jedem Handelnden, sondern es ist auch fragwürdig, ob jede einzelne Handlung in all ihren Folgen für die Allgemeinheit zu jeder Zeit beurteilt werden kann. Um dieser Kritik am Utilitarismus entgegenzuwirken, ist besonders im 20. Jahrhundert eine Form des Utilitarismus entwickelt worden, die man als Regelutilitarismus bezeichnet. Im Regelutilitarismus werden nicht einzelne Handlungen betrachtet, sondern Handlungsklassen danach beurteilt, ob ihre Folgen einen größeren Nutzen für die Allgemeinheit haben. Aus diesen werden Regeln abgeleitet, die wegen ihres im Allgemeinen größeren Nutzens zu befolgen sind, auch wenn sich im Einzelfall herausstellen kann, dass ein der Regel nicht konformes Verhalten in einer bestimmten Situation positivere Folgen hätte. Der Regelutilitarismus kann als Annäherung an deontologische Ethiken (griech.: deon: Pflicht) gesehen werden, in denen bestimmt wird, unter welcher Handlungspflicht der Handelnde steht.

Richard B. Brandt: Einige Vorzüge einer bestimmten Form des Regelutilitarismus

Richard B. Brandt modifiziert den klassischen Utilitarismus, wie er von Bentham und Mill vertreten wird, indem er eine Form von Regelutilitarismus entwirft, in der die Richtigkeit einer Handlung nicht nur von deren unmittelbaren Folgen für den Nutzen der größtmöglichen Menge der Betroffenen beurteilt wird, sondern darüber hinaus mit einem „idealen Moralkodex" einer bestimmten Gesellschaft übereinstimmen soll.

Formen des Regelutilitarismus

Die Art des Utilitarismus, mit der ich mich näher befassen möchte, ist eine Form des Regelutilitarismus, die dem Handlungsutilitarismus entgegengesetzt ist. Nach dieser letzteren Theorie ist eine Handlung objektiv richtig, wenn keine andere Handlung, die der Handelnde ausführen könnte, bessere Folgen hervorbringen würde. (Nach dieser Ansicht ist eine Handlung dann und nur dann zu tadeln, wenn es richtig ist, die Handlung, in welcher die erstere getadelt oder verurteilt wird, auszuführen; die Prinzipien, nach denen etwas zu tadeln ist, sind ein Sonderfall des Prinzips objektiv richtiger Handlungen.) Der Handlungsutilitarismus ist mithin eine ziemlich atomistische Theorie: Die Richtigkeit einer einzelnen Handlung wird durch ihre Folgen für die Welt bestimmt. Der Regelutilitarismus dagegen vertritt die Ansicht, dass die Richtigkeit einer Handlung nicht durch ihren relativen Nutzen bestimmt wird, sondern durch den Nutzen, der daraus resultiert, dass man eine relevante moralische Regel hat, oder daraus, dass die meisten oder alle zu einer bestimmten Klasse von Handlungen gehörenden Handlungen ausgeführt werden. [...]

Den Regelutilitarismus kann man in zwei Hauptgruppen einteilen, je nachdem, ob man die Richtigkeit einer besonderen Handlung zu einer Funktion von in einem gewissen Sinn idealen Regeln oder von den geltenden und anerkannten Regeln einer Gesellschaft macht. Die verschiedenen Theorien des zuerst genannten Typs werde ich ausführlicher erklären als die des zuletzt genannten.

Nach dem zuletzt genannten Typ der Theorie werden die moralischen Pflichten oder Verpflichtungen eines Menschen in einer bestimmten Situation mit einigen Ausnahmen nur durch die moralischen Regeln, Institutionen oder Handlungsweisen bestimmt, die in der Gesellschaft vorrangig sind, und nicht durch die Überlegung, welche Regeln (usw.) in der Gesellschaft die idealsten wären. [...]

Bis hierher scheint die vorgeschlagene Theorie keineswegs eine Form des Utilitarismus zu sein. Jedoch ist sie in Folgendem utilitaristisch: Es wird angenommen, dass das, was für die Entscheidung der Frage, ob Moralkodizes, moralische Institutionen usw. verändert werden sollen, oder was für ihre Rechtfertigung von Bedeutung ist, der relative Nutzen des Kodex, der Handlungsweise usw. ist. Der anerkannte Kodex oder die anerkannte Handlungsweise bestimmen die moralischen Verpflichtungen des Individuums im Einzelfall; die Nützlichkeit des Kodex oder der Handlungsweise bestimmt, ob sie gerechtfertigt sind oder verändert werden sollten.

Diese Theorie führt zum Mindesten in einigen ihrer Formen oder Teilen zu Konsequenzen, die so eindeutig kontraintuitiv sind, dass sie dem Maßstab für eine befriedigende normative Theorie nicht genügt. Wir nehmen im Allgemeinen nicht an, dass ein vom Moralkodex einer Gesellschaft ausgesprochenes Verbot ausreicht, um eine Handlung moralisch falsch zu machen. Moralkodizes haben Dinge wie die Arbeit am Sabbat, die Eheschließung mit einer geschiedenen Person, medizinisch notwendige Abtreibung und Selbstmord verboten; wir jedoch nehmen nicht an, dass es für Menschen, die in einer Gesellschaft mit derartigen Verboten gelebt haben, wirklich falsch war, diese Dinge zu tun.

Der ideale Moralkodex

Wir wollen uns nun „idealen" Formen des Regelutilitarismus zuwenden, die behaupten, dass die Antwort auf die Frage, ob es moralisch verpflichtend oder moralisch richtig ist, in einer besonderen Situation etwas Bestimmtes zu tun, nicht von dem geltenden Kodex oder der geltenden Praxis der Gesellschaft festgesetzt wird, sondern durch eine „ideale" Regel – d.h. durch den Nutzen, der sich ergibt, wenn man eine bestimmte allgemeine moralische Regel hat, oder durch den Nutzen, der sich ergibt, wenn alle oder die meisten Handlungen, die zu einer relevanten Klasse von Handlungen gehören, ausgeführt werden. [...]

Der Kürze halber werde ich die Theorie als die Theorie des „idealen Moralkodex" bezeichnen. Ihr Kern wird im Folgenden deutlich. Wir wollen zunächst sagen, dass ein Moralkodex „ideal" ist, wenn seine Geltung in einer bestimmten Gesellschaft mindestens ebenso viel Gutes pro Person (das gesamte Gute geteilt durch die Anzahl der Personen) hervorbringen würde wie die Geltung irgendeines anderen Moralkodex. [...]

Unter Voraussetzung dieser Bedeutungsbestimmung des Wortes „ideal" besteht die Theorie des idealen Moralkodex in der Behauptung der folgenden These: *Eine Handlung ist dann und nur dann richtig, wenn sie nicht von dem für die Gesellschaft idealen Moralkodex verboten würde; und ein Handelnder ist für eine Handlung moralisch zu tadeln (zu loben), wenn und in dem Ausmaß, in dem der für diese Gesellschaft ideale Moralkodex ihn dafür verurteilen (loben) würde.* Es ist ein Vorzug dieser Theorie, dass sie sich sowohl auf die objektive Richtigkeit als auch auf moralisch zu tadelnde (zu lobende) Eigenschaften von Handlungen erstreckt; gleichwohl werden wir die Behauptung über das zu Tadelnde im Folgenden praktisch ausklammern.

*Richard B. Brandt, *1910, amerikanischer Philosoph*

- *Definieren Sie im Sinne Brandts den Begriff „Regelutilitarismus".*
- *Beschreiben Sie mit Ihren Worten, was Brandt unter einem „idealen Moralkodex" versteht.*
- *Wie schlüssig erscheint Ihnen die Aufstellung eines für eine Gesellschaft idealen Moralkodex, der sich an dem Nutzen des Kodex für die jeweilige Gesellschaft orientiert, im Vergleich zum Handlungsutilitarismus im Sinne Benthams? Formulieren Sie Ihre Gedanken schriftlich.*
- *Vergleichen Sie Brandts idealen Moralkodex mit dem kategorischen Imperativ von Immanuel Kant (vgl. S. 38–41). Worin liegen die Unterschiede, besonders in Bezug auf die Ausrichtung des Regelutilitarismus auf das größte allgemeine Wohl? Diskutieren Sie die Ergebnisse im Plenum.*

Ethische Theorie der Mehrheit?

Die Theorie des Utilitarismus hat seit den Anfängen ihres Erscheinens bis in die aktuelle Gegenwart kritische Stellungnahmen hervorgerufen. Die Überzeugung, dass dasjenige im ethischen Sinne gut ist, was den größtmöglichen Nutzen in Bezug auf Lust und Freude für die größtmögliche Menge von Betroffenen bewirkt, wirft Fragen auf, wie das Verhalten gegenüber Minderheiten oder Schwachen in einer Gesellschaft gestaltet werden soll.

- *Schreiben Sie eine kurze persönliche Stellungnahme zum Zitat von Höffe.*
- *Finden Sie Beispiele aus Ihrem persönlichen Lebensumfeld, in denen aufgrund des Nutzens für die Allgemeinheit Minderheiten benachteiligt werden. Diskutieren Sie die Beispiele im Plenum unter dem Aspekt der ethischen Beurteilung.*

> Für sich allein genommen, ohne die Gerechtigkeit als Korrektiv, stellt der Utilitarismus eine Art von Kollektivegoismus dar, dem eine Unterdrückung oder Benachteiligung von Minderheiten, selbst eine Verletzung unveräußerlicher Menschenrechte erlaubt ist – sofern sie sich mit einer Besserstellung der Mehrheit verbindet und die Glücksbilanz verbessert.
>
> *Otfried Höffe, *1943, deutscher Philosoph*

- *Versuchen Sie im Sinne Benthams* (S. 60/61), Mills (S. 62/63) oder Brandts (S. 65) auf die Kritik von Otfried Höffe zu antworten.*

Gerechtigkeit: gleiches Recht für alle?

Im klassischen Utilitarismus steht nicht nur die ethische Beurteilung dem Nutzen gemäß im Vordergrund, sondern dieser Nutzen soll auch für die größtmögliche Menge der Beteiligten erreicht werden. Wie schon Otfried Höffe in dem obigen Zitat erwähnt, stellt sich hier die Frage, ob der Utilitarismus die Rechte von Minderheiten wahrnehmen kann. Menschen mit homosexueller Neigung sind in unserer Gesellschaft eine Minderheit, die mit Diskriminierung zu kämpfen hat. Am 1. August 2001 hat die Bundesregierung ein Gesetz verabschiedet, das es homosexuellen Paaren gestattet, eine so genannte „Eingetragene Partnerschaft" einzugehen, deren Rechte und Pflichten denjenigen der bürgerlichen Ehe angeglichen sind.

Rechte und Pflichten in der Homo-Ehe

Berlin – Homosexuelle Paare können seit heute ihre Partnerschaft amtlich eintragen lassen. Mit dem Gesetz will die rot-grüne Bundesregierung zum Abbau der Diskriminierung homosexueller Menschen beitragen. Außerdem geht es der Regierung um den „Respekt vor anderen Lebensformen" und um die „Förderung stabiler persönlicher Beziehungen bei Menschen, die mit Rechten und Pflichten füreinander einstehen wollen". Die Kernpunkte des Gesetzes:

1. Die eingetragene Partnerschaft wird vor einer Behörde begründet, die von den Ländern bestimmt wird (Standesämter, Regierungspräsidien, Landesverwaltungsamt, in Bayern vermutlich Notare).
2. Das Paar kann wie im Eherecht einen gemeinsamen Namen bestimmen.
3. Die Lebenspartner haben gegenseitige Unterhaltspflichten und -rechte.
4. Sie haben außerdem das „kleine Sorgerecht" und können mitentscheiden in Angelegenheiten des täglichen Lebens eines Kindes, das einer der Partner in die Partnerschaft einbringt. Homosexuelle Paare können jedoch keine Kinder adoptieren.
5. Der überlebende Lebenspartner ist erbberechtigt und kann den Mietvertrag übernehmen.
6. Vor Gericht haben Lebenspartner Zeugnisverweigerungsrechte.
7. Sie können sich gegenseitig in die Kranken- und Pflegeversicherung einbeziehen.
8. Ausländische Lebenspartner können nachziehen und eingebürgert werden.
9. Für die Aufhebung der Lebenspartnerschaft ist das Familiengericht zuständig. Bei einer Trennung bestehen Unterhaltsrechte.
10. Die eingetragene Lebenspartnerschaft ist gesetzlich nicht mit der Ehe gleichgestellt. Zusätzlich hat der Bundestag ein Ergänzungsgesetz beschlossen, das die Zustimmung der Länder braucht. Es betrifft vor allem Steuern und Sozialleistungen und wird derzeit von einer Bund-Länder-Arbeitsgruppe bearbeitet.

Der Spiegel, 1. 8. 2001

- *Untersuchen Sie in Kleingruppen die Kernpunkte des neuen Gesetzes. Überlegen Sie gemeinsam, inwiefern durch diese Neuregelungen das alltägliche Leben homosexueller Paare erleichtert werden kann. Besprechen Sie Ihre Ergebnisse im Plenum.*
- *Versuchen Sie die möglichen Ursachen der Diskriminierung von Menschen mit homosexueller Neigung in unserer Gesellschaft zu erläutern. Verfassen Sie einen kurzen Text.*
- *Der Gesetzesentwurf betont, dass die „Eingetragene Lebensgemeinschaft" nicht mit der Ehe verschiedengeschlechtlicher Paare gesetzlich gleichgestellt ist. Welche Gründe könnten hierbei ausschlaggebend sein? Beziehen Sie in Ihre Überlegungen die Gründe für die Entstehung und die Veränderungen durch die Entwicklung von Ehe und Familie mit ein.*
- *Finden Sie Argumente aus der Sicht eines Utilitaristen für und gegen die „Eingetragene Lebenspartnerschaft" unter der Fragestellung des Nutzens für die Allgemeinheit und diskutieren Sie diese im Plenum.*
- *Wie urteilen Sie selbst? Formulieren Sie einen kurzen Essay.*

Gerechtigkeit als Gerechtigkeit der Mehrheit

John Rawls setzt sich in seinem Hauptwerk „A Theory of Justice" (1971) mit den Grundgedanken des Utilitarismus auseinander. Er wendet sich der Frage zu, wie Gerechtigkeit in Bezug auf Freiheiten und Rechte der Menschen im Utilitarismus verwirklicht werden kann und welche Rolle individuelle Interessen spielen können.

Das Nutzenprinzip in seiner klassischen Form fasse ich so auf, dass es das Gute als Befriedigung von Bedürfnissen, oder vielleicht besser: von vernünftigen Bedürfnissen definiert. Das stimmt mit dieser Anschauung in allen wesentlichen Punkten überein und ist nach meiner Auffassung eine angemessene Interpretation. Die richtige Art der gesellschaftlichen Zusammenarbeit bestimmt sich danach, was unter den gegebenen Umständen insgesamt die größte Befriedigung der vernünftigen Bedürfnisse der Menschen bewirkt. Diese Auffassung ist auf den ersten Blick einleuchtend und überzeugend, das kann man ihr sicher nicht absprechen.
Das erstaunliche Merkmal der utilitaristischen Gerechtigkeitsvorstellung ist nun, dass es keine oder höchstens eine mittelbare Rolle spielt, wie diese Summe der Befriedigungen über die einzelnen Menschen verteilt ist; ebenso, wie es höchstens mittelbar eine Rolle spielt, wie ein Mensch seine angenehmen Erlebnisse zeitlich verteilt. In beiden Fällen ist die richtige Verteilung die, die zur höchsten Befriedigung führt. Die Gesellschaft muss ihre Güter – Rechte und Pflichten, Chancen und Vorrechte, die verschiedenen Formen des Reichtums oder was es sonst geben mag – so verteilen, dass nach Möglichkeit dieses Maximum erreicht wird. Doch an sich ist keine Verteilung der Befriedigung besser als eine andere, nur dass die gleichmäßigere vorzuziehen ist, wenn sonst keine Unterscheidung möglich ist. Nun scheinen gewisse Gerechtigkeitsvorstellungen des gemeinen Verstandes dieser Behauptung zu widersprechen, besonders solche, die sich auf den Schutz von Rechten und Freiheiten oder auf Ansprüche aufgrund von Verdiensten beziehen. Doch utilitaristisch erklärt man diese Vorschriften und ihre scheinbare Überzeugungskraft damit, dass sie erfahrungsgemäß genau eingehalten werden müssen und nur unter außergewöhnlichen Umständen von ihnen abgewichen werden darf, wenn die Summe der Befriedigung maximiert werden soll. Wie alle anderen Vorschriften leiten sich auch die der Gerechtigkeit von dem einen Ziel der Herstellung der größten Nutzensumme ab. Es gibt also im Prinzip keinen Grund, warum größere Vorteile einiger nicht geringere Nachteile anderer aufwiegen sollten; oder, noch wichtiger: Warum die Verletzung der Freiheit einiger weniger nicht durch das größere Wohl vieler anderer gutgemacht werden könnte. Es ist reiner Zufall, dass in den meisten Fällen, jedenfalls auf einer einigermaßen hohen Zivilisationsstufe, die größte Nutzensumme nicht auf diese Weise zustande kommt. Die Strenge der Gerechtigkeitsvorschriften des gemeinen Verstandes ist zweifellos von einigem Nutzen für die Begrenzung der menschlichen Neigung zu Ungerechtigkeit und sozial schädlichen Handlungen, doch der Utilitarist hält es für einen Fehler, diese Strenge als einen ersten Grundsatz der Moral zu nehmen. Denn ganz wie es für einen Menschen vernünftig ist, die Erfüllung seines Systems der Bedürfnisse zu maximieren, so ist es für die Gesellschaft richtig, die Summe des Nutzens über alle ihre Mitglieder zu maximieren.
Der natürlichste Weg zum Utilitarismus (wenn auch gewiss nicht der einzige) ist also die Übertragung des Prinzips der vernünftigen Entscheidung für den Einzelmenschen auf die Gesellschaft als Ganze. Angesichts dessen ist die Stellung des unparteiischen Beobachters und die Betonung des Mitgefühls in der Geschichte des utilitaristischen Denkens leicht zu verstehen. Denn bei der Übertragung des Prinzips für den Einzelnen auf die Gesellschaft wird unsere Vorstellungskraft angeleitet durch den Begriff des unparteiischen Beobachters und durch das Sich-in-den-anderen-Hineinversetzen. Diesen Beobachter lässt man die Bedürfnisse aller Menschen in ein stimmiges System bringen und aus den vielen eine einzige Person machen. Der unparteiische Beobachter besitzt ideales Vorstellungs- und Einfühlungsvermögen, er ist das vollkommen vernünftige Wesen, das die Bedürfnisse der anderen wie seine eigenen erlebt. So stellt er deren Stärke fest und weist ihnen das richtige Gewicht in dem System der Bedürfnisse zu, dessen Befriedigung der ideale Gesetzgeber mittels der Regeln des sozialen Systems zu maximieren sucht. Dieser fällt also keine wesentlich andere Entscheidung als ein Unternehmer, der entscheidet, wie er durch die Herstellung dieser oder jener Ware seinen Gewinn maximieren kann, oder ein Verbraucher, der entscheidet, wie er seinen Nutzen durch Kauf dieses oder jenes Güterbündels maximieren kann. In allen diesen Fällen gibt es eine einzige Person, deren Bedürfnissystem die beste Verwendung der beschränkten Mittel bestimmt. Die richtige Entscheidung ist offensichtlich eine Frage des wirksamen Einsatzes. Diese Sicht der gesellschaftlichen Zusammenarbeit ist die Folge der Ausdehnung des Entscheidungsprinzips für den Einzelmenschen auf die Gesellschaft, die so zu Werke geht, dass in der Vorstellung des unparteiischen mitfühlenden Beobachters alle Menschen zu einem zusammengefasst werden. Der Utilitarismus nimmt die Verschiedenheit der einzelnen Menschen nicht ernst.

John Rawls, *1921–2002, amerikanischer Philosoph*

- *Notieren Sie, welche Argumente Rawls gegen den Utilitarismus vorbringt.*
- *Weshalb glaubt Rawls, dass die utilitaristische Vorstellung von Gerechtigkeit nicht der Vorstellung des „gemeinen Verstandes" in Bezug auf Rechte und Freiheiten entspricht?*
- *Rawls kritisiert die im Utilitarismus vorgenommene Übertragung der Einzelinteressen auf das Gesamtinteresse der Gemeinschaft. Skizzieren Sie seine Argumentation.*
- *Urteilen Sie persönlich über die Einwände Rawls gegenüber dem Utilitarismus.*
- *Überlegen Sie, inwiefern das Böse oder das Leid im Leben eines Menschen einen Wert haben. Beziehen Sie in Ihre Überlegungen das Streben nach Glück im Utilitarismus mit ein. Formulieren Sie Ihre Gedanken in einem kurzen Text.*

Präferenz-Utilitarismus

Präferenzen der Individuen

Peter Singer ist einer der bedeutendsten Vertreter des Utilitarismus in der Gegenwart. Sein Hauptwerk „Practical Ethics", das 1993 in einer Neuausgabe erschien, löste besonders in Deutschland eine Protestwelle aufgrund seiner provozierenden Thesen bezüglich Euthanasie und Schwangerschaftsabbruch aus. Im folgenden Textauszug wird jedoch zunächst Singers Theorie des Präferenz-Utilitarismus beschrieben, eine Sonderform des Utilitarismus, die besonders die Interessen bzw. Präferenzen der Individuen in den Vordergrund rückt.

Ethisches Handeln und Rechtfertigung

Der Begriff des Lebens nach moralischen Maßstäben ist mit dem Begriff des Verteidigens der eigenen Lebensweise oder der Argumentation für die eigene Lebensweise oder mit ihrer Rechtfertigung verknüpft. Daher können Menschen alles tun, was wir als falsch betrachten, und doch nach moralischen Maßstäben leben, falls sie bereit sind, das, was sie tun, zu verteidigen und zu rechtfertigen. Wir mögen die Rechtfertigung unangemessen finden und die Handlung für falsch halten, aber der Rechtfertigungsversuch, ob angemessen oder nicht, genügt, um das Verhalten der Person in den Bereich des Ethischen im Gegensatz zum Nicht-Ethischen zu versetzen. Umgekehrt können wir, wenn gewisse Menschen überhaupt keine Rechtfertigung für ihr Tun vorbringen können, ihren Anspruch zurückweisen, nach moralischen Maßstäben zu leben, selbst wenn das, was sie tun, nach konventionellen moralischen Prinzipien geschieht. Wir können noch weiter gehen. Wenn wir bereit sind, zu akzeptieren, dass eine Person nach moralischen Maßstäben lebt, muss die Rechtfertigung von einer ganz bestimmten Art sein. So wird z. B. eine Rechtfertigung ausschließlich in Begriffen des Eigeninteresses nicht hinreichen. [...] Von Handlungen aus Eigeninteresse muss sich zeigen lassen, dass sie mit Prinzipien verträglich sind, die auf einer breiteren ethischen Basis beruhen, wenn sie moralisch vertretbar sein sollen, denn der Begriff der Ethik enthält die Vorstellung von etwas Größerem, als es das Individuum ist. Wenn ich mein Verhalten mit moralischen Gründen vertreten will, kann ich mich nicht nur auf die Vorteile beziehen, die es mir bringt. Ich muss mich an ein größeres Publikum wenden. Seit alters haben Philosophen und Moralisten der Idee Ausdruck verliehen, ethisches Verhalten sei von einem Standpunkt aus akzeptabel, der irgendwie universal sei. Die „Goldene Regel", die man Moses zuschreibt – sie findet sich im Buch Leviticus[1] und ist dann von Jesus wiederholt worden –, heißt uns, über unsere eigenen persönlichen Interessen hinauszugehen und „deinen Nächsten zu lieben wie dich selbst" – mit anderen Worten, den Interessen anderer dieselbe Bedeutung beizumessen wie den eigenen. [...] Utilitaristen von Jeremy Bentham* bis zu J. J. C. Smart betrachten es als Axiom[2], dass bei der Entscheidung moralischer Streitfragen „jeder als einer zählt und keiner für mehr als einen".

Universalität der Ethik

Man könnte über die Vorzüge einer jeden dieser Ethik-Charakterisierungen endlos streiten; aber was sie gemeinsam haben, ist wichtiger als ihre Unterschiede. Sie stimmen darin überein, dass ein moralisches Prinzip nicht in Bezug auf irgendeine parteiische oder partikulare Gruppe gerechtfertigt werden kann. Ethik nimmt einen universalen Standpunkt ein. Dies bedeutet nicht, dass ein einzelnes moralisches Urteil universal anwendbar sein muss. Je nach den Umständen ändern sich die Gründe, wie wir gesehen haben. Es bedeutet vielmehr, dass wir dort, wo wir moralische Urteile fällen, über unsere eigenen Neigungen und Abneigungen hinausgehen. Von einem moralischen Standpunkt aus betrachtet ist die Tatsache unerheblich, dass ich es bin, der beispielsweise von einer gleichmäßigeren Einkommensverteilung profitiert, und dass du es bist, der dabei verliert. Die Ethik verlangt von uns, dass wir über „Ich" und „Du" hinausgehen hin zu dem universalen Gesetz, dem universalisierbaren Urteil, dem Standpunkt des unparteiischen Betrachters oder idealen Beobachters, oder wie immer wir es nennen wollen.

Begründung der utilitaristischen Position

[...] Der universale Aspekt der Ethik, meine ich, liefert uns eine überzeugende, wiewohl nicht letztgültige Begründung dafür, eine utilitaristische Position im weiteren Sinne einzunehmen. Meine Begründung für diese Behauptung ist folgende:
Indem ich akzeptiere, dass moralische Urteile von einem universalen Standpunkt aus getroffen werden müssen, akzeptiere ich, dass meine eigenen Interessen nicht einfach deshalb, weil sie meine Interessen sind, mehr zählen als die Interessen von irgendjemand anderem. Daher muss, wenn ich moralisch denke, mein ganz natürliches Bestreben, dass für meine Interessen gesorgt wird, ausgedehnt werden auf die Interessen anderer. Nun stelle man sich vor, dass ich zwischen zwei möglichen Handlungsverläufen zu entscheiden versuche – etwa, ob ich alle Früchte, die ich gesammelt habe, selber esse oder sie mit andern teile. Zudem stelle man sich vor, dass ich in einem völligen ethischen Vakuum entscheide, dass ich nichts weiß von moralischen Erwägungen – ich bin sozusagen in einem vormoralischen Stadium des Denkens. Wie würde ich mich entscheiden? Etwas, das immer noch relevant bliebe, wäre die Frage, in welcher Weise die möglichen Handlungsverläufe meine Interessen beträfen. Würden wir „Interessen" weit genug definieren, so dass wir alles, was Menschen wünschen, als ihre Interessen auffassten (sofern dies nicht unverträglich ist mit einem oder mehreren anderen Wünschen), dann kann wohl in diesem vormoralischen Zustand *nur* das je eigene Interesse für die Entscheidung relevant sein.

Das Prinzip der gleichen Interessenabwägung

Angenommen, ich beginne dann so weit moralisch zu denken, dass ich erkenne, dass meine eigenen Interessen nicht einfach aus dem Grund, weil sie meine eigenen sind, mehr zählen als die Interessen anderer. Anstelle meiner eigenen Interessen habe ich nun die Interessen aller zu berücksichtigen, die von meiner Entscheidung betroffen sind. Dies erfordert von mir, dass ich alle diese Interessen abwäge und jenen Handlungsverlauf wähle, von dem es am wahrscheinlichsten ist, dass er die Interessen der Betroffenen weitestgehend befriedigt. Also muss ich – wenigstens auf einer bestimmten Ebene meiner moralischen Überlegungen – den Handlungsverlauf wählen, der per saldo für alle Betroffenen die besten Konsequenzen hat. [...]
Wir haben im vorangehenden Kapitel gesehen, dass ich, wenn ich ein moralisches Urteil fälle, über einen persönlichen oder partikularistischen Standpunkt hinausgehen und die Interessen aller Betroffenen berücksichtigen muss. Dies bedeutet, dass wir Interessen einfach als Interessen abwägen, nicht als meine Interessen oder die Interessen der Deutschen oder die

Interessen der Weißen. Dies verschafft uns ein grundlegendes Prinzip der Gleichheit: das Prinzip der gleichen Interessenabwägung. Das Wesentliche am Prinzip der gleichen Interessenabwägung besteht darin, dass wir in unseren moralischen Überlegungen den ähnlichen Interessen all derer, die von unseren Handlungen betroffen sind, gleiches Gewicht geben. Dies bedeutet: Wenn X und Y von einer möglichen Handlung betroffen wären und X dabei mehr zu verlieren als Y zu gewinnen hätte, ist es besser, die Handlung nicht auszuführen. Akzeptieren wir das Prinzip der gleichen Interessenabwägung, so können wir nicht sagen, es sei besser, die Handlung auszuführen, weil uns trotz der beschriebenen Fakten Y mehr angehe als X. Worauf das Prinzip in Wirklichkeit hinausläuft, ist Folgendes: Interesse ist Interesse, wessen Interesse es auch immer sein mag. Wir können das konkretisieren, indem wir ein besonderes Interesse bedenken, z. B. unser Interesse an der Linderung von Schmerz. Dann besagt das Prinzip: Der letzte moralische Grund für Schmerzlinderung ist einfach das Unerwünschtsein von Schmerz als solchem und nicht das Unerwünschtsein von X.s Schmerz, das verschieden sein mag von dem Unerwünschtsein von Y.s Schmerz. Natürlich kann X.s Schmerz unerwünschter sein als der von Y, weil er schmerzhafter ist, und dann würde das Prinzip der gleichen Abwägung der Linderung von X.s Schmerz mehr Gewicht verleihen. Und auch da, wo Schmerzen gleich sind, können wiederum andere Faktoren erheblich sein, insbesondere wenn andere betroffen sind. Nach einem Erdbeben geben wir vielleicht der Schmerzlinderung einer Ärztin den Vorrang, damit sie andere Opfer behandeln kann. Aber die Schmerzen selbst, die die Ärztin hat, zählen nur einmal und ohne zusätzliches Gewicht. Das Prinzip der gleichen Interessenabwägung funktioniert wie eine Waagschale: Interessen werden unparteiisch abgewogen. Echte Waagen begünstigen die Seite, auf der das Interesse stärker ist oder verschiedene Interessen sich zu einem Übergewicht über eine kleinere Anzahl ähnlicher Interessen verbinden; aber sie nehmen keine Rücksicht darauf, wessen Interessen sie wägen. Das Prinzip der gleichen Interessenabwägung verbietet es, unsere Bereitschaft, die Interessen anderer Personen abzuwägen, von ihren Fähigkeiten oder anderen Merkmalen abhängig zu machen, außer dem einen: dass sie Interessen haben. Natürlich können wir nicht wissen, wohin uns die gleiche Interessenabwägung führen wird, bevor wir die Interessen der Personen kennen, und das kann entsprechend ihren Fähigkeiten und anderen Merkmalen variieren. Interessenabwägungen bezüglich mathematisch begabter Kinder mögen uns dazu veranlassen, ihnen in jungen Jahren höhere Mathematik beizubringen, was für andere Kinder völlig zwecklos oder gar schädlich sein könnte. Aber das grundlegende Element, die Berücksichtigung der Interessen von Personen, welcher Art diese Interessen auch sein mögen, muss auf jeden Menschen angewendet werden, ungeachtet der Rasse, des Geschlechts oder der Werte eines Intelligenztests.

Der Präferenz-Utilitarismus

Die hier skizzierte Denkweise ist eine Form von Utilitarismus. Sie unterscheidet sich vom klassischen Utilitarismus dadurch, dass „beste Konsequenzen" das bedeutet, was per saldo die Interessen der Betroffenen fördert, und nicht bloß das, was Lust vermehrt und Unlust verringert. Diese andere Version des Utilitarismus beurteilt Handlungen nicht nach ihrer Tendenz zur Maximierung von Lust und Minimierung von Leid, sondern nach dem Grad, in dem sie mit den Präferenzen der von ihren Handlungen oder ihren Konsequenzen betroffenen Wesen übereinstimmt. Diese Version des Utilitarismus ist als „Präferenz-Utilitarismus" bekannt. Es ist eher Präferenz-Utilitarismus als klassischer Utilitarismus, zu dem wir gelangen, wenn wir unsere eigenen Interessen in der Art universalisieren, wie es im Anfangskapitel dieses Buches beschrieben wurde, d. h. wenn wir in einem plausiblen Schritt die Interessen einer Person als das nehmen, was sie, nach Abwägung aller relevanten Fakten, vorzieht. Nach dem Präferenz-Utilitarismus ist eine Handlung, die der Präferenz irgendeines Wesens entgegensteht, ohne dass diese Präferenz durch entgegengesetzte Präferenzen ausgeglichen wird, moralisch falsch.

1 Leviticus: 3. Mose
2 Axiom: hier: gültige Wahrheit, die keines Beweises bedarf

*Peter Singer, *1946, australischer Philosoph*

- *Worin sieht Singer die Verbindung zwischen der ethischen Beurteilung einer Handlung und ihrer Rechtfertigung?*
- *Beschreiben Sie mit Ihren Worten, was Singer unter den Begriffen „Interessen", „moralisches Handeln" und unter dem „Prinzip der gleichen Interessenabwägung" versteht. Definieren Sie den Begriff „Präferenz-Utilitarismus".*
- *Diskutieren Sie in Kleingruppen, was mit den Interessen derjenigen geschieht, die diese nicht selbst vertreten können. Wie muss ein Mensch Singer zufolge beschaffen sein, um Interessen vertreten zu können?*
- *Verfassen Sie eine Beurteilung der Theorie Singers.*
- *Vergleichen Sie den Präferenz-Utilitarismus mit dem klassischen Utilitarismus nach Bentham (S. 60/61) und Mill (S. 62/63). Beachten Sie dabei besonders die Frage nach den Möglichkeiten von Individualität und der Interessenvertretung von Minderheiten in beiden Richtungen.*

Peter Singer

Der Bioethiker Peter Singer wurde 1946 im australischen Melbourne geboren. Er absolvierte sein Studium an den Universitäten von Melbourne und Oxford und war bis 1999 Professor für Philosophie des „Centre for Human Bioethics" an der „Monash University" in Melbourne. Er lehrt derzeit als De Camp Professor[1] of Bioethics an der Princeton University/USA. International bekannt wurde Singer durch sein Buch „Animal Liberation", in dem er sich mit dem Tierschutz auseinander setzt. In seinem Hauptwerk „Practical Ethics" beschäftigt sich Singer mit der Frage nach dem Wert des menschlichen Lebens. Das besondere Recht auf Leben erhält der Mensch nach Singer erst, wenn er zur „Person" geworden ist, d. h. über Rationalität und Selbstbewusstsein verfügt. Die Protestwelle, besonders von Behindertenverbänden organisiert, führte zum Boykott von Singers öffentlichen Auftritten in Deutschland.

1 In den USA gibt es an vielen Universitäten gesponserte Professoren-Stellen. In diesem Fall ist der Sponsor „De Camp".

René Magritte, Etude pour l'invention collective, 1935

- *Beschreiben Sie in einem kurzen Text die Wirkung des Bildes von René Magritte.*
- *Was könnte der Künstler anhand dieses Bildes über den Menschen aussagen wollen?*
- *Versuchen Sie nach Erarbeitung des Textes von Peter Singer das Bild erneut zu deuten und diskutieren Sie im Plenum, ob sich Ihre Sichtweise eventuell verändert hat.*

Recht auf Leben

Ausgehend von seiner Theorie des Präferenz-Utilitarismus, in der eine Handlung dann als moralisch falsch interpretiert wird, wenn sie den Präferenzen[1] eines anderen Wesens entgegensteht, entwickelt Peter Singer in „Practical Ethics" seine Überzeugung über das Recht auf Leben und den Wert des Lebens von menschlichen Wesen.

Hat menschliches Leben einen besonderen Wert?

Die Ansicht, wonach menschliches Leben einen einzigartigen Wert habe, ist tief in unserer Gesellschaft verwurzelt und in unserem Recht verankert. […]
Heute sind sich die meisten Menschen, wenn nicht in der Praxis, so doch in der Theorie, einig, dass es, abgesehen von besonderen Situationen wie Notwehr, Krieg, möglicherweise Todesstrafe und einigen weiteren Zweifelsfällen, falsch ist, menschliche Wesen zu töten, ungeachtet ihrer Rasse, Religion, Klasse oder Nationalität. Die moralische Unangemessenheit von Prinzipien, die die Achtung vor dem Leben auf einen Stamm, eine Rasse oder Nation einschränken, liegt offen zutage; aber die Argumentation des vorhergehenden Kapitels muss Zweifel wecken, ob die Grenzen unserer Spezies den geschützten Bereich wirklich überzeugender markieren.
Hier ist die Frage angebracht, was wir mit Begriffen wie „menschliches Leben" und „menschliches Wesen" meinen. Diese Begriffe spielen die Hauptrolle in Debatten etwa über die Abtreibung. „Ist der Fötus bereits ein menschliches Wesen?" gilt häufig als die wesentlichste Frage in der Abtreibungsdebatte; aber nur eine sorgfältige Prüfung dieser Begriffe ermöglicht Antworten auf solche Fragen.

Der Begriff der Person

Der Ausdruck „menschliches Wesen" kann eine genaue Bedeutung haben und z. B. als Äquivalent zu „Mitglied der Spezies Homo sapiens" verwendet werden. Ob ein Wesen Mitglied einer bestimmten Spezies ist, lässt sich wissenschaftlich bestimmen durch die Untersuchung der Beschaffenheit der Chromosomen in den Zellen lebender Organismen. Legt man diese Bedeutung zugrunde, so besteht kein Zweifel, dass ein von menschlichen Eltern gezeugter Fötus vom ersten Moment seiner Existenz an ein menschliches Wesen ist; und dasselbe trifft zu für das schwerst und unheilbar geistig behinderte menschliche Wesen, ja sogar für einen anenzephalischen Säugling – genau gesagt: ein Säugling ohne Gehirn.
[Der Theologe] Fletcher hat eine Liste mit „Indikatoren des Menschseins" aufgestellt, die Folgendes umfasst: Selbstbewusstsein, Selbstkontrolle, Sinn für Zukunft, Sinn für Vergangenheit, die Fähigkeit, mit anderen Beziehungen zu knüpfen, sich um andere zu kümmern, Kommunikation und Neugier. […] Diese beiden Bedeutungen von „menschliches Wesen" überschneiden sich, aber sie fallen nicht zusammen. Der Fötus, das schwerst behinderte Kind, selbst das neugeborene Kind – sie alle sind unbestreitbar Mitglieder der Spezies Homo sapiens, aber niemand von ihnen besitzt ein Selbstbewusstsein oder hat einen Sinn für die Zukunft oder die Fähigkeit, mit anderen Beziehungen zu knüpfen. Daher kann die Wahl zwischen den beiden Bedeutungen für unsere Antwort auf Fragen wie „Ist der Fötus ein menschliches Wesen?" einen großen Unterschied ausmachen. […]
Für die erste, biologische Bedeutung werde ich den schwerfälligen, aber präzisen Begriff „Mitglied der Spezies Homo sapiens" verwenden, für die zweite Bedeutung den Begriff „Person". […] Auf jeden Fall schlage ich vor, „Person" in der Bedeutung eines rationalen und selbstbewussten Wesens zu gebrauchen, um jene Elemente der landläufigen Bedeutung von „menschliches Wesen" zu erfassen, die von „Mitglied der Spezies Homo sapiens" nicht abgedeckt werden.

Der Wert des Lebens einer Person

Dass es Unrecht ist, einem Wesen Schmerz zuzufügen, kann nicht von seiner Gattungszugehörigkeit abhängen; ebenso wenig, dass es Unrecht ist, es zu töten. Die biologischen Fakten, an die unsere Spezies gebunden ist, haben keine moralische Bedeutung. Dem Leben eines Wesens bloß deshalb den Vorzug zu geben, weil das Lebewesen unserer Spezies angehört, würde uns in dieselbe Position bringen wie die Rassisten, die denen den Vorzug geben, die zu ihrer Rasse gehören. Wir haben die Lehre von der Heiligkeit des Lebens in die beiden getrennten Behauptungen aufgespalten, dass (1) das Leben eines Mitglieds unserer Spezies und (2) das Leben einer Person jeweils einen besonderen Wert darstellt. Wie wir gesehen haben, ist die erste Behauptung unhaltbar. Wie steht es mit der zweiten? Hat das Leben eines rationalen und selbstbewussten Wesens einen besonderen, vom Leben bloß empfindungsfähiger Wesen verschiedenen Wert?

Um diese Frage zu bejahen, kann man folgendermaßen argumentieren. Ein selbstbewusstes Wesen ist sich seiner selbst als einer distinkten[2] Entität[3] bewusst, mit einer Vergangenheit und Zukunft. Dies war, wie wir sahen, Lockes* Kriterium für die Person.

Ein Wesen, das in dieser Weise seiner selbst bewusst ist, ist fähig, Wünsche hinsichtlich seiner eigenen Zukunft zu haben. So mag z.B. ein Philosophieprofessor hoffen, ein Buch zu schreiben, in dem er die objektive Natur der Ethik beweist; eine Studentin mag ihr Abschlussexamen ins Auge fassen; ein Kind mag den Wunsch haben, in einem Flugzeug zu fliegen. Nimmt man einem dieser Menschen ohne seine Zustimmung das Leben, so durchkreuzt man damit seine Wünsche für die Zukunft. Tötet man eine Schnecke oder einen 24 Stunden alten Säugling, so vereitelt man keine Wünsche dieser Art, weil Schnecken und Neugeborene unfähig sind, solche Wünsche zu haben.

Recht und Unrecht des Tötens im Präferenz-Utilitarismus

Nach dem Präferenz-Utilitarismus ist eine Handlung, die der Präferenz irgendeines Wesens entgegensteht, ohne dass diese Präferenz durch entgegengesetzte Präferenzen ausgeglichen wird, moralisch falsch. Eine Person zu töten, die es vorzieht, weiterzuleben, ist daher, gleiche Umstände vorausgesetzt, Unrecht. Dass die Opfer nach der Ermordung nicht mehr da sind, um sich darüber zu beklagen, dass ihre Präferenzen nicht beachtet worden sind, ist unerheblich. Das Unrecht liegt darin, dass die Präferenz vereitelt wurde.

Für Präferenz-Utilitaristen ist die Tötung einer Person in der Regel schlimmer als die Tötung eines anderen Wesens, weil Personen in ihren Präferenzen sehr zukunftsorientiert sind. Eine Person zu töten bedeutet darum normalerweise nicht nur eine, sondern eine Vielzahl der zentralsten und bedeutendsten Präferenzen, die ein Wesen haben kann, zu verletzen. Sehr oft wird dadurch alles, was das Opfer an den vergangenen Tagen, Monaten oder sogar Jahren zu tun bemüht war, ad absurdum geführt.

Im Gegensatz dazu kann ein Wesen, das sich nicht selbst als eine Entität mit einer Zukunft sehen kann, keine Präferenz hinsichtlich seiner eigenen zukünftigen Existenz haben. Damit wird nicht bestritten, dass ein solches Wesen gegen eine Situation ankämpfen kann, um sich von dem Angelhaken in seinem Maul zu befreien; aber dies bezeichnet lediglich eine Präferenz für das Aufhören eines Zustands, der als schmerzlich oder bedrohend empfunden wird. Kampf gegen Gefahr und Schmerz bedeutet nicht, dass der Fisch fähig ist, seine eigene künftige Existenz der Nicht-Existenz vorzuziehen. Das Verhalten eines Fisches am Haken legt es nahe, Fische nicht mit dieser Methode zu töten, aber es liefert keinen präferenz-utilitaristischen Grund dagegen, Fische mit einer Methode zu töten, die sofort zum Tod führt, ohne Schmerz oder Elend zu verursachen.

1 Präferenz: Vorrang, Vorzug; Vergünstigung
2 distinkt: klar und deutlich (abgegrenzt)
3 Entität: Dasein im Unterschied zum Wesen eines Dinges

*Peter Singer, *1946, australischer Philosoph*

- *Notieren Sie Ihre Gedanken zu Singers Thesen und besprechen Sie diese dann im Plenum.*
- *Definieren Sie im Sinne Singers die Begriffe „menschliches Wesen“, „Mitglied der Spezies Homo sapiens“, „Person“.*
- *Weshalb ist es Singer zufolge Unrecht, eine Person zu töten, aber nicht ein menschliches Wesen an sich? Stellen Sie eine Verbindung zwischen dem Personenbegriff und dem Präferenz-Utilitarismus her.*

Grundgesetz (1949)

Art. 1
(1) Die Würde des Menschen ist unantastbar. Jeder hat das Recht auf Leben und körperliche Unversehrtheit.

Der Begriff der Person

In der philosophischen Diskussion wird oft eine Unterscheidung vorgenommen zwischen einem Menschen und einer Person. Unter Person wird der Mensch in seiner spezifischen Eigenart verstanden, insofern er mehr ist als ein Naturorganismus. Der Personenbegriff wird in Verbindung gebracht mit der Fähigkeit zu Reflexion und Selbstbewusstsein, und das Personsein zeichnet den Menschen als Träger von Rechten und Pflichten aus. Besonders in der Diskussion ethischer Probleme, die sich in unserer Gesellschaft durch den Fortschritt in den Naturwissenschaften (z.B. Gentechnik, Pränataldiagnostik) ergeben, ist die Frage, was ein menschliches Wesen als Person auszeichnet und zu dieser macht, von erheblicher Bedeutung. Der englische Philosoph John Locke definierte als Erster eine Person als denkendes, intelligentes Wesen, das Vernunft und Reflexion besitzt und sich als sich selbst denken kann.

Weiterleben in jeder Situation?

Peter Singer setzt sich auch mit den Konsequenzen auseinander, die seine Unterscheidung zwischen der Zugehörigkeit zu einer Spezies und dem Personsein in der Praxis hat.

Der Wert des Fötus

Die Auffassung, die bloße Zugehörigkeit zu unserer Spezies, ungeachtet aller anderen Eigenschaften, sei von entscheidender Bedeutung für die Unrechtmäßigkeit des Tötens, ist ein Erbe religiöser Lehren, die selbst die Gegner der Abtreibung nur mehr zögernd ins Gespräch bringen.

Diese einfache Erkenntnis verändert die Abtreibungsdiskussion. Wir können den Fötus nun als das betrachten, was er ist – die wirklichen Eigenschaften, die er besitzt –, und können sein Leben nach demselben Maßstab bewerten wie das Leben von Wesen, die ähnliche Eigenschaften haben, aber nicht zu unserer Spezies gehören. Denn bei jedem fairen Vergleich moralisch relevanter Eigenschaften wie Rationalität, Selbstbewusstsein, Autonomie, Lust- und Schmerzempfindung usw. haben das Kalb, das Schwein und das viel verspottete Huhn einen guten Vorsprung vor dem Fötus in jedem Stadium der Schwangerschaft – und wenn wir einen weniger als drei Monate alten Fötus nehmen, so würde sogar ein Fisch mehr Anzeichen von Bewusstsein zeigen. Da kein Fötus eine Person ist, hat kein Fötus denselben Anspruch auf Leben wie eine Person. Wir müssen natürlich noch untersuchen, wann der Fötus voraussichtlich in der Lage sein wird, Schmerz zu empfinden. Für den Augenblick genügt die Feststellung: Bis diese Fähigkeit vorhanden ist, beendet ein Schwangerschaftsabbruch eine Existenz, die überhaupt keinen Wert an sich hat. Danach jedoch, wenn der Fötus Bewusstsein (wenn auch kein Selbstbewusstsein) hat, sollte Abtreibung nicht leicht genommen werden [...]. Aber die ernsthaften Interessen der Frau würden normalerweise jederzeit vor den rudimentären Interessen selbst eines bewussten Fötus Vorrang haben. Ja, selbst ein Schwangerschaftsabbruch in einem späten Stadium der Schwangerschaft aus den trivialsten Gründen ist schwerlich zu verurteilen, wenn wir nicht gleichzeitig das Abschlachten viel weiter entwickelter Lebensformen, nur weil uns deren Fleisch schmeckt, verurteilen.

Sterbehilfe bei Komapatienten?

Der Säugling Samuel Linears verschluckte einen kleinen Gegenstand, der in seiner Luftröhre stecken blieb und einen Sauerstoffmangel im Gehirn verursachte. Im Koma wurde er in ein Krankenhaus in Chicago gebracht und an ein Atemgerät angeschlossen. Acht Monate später lag Samuel noch immer im Koma, war immer noch an das Gerät angeschlossen und sollte nach dem Plan des Krankenhauses in eine Langzeitpflege-Abteilung verlegt werden. Kurz bevor dies geschah, besuchten die Eltern das Kind im Krankenhaus. Die Mutter verließ das Krankenzimmer, während der Vater mit einem Revolver die Schwester in Schach hielt. Dann löste er die Verbindungsschläuche zum Atemgerät und wiegte das Kind in seinen Armen, bis es starb. Als er sicher war, dass Samuel tot sei, gab er seinen Revolver ab und stellte sich der Polizei. Er wurde des Mordes angeklagt, aber das Schwurgericht ließ die Mordanklage fallen, dafür erhielt er eine Bewährungsstrafe wegen unrechtmäßigen Waffenbesitzes.

1991 berichtete die Zeitschrift *Lancet*, dass die Krankenschwester Rita Greene 39 Jahre lang Patientin im D. C. Hospital von Washington gewesen war, ohne dies zu wissen. Nunmehr 63 Jahre alt, befand sie sich erst seit 1952 nach einem Eingriff am offenen Herzen in einem vegetierenden Zustand. Der Bericht stellte fest, dass sich ständig etwa 5 000 bis 10 000 Amerikaner im Koma befinden. In anderen hochentwickelten Ländern [...] gibt es weit weniger Langzeitpatienten in diesem Zustand. In den meisten Hinsichten unterscheiden sich diese Menschen nur unerheblich von behinderten Säuglingen. Sie sind nicht selbstbewusst, rational oder autonom, und so sind Erwägungen des Rechts auf Leben oder des Respekts vor der Autonomie hier nicht angebracht. Wenn sie überhaupt keine Erlebnisse haben und auch niemals mehr welche haben können, dann hat ihr Leben keinen Wert an sich [...]. Wem diese Feststellung zu schroff erscheint, der möge sich selbst fragen, ob es hinsichtlich der folgenden Optionen etwas zu wählen gibt: a) sofortiger Tod oder b) sofortiges Koma zehn Jahre lang, ohne Genesung, bis zum Tod. [...] Das Leben derer, die nicht im Koma liegen und die Bewusstheit, aber kein Selbstbewusstsein haben, hat dann einen Wert, wenn sie mehr Lust als Schmerz empfinden oder Präferenzen[1] haben, die erfüllt werden können [...].

Verwendung von Föten zur Heilung?

[...] Die spezielle Erforschung der Föten hat die Hoffnung genährt, man könne viele ernste Krankheiten durch Transplantationen von Fötusgewebe bzw. -zellen möglicherweise erfolgreich behandeln. Es ist weder ungewöhnlich noch unvernünftig, wenn ein Elternteil für ein Kind große Opfer bringt. [...] Das lässt vermuten, dass Opfer für einen Verwandten oder geliebten Menschen zu bringen nicht an sich Unrecht oder zu verbieten ist. In vielen Ländern wird außerdem zugelassen, dass Frauen aus viel unwichtigeren Gründen als dem der Lebensrettung eine Schwangerschaft abbrechen. Das bedeutet, wir halten einen Schwangerschaftsabbruch (vom Standpunkt des Fötus oder der Frau aus betrachtet) nicht für etwas so Schlechtes, dass er verboten oder auch nur auf Situationen beschränkt werden sollte, in denen er zur Rettung eines Lebens notwendig ist. So gesehen können wir eine Frau kaum kritisieren, wenn sie sich entschließt, ihre Schwangerschaft abzubrechen, um fötales Gewebe für ihr todkrankes Kind zu liefern. Nicht jede Frau wird das tun wollen; aber diejenigen, die es tun, mögen sehr wohl eine vollkommen vernünftige und autonome Entscheidung treffen.

1 Präferenz: Vorrang, Vorzug; Vergünstigung

*Peter Singer, *1946, australischer Philosoph*

- *Bilden Sie Kleingruppen und diskutieren Sie die Beispiele und Argumente, die Singer in den Textauszügen vornimmt.*
- *Kommen Sie zu einem Konsens in Bezug auf Zustimmung oder Ablehnung von Singers Überzeugung und formulieren Sie eine Stellungnahme mit einer eigenen Begründung. Stellen Sie die Ergebnisse der Kleingruppen im Plenum zur Diskussion.*
- *Verfassen Sie eine persönliche Stellungnahme zu der Fragestellung: „Ist der Personenbegriff hinreichend zur Unterscheidung von lebenswertem bzw. lebensunwertem Leben?“*

„Auch ich fühle mich bedroht!"

Die Aussagen, die Peter Singer im Rahmen seiner Theorie des Präferenz-Utilitarismus über den Wert oder Unwert menschlichen Lebens vornimmt, haben besonders in Deutschland zu Beginn der neunziger Jahre zu erheblichen Protestaktionen geführt. Das Fortschreiten der medizinischen Forschung im Bereich der Pränataldiagnostik und der Genforschung hat dazu geführt, dass Singers Thesen auch mehr als zehn Jahre nach ihrem Erscheinen nicht an Brisanz oder Widerstand verloren haben. Michael Wunder nahm in einem im Jahre 2000 erschienenen Band der Reihe „Ethik in der Praxis" Stellung zu der Frage, ob alles diskutiert werden darf.

Franz Christoph[1] hat in dem ZEIT-Dossier 1989, das der Marburger Ausladung Singers[2] folgte, den Standpunkt vieler Menschen mit Behinderung trefflich formuliert: „Haben Schwerbehinderte ein Lebensrecht? Wir wehren uns gegen diese Fragestellung von Herrn Singer und dagegen, dass so etwas jetzt öffentlich diskutiert wird, dass Herr Singer zu Vorträgen eingeladen wird, dass man damit solche Gedanken weiter etabliert. Wir sagen: Unser Lebensrecht ist undiskutierbar. Denn wir meinen, durch das Stellen der Frage, ob in gewissen Situationen Behinderte getötet werden dürfen, wird ein Ja oder Nein möglich, und damit auch die Ja-Position ein Stückchen weiter etabliert."
Wie wenig gerade Singer, aber auch viele andere Protagonisten, die Position, dass das Lebensrecht von Menschen mit Behinderung undiskutierbar ist, wirklich verstehen, zeigt sich in Singers Bemerkung im Vorwort zur deutschen Ausgabe des erwähnten Buches „Muss dieses Kind am Leben bleiben?" Er beteuert hier, dass seine Ansichten niemanden bedrohen, „der in der Lage ist, sich für ein Weiterleben auszusprechen, und folglich auch ganz offenkundig niemanden, der kommunizieren kann, was ich schreibe oder sage." (Kuhse, Singer 1993, 11) Diese Antwort ist Teil des Problems selbst: Singer bestätigt unmissverständlich die Bedrohung für all jene Behinderte, die nicht oder nicht mehr für sich sprechen können.
Ganz persönlich möchte ich feststellen: Auch ich fühle mich durch diesen Satz bedroht. Ich fühle mich bedroht, weil ich weiß, dass ich durch eine Krankheit oder einen Unfall leicht in die Situation kommen kann, mich nicht mehr für mein Weiterleben aussprechen zu können. Ich fühle mich aber auch bedroht in meinem Vertrauen auf die Rechtssicherheit: Leben muss gerade dann geschützt werden, wenn es nicht oder nicht mehr für sich sprechen kann. Ich fühle viele Menschen bedroht, mit denen ich arbeite und die ich kenne und die diesem Kriterium nicht entsprechen. Und ich fühle mich dabei auch wieder selbst bedroht, da ich, sollte solches Denken mehrheitlich vertreten werden, diesen Menschen nicht mehr helfen könnte.

1 Franz Christoph: *1954, Mitbegründer der „Krüppelbewegung"
2 1989 sollte Peter Singer einen Vortrag auf einem Symposion in Marburg halten.

*Michael Wunder, *1964, deutscher Philosoph*

- *Notieren Sie Ihre spontanen Gedanken zu der Stellungnahme von Michael Wunder und besprechen Sie diese in Kleingruppen.*
- *Empfinden Sie Wunders Gefühl, bedroht zu sein, als realistisch? Beziehen Sie in einem kurzen Text kritisch Stellung.*

- *Informieren Sie sich im Geschichtsunterricht, weshalb Singers Thesen besonders in Deutschland Proteste ausgelöst haben. Vgl. S. 102/103.*

„Interessen von Behinderten werden nicht vernachlässigt!"

Peter Singer weist in einer Neuauflage seines Werkes den Vorwurf zurück, über den Wert des Lebens behinderter Menschen zu entscheiden, und beruft sich dabei auf das Prinzip der gleichen Interessenabwägung.

Man mag immer noch einwenden, dass es unrecht sei, einen Fötus oder ein Neugeborenes zu ersetzen, weil dadurch heute lebenden Behinderten suggeriert wird, ihr Leben sei weniger lebenswert als das Leben derer, die nicht behindert sind. Wer leugnet, dass dies im Durchschnitt gesehen so ist, verkennt die Realität. Nur so geben Handlungen, die wir alle für selbstverständlich halten, einen Sinn. Man erinnere sich an den Contergan-Fall: Von Schwangeren eingenommen, war dieses Mittel die Ursache dafür, dass viele Kinder ohne Arme oder Beine geboren wurden. Als die Ursache für diese anormalen Geburten erkannt war, wurde das Mittel vom Markt genommen, und die verantwortliche Firma musste Schadensersatz leisten. Wären wir wirklich der Überzeugung, dass es keinen Grund gibt anzunehmen, dass das Leben einer behinderten Person wahrscheinlich irgendwie schlechter ist als das einer normalen Person, dann hätten wir das damals nicht als Tragödie empfunden. Schadensersatz wäre weder gefordert noch von den Gerichten verhängt worden. Die Kinder wären eben bloß „anders" gewesen. Wir hätten das Mittel ruhig im Handel belassen können, und die Frauen, die es für ein brauchbares Schlafmittel während der Schwangerschaft hielten, hätten es weiter einnehmen können. Das klingt grotesk, aber eben nur deshalb, weil wir überhaupt keinen Zweifel haben, dass es besser ist, mit Gliedmaßen geboren zu werden als ohne. Diese Überzeugung bedeutet keinerlei Missachtung gegenüber jenen, die ohne Gliedmaßen leben müssen; vielmehr wird damit einfach die Realität der Schwierigkeiten anerkannt, denen sich die Betroffenen gegenübersehen.
Jedenfalls folgt aus dem hier vertretenen Standpunkt nicht, dass es besser wäre, wenn keine Menschen mit schweren Behinderungen überlebten. Es folgt lediglich, dass die Eltern solcher Kinder eine entsprechende Entscheidung treffen können sollten. Es folgt daraus auch nicht ein Mangel an Respekt vor oder gleicher Berücksichtigung von Menschen mit Behinderungen, die jetzt ihr eigenes Leben entsprechend ihren eigenen Wünschen leben. Wie wir am Ende von Kapitel 2 sahen, weist das Prinzip der gleichen Interessenabwägung jegliche geringere Berücksichtigung von Interessen aus Gründen des Behindertseins zurück.

*Peter Singer, *1946, australischer Philosoph*

- *Notieren Sie die Argumente, die Singer gegen die Vorwürfe seiner Kritiker vorbringt.*
- *Wie „beruhigend" empfinden Sie diese im Hinblick auf die von Wunder empfundene Bedrohung? Schreiben Sie eine kurze Stellungnahme.*

5. Moralische Gefühle

Gefühle als Motor der Erkenntnis?

Menschliche Verhaltensweisen (z. B. Mitleid, Sympathie, Wohlwollen) sind von Gefühlen und Stimmungen begleitet. Manchmal kommentieren die Gefühle nur, was wir tun oder unterlassen, wie wir handeln oder was wir erleben, manchmal sind sie selbst bestimmendes Moment[1] unseres Verhaltens. Gefühle (oder auch Affekte, wie sie manchmal genannt werden) unterscheiden sich von körperlichen Empfindungen wie Zahnschmerzen oder Geschmacksempfindungen dadurch, dass sie intentional[2] auf Objekte oder Sachverhalte gerichtet sind, sie haben eine propositionale Struktur, abzulesen etwa an Aussagen wie „Ich freue mich auf das gute Essen", „Du fürchtest dich vor Spinnen". Allgemeiner gesagt, haben sie die Struktur: A f p, wobei „A" die fühlende Person ist, „f" der Begriff für ein Gefühl, „p" steht für einen Sachverhalt oder ein Objekt, auf das „f" bezogen ist. Gefühle gehen (zumeist) mit körperlichem Ausdrucksverhalten einher: Wir erröten vor Scham, vor Freude schlägt das Herz schneller, dem Zornigen schwellen die Adern an, vor Furcht zittern die Hände usw. Dieses begleitende körperliche Ausdrucksverhalten ist wesentlich unwillkürlich und zeigt an, dass Gefühle uns passiv ergreifen. Zugleich motivieren Gefühle uns zu bestimmten Handlungen. So habe ich etwa, wenn ich mich fürchte, den Impuls wegzulaufen; wenn ich zornig auf B bin, bin ich motiviert, B zu drohen etc. Ob es freilich zu der motivierten Handlung auch kommt, ob A eine entsprechende Handlung dann auch ausführt, bleibt der (freien) Entscheidung von A überlassen. Für diese Entscheidung ist ein weiteres Charakteristikum von Gefühlen bestimmend: Gefühle sind von Lust- oder Unlustempfindungen begleitet und zeigen an, wie ein bestimmter Sachverhalt von uns bewertet wird.

1 Moment: hier: ausschlaggebender Umstand, Merkmal

2 Intention: Absicht, Vorhaben, Konzentration geistiger Kräfte auf ein bestimmtes Ziel

*Georg Lohmann, *1950, deutscher Philosoph*

Ich wurde oft kalt gegen meine Freunde

Karoline von Günderrode hat in Briefen und Gedichten ihre Gefühle gegenüber anderen Menschen zum Ausdruck gebracht.

Mein Leben ist so leer, ich habe so viel langweilige und unausgefüllte Stunden. Gunda, ist es nur die Liebe, die in diese dumpfe Leerheit Leben und Empfindung gießt?, oder gibt es noch andere Empfindungen, die dies tun? Es ist hier eine Lücke in meiner Seele; umsonst suche ich sie zu erfüllen, umsonst sie wegzuräsonieren[1]; die Kunst kann nur durch die Natur, mit der Natur wuchern, ohne sie kann sie nichts. Ich empfand früh, ich fürchte, früh hab ich mein Empfindungsvermögen aufgezehrt; nur der Maßstab des Vorigen blieb mir, und das Ideal, ich stehe zwischen beiden, und kann keines erlangen. Und selbst jetzt, da ich dir diesen Zustand beschreibe, fühle ich ihn minder, als ich ihn einsehe.
Auch die Freundschaft versagt mir ihre glücklichen Täuschungen. Menschen, die mir Sinn und Liebe für interessante Gegenstände und ein gewisses Streben danach zeigten, wurden oft meine Freunde, weil mir Mitteilung Bedürfnis ist. Bald aber hatte ich das Interesse, das ich mit ihnen teilte, erschöpft und fand, dass ich sie selbst erschöpft hatte; sie hatten nur die Kraft, das schon Gedachte, schon Empfundene mitzudenken, mit-

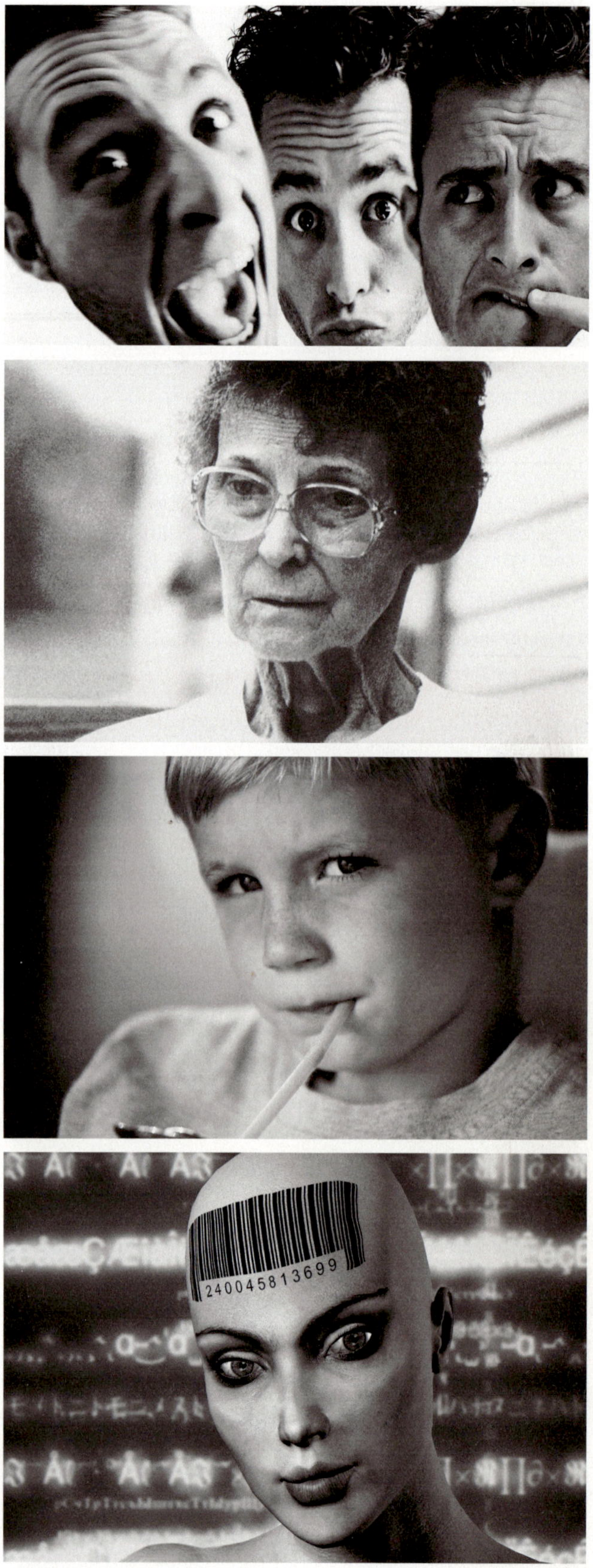

Lassen sich anhand der Gesichter bestimmte Gefühle identifizieren? Suchen Sie sich drei Bilder aus und assoziieren Sie schriftlich, welche Gefühle diese Gesichter Ihrer Empfindung nach zum Ausdruck bringen.

zuempfinden; aber das Eigene und Besondere diesem Allgemeinen anzuschließen, die neue Ansicht der Dinge in sich zu erschaffen, diesen immer quellenden Reichtum des Geistes versagte ihnen die Natur. In solchem Falle muss man ermüden, oder dem andern immer so viel geben, dass man nicht gewahr wird, wie wenig man empfängt. Das Letztere konnte ich nicht; ich wurde oft kalt gegen meine Freunde, und weder ihre Liebe noch ihre sonstigen Vollkommenheiten konnten mich diesen Mangel vergessen machen. Und allzu oft vermisste ich auch die Geduld und Kraft an ihnen, mich zu ertragen, wie ich bin. So brachten mir freundschaftliche Verhältnisse meistens mehr Schmerz als Freude. Und fände ich auch den Freund, der alles wäre, was ich wünschte, so würde ich mich seiner unwert finden; und die Seligkeit selbst hätte Dornen für mich.

1 räsonieren: 1. vernünftig reden, Schlüsse ziehen; 2. viel und laut reden; seine Unzufriedenheit äußern, schimpfen

Karoline von Günderrode, 1780–1806, deutsche Philosophin

- *Beschreiben Sie, von welchen Gefühlen Karoline von Günderrode getrieben wird.*

- *Können Sie nachvollziehen, warum Karoline gegenüber ihren Freunden „kalt" geworden ist? Haben Sie ähnliche Erfahrungen gemacht wie sie?*

Karoline von Günderrode

Karoline von Günderrode wuchs in einem Damenstift in Frankfurt auf. Sie durfte nur wenig Besuch empfangen und begann autodidaktisch mit einem umfassenden Studium der Philosophie, wodurch sich ihr die freie Welt des Denkens eröffnete. Bei einigen Reisen schloss sie Freundschaft mit Clemens von Brentano und dessen Schwester Bettina. In ihrer Erzählung „Geschichte eines Braminen" reflektierte sie die Frage, wie der Mensch zur Ganzheit gelangen kann. Unter dem Pseudonym Tian veröffentlichte sie romantische Gedichte. Mit dem verheirateten Altphilologen Friedrich Creuzer verband sie eine unglückliche Liebesbeziehung.
Christa Wolf hat in einem Sammelband eine Auswahl an Gedichten, Prosa und Briefen zusammengestellt und mit einem Porträt ergänzt in: Christa Wolf (Hg.), Karoline von Günderrode: Der Schatten eines Traumes, dtv, München 1997.

Typologie der Gefühle

Agnes Heller verließ Ungarn in den sechziger Jahren und lehrt heute in den USA Philosophie. Sie hat die Beziehungen zwischen Gefühlen und ihren kognitiven Komponenten untersucht und eine Typologie ausgearbeitet, die sie auch auf das Gebiet der Moral bezieht.

Man könnte annehmen, dass es zwei (oder mehr) „unspezifische" Gefühle gibt, z. B. das Schmerzgefühl und das Gefühl der Freude (Unlust- und Lustaffekte), die jeweils *zusammen mit* unserer Bewertung bestimmter Situationen oder Personen auftreten. Der Gefühlsaspekt bleibt dabei immer unverändert, da er jeweils erst durch die Bewertung definiert wird, die bewirkt, dass er als eine bestimmte Emotion wahrgenommen wird. So kann es passieren, dass dasselbe Gefühl des Missfallens (des Unbehagens) bei einer Gelegenheit als Trauer definiert/wahrgenommen wird, bei einer anderen aber als Neid und bei einer dritten als Sorge oder Ausdruck dafür, dass man schlechte Nachrichten erwartet, usw. Bestimmte Erfahrungen verleihen dieser Sichtweise der Dinge eine gewisse Glaubwürdigkeit. Es kann auch sein, dass wir uns unbehaglich fühlen, ohne diesem Gefühl einen Namen geben zu können, und zwar einfach deshalb, weil wir uns seiner Ursache nicht bewusst sind. Aber sobald bzw. falls wir überhaupt „Gründe dafür finden", dass wir uns unbehaglich fühlen, sind wir in der Lage, dieses Gefühl zu identifizieren – z. B. als „die Erwartung schlechter Nachrichten", als „Gewissensbisse" oder „Verärgerung". Mit anderen Worten, wir identifizieren es mit einer bestimmten Emotion.
Es kann aber geschehen, dass es uns nicht gelingt, ein Gefühl zu identifizieren, egal, welche Emotionsbegriffe wir bei dem Versuch, es zu beschreiben, auch anwenden. Darüber hinaus überkommt uns in einer solchen Situation oft das Gefühl – und auch das ist ein Gefühl –, dass kein Emotionsbegriff in der Lage ist, die Eigenschaften unseres Gefühls auszudrücken. Wir versuchen dann, unser bestimmtes, einzigartiges Gefühl mit Hilfe einer Kombination aus verschiedenen Emotionsbegriffen zu umschreiben. […]
Mit den „Kontaktgefühlen" *(emotions)* ist es ähnlich. Kontaktgefühle sind emotionale Dispositionen. Wenn wir „ein Kontaktgefühl haben" oder „uns einem Kontaktgefühl hingeben" (z. B. der Freundschaft oder irgendeiner Art von Liebe) bedeutet das nicht, dass wir ständig ein und dasselbe Gefühl oder ein und dieselbe Emotion empfinden; sondern es bezeichnet unsere Disposition, immer dann, wenn es um das Objekt unseres Kontaktgefühls oder um unsere Beziehung zu diesem Objekt geht, bestimmte Gefühle oder bestimmte Emotionen zu entwickeln. In den Fällen, in denen der kognitiv-evaluative Emotionsaspekt diesem Kontaktgefühl immanent ist, ist die Liebe oder Freundschaft, die man verschiedenen Menschen, Ideen oder Gegenständen entgegenbringt, jeweils qualitativ unterschiedlich. In einer solchen Situation entspricht unsere Gefühlswelt einer reich ausgestatteten Farbpalette.

***Agnes Heller**, *1929, ungarisch-amerikanische Philosophin*

- *Haben Sie Situationen erlebt, in der Sie ein Gefühl mit keinem Emotionsbegriff beschreiben konnten? Schildern Sie in einem Essay, einem Gedicht oder einem Aphorismus eine solche Situation.*

- *Lesen Sie noch einmal den Brief der Karoline von Günderode und versuchen Sie, die von Agnes Heller klassifizierten Typen der Gefühle dort wiederzufinden.*

Vernunft oder Gefühl?

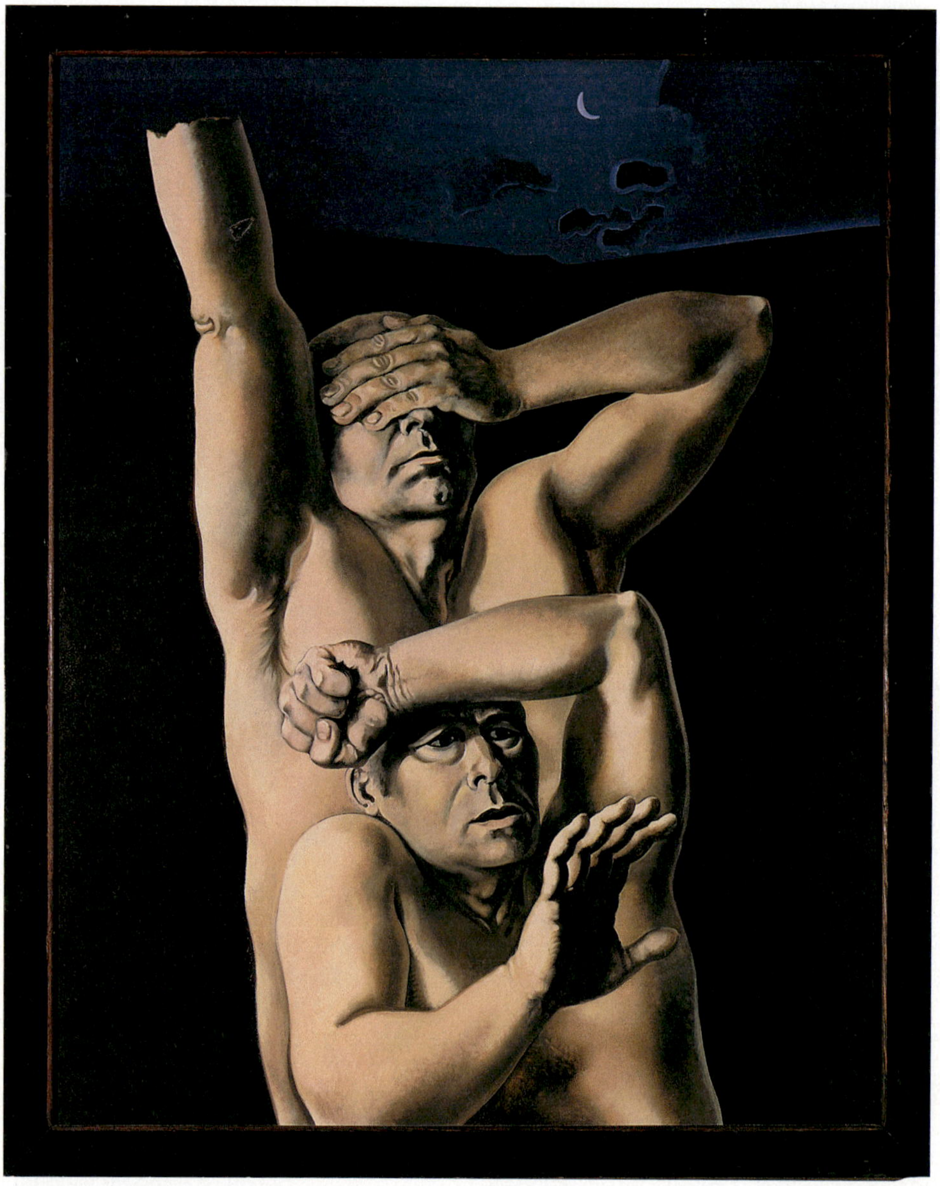

Wolfgang Mattheuer, Erschrecken, 1977

Betrachten Sie das Bild und überlegen Sie, ob Sie allein aus Furcht vor einem bestimmten Ereignis oder den Folgen einer bestimmten Handlung moralisch handeln würden.

Gefühl oder Verstand als Entscheidungsinstanz?

Bereits in der Antike stellte ein Schüler des Sokrates, der junge Protagoras*, seinem Lehrmeister die Frage, ob sich Menschen bei ihren moralischen Entscheidungen eher vom Gefühl oder vom Verstand leiten lassen. Lesen Sie den folgenden Gesprächsausschnitt aus dem „Protagoras" bei Platon und überlegen Sie anschließend, ob Sie sich in den unten dargestellten Situationen eher vom Gefühl oder vom Verstand leiten lassen.*

Enthülle mir von deiner Gesinnung auch noch dieses, was du von der Erkenntnis hältst, ob du auch hierüber so denkst wie die meisten Menschen oder anders? Die meisten nämlich denken von der Erkenntnis so ungefähr, dass sie nichts Starkes, nichts Leitendes und Beherrschendes ist; und sie achten sie auch gar nicht als ein solches, sondern meinen, dass oft, wenn auch Erkenntnis im Menschen ist, sie ihn doch nicht beherrscht, sondern irgend sonst etwas, bald der Zorn, bald die Lust, bald die Unlust, manchmal die Liebe, oft auch die Furcht, so dass sie offenbar von der Erkenntnis denken wie von einem elenden Wicht, dass sie sich von allem andern herumzerren lässt. Dünkt nun auch dich so etwas von ihr, oder vielmehr, sie sei etwas Schönes, das wohl den Menschen regiere, und wenn einer Gutes und Böses erkannt habe, werde er von nichts anderem mehr gezwungen werden, irgendetwas anderes zu tun, als was seine Erkenntnis ihm befiehlt, sondern die richtige Einsicht sei stark genug, dem Menschen durchzuhelfen?

Platon, *427–348/347 v. Chr., griechischer Philosoph*

Überlegen Sie, ob Sie sich in den folgenden Situationen bei Ihren Urteilen und Handlungen eher vom Gefühl oder vom Verstand leiten lassen würden.

1. Ein Kind ist im Eis eingebrochen und braucht Hilfe.
2. Jemand hat Ihnen in einer brenzligen Situation geholfen und fordert deshalb von Ihnen bedingungslose Unterstützung in einer für Sie undurchsichtigen Situation.
3. Ein Freund missbraucht Ihr Vertrauen und begeht eine Indiskretion.
4. Sie sehen hungernde Menschen im Fernsehen.
5. Sie sollen einen Essay über das Verhältnis von Gefühl und Verstand schreiben.

Diskutieren Sie diese Beispiele im Kurs und versuchen Sie, eine Entscheidung zu treffen.

Ist Moral Ihrer Meinung nach eine Sache des Verstandes oder des Gefühls? Begründen Sie Ihren Standpunkt.

Vernunft als Sklavin der Leidenschaften?

Im 18. und 19. Jahrhundert entwickelte sich in England eine ethische Diskussionsrichtung, die als „Moral sense philosophy" in die philosophische Tradition eingegangen ist. Ihr wichtigster Vertreter war David Hume. Die „Moral sense philosophy" geht davon aus, dass moralische Entscheidungen vom Gefühl her getroffen werden, während die Vernunft lediglich die Mittel für die Verwirklichung unserer Ziele aussucht.

In jüngster Zeit ist eine Kontroverse in Gang gekommen, die viel eher eine Untersuchung verdient. Sie gilt der allgemeinen Grundlegung der Moral: Ob diese aus dem Verstand oder aus dem Gefühl herzuleiten sei; ob wir zu ihrer Erkenntnis durch eine Kette von Argumentationen und durch Induktion[1] gelangen oder durch ein unmittelbares Gefühl und einen feineren inneren Sinn; ob sie, wie jedes begründete Urteil über Wahrheit oder Falschheit, für alle vernünftigen, denkenden Wesen gleich sei; oder ob sie, wie die Wahrnehmung von Schönheit und Hässlichkeit, ausschließlich auf der besonderen Struktur und Beschaffenheit des Menschengeschlechts beruhe.
Obwohl die alten Philosophen oft betonen, dass Tugend nichts anderes als das Vernunftgemäße sei, scheinen sie im Allgemeinen dennoch der Ansicht zu sein, dass die Moral ihren Ursprung aus dem Geschmack und dem Gefühl herleite. Dagegen haben unsere heutigen Philosophen, obgleich auch sie viel von der Schönheit der Tugend und der Hässlichkeit des Lasters reden, zumeist versucht, diese Unterschiede durch metaphysische[2] Überlegungen und durch Ableitungen aus den abstraktesten Verstandesprinzipien zu erklären. [...]
Es muss zugegeben werden, dass sich für beide Standpunkte blendend argumentieren lässt. Moralische Unterschiede, so könnte man sagen, werden durch den bloßen Verstand erkannt: Woher sonst die vielen Auseinandersetzungen über dieses Thema, sowohl im täglichen Leben als auch in der Philosophie? Woher die lange Kette an Beweisen, die häufig von beiden Seiten erbracht werden? Wozu die Beispiele, die man anführt, die Autoritäten, auf die man sich beruft, die Analogien, die man heranzieht, die Trugschlüsse, die man aufdeckt, die Folgerungen, die man zieht, und die mannigfachen Schlüsse, die man mit den eigenen Prinzipien in Einklang bringt? Über Wahrheit lässt sich streiten, über Geschmack nicht: Was in der Natur der Dinge existiert, ist der Maßstab für unser Urteilen; was jeder Mensch in sich fühlt, ist der Maßstab für das Gefühl. Geometrische Lehrsätze lassen sich beweisen, physikalische Systeme können angefochten werden; aber der Wohlklang des Verses, die Zartheit der Empfindung, die Brillanz des Witzes müssen unmittelbares Vergnügen bereiten. Nie werden philosophische Gründe für die Schönheit eines anderen Menschen vorgebracht, oft aber für die Gerechtigkeit oder Ungerechtigkeit seiner Handlungen. Bei jeder Gerichtsverhandlung ist es das erste Ziel des Angeklagten, die behaupteten Tatbestände zu widerlegen und die ihm zur Last gelegten Handlungen zu bestreiten; sein zweites Ziel ist es, den Nachweis zu erbringen, dass die Handlungen, selbst wenn sie geschehen wären, sich als unschädlich und als gesetzlich rechtfertigen ließen. Anerkanntermaßen sind es Deduktionen[3] des Verstandes, mit deren Hilfe der erste Punkt entschieden wird. Wie können wir annehmen, dass für den zweiten ein anderes Geistesvermögen benötigt wird?
Andererseits könnten jene, die alle moralischen Entscheidungen auf das *Gefühl* zurückführen wollen, den Versuch unternehmen, zu zeigen, dass es dem Verstand unmöglich sei, Schlüsse dieser Art zu ziehen. Der Tugend, sagen sie, komme es zu, liebenswürdig, dem Laster, hassenswert zu sein; und gerade das mache ihre eigentliche Natur oder ihr Wesen aus. Aber kann der Verstand oder eine Beweisführung diese verschiedenen Attribute irgendwelchen Gegenständen zuschreiben und im Vorhinein festlegen, dass der eine Liebe, der andere Hass auslösen muss? Und welchen anderen Grund können wir jemals für diese Gemütsbewegungen anführen als die ursprüngliche Beschaffenheit und Struktur des menschlichen Geistes, der von Natur aus veranlagt ist, die Gegenstände so zu empfinden? [...]
Aber auch wenn der Verstand, falls er vollkommen ausgebildet und entwickelt ist, dafür ausreicht, um uns über die schädliche oder nützliche Tendenz von Eigenschaften oder Handlungen aufzuklären, genügt er dennoch nicht, um irgendeine moralische Ablehnung oder Zustimmung hervorzurufen. Nützlichkeit ist nichts anderes als eine Tendenz auf einen bestimmten Zweck hin; und wäre uns der Zweck gänzlich gleichgültig, so würden wir dieselbe Gleichgültigkeit auch gegenüber den Mitteln empfinden. Es ist erforderlich, dass sich hier ein *Gefühl* einstellt, damit den nützlichen gegenüber den schädlichen Tendenzen der Vorzug gegeben wird. Dieses Gefühl kann kein anderes sein als eine Sympathie mit dem Glück der Menschheit und eine Empörung über ihr Elend, da dies die verschiedenen Ziele sind, auf deren Förderung Tugend und Laster hinarbeiten. Hier gibt uns also der Verstand Aufschluss über die verschiedenen Tendenzen der Handlungen, und die Menschlichkeit macht eine Unterscheidung zu Gunsten derjenigen, die nützlich und wohltätig sind.

1 Induktion: wissenschaftliche Methode, vom besonderen Einzelfall auf das Allgemeine, Gesetzmäßige zu schließen
2 Metaphysik: Lehre, die das hinter der sinnlich erfahrbaren Welt Liegende, die Zusammenhänge des Seins behandelt
3 Deduktionen: Ableitung des Besonderen und Einzelnen vom Allgemeinen; Erkenntnis des Einzelfalls durch ein allgemeines Gesetz

David Hume, *1711–1776, englischer Philosoph*

Erarbeiten Sie unter Bezugnahme auf die Position Kants (vgl. S. 38–41) eine Gegenposition zu David Hume.*

Helmut Lachenmann, Bühnenbild zur Oper „Das Mädchen mit den Schwefelhölzern“, 2001

- *Was verbinden Sie mit dem Begriff „Mitleid“ und was ist das Gegenteil? Erstellen Sie ein Begriffsnetz.*
- *Beschreiben Sie das Bild und erläutern Sie, inwiefern es soziale Kälte zum Ausdruck bringt.*
- *Entwerfen Sie eine Collage mit dem Titel „Soziale Kälte in der modernen Gesellschaft“ und stellen Sie Ihre Arbeiten in Ihrer Schule aus.*

Soziale Kälte statt Mitleid?

In der philosophischen Tradition wurden von verschiedenen Philosophen wichtige moralische Gefühle wie Sympathie, Wohlwollen und Güte als handlungsleitende Motive bestimmt. Zu den wesentlichen moralischen Gefühlen gehört das Mitleid. Hans Christian Andersen hat mit seinem Märchen „Das Mädchen mit den Schwefelhölzern“ Ende des 19. Jahrhunderts eine Diskussion über eine Gesellschaft der sozialen Kälte ausgelöst.

Es war entsetzlich kalt; es schneite, und der Abend dunkelte bereits; es war der letzte Abend im Jahre, Silvesterabend. In dieser Kälte und in dieser Finsternis ging auf der Straße ein kleines armes Mädchen mit bloßem Kopfe und nackten Füßen. Es hatte wohl freilich Pantoffeln angehabt, als es von zu Hause fortging, aber was konnte das helfen! Es waren sehr große Pantoffeln, sie waren früher von seiner Mutter gebraucht worden, so groß waren sie, und diese hatte die Kleine verloren, als sie über die Straße eilte, während zwei Wagen in rasender Eile vorüberjagten; der eine Pantoffel war nicht wiederzufinden und mit dem anderen machte sich ein Knabe aus dem Staube, welcher versprach, ihn als Wiege zu benutzen, wenn er einmal Kinder bekäme. Da ging nun das kleine Mädchen auf den nackten zierlichen Füßchen, die vor Kälte ganz rot und blau waren. In ihrer alten Schürze trug sie eine Menge Schwefelhölzer und ein Bund hielt sie in der Hand. Während des ganzen Tages hatte ihr niemand etwas abgekauft, niemand ein Almosen gereicht. Hungrig und frostig schleppte sich die arme Kleine weiter und sah schon ganz verzagt und eingeschüchtert aus. Die Schneeflocken fielen auf ihr langes blondes Haar, das schön gelockt über ihren Nacken hinabfloss, aber bei diesem Schmucke weilten ihre Gedanken wahrlich nicht. Aus allen Fenstern strahlte heller Lichterglanz und über alle Straßen verbreitete sich der Geruch von köstlichem Gänsebraten. Es war ja Silvesterabend, und dieser Gedanke erfüllte alle Sinne des kleinen Mädchens. In einem Winkel zwischen zwei Häusern, von denen das eine etwas weiter in die Straße vorsprang als das andere, kauerte es sich nieder. Seine kleinen Beinchen hatte es unter sich gezogen, aber es fror nur noch mehr und wagte es trotzdem nicht, nach Hause zu gehen, da es noch kein Schächtelchen mit Streichhölzern verkauft, noch keinen Heller erhalten hatte. Es hätte gewiss vom Vater Schläge bekommen, und kalt war es zu Hause ja auch; sie hatten das bloße Dach gerade über sich, und der Wind pfiff schneidend hinein, obgleich Stroh und Lumpen in die größten Ritzen gestopft waren. Ach, wie gut musste ein Schwefelhölzchen tun! Wenn es nur wagen dürfte, eins aus dem Schächtelchen herauszunehmen, es gegen die Wand zu streichen und die Finger daran zu wärmen! Endlich zog das Kind eines heraus. Ritsch! wie sprühte es, wie brannte es. Das Schwefelholz strahlte eine warme helle Flamme aus, wie ein kleines Licht, als es das Händchen um dasselbe hielt. Es war ein merkwürdiges Licht; es kam dem kleinen Mädchen vor, als säße es vor einem großen eisernen Ofen mit Messingbeschlägen und Messingverzierungen: Das Feuer brannte so schön und wärmte so wohltuend! Die Kleine streckte schon die Füße aus, um auch diese zu wärmen – da erlosch die Flamme. Der Ofen verschwand – sie saß mit einem Stümpchen des ausgebrannten Schwefelholzes in der Hand da. Ein neues wurde angestrichen, es brannte, es leuchtete, und an der Stelle der Mauer, auf welche der Schein fiel, wurde sie durchsichtig wie ein Flor. Die Kleine sah gerade in die Stube hinein, wo der Tisch mit einem blendend weißen Tischtuch und feinem Porzellan gedeckt stand, und köstlich dampfte die mit Pflaumen und Äpfeln gefüllte, gebratene Gans darauf. Und was noch herrlicher war, die Gans sprang aus der Schüssel und watschelte mit Gabel und Messer im Rücken über den Fußboden hin; gerade die Richtung auf das arme Mädchen schlug sie ein. Da erlosch das Schwefelholz, und nur die dicke kalte Mauer war zu sehen. Sie zündete ein neues an. Da saß die Kleine unter dem herrlichsten Weihnachtsbaum; er war noch größer und weit reicher ausgeputzt als der, den sie am Heiligabend bei dem reichen Kaufmann durch die Glastür gesehen hatte. Tausende von Lichtern brannten auf den grünen Zweigen, und bunte Bilder, wie die, welche in den Ladenfenstern ausgestellt werden, schauten auf sie hernieder, die Kleine streckte beide Hände nach ihnen in die Höhe – da erlosch das Schwefelholz. Die vielen Weihnachtslichter stiegen höher und höher, und sie sah jetzt erst, dass es die hellen Sterne waren. Einer von ihnen fiel herab und zog einen langen Feuerstreifen über den Himmel. „Jetzt stirbt jemand!", sagte die Kleine, denn die alte Großmutter, die sie allein freundlich behandelt hatte, jetzt aber längst tot war, hatte gesagt: „Wenn ein Stern fällt, steigt eine Seele zu Gott empor!" Sie strich wieder ein Schwefelholz gegen die Mauer; es warf einen weiten Lichtschein ringsumher, und im Glanze desselben stand die alte Großmutter hell beleuchtet mild und freundlich da. „Großmutter!", rief die Kleine, „oh, nimm mich mit dir! Ich weiß, dass du verschwindest, sobald das Schwefelholz ausgeht, verschwindest, wie der warme Kachelofen, der köstliche Gänsebraten und der große flimmernde Weihnachtsbaum!" Schnell strich sie den ganzen Rest der Schwefelhölzer an, die sich noch im Schächtelchen befanden, sie wollte die Großmutter festhalten; und die Schwefelhölzer verbreiteten einen solchen Glanz, dass es heller war als am lichten Tag. So schön, so groß war die Großmutter nie gewesen; sie nahm das kleine Mädchen auf ihren Arm, und hoch schwebten sie empor in Glanz und Freude; Kälte, Hunger und Angst wichen von ihm – sie war bei Gott. Aber im Winkel am Hause saß in der kalten Morgenstunde das kleine Mädchen mit roten Wangen, mit Lächeln um den Mund – tot, erfroren am letzten Tage des alten Jahres. Der Morgen des neuen Jahres ging über der kleinen Leiche auf, die mit den Schwefelhölzern, wovon fast ein Schächtelchen verbrannt war, dasaß. „Sie hat sich wärmen wollen!", sagte man. Niemand wusste, was sie Schönes gesehen hatte, in welchem Glanze sie mit der alten Großmutter zur Neujahrsfreude eingegangen war.

Hans Christian Andersen, 1805–1875, dänischer Schriftsteller

- *Welche Gründe gibt es dafür, dass Menschen Mitleid empfinden bzw. kein Mitleid empfinden?*
- *Beschreiben Sie die Vor- und Nachteile von Mitleid. Inwiefern hat Mitleid etwas mit Moral zu tun? Begründen Sie Ihre Meinung.*
- *Könnten Sie sich eine Gesellschaft vorstellen, in der Mitleid keine Rolle spielt? Begründen Sie Ihren Standpunkt.*

Was ist Herzenshärte?

Hildegard von Bingen war die erste Philosophin, die das Problem des fehlenden Mitleids zwischen den Menschen kritisiert hat. Sie prägte dafür den Begriff der Herzenshärte, die sie als eine nichtmenschliche Gestalt personifizierte. Menschen mit Herzenshärte sind jene, die Hilfsbedürftigen keine Barmherzigkeit zukommen lassen.

Die Herzenshärte ist wie ein dichter Rauch, der zu einer menschlichen Gestalt zusammengeballt ist. Denn sie kennt keinerlei Zartheit, sondern nur eine gewisse Verdichtung hinterlistiger Bosheit. Und auch das richtet sich wieder ganz auf das Maß des Menschen aus, weil es nichts Böses unter noch über dem Menschen gibt, das er nicht mit seinen Taten umfasste. Weder ein kleines noch ein großes Übel gibt es, an dem der boshafte Mensch keine Freude fände. Dass diese Erscheinung aber keinerlei menschliche Gestalt hat, mit Ausnahme der großen und feurigen Augen, das bedeutet, dass dieses Laster die Menschen so verhärtet, dass sie das Ebenbild Gottes in anderen Menschen weder kennen noch erkennen wollen. Da auch nicht eine Spur von Güte in ihnen lebt, sind sie ohne jedes Erbarmen und ohne alles Wohlwollen. [...] Die Herzenshärte ist so schlimm, weil sie kein Erbarmen kennt, nicht nach der Liebe fragt und nichts Gutes tut.

Hildegard von Bingen, 1098–1179, deutsche Theologin und Philosophin

- *Wie würden Sie heute, fast 1000 Jahre später, Herzenshärte charakterisieren? Schreiben Sie eine kurze Definition und suchen Sie nach einem neuen Begriff.*

Hildegard von Bingen

1098–1179. Hildegard wurde von ihren Eltern mit neun Jahren in ein Kloster gegeben, um sich auf ein Leben als Nonne vorzubereiten. Sie erhielt eine gute Ausbildung in Latein, Theologie und Philosophie und legte 1113 ihr Gelübde als Nonne ab. Sie gründete zwei Klöster, 1148 das Rupertsberger Kloster, 1165 das Eibinger Kloster. Sie schrieb eine Ethik, eine Kosmologie* und Anthropologie, eine Natur- und Heilkunde und hinterließ Dichtungen, Kompositionen und über 300 Briefe. In der Theologie gilt sie als Mystikerin, die über eine besondere „Sehergabe" verfügt. Den Inhalt ihrer Verkündigung erkennt sie in der Schau des „lebendigen Lichtes". Die göttliche Stimme zeigt ihr in grandiosen, symbolgeladenen Bildern die Mysterien[1] Gottes. In ihrer Ethik stellte sie verschiedene Tugenden wie Barmherzigkeit und Großzügigkeit den konträren Eigenschaften wie Gefühllosigkeit und Geiz gegenüber.

1 Mysterium: religiöses bzw. göttliches Geheimnis

Mitleid als Menschenpflicht?

Paula Modersohn-Becker, Der barmherzige Samariter, 1907

Der barmherzige Samariter

Jesus sprach: Ein Mensch ging von Jerusalem nach Jericho hinab und fiel Räubern in die Hände; die zogen ihn aus und schlugen ihn und gingen davon und ließen ihn halbtot liegen. Zufällig aber ging ein Priester jene Straße hinab; und er sah ihn und ging vorüber. Ebenso kam auch ein Levit[1] an den Ort, sah ihn und ging vorüber. Ein Samariter[2] aber, der unterwegs war, kam in seine Nähe, und als er ihn sah, hatte er Erbarmen mit ihm und trat hinzu, verband seine Wunden, indem er Öl und Wein darauf goss, hob ihn auf sein Tier, brachte ihn in eine Herberge und pflegte ihn. Und am folgenden Tage nahm er zwei Denare[3] heraus, gab sie dem Wirt und sagte: Pflege ihn! Und was du mehr aufwenden wirst, will ich dir bezahlen, wenn ich wiederkomme. Welcher von diesen dreien, dünkt dich, sei der Nächste dessen gewesen, der den Räubern in die Hände gefallen war? Er aber sagte: Der, welcher ihm die Barmherzigkeit erwiesen hat. Da sprach Jesus zu ihm: Geh auch du hin, tue desgleichen!

1 Levit: jüdischer Tempeldiener

2 Samariter: Zur Zeit des Alten Testaments Bewohner der Provinz Samaria, die zwar den jüdischen Gott Jahwe verehrten, jedoch als „Unreine" angesehen wurden und deshalb vom Tempelbau ausgeschlossen waren. Sie wurden gezwungen, sich ein eigenes Kultzentrum zu errichten.

3 Denar: hier: altrömische Münze

Lukas 10, 30–37

Überlegen Sie, aus welchen Motiven heraus Menschen barmherzig handeln. Berücksichtigen Sie dabei den Ausspruch von Giraudoux.

Die Leute haben Mitleid mit anderen nur in dem Maß, wie sie Mitleid mit sich selbst hätten.

Jean Giraudoux, 1882–1944, französischer Schriftsteller

Ich fühle mit dem Andern mit

Die in England entstandene „Moral sense philosophy" des 18. Jahrhunderts (vgl. S. 77) fand in der Ethik Arthur Schopenhauers ihre Fortsetzung.

Praktisch und faktisch ist zwar zu jeder Zeit Menschenliebe da gewesen: Aber theoretisch zur Sprache gebracht und förmlich als Tugend, und zwar als die größte von allen, aufgestellt, sogar auch auf die Feinde ausgedehnt, wurde sie zuerst vom Christentum, dessen allergrößtes Verdienst eben hierin besteht: Wiewohl nur hinsichtlich auf Europa; da in Asien schon tausend Jahre früher die unbegrenzte Liebe des Nächsten eben sowohl Gegenstand der Lehre und Vorschrift wie der Ausübung gewesen war […]. Mir obliegt jetzt die philosophische Ableitung dieser Tugend aus meinem Prinzip.

Der zweite Grad, in welchem, mittels des oben tatsächlich nachgewiesenen, wiewohl seinem Ursprung nach geheimnisvollen Vorgangs des *Mitleids*, das fremde Leiden an sich selbst und als solches unmittelbar mein Motiv wird, sondert sich von dem ersten deutlich ab, durch den *positiven Charakter* der daraus hervorgehenden Handlungen; indem alsdann das Mitleid nicht bloß mich abhält, den Andern zu verletzen, sondern sogar mich antreibt, ihm zu helfen. Je nachdem nun teils jene unmittelbare Teilnahme lebhaft und tiefgefühlt, teils die fremde Not groß und dringend ist, werde ich durch jenes rein moralische Motiv bewogen werden, ein größeres oder geringeres Opfer dem Bedürfnis oder der Not des Andern zu bringen, welches in der Anstrengung meiner leiblichen oder geistigen Kräfte für ihn, in meinem Eigentum, in meiner Gesundheit, Freiheit, sogar in meinem Leben bestehen kann. Hier also, in der unmittelbaren, auf keine Argumentation gestützten, noch deren bedürfenden Teilnahme, liegt der allein lautere Ursprung der Menschenliebe, der *caritas*[1], *agape*[2], also derjenigen Tugend, deren Maxime[3] ist, *omnes, quantum potes, juva*[4], und aus welcher alles das fließt, was die Ethik unter dem Namen Tugendpflichten, Liebespflichten, unvollkommene Pflichten vorschreibt. Diese ganz unmittelbare, ja, instinktartige Teilnahme am fremden Leiden, also das Mitleid, ist die alleinige Quelle solcher Handlungen, wenn sie *moralischen Wert* haben, d.h. von allen egoistischen Motiven rein sein, und eben deshalb in uns selbst diejenige innere Zufriedenheit erwecken sollen, welche man das gute, befriedigte, lobende Gewissen nennt. [...] Wenn einer, indem er ein Almosen gibt, mich fragen würde, was er davon hat, so wäre meine gewissenhafte Antwort: „Dieses, dass jenem Armen ein Schicksal um so viel erleichtert wird; außerdem aber schlechterdings nichts. Ist dir nun damit nicht gedient, und daran eigentlich nichts gelegen; so hast du eigentlich nicht ein Almosen geben, sondern einen Kauf tun wollen: Da bist du um dein Geld betrogen. Ist dir aber daran gelegen, dass jener, den der Mangel drückt, weniger leide; so hast du eben deinen Zweck erreicht, hast dies davon, dass er weniger leidet, und siehst genau, wie weit deine Gabe sich belohnt."

Wie ist es nun aber möglich, dass ein Leiden, welches nicht *meines* ist, nicht *mich* trifft, doch eben so unmittelbar, wie sonst nur mein eigenes, Motiv für mich werden, mich zum Handeln bewegen soll? Wie gesagt, nur dadurch, dass ich es, obgleich mir nur als ein Äußeres, bloß vermittels der äußern Anschauung oder Kunde gegeben, dennoch *mitempfinde,* es als meines fühle, und doch nicht *in mir,* sondern in einem *Andern,* und also [...] zwischen leiden sehn und leiden kein Unterschied [ist]. Dies aber setzt voraus, dass ich mich mit dem Andern gewissermaßen identifiziert habe, und folglich die Schranke zwischen Ich und Nicht-Ich, für den Augenblick, aufgehoben sei: Nur dann wird die Angelegenheit des Andern, sein Bedürfnis, seine Not, sein Leiden, unmittelbar zum meinigen. [...]. Nur dadurch kann *sein* Wehe, *seine* Not, Motiv *für mich* werden: Außerdem kann es durchaus nur meine eigene. *Dieser Vorgang* ist, ich wiederhole es, *mysteriös:* Denn es ist etwas, wovon die Vernunft keine unmittelbare Rechenschaft geben kann, und dessen Gründe auf dem Wege der Erfahrung nicht zu ermitteln sind. Und doch ist er alltäglich. Jeder hat ihn oft an sich selbst erlebt, sogar dem Hartherzigsten und Selbstsüchtigsten ist er nicht fremd geblieben. Er tritt täglich ein, vor unsern Augen, im Einzelnen, im Kleinen, überall wo, auf unmittelbaren Antrieb, ohne viel Überlegung, ein Mensch dem Andern hilft und beispringt, ja, bisweilen selbst sein Leben für Einen, den er zum ersten Male sieht, in die augenscheinlichste Gefahr setzt, ohne mehr dabei zu denken, als eben dass er die große Not und Gefahr des Andern sieht.

1 Karitas, lat. caritas: Nächstenliebe, Wohltätigkeit
2 Agape: griech., 1. in der christlichen Kultur die sich in Christus zeigende Liebe Gottes zu den Menschen, besonders zu Armen, Schwachen und Sündern; Nächstenliebe, Feindesliebe, Liebe zu Gott; 2. abendliches Mahl der frühchristlichen Gemeinde mit Speisung der Bedürftigen
3 Maxime: Hauptgrundsatz, Leitsatz, subjektiver Vorsatz für das eigene sittliche Handeln, Lebensregel
4 omnes, quantum potes, juva: Hilf allen, so viel du kannst.

Arthur Schopenhauer, 1788–1860, deutscher Philosoph

- *Wie begründet Arthur Schopenhauer seine These, dass Menschen Mitleid empfinden?*
- *Welcher Zusammenhang besteht zwischen den Überlegungen von David Hume* (vgl. S. 77) und Arthur Schopenhauer?*
- *Vergleichen Sie Schopenhauers Gedanken mit der Aussage des Textes von Hans Christian Andersen (S. 78/79) und mit Immanuel Kant* (S. 38–41).*
- *Welche Argumente lassen sich gegen Schopenhauers Mitleidsethik anführen?*

Gewissensbisse erziehn zum Beißen

Nietzsche hat in seinem Hauptwerk „Also sprach Zarathustra" auf das ethische Konzept des Mitleids von Schopenhauer reagiert. Er lässt seinen Helden Zarathustra im zweiten Buch die folgenden Ausführungen über das Mitleid vortragen.

Denn dass ich den Leidenden leidend sah, dessen schämte ich mich um seiner Scham willen; und als ich ihm half, da verging ich mich hart an seinem Stolze.

Große Verbindlichkeiten machen nicht dankbar, sondern rachsüchtig; und wenn die kleine Wohltat nicht vergessen wird, so wird noch ein Nage-Wurm daraus.

„Seid spröde im Annehmen! Zeichnet aus damit, dass ihr annehmt!"– also rate ich denen, die nichts zu verschenken haben.

Ich aber bin ein Schenkender: Gerne schenke ich als Freund den Freunden. Fremde aber und Arme mögen sich die Frucht selber von meinem Baume pflücken: So beschämt es weniger.

Bettler aber sollte man ganz abschaffen! Wahrlich, man ärgert sich, ihnen zu geben, und ärgert sich, ihnen nicht zu geben.

Und insgleichen die Sünder und bösen Gewissen! Glaubt mir, meine Freunde, Gewissensbisse erziehn zum Beißen. [...]

Hast du aber einen leidenden Freund, so sei seinem Leiden eine Ruhestätte, doch gleichsam ein hartes Bett, ein Feldbett: So wirst du ihm am besten nützen.

Und tut dir ein Freund Übles, so sprich: „Ich vergebe dir, was du mir tatest; dass du es aber *dir* tatest – wie könnte ich das vergeben!"

Also redet alle große Liebe: Die überwindet auch noch Vergebung und Mitleiden.

Man soll sein Herz festhalten; denn lässt man es gehn, wie bald geht einem da der Kopf durch!

Ach, wo in der Welt geschahen größere Torheiten als bei den Mitleidigen? Und was in der Welt stiftete mehr Leid als die Torheiten des Mitleidigen?

Wehe allen Liebenden, die nicht noch eine Höhe haben, welche über ihrem Mitleiden ist!

Friedrich Nietzsche, 1844–1900, deutscher Philosoph

- *Fassen Sie Nietzsches Kritik an der Mitleidsethik mit eigenen Worten zusammen.*
- *Interpretieren Sie Zarathustras Ausspruch „Gewissensbisse erziehn zum Beißen" (Z. 16) und nehmen Sie kritisch Stellung dazu.*
- *Stellen Sie sich vor, Sie wären Zarathustras Gesprächspartner; was würden Sie ihm erwidern? Formulieren Sie schriftlich eine Antwort an ihn.*

Gefühlsbetonte Frauen?

Besonders zerbrechlich

1872 erhielt Myra Bradwell nicht die Erlaubnis, im Staat Illinois als Rechtsanwältin zu arbeiten. Der Oberste Gerichtshof der Vereinigten Staaten, der das Verbot bestätigte, schrieb, dass „die naturgegebene und besondere Scheu und Zerbrechlichkeit des weiblichen Geschlechts dieses für viele Tätigkeiten im gesellschaftlichen Leben ungeeignet macht".

- *Was hätten Sie an Stelle von Myra Bradwell den Richtern in Illinois geantwortet? Entwerfen Sie schriftlich eine Verteidigungsrede.*

Nicht zu rationalem Denken fähig

Martha C. Nussbaum beschäftigt sich mit der Natur des Menschen, insbesondere mit dem Verhältnis zwischen Gefühl und Verstand. (Vgl. Freiheit und Determination, Cornelsen, Berlin 2002, S. 106–109) Sie hat sich dabei auch mit Auffassungen auseinander gesetzt, die der Frau eine gefühlsbetontere Natur als dem Mann zugeschrieben haben.

Manchmal nimmt der Hinweis auf die gefühlsbetonte Natur der Frau eine positivere Form an – wenngleich seine Folgen für die Gleichstellung und Gleichberechtigung der Frau nicht minder schädlich sind. Es wird behauptet, dass Frauen aufgrund ihrer gefühlsbetonten „Natur" besonders gut in der Lage sind, bestimmte wertvolle soziale Tätigkeiten auszuüben: z. B. Kinder aufzuziehen und sich um die Bedürfnisse eines Ehemannes zu kümmern. Diese Tätigkeiten sind in der Tat wichtig, und die Tatsache, dass Frauen für sie gut geeignet sind, verleiht ihnen eine gewisse soziale Bedeutung. Die Tätigkeiten müssen jedoch zu Hause verrichtet werden, und wenn sie gut verrichtet werden, fesseln sie die Frauen für einen großen Teil ihres Lebens ans Haus. Auch hierbei handelt es sich um eine sehr alte Prämisse, die sowohl in der nichtwestlichen als auch in der westlichen Denktradition anzutreffen ist. [...] Frauen in Entwicklungsländern werden von solchen „Argumenten" besonders getroffen: Sie befinden sich an der Schnittstelle der traditionellen geschlechtsbezogenen Verunglimpfung der Gefühle und einer kolonialen „Argumentation", die besagt, dass die Menschen in den Entwicklungsländern generell extrem emotional und zur Selbstverwaltung ungeeignet sind. Die stereotypen Kennzeichnungen der Menschen in Indien oder Afrika als „intuitiv", „irrational" und „emotional" sind so weit verbreitet [...]. Das Zusammentreffen von ethnischen wie geschlechtsbedingten Herabsetzungen zeigt sich manchmal explizit, wie beispielsweise in Havelock Ellis' verblüffender Feststellung, dass bei Frauen „wie bei Kindern, Wilden und nervösen Menschen" die Gefühle über den Verstand herrschen.

Martha C. Nussbaum, **1949, amerikanische Philosophin*

- *Erarbeiten Sie in Gruppen eine Liste mit Argumenten gegen die Position, dass bei Frauen, Kindern und Menschen in Entwicklungsländern Gefühle über den Verstand herrschen würden.*
- *Sind Frauen moralischer als Männer? Begründen Sie Ihren Standpunkt.*

Wolfgang Mattheuer, Mann mit Maske, 1981

- *Überlegen Sie, ob dieses Bild eine Aussage macht über die Gefühle des dargestellten Mannes.*
- *Wie könnte Martha Nussbaum dieses Bild interpretieren?*
- *Vergleichen Sie die Darstellung der Skulptur mit den Gesichtern auf S. 83 und benennen Sie Unterschiede und Gemeinsamkeiten.*

Erarbeiten Sie ein Begriffsnetz zum Begriff „emotionale Vernunft".

Zweckrationale Moral?

Carola Meier-Seethaler hat in ihrem Buch „Gefühl und Urteilskraft" ein Plädoyer für mehr emotionale Vernunft in unserer Gesellschaft formuliert.

Es gibt kaum einen Slogan im gegenwärtigen Wissenschafts- und Politikverständnis, der öfter auftaucht als dieser Appell, alle Emotionen beiseite zu lassen und sachlich zu diskutieren: keine Gefühle im Hörsaal, keine im Gerichtshof, keine im Ratssaal; kühle Sachlichkeit auch im Operationssaal, in den Chefetagen der Wirtschaft, in den Amtsstuben der Verwaltung. Und erst recht keine Gefühle bei den großen politischen Entscheidungen! Sobald wir aber nachfragen, welche Emotionen und welche Sachen damit gemeint sind, stoßen wir auf Mehrdeutigkeiten. Bei den Emotionen wäre es am naheliegendsten, an affektive Ausbrüche aller Art bis hin zu Handgreiflichkeiten zu denken, denen das altenglische Parlament bekanntlich mit handfesten Schranken zwischen den Opponenten-Sitzen vorgebeugt hatte. Die berechtigte Forderung nach Wahrung eines zivilisierten Stils sagt aber noch nichts über die Hintergründe emotionaler Erregungen aus. Sie können Ausdruck persönlichen Ärgers sein, weil man sich in den eigenen Interessen beschnitten fühlt, Ausdruck von Wut oder Empörung gegenüber einem Ansinnen, das die Interessen derjenigen bedroht, die man politisch vertritt, oder sie können einer moralischen Betroffenheit entspringen angesichts sozialer, ökologischer oder gesundheitspolitischer Entscheidungen, die man für unverantwortlich oder sogar für unmenschlich hält.
Damit wäre die Frage zu präzisieren, was eigentlich gemeint sei, die zivilisierte Form, in der ein Anliegen vorzutragen ist, oder das Einfließen emotionaler Urteile in die Argumentation. Wer die öffentliche Diskussion der letzten zehn Jahre verfolgt hat, musste den Eindruck gewinnen, dass der Bannstrahl nicht nur der Form, sondern auch den Inhalten der Emotionen gilt. Wer etwa in aller Form gegen bestimmte Tier- und Menschenversuche protestiert oder nicht bereit ist, unvorhersehbare Risiken für sich und künftige Generationen zu übernehmen, oder sich gegen die Ausweisung von gefährdeten Flüchtlingen wehrt, wird häufig sogleich ermahnt, sachlich zu bleiben. Andererseits werden Partikularinteressen von Individuen oder Gruppen offenbar nicht für emotional besetzt gehalten. *Egoistische Motive gelten als selbstverständlich und rational. Was eigentlich zu irritieren scheint, sind Mitgefühl für andere und prinzipielle moralische Bedenken.* „Bitte keine Emotionen" kann also auch heißen: Argumentieren wir zweckrational und lassen wir Wertvorstellungen beiseite! Freilich zeigt sich, dass moralische Urteile „ein unvermeidliches Ingrediens[1] unseres Lebens" sind, um mit Tugendhat zu sprechen, und deshalb sehen sich auch Interessengruppen gezwungen, ihre Argumente moralisch zu stützen, wobei sie selbstverständlich beanspruchen, die Rationalität auf ihrer Seite zu haben.
Das zweite Glied des Slogans – „bleiben wir sachlich" – ist nicht minder unklar. Was ist Sache – und wessen Sache? Wenn es etwa um die Herstellung transgener Tiere geht (transgen meint künstliche Veränderung tierischen Erbguts über Artgrenzen hinweg), so ist offensichtlich das Tier die Sache. Doch besteht der kritische Einwand gegen die Manipulation gerade darin, dass das Tier als Lebewesen eben keine bloße Sache ist. Wird also verlangt, unser Mitgefühl zu unterdrücken und das Tier als manipulierbares „animales System" zu betrachten, wie es im gentechnologischen Jargon heißt? Und wenn wir unsere Empathie in die Urteilsfindung einbeziehen, sind wir dann unsachlich?

1 Ingrediens, Ingredienz: Zutat, Bestandteil

Carola Meier-Seethaler, **1949, deutsche Philosophin*

Welche Bedeutungen enthält der Begriff „emotionale Vernunft"?

Diskutieren Sie über das Verhältnis von moralischem Urteil und moralischem Gefühl. Vergleichen Sie dazu S. 78/79. Wie würde Kant (S. 38–41) auf den Begriff der emotionalen Vernunft reagieren?*

Beschreiben Sie in Stichworten die auf den Bildern dargestellten Gefühle und führen Sie anschließend ein Streitgespräch darüber, ob sich Sachlichkeit und Emotionen ausschließen oder nicht. Ist es möglich, sachlich zu sein ohne Beeinflussung von Emotionen?

©Judy Chicago, 1985; Foto: Donald Woodman; The Three Faces of Man (from Powerplay)

6. Tugend

Tugend gestern und heute

- *Was verbinden Sie mit dem Begriff „Tugend"? Halten Sie Ihre Gedanken in Stichworten fest. (Vgl. auch S. 4/5, Moralische Grundbegriffe)*

- *Tauschen Sie Ihre Ergebnisse in Kleingruppen aus und versuchen Sie sich auf eine zeitgemäße Definition des Begriffs „Tugend" zu einigen.*

- *Welche Tugenden kennen Sie? Erörtern Sie, welche Tugenden Ihnen heute besonders wichtig, welche Ihnen weniger wichtig erscheinen und warum.*

- *Begründen Sie Ihren persönlichen Standpunkt schriftlich und tragen Sie ihn im Plenum vor.*

Die Tugend liegt dazwischen

In der „Nikomachischen Ethik" formuliert Aristoteles folgenden Tugendbegriff.

Die Tugend ist also ein Verhalten der Entscheidung, begründet in der Mitte in Bezug auf uns, einer Mitte, die durch Überlegung bestimmt wird und danach, wie sie der Verständige bestimmen würde. Die Mitte liegt aber zwischen zwei Schlechtigkeiten, dem Übermaß und dem Mangel. Statt in den Leidenschaften und Handlungen hinter dem Gesollten zurückzubleiben oder über es hinauszugehen, besteht die Tugend darin, die Mitte zu finden und zu wählen. Darum ist die Tugend ihrem Wesen und der Frage nach der Wesenheit nach eine Mitte, nach der Vorzüglichkeit und Richtigkeit aber das Höchste.
Freilich hat nicht jede Handlung und nicht jede Leidenschaft Raum für eine Mitte. Denn Einzelne sind in ihrem Namen schon verbunden mit der Schlechtigkeit, so wie die Schadenfreude, die Schamlosigkeit oder der Neid, und bei den Handlungen der Ehebruch, der Diebstahl und der Mord. Alle diese werden getadelt, weil sie in sich selbst schlecht sind und nicht nur ihr Übermaß oder ihr Mangel. Man kann bei ihnen also niemals das Rechte treffen, sondern immer nur sich verfehlen. Es gibt kein „Richtig" oder „Unrichtig" in Bezug auf diese Dinge, etwa mit wem und wann und wie man Ehebruch treiben solle, sondern etwas derart zu tun ist schlechthin falsch. Ebenso steht es, wenn man meinen wollte, es gäbe bei Ungerechtigkeit, Feigheit, Zügellosigkeit eine Mitte, ein Übermaß und einen Mangel. Denn so gäbe es ja eine Mitte, ein Übermaß und Mangel und ein Übermaß des Übermaßes und einen Mangel des Mangels. Wie es also in der Besonnenheit und Tapferkeit kein Übermaß und keinen Mangel geben kann, weil die Mitte gleichzeitig auch eine Art von Spitze ist, so gibt es Mitte, Übermaß und Mangel auch nicht bei jenem, sondern wie immer man handelt, wird man sich verfehlen. Allgemein gesagt, gibt es weder eine Mitte von Übermaß und Mangel und auch nicht ein Übermaß und einen Mangel von der Mitte. Dies darf man aber nicht nur allgemein feststellen, sondern muss es auch dem Einzelnen anpassen. Denn in den Untersuchungen über das Handeln sind die Allgemeinheiten inhaltsleer, das Einzelne aber wahrer. Denn die Handlungen betreffen das Einzelne, und dem muss man sich anpassen. Das Folgende muss man nun aus dem Schema entnehmen.
Bei Furcht und Tollkühnheit ist die Tapferkeit die Mitte. Beim Übermaß hat dasjenige in der Richtung auf die Furchtlosigkeit keinen eigenen Namen (das ist oftmals der Fall), dasjenige in Richtung auf den Mut heißt Tollheit; das Übermaß der Angst und der Mangel an Mut heißen Feigheit.
Bei Lust und Schmerz, freilich nicht bei jedem und weniger beim Schmerz, heißt die Mitte Besonnenheit, das Übermaß Zügellosigkeit. Mangelhaft in Richtung auf die Lust sind die Menschen kaum. Darum haben solche auch keinen eigenen Namen. Man mag sie stumpf nennen. Bei Geben und Nehmen von Geld ist die Mitte die Großzügigkeit, Übermaß und Mangel sind Verschwendung und Kleinlichkeit. Übermaß und Mangel verhalten sich da auf entgegengesetzte Weise: Denn der Verschwender ist übermäßig im Ausgeben und mangelhaft im Nehmen, der Kleinliche ist übermäßig im Nehmen und mangelhaft im Ausgeben.

Aristoteles, 384–322 v. Chr., griechischer Philosoph

intellektuelle Tugenden
Wissenschaft
Kunst
Klugheit
Weisheit
Wohlberatenheit
Verständigkeit
…
…

ethische Tugenden
Tapferkeit
Besonnenheit
Gerechtigkeit
Freigebigkeit
Großzügigkeit
große Gesinnung
…
…

- *Was versteht Aristoteles unter Tugend?*

- *Vergleichen Sie Ihre selbst verfassten Definitionen des Tugendbegriffs mit dem aristotelischen Tugendbegriff.*

- *Vorschlag für ein Referat: Aristoteles' Lehrer Platon* hinterließ seine philosophischen Gedanken in Dialogschriften. In seinem Dialog „Politeia", („Der Staat") lässt Platon seinen Lehrer Sokrates* mit dessen Schüler Glaukon die vier so genannten Kardinaltugenden* „Weisheit, Tapferkeit, Besonnenheit und Gerechtigkeit" entwickeln. Verfassen Sie ein Referat über die platonischen Kardinaltugenden und erläutern Sie ihre Bedeutung für die Funktion des Staates. Sie können z. B. in folgender Übersetzung nachlesen: Platon, Der Staat. Über das Gerechte. Reclam Verlag, Ditzingen, 1982, 343c–344c.*

> Ohne Gegner erschlafft die Tugend.
>
> *Seneca, um 4 v. Chr. – 65 n. Chr., römischer Philosoph*

- *Aristoteles unterscheidet zwischen dianoetischen[1] Tugenden und ethischen Tugenden. Ordnen Sie die von Ihnen benannten Tugenden in folgendes Schema nach Aristoteles ein.*

1 dianoetisch: denkend, den Verstand betreffend

Selbstbeherrschung – Besonnenheit

Philosophieren ist ein fortwährendes Ringen um Wahrheit. Dies zeigt auch das Phänomen, dass sich Philosophen häufig von den Denkmodellen ihrer eigenen Epoche distanzieren und sich auf längst vergangene, bisweilen in Vergessenheit geratene Philosophen zurückbesinnen und deren Bedeutung für die Gegenwart durch eine aktualisierte Interpretation herausarbeiten. Der Philosoph Nicolai Hartmann nimmt in folgendem Textausschnitt Bezug auf den antiken Tugendbegriff des Aristoteles und seine teilweise problematische rezeptionsgeschichtliche Deutung. Auf diese Weise distanziert er sich von der zu seiner Zeit noch sehr präsenten stoisch-christlichen Auffassung, tugendhaftes Leben sei von Affekten, Trieben und Leidenschaften befreit.*

Was die Alten *sophrosyne*[1] nannten, ist durch die übliche Übersetzung „Besonnenheit" in ein falsches Licht gerückt worden. Nicht um Besinnlichkeit handelt es sich, sondern um den Wert des seelischen Maßes oder Ebenmaßes, um die Eindämmung alles zerstörend Unmäßigen und um die moralische Kraft der Beherrschung. [...]

Die Beherrschung ist dabei keineswegs rein negativ als ein Beschneiden oder Niederhalten zu verstehen, als wäre das Naturhafte eitel böse. Sie ist die innere Formung und Gestaltung alles Natürlichen im Menschen, aller dunklen Mächte, die er in sich vorfindet, die aus tiefer Unbewusstheit aufsteigend dem Bewusstsein als Gegebene entgegentreten. Instinkte, Triebe, Affekte, Leidenschaften stehen an sich keineswegs wertindifferent da, wohl aber sind sie zunächst sittlich wertindifferent. Sie bilden, aufbauend und zerstörend, wie sie sind, ein gewaltiges Material an Inhalt und Kraft, eine innere Welt, die der Auswertung harrt gleich der äußeren.

Allzu lange hat die stoische Auffassung von der Schlechtigkeit und Schädlichkeit der „Affekte" in der Ethik geherrscht. Ihre Konsequenz war die Forderung der Ausrottung (Exstirpation) oder Ertötung der Affekte. Diesem asketischen Ideal hat die christliche Ansicht von der wurzelhaften Sündhaftigkeit der menschlichen Natur noch Vorschub geleistet. Sind die Affekte nichts als Störungen oder Schwächen des Menschen, so ist es nicht zu vermeiden, dass die Moral dem naturwidrigen Ideal der Askese verfällt. [...]

Es ist erstens psychologisch falsch. Die Affekte und alles, was dem Genuss nach zu ihnen gehört, sind die Wurzel des emotionalen Lebens, der seelischen Kraft; sie sind die Materie des inneren Lebensgehalts, die Basis seiner Fülle. Mit ihnen zugleich würde man das seelische Leben ausrotten. Daher die ethische Armut des Asketen.

Aber es ist zweitens auch ethisch falsch. Alles echte Sollen ist positiv. Es verlangt nicht ein Zerstören, sondern ein Aufbauen, ein Schaffen des Höheren aus Niederem. Aus „nichts" kann kein Wert verwirklicht werden. Für allen inneren Aufbau aber ist die Welt der Affekte das Material; freilich nicht eine in sich ungeformte Materie, wohl aber Materie im Sinne einer bloß niederen Geformtheit. Mit ihrer Zerstörung wird auch aller Aufbau unmöglich. [...]

Die negative Seite der Beherrschung richtet sich ausschließlich gegen das Unmaß, das Ungleichgewicht, die Selbstentzweiung. Ihr positiver Sinn ist die *enkrateia*[2] im strengen Sinne, als das Gewalthaben über die Affekte, die Tugend des inneren Maßes, der positiven Formgebung des Gefühlslebens und seiner Auswertung unter einheitlich leitenden Gesichtspunkten. Sie ist eine Art innerer Ordnung, inneren Rechtszustandes, eine Gesetzlichkeit und Gerechtigkeit des inneren *modus vivendi*[3] – ähnlich wie die *dikaiosyne*[4] die des äußeren ist. Den Alten, sofern sie nicht asketisch desorientiert waren, gipfelte die sophrosyne in der ausgeglichenen inneren Schönheit des charakterlich durchgebildeten und gefestigten Menschen in der *kalokagathia*[5].

Nichts ist im Grunde diesem Ideal so zuwider wie die stoische Abstumpfung und Vergröberung des Gefühls – um des bloßen Gleichmutes und Alles-Ertragen-könnens willen. Viel näher steht ihm die epikureische* Verfeinerung, Bereicherung, Durchbildung des Gefühlslebens, einschließlich die Steigerung der Genussfähigkeit im Sinne des ethischen „guten Geschmacks" [...] – obgleich der darin versteckte Eudämonismus schließlich auch den objektiven Eigenwert der Beherrschung [...] dennoch verfehlt. Das Eigentümliche dieser Tugend ist, dass sie in hohem Maße erwerbbar, bildbar, ja auch an anderen erziehbar ist. Das liegt in ihrem Wesen, eben weil sie in einem inneren Herrwerden über das an sich herrenlose Natürliche im Menschen besteht. [...] Die Schulung der Selbstüberwindung im Kleinen, die Erlernbarkeit des Gehorsams, der Zucht, die Erstrebbarkeit und Erwerbbarkeit der inneren Lebensform, die Gewöhnung an das Dominieren fester Willensziele über die schwankende Neigung, kurz, die innere Disziplin, die schließlich in Selbstzucht, spontane Selbstbeherrschung und Selbstleitung einmündet – alles das ist von alters her der Pädagogik wohlbekannt. Die populäre Moral ist daher oft genug in den Fehler verfallen, die „Zucht" für die Sittlichkeit überhaupt zu halten. Das ist ebenso falsch wie die einseitige Moral der Gerechtigkeit oder Tapferkeit. Eine ernstere Gefahr der Erziehung liegt aber in der rein äußerlichen Dressur, etwa der des bloßen Gehorsams. Mit der Fähigkeit der Willensunterordnung allein, so wertvoll sie sein mag, ist dem ins Leben tretenden Menschen nicht gedient, wenn ihr nicht die Fähigkeit selbstständiger Willensleitung zur Seite steht.

1 sophrosyne: griech.: Verstand, Besonnenheit, Enthaltsamkeit, Sittlichkeit, Bescheidenheit
2 enkrateia: griech.: Stärke, Kraft, Macht
3 modus vivendi: Form eines erträglichen Zusammenlebens zweier oder mehrerer Parteien ohne Rechtsgrundlage oder völlige Übereinstimmung
4 dikaiosyne: griech.: Gerechtigkeit, Rechtschaffenheit
5 kalokagathia: griech.: Vortrefflichkeit, Ehrenhaftigkeit, Hochherzigkeit. Zusammengesetzt aus „schön" und „gut".

Nicolai Hartmann, 1882–1950, deutscher Philosoph

- *Erläutern Sie, wie Nicolai Hartmann die antike Vorstellung des „Maß haltens" verstanden wissen will und welche Rolle er den Affekten zuordnet. (Vgl. hierzu auch die Position von David Hume* auf S. 77, 111.)*
- *Warum kritisiert er das asketische Leben? Stimmen Sie dieser Kritik zu?*
- *Welches Menschenbild steht hinter Hartmanns und Aristoteles' Tugendbegriff? Vergleichen Sie die beiden Texte und beschreiben Sie das jeweilige Menschenbild.*
- *Welche Möglichkeiten und Grenzen der Erziehung sieht Hartmann in Bezug auf eine moralische Bildung?*

Warum ist es so schwer, tugendhaft zu handeln?

Viele Menschen sind in ihrem Leben ehrlich bemüht, tugendhaft, d. h. moralisch gut und den allgemein anerkannten Normen entsprechend zu handeln. Das Problem aber, welche Handlungen wirklich tugendhaft sind und welche nicht, stellte sich im Laufe der Geschichte immer wieder: Der römische Ritter Lucilius etwa kämpfte mit Inbrunst gegen den Verfall der Sitten. Er lebte in einer Zeit, in der niemand mehr so recht wusste, was eigentlich tugendhaftes Handeln sei. In folgendem Fragment arbeitet Lucilius heraus, was Tugend seiner Meinung nach ausmacht.

VIRTUS

VIRTUS, ALBINUS, HEISST, WAHREN PREIS DEN DINGEN,
WORIN WIR TÄTIG SIND, WORIN WIR EXISTIEREN, ZAHLEN
KÖNNEN,
VIRTUS IST ES, ZU WISSEN, WAS EINE JEDE SACHE FÜR DEN
MENSCHEN MIT SICH BRINGT.
VIRTUS, ZU WISSEN, WAS DEM MENSCHEN RICHTIG, NÜTZLICH, EHRENVOLL, WAS GUT, EBENSO, WAS SCHLECHT, WAS
UNNÜTZ, HÄSSLICH, SCHMÄHLICH,
VIRTUS, EIN ENDE UND MASS KENNEN IM ERWERB,
VIRTUS HEISST, DEN REICHTUM RICHTIG BEWERTEN KÖNNEN,
VIRTUS, EHRENVOLLEM ANSEHEN DAS ZU GEBEN, WAS IHM
WIRKLICH GESCHULDET WIRD, FEIND UND GEGNER ZU SEIN
BÖSEN MENSCHEN UND SCHLIMMEN SITTEN,
DAGEGEN VERTEIDIGER ZU SEIN GUTER MENSCHEN UND
GUTER SITTEN,
DIESE HOCH EINZUSCHÄTZEN, DIESEN WOHLWOLLEN ZU
ERWEISEN, DIESEN FREUND ZU SEIN,
AUSSERDEM DEN VORTEIL DES STAATES AN DIE ERSTE
STELLE ZU SETZEN,
AN DIE ZWEITE DEN DER ELTERN, AN DIE DRITTE UND
LETZTE ERST DEN EIGENEN

Lucilius, lateinischer Satiriker, um 180–103 v. Chr.

- *Welche Fähigkeiten bzw. Tugenden muss ein tugendhafter Mensch nach Lucilius vereinen?*
- *Wie ist Lucilius' Forderung, den „Vorteil des Staates an die erste Stelle zu setzen" (Z. 18/19), zu verstehen? Wie bewerten Sie diese Forderung?*

Das Wesen moralischer Meinungsunterschiede

Im nachfolgenden Text entfaltet der zeitgenössische Philosoph McIntyre, warum es seiner Meinung nach gerade in der modernen Welt so schwierig ist, zu entscheiden, welches Handeln tugendhaft ist. Die moderne Ratlosigkeit hinsichtlich dieser Frage beschreibt er als „katastrophale moralische Krise", da sie seiner Meinung nach dazu führt, dass moralische Debatten – trotz der Ernsthaftigkeit und Dringlichkeit der behandelten Probleme – zu keinem befriedigenden und verbindlichen Konsens kommen können.

Das Erstaunlichste an moralischen Äußerungen heute ist, dass sie oft dazu benutzt werden, Meinungsunterschiede auszudrücken, und das Erstaunlichste an den Debatten [...] ist, dass sie endlos sind. Ich meine damit [...], dass sie offenbar zu keinem Endergebnis kommen können. In unserer Kultur scheint es keinen vernünftigen Weg zu geben, eine moralische Übereinstimmung zu erzielen. Betrachten wir drei Beispiele derartiger moralischer Debatten von heute.

1. a. Ein gerechter Krieg ist ein Krieg, in dem das angestrebte Gute das mit einem Kriege verbundene Schlechte aufwiegt, und in dem klar getrennt werden kann zwischen Kämpfenden, deren Leben auf dem Spiel steht, und den unschuldigen Nichtkämpfenden. Aber in einem modernen Krieg [... ist] eine praktisch anwendbare Trennung von Kombattanten und Nichtkombattanten [...] nicht möglich. Daher kann kein moderner Krieg ein gerechter Krieg sein, und wir alle sollten heute eigentlich Pazifisten sein.

b. Wenn du den Frieden willst, rüste für den Krieg. Die einzige Möglichkeit der Friedenssicherung besteht darin, potentielle Angreifer abzuschrecken. Deshalb muss man aufrüsten [...]. Das [...] beinhaltet zwangsläufig, darauf vorbereitet zu sein, sowohl begrenzte Kriege zu führen, wie auch bei ganz bestimmten Konflikten bis an die nukleare Schwelle zu gehen [...].

c. Kriege zwischen den Großmächten sind reine Vernichtungskriege; aber Kriege, die zur Befreiung unterdrückter Gruppen vor allem in der Dritten Welt geführt werden, sind ein notwendiges und daher gerechtfertigtes Mittel zur Bekämpfung jener ausbeuterischen Herrschaft, die sich zwischen die Menschheit und das Glück stellt.

2. a. Jeder Mensch hat bestimmte Rechte hinsichtlich der eigenen Person und des eigenen Körpers. Aus dem Wesen dieser Rechte folgt, dass [... eine schwangere Frau] ein Recht darauf hat, frei zu entscheiden, ob sie abtreiben lassen will oder nicht. Die Abtreibung ist somit moralisch zulässig und sollte gesetzlich gestattet sein.

b. Ich kann nicht wollen, dass meine Mutter abgetrieben hätte, als sie mit mir schwanger war, ausgenommen vielleicht, wenn sicher gewesen wäre, dass der Embryo tot oder schwer geschädigt ist. Aber wenn ich das in meinem eigenen Fall nicht wollen kann, wie kann ich dann anderen das Recht auf Leben abstreiten, das ich für mich selbst beanspruche? Ich würde gegen die Goldene Regel handeln, würde ich einer Mutter ein generelles Recht auf Abtreibung zugestehen. Ich bin dadurch selbstverständlich nicht zu der Ansicht verpflichtet, dass Abtreiben gesetzlich verboten werden sollte.

c. Mord ist Unrecht. Mord tötet unschuldiges Leben. Ein Embryo ist ein bestimmbares Individuum, das sich von einem Neugeborenen nur dadurch unterscheidet, dass es sich in einer früheren Phase des langen Weges zu den Fähigkeiten eines Erwachsenen befindet; wenn überhaupt ein Leben unschuldig ist, dann das eines Embryos. Wenn Kindestötung Mord ist, was der Fall ist, dann ist Abtreibung Mord. Abtreiben ist damit nicht nur moralisch verwerflich, sondern sollte auch gesetzlich verboten werden.

3. a. Die Gerechtigkeit verlangt, dass jeder Bürger, soweit das möglich ist, die gleichen Chancen haben sollte, seine Talente und andere Fähigkeiten zu entfalten. Aber zu den Voraussetzungen einer solchen Chancengleichheit gehört der gleiche Zugang für jeden zu Ausbildung und gesundheitlicher Versorgung. Die Gerechtigkeit verlangt daher die staatliche Gewährung von Gesundheitsdiensten und Ausbildung, die aus Steuermitteln bezahlt werden, und sie verlangt auch, dass kein Bürger in der Lage sein sollte, sich einen unbilligen Anteil an diesen Leistungen zu kaufen. Das verlangt wiederum die Abschaffung von Privatschulen und privater ärztlicher Versorgung.

b. Jeder hat das Recht, die und nur die Verpflichtungen einzugehen, die er eingehen möchte; jeder ist frei, die und nur die Verträge abzuschließen, die er abschließen möchte, und seine freie Wahl zu treffen. Der Arzt muss demzufolge die Freiheit haben, zu den Bedingungen zu praktizieren, die ihm genehm sind, und der Patient muss die Freiheit haben, sich seinen Arzt selbst auszusuchen. […] Die Freiheit verlangt also nicht nur freie Arztpraxen und Privatschulen, sondern auch die Abschaffung jener Behinderungen der privaten Tätigkeit, die durch Vergabe von Genehmigungen und Verordnungen geschaffen werden – von Universitäten, medizinischen Fakultäten, Approbationsausschüssen und vom Staat.

Allein die Nennung dieser Argumente zeigt den großen Einfluss, den sie in unserer Gesellschaft haben. […] Welche hervorstechenden Eigenschaften verbinden diese Diskussionen und unterschiedlichen Auffassungen miteinander?

Es gibt drei Arten. Die erste will ich die begriffliche Inkommensurabilität[1] der rivalisierenden Argumente in jedem der drei Diskussionsbeispiele nennen […]. Jedes der Argumente ist logisch schlüssig oder kann ohne weiteres so erweitert werden, dass es schlüssig wird; die Schlussfolgerungen ergeben sich tatsächlich aus den Prämissen. Aber die unterschiedlichen Prämissen sind so beschaffen, dass wir keine vernünftige Möglichkeit besitzen, die Behauptungen der einen gegen die der anderen abzuwägen. Denn jede Prämisse enthält ganz andere normative oder wertende Begriffe als die andere, so dass die Forderungen, die damit an uns gestellt werden, ganz unterschiedlicher Art sind. So sind im ersten Beispiel die Prämissen Gerechtigkeit und Unschuld unvereinbar mit Erfolg und Überleben. Im zweiten widersprechen die Prämissen, die Rechte beschwören, denen, die die Allgemeingültigkeit anrufen. Und im dritten Fall steht der Anspruch der Gleichheit gegen den der Freiheit. Gerade weil es in unserer Gesellschaft keine eindeutige Möglichkeit gibt, zwischen diesen Forderungen zu entscheiden, erscheint die moralische Argumentation zwangsläufig endlos. Von den konkurrierenden Schlussfolgerungen aus können wir rückwärts argumentieren bis zu den konkurrierenden Prämissen; aber wenn wir dann bei den Prämissen angelangt sind, ist jedes Argument hinfällig, und das Anführen der einen Prämisse gegen die andere wird zur reinen Behauptung und Gegenbehauptung. Daher vielleicht auch der etwas scharfe Ton bei so vielen moralischen Streitgesprächen.

1 Inkommensurabilität: Unvergleichbarkeit von Stoffen mit Messwerten wegen fehlender zum Vergleich geeigneter Eigenschaften

Alasdair MacIntyre, **1929, englischer Philosoph*

- *Wie begründet MacIntyre die Konsensprobleme zeitgenössischer moralischer Debatten?*
- *Sammeln Sie weitere aktuelle Beispiele, an denen die Schwierigkeit moralischer Entscheidungsfindung verdeutlicht werden kann.*
- *Die Frage nach den eigentlichen Inhalten des Begriffs „Tugend" ist der Ausgangspunkt von MacIntyres Werk „After Virtue: A Study in Moral Theory". Wie Lucilius ist auch er auf der Suche nach einem konsensfähigen Tugendbegriff und wie Lucilius besinnt er sich auf den Tugendbegriff des Aristoteles. Kann der von Lucilius vertretene Virtus-Gedanke bei der Lösung zeitgenössischer moralischer Fragestellungen Hilfe leisten? Begründen Sie und finden Sie Beispiele.*

- *Interpretieren Sie das Bild und setzen Sie es in einen Zusammenhang mit den Ausführungen MacIntyres.*

Öyvind Fahlström, Roulette, Variable Painting, 1966

Tugend der Weisheit

Wählen Sie aus den folgenden Zitaten und Texten Beispiele aus und arbeiten Sie die unterschiedliche Bedeutung des Begriffs „Weisheit" heraus. Geben Sie dazu die in dem jeweiligen Zitat getroffene Aussage mit eigenen Worten wieder und veranschaulichen Sie diese mit einem Beispiel.

Sapere aude[1].

1 Sapere aude: Wage es, dich der Vernunft zu bedienen.

Horaz in Anlehnung an Aischylos
Horaz, 65–8 v. Chr., römischer Dichter und Satiriker
Aischylos: 525/4 – 456/5, griechischer Dramatiker

Es wäre nicht der Mühe wert, siebzig Jahr alt zu werden, wenn alle Weisheit der Welt Torheit wäre vor Gott.

Johann Wolfgang von Goethe, 1749–1832, deutscher Schriftsteller

Ein Weiser hat es nicht nötig, furchtsam und zaghaft aufzutreten, er besitzt genügend Selbstvertrauen, um es zu jeder Zeit mit dem Schicksal aufnehmen zu können, ausweichen wird er ihm jedenfalls nie. Freilich hat er auch keinen Anlass zur Furcht. Zählt er doch Dienerschaft, Eigentum und Ehrenämter, darüber hinaus auch den eigenen Körper, Augen, Hände, kurz, sich selbst zum erworbenen Gut und lebt in einer solchen Übereinstimmung mit sich selbst, dass er ohne weinerliches Klagen alle Rückforderungen anerkennt. Das Wissen um seine Grenzen verführt ihn aber nun nicht zur Selbstaufgabe. Im Gegenteil: Er wird in allen Dingen gewissenhaft und umsichtig handeln, wie ein bedächtiger, vertrauenswürdiger Mann ihm anvertrautes Gut behütet. Wird die Rückgabe verlangt, kennt er kein Hadern mit dem Schicksal

Seneca, um 4 v. Chr.–65 n. Chr., römischer Philosoph

Die Zeit vergeht, und die Weisheit bleibt. Die wechselt ihre Formen und Riten, aber sie beruht zu allen Zeiten auf demselben Fundament: auf der Einordnung des Menschen in die Natur, in den kosmischen Rhythmus. Mögen unruhige Zeiten immer wieder die Emanzipierung des Menschen von diesen Ordnungen anstreben, stets führt diese Scheinbefreiung zur Sklaverei, wie ja auch der heutige, sehr emanzipierte Mensch ein willenloser Sklave des Geldes und der Maschine ist.

Hermann Hesse, 1877–1962, deutscher Schriftsteller

Es mag sein, dass wir durch das Wissen anderer gelehrter werden. Weiser werden wir nur durch uns selbst.

Michel de Montaigne, 1533–1592, französischer Jurist, Politiker und Philosoph

Die Jugend ist die Zeit, Weisheit zu lernen. Das Alter die Zeit, sie auszuüben.

Jean-Jacques Rousseau, 1712–1778, französisch-schweizerischer Philosoph

Ein Mensch mag noch so klug geboren sein, zum Weisen wird er allein durch Belehrung.

Aus der Mongolei

Der Narr hält sich für weise, aber der Weise weiß, dass er ein Narr ist.

William Shakespeare, 1564–1616, englischer Schriftsteller

Fabel vom Fuchs und der Katze

Der Einfältige ist manches Mal weiser als der Überkluge, wie diese Fabel bezeuget.
Ein Fuchs begegnete einer Katze und fing an, mit ihr zu reden und sprach: „Ich grüße dich, Schwester." Die Katze antwortete: „Heil sei mit dir." Der Fuchs drauf: „Was kannst du?" Die Katze: „Ich habe allein ein wenig Kunst zu springen." Da sprach der Fuchs „Bei meinem Haupt, so währt dein Leben nicht lang, da du unweise zu allen Dingen bist." Antwortet die Katze: „Ja, Herr Fuchs, dem ist also, wie du sagtest, aber ich bitte dich, sei so gütig und sag mir, wie viel Künste kannst du?" Darauf sagte der Fuchs: „Ich kann wohl hundert Künste und nicht mittelmäßige, und jede kann mich ernähren und von Sorg und Angst befreien." „So gebührt dir billig langes Leben", sprach die Katze. Dieweil sie aber also miteinander redeten, sahen sie einen Reiter daherkommen mit zwei feurigen Hunden, da die den Fuchs und die Katze erblickten, fingen sie an, schnell wider sie zu laufen. Da sprach der Fuchs: „Wir müssen fliehen!" Die Katze aber [sagte:] „Es tut nicht not." Der Fuchs [sprach] wieder: „Fürwahr, es wird not sein, als ich sehe", die Katze aber [sagte:] „Es mag sein, sorge ein jeder für sich selbst." Da nahmen sie beide die Flucht, aber die Katze fand einen großen Baum, auf den sprang sie und war erlöst von aller Sorge und schrie aus der Höhe dem Fuchse nach: „Oh, Bruder Fuchs, such herfür eine von den hundert Künsten, die du kannst." Aber die Hunde fingen den Fuchs und töteten ihn.

Aisopos, ca. 6. Jh. v. Chr., griechischer Fabeldichter

Kindheitsmuster

In dem folgenden Ausschnitt aus ihrem Roman „Kindheitsmuster" nähert sich Christa Wolf dem Begriff der Weisheit (Vernunft) literarisch. Der fragmentarische Charakter der folgenden Textstelle spiegelt sowohl die Ablehnung wider, die die Schriftstellerin einem starren Begriff von Weisheit bzw. Vernunft entgegenbringt, als auch die Vorsicht, mit der sie diese Tugend behandelt wissen möchte. Die Schwierigkeiten, die sich dem Leser bei der Lektüre dieses Romanausschnitts offenbaren, spiegeln das Verhältnis der Autorin zum Begriff „Weisheit" wider.

Ein vernünftiges Kind bekommt auch seinen Gutenachtkuß. Einmal wirft Nelly alle fünf Geranientöpfe, die vor dem Fenster ihres Kinderzimmers stehen, nacheinander hinunter auf den Bürgersteig und weigert sich dann, die Scherben zusammenzufegen. Sie muß verrückt geworden sein. Spätabends ist sie imstande, eine Erklärung abzugeben: Sie hat eine solche Wut gehabt, weil Herr Warsinski behauptet, man schreibe „Führer" groß. – Aber erbarm dich, das tut man doch! – Wieso! Zuerst hat er gesagt, man schreibt groß, was man sehen und anfassen kann. Den Führer kann Nelly weder sehen noch anfassen (es war im Jahr '36, vor der Erfindung, jedenfalls vor der allgemeinen Verbreitung des Fernsehens). – Nimm doch Vernunft an! Du kannst nicht, aber du könntest. Dummchen. – Dummchen hat Herr Warsinski auch gesagt. Nelly aber kann es auf den Tod nicht leiden, wenn ihr Lehrer sich selbst widerspricht. Als Probe für ihn, nicht ohne böse Vorahnung, schreibt sie „Wolke" klein (sehen, aber nicht anfassen ...), gegen den erbitterten Widerstand der Eltern. Lehrer Warsinski lügt nicht. Er vergißt auch nichts. Wie soll Nelly nachgeben, wenn sie recht hat? Bald stellt sich heraus, daß es in der Klasse kein zweites Dummchen wie Nelly gibt, das „Wolke" klein schreibt. Da dürfen alle mal tüchtig über sie lachen: Eins, zwei, drei: los! – „Wut" schrieb Nelly schon auf eigene Verantwortung groß, obwohl sie Wut nicht sehen und anfassen, nicht hören, riechen oder schmecken kann. Jetzt hat sie endlich Vernunft angenommen. Einsicht haben und Vernunft annehmen. Auch: Zu sich kommen. (Komm zu dir.) Die Episode mit den Geranientöpfen war die letzte, die dir am Sonnenplatz einfiel, als ihr schon wieder in das glutheiße Auto einstiegt, und Lenka zeigte kein Interesse. Erst etwas später – ihr fuhrt nun die ehemalige Friedrichstraße hinunter, Nellys ersten Schulweg – erkanntest du, nicht ohne inneren Widerstand, die Wiederholung: Nellys Abwehr gegen gewisse Erinnerungen ihrer Mutter. Du verlorst dich in Betrachtungen über die Wechselfälle, denen Vernunft ausgesetzt sein kann; wie, beim Umschlag der Zeiten, Vernunft und Unvernunft plötzlich die Plätze wechseln; wie, ehe sie jede ihren festen Platz wieder eingenommen haben, ein Unmaß an Unsicherheit sich ausbreitet. Aber das alles gehört nicht hierher; daß unbenutzte Vernunft verkümmert wie irgendein untrainiertes Organ; daß sie, unmerklich zuerst, sich zurückzieht; daß eines Tages, zum Beispiel bei einer unerwarteten Frage, sich erweisen kann: Wichtige Zonen der inneren Landschaft sind von Resignation besetzt, zumindest von Gleichgültigkeit (die Frage, Lenkas Frage, auf die eine Antwort aussieht: Woran ihr eigentlich glaubt. Das wollte sie wissen, nicht herausfordernd übrigens) – das alles gehört wohl nicht hierher. R

*Christa Wolf, *1929, deutsche Schriftstellerin*

- *Arbeiten Sie heraus, welche unterschiedlichen Bedeutungen das Wort „Vernunft" bzw. „Weisheit" in diesem Text hat.*
- *Was ist nach Christa Wolf das Besondere kindlicher Weisheit?*
- *Welche Bedeutung hat die Frage nach der Schreibung des Wortes „Führer" für die Deutung dieser kurzen Erzählung?*

> Wichtige Zonen der inneren Landschaft sind von Resignation besetzt, zumindest von Gleichgültigkeit.
>
> *Christa Wolf, *1929, deutsche Schriftstellerin*

- *Zeigen Sie anhand des Textes, wie es zu dieser Resignation bzw. Gleichgültigkeit kommt.*
- *Vergleichen Sie diesen literarischen Text mit den zuvor behandelten Aphorismen und Textstellen und arbeiten Sie Unterschiede und Gemeinsamkeiten heraus.*
- *Schreiben Sie einen philosophischen Essay zum Begriff „Weisheit" und lassen Sie sich dabei von den besprochenen Zitaten und Texten anregen.*

Weisheit

griech. sophía. Die Sophisten wurden in der Antike als Lehrer der Weisheit bezeichnet. Der Begriff Philosophie (philo-sophía) impliziert jedoch, dass der Mensch, im Unterschied zum allwissenden Göttlichen, nur ein beständig nach Weisheit Strebender ist. Dem entspricht die Behauptung des Sokrates*, dass nur derjenige weise ist, der die Begrenztheit seiner menschlichen Weisheit (anthrópine sophía) erkennt, also unterscheiden kann zwischen dem, was er weiß und was er nicht weiß. Bei Platon* ist sophía eine der Kardinaltugenden*, die dem obersten, vernünftigen Seelenteil zukommt. Der Philosoph ist getragen von dem aus dem Ungenügen an der eigenen Unwissenheit entspringenden Streben hin zur Schau der Ideen (Sympósion). Auch bei Aristoteles* bezeichnet sophía die höchste philosophische Einsicht. Der Begriff kennzeichnet (als Tugend) nicht nur den Besitz von Wissen, sondern auch die dem Streben nach Einsicht entsprechende Lebensführung, weshalb der Weise als Ideal für die Einheit von Wissen und Leben steht. Auch im weiteren Verlauf bezeichnet Weisheit ein vollendetes Wissen, nicht im Sinne eines wissenschaftlichen Systems, sondern der geistigen Vervollkommnung, die ein Mensch durch Studium und Lebenserfahrung erlangen kann. Schopenhauer* fasst das Verständnis in einem Satz zusammen: „Weisheit scheint mir nicht bloß theoretische, sondern auch praktische Vollkommenheit zu bezeichnen. Ich würde sie definieren als vollendete, richtige Erkenntnis der Dinge im Ganzen und Allgemeinen, die den Menschen so völlig durchdrungen hat, dass sie nun auch in seinem Handeln hervortritt, indem sie sein Tun überall leitet" (Paralipomena, § 339).

Demut – eine veraltete Tugend?

Frida Kahlo, Wurzeln oder der Pedregal (span.: Schotterplatz), 1943

Was ist Demut? Machen Sie ein Brainstorming zu diesem Begriff.

Beschreiben Sie einen Zusammenhang zwischen dem Bild „Wurzeln" von Frida Kahlo und dem Begriff „Demut". Versuchen Sie, Ihr Vorverständnis in Auseinandersetzung mit der Interpretation des Bildes weiterzuentwickeln.

Können Sie sich Lebenssituationen vorstellen, in denen Sie Demut empfinden könnten? Geben Sie Beispiele.

Thomas von Aquin

um 1225–1274, italienischer Mönch, Philosoph und Kirchenlehrer, bedeutendster Philosoph und Theologe des Mittelalters. Er akzeptierte die Philosophie als eigenständige Wissenschaft, ordnete sie jedoch der Theologie als Fundamentalwissenschaft unter, da das weltliche Sein am göttlichen Sein teilnimmt. Aus dieser Teilnahme der Welt am Göttlichen leitet Thomas auch seinen Tugendbegriff ab: Der Mensch muss voller Demut sein, da er eben nur ein kleiner Teil des göttlichen Ganzen ist. Unter Ethik verstand Thomas, Gottes Gebote durch praktische Vernunft zu verstehen und umzusetzen. Thomas' besondere Leistung war es, mittelalterlichen Gottesglauben und antikes Denken zu einer Synthese zu bringen. Dabei orientierte er sich besonders an Aristoteles*, den er kurz mit „Er" betitelt. In seinem Hauptwerk, der „Summa Theologiae", beschäftigt sich Thomas mit den klassischen Kardinaltugenden* „Tapferkeit, Besonnenheit, Weisheit, Gerechtigkeit", den religiösen Tugenden „Glaube, Liebe, Hoffnung" und mit zahlreichen weiteren Tugenden (und Lastern), darunter auch mit der Tugend der „Demut" (vgl. Kap. IV, Metaethik).

Ist die Demut eine Tugend?

Nun wurde aber bereits früher (I.II 61, 2) gesagt, dass sich bei den sinnenhaften Wegungen, die sich antriebsweise verhalten, für die sittliche Tugend Maßhalten und Zügeln gehört, dass es aber im Bereiche jener, die sich abgestoßen und zurückprallend verhalten, eine sittliche Tugend braucht, die stärkend und antreibend ist. Somit ist bei der Begehr nach dem steilragenden Gut eine doppelte Tugend notwendig. Eine […], die das Gemüt mäßigt und zügelt, damit es nicht maßlos in das Hochragende strebt, und dies fällt der Tugend der Demut zu. Eine andere dagegen, die das Gemüt fest macht gegen die Verzweiflung und es antreibt, das Große der rechten Vernunft gemäß zu verfolgen, und das ist die Hochsinnigkeit. Dergestalt tritt zutage, dass die Demut eine gewisse Tugend ist.
Zu 2. Wie bereits (zu 1) gesagt, besagt die Demut (humilitas), sonach sie Tugend ist, in ihrem Begriff eine gewisse lobenswerte Zubodengeworfenheit (Isidor Etymol, 10: „Demütig heißt, gewissermaßen dem Boden angeschmiegt", humilis: demütig, humus: der Boden). Dies geschieht zuweilen bloß den äußeren Zeichen nach mit Verstellung. Daher ist das „die falsche Demut", von der Augustinus* in einem Briefe (149 a1. 59, 2; vgl. De Virgin. 43) sagt, sie sei „der große Hochmut", weil sie nämlich nach dem Ruhme der Hervorragung zu trachten scheint. – Zuweilen geschieht es aber auch der inneren Seelenwegung nach. Und das ist die Weise, der gemäß die Demut eigentlich als Tugend hingestellt wird; denn die Tugend besteht nicht in Äußerlichkeiten, sondern hauptsächlich in der inneren Wählung, die die Geistseele trifft, wie durch den Philosophen im Buche der Ethik (2, 5 n 4) klargelegt ist.
Zu 5. […] Sonach die Demut eine besondere Tugend ist, hat sie […] die Unterwerfung des Menschen Gott gegenüber im Auge, um dessentwillen sie sich auch anderen […] unterwirft.

Thomas von Aquin, um 1225–1274, italienischer Theologe und Philosoph

Was versteht Thomas unter Demut?

Herrschte Adam über die Tiere?

Alle Tiere aber sind dem Menschen natürlicher Weise unterworfen. [...] Zuerst aus dem Naturablauf selber. Wie der Verstand nämlich bei der Entstehung der Dinge eine gewisse Reihenstellung findet, wonach ein Fortschritt vom Unvollkommenen zum Vollkommenen da ist (denn der Wesungsstoff ist der Form wegen und die unvollkommenere Wesungsform wegen der vollkommeneren da), so ist das auch bei dem Gebrauch, den die Naturdinge machen, der Fall; denn das Unvollkommenere lässt sich vom Vollkommeneren gebrauchen, die Pflanzen gebrauchen die Erde zur Nahrung, die Tiere aber die Pflanzen und die Menschen die Pflanzen und die Tiere. [...] Zweitens erhellt dies aus der Anordnung der göttlichen Vorsehung, die immer das Niedrigere durch das Höhergestellte regiert. Da der Mensch über den übrigen Seelwesen steht, wo er doch nach Gottes Ebenbild gemacht ist, so ist deswegen richtig, dass die anderen Seelwesen seiner Regierung unterliegen. Drittens geht das aus der Eigentümlichkeit des Menschen und der anderen Seelwesen hervor. In den anderen Seelwesen begegnet man in ihrer naturhaften Veranschlagung einer Teilhabe an der Klugheit für etliche besondere Handlungen: Beim Menschen aber begegnet man einer auf eins wie auf alles (universalis) gehenden Klugheit, welche Sinn und Sage von allem Tulichen ist. Alles aber, was es in Teilhabe gibt, ist dem unterstellt, was durch Wesenheit und allein da ist. Daraus stellt sich klar, dass es eine natürliche Unterwerfung der anderen Lebewesen gegenüber dem Menschen gibt.

Thomas von Aquin, um 1225–1274, italienischer Theologe und Philosoph

- *Erläutern Sie Thomas' Verständnis von Natur und Mensch.*

Der Mensch als Teil der Erde

Dem indianischen Kulturkreis wird zugeschrieben, dass in seinem Weltverständnis die Rücksichtnahme auf die Natur eine elementare Bedeutung habe. Als Beleg für diese Auffassung wird häufig ein Text zitiert, den Häuptling Seattle 1855 in einer Rede vorgetragen haben soll, was jedoch historisch nicht gesichert ist. Im Folgenden lesen Sie einen Ausschnitt aus einer freien Bearbeitung eines Redetextes, der 1887 erstmalig im „Seattle Sunday Star" publiziert wurde und später auch in der „Washington Historical Quarterly" erschienen ist.

Der weiße Mann behandelt seine Mutter, die Erde, und seinen Bruder, den Himmel, wie ein Ding zum Kaufen und Plündern. Sein Hunger wird die Erde verschlingen und nichts zurücklassen als eine Wüste [...]. Lehrt eure Kinder, was wir unsere Kinder lehren: Die Erde ist unsere Mutter. Wenn Menschen auf die Erde spucken, bespeien sie sich selbst! Denn das wissen wir, die Erde gehört nicht den Menschen, der Mensch gehört zur Erde. Alles ist miteinander verbunden, wie das Blut, dass eine Familie vereint. Der Mensch schuf nicht das Gewebe des Lebens, er ist darin nur eine Faser. Was immer ihr dem Gewebe antut, das tut ihr euch selber an.

Adaption einer Rede, die Häuptling Seattle, (1786–1866, aus dem Stamm der Duwamish) 1855 an den Präsidenten der Vereinigten Staaten gerichtet haben soll.

- *Welches Naturverständnis hat Häuptling Seattle und welches Verständnis vom Menschen resultiert daraus?*
- *Fertigen Sie zwei Skizzen an, anhand derer Sie Seattles und Thomas' Weltbild darstellen. Vergleichen Sie die beiden Ansätze und diskutieren Sie das jeweils zu Grunde liegende Verständnis von Demut.*
- *Welche praktischen Konsequenzen hat Seattles Auffassung von der Stellung des Menschen in der Welt für das alltägliche Leben? Geben Sie Beispiele.*

Dummheit ist ein Mangel an Demut

Auch der polnische Schriftsteller Szczypiorski verbindet die Demut mit der Einbindung in die Natur und reflektiert aus seiner Sicht, weshalb es gefährlich ist, wenn Menschen die Demut ignorieren.

So ist die Begrenzung unserer Existenz ein Wert. Ein Wert ist der Widerstand der Welt, die sich meinen Wünschen nicht fügen will, die meine Träume nicht erfüllt, meine Sehnsüchte nicht befriedigt, die mir Glück, Ruhe, Geborgenheit versagt und mich unablässig zu der Reflexion zwingt darüber, dass ich unvollkommen, unvollständig, verletzt bin. Dann gerade finde ich die Kraft, die mir befiehlt, mein eigenes Los in unablässigem Kampf in die Hand zu nehmen trotz des Widerstands der Materie und – ehrlich gesagt auch im Leiden. Ohne Leiden sehe ich keinen Sinn des Daseins. Das ist eine zutiefst pessimistische Anschauung, doch meine ich, sie ergibt sich aus der Akzeptanz bestimmter einfacher Fakten, aus der Anerkennung der Tatsache, dass ich ein Teilchen der Natur bin. [...] Dummheit ist Mangel an Demut. Das 20. Jahrhundert hat die Demut verloren. Es glaubt, sicher zum ersten Mal in der Geschichte, dass der Mensch unbedingt glücklich zu sein hat. Für mich klingt das, ehrlich gesagt, völlig idiotisch. Warum soll ich glücklich sein, wenn ich morgen sterbe? Und die Tatsache, dass ich sterben werde, unterliegt keinem Zweifel. Ich will niemanden dazu bewegen, sich mit dem Gedanken an den Tod zu plagen. Ich verleite ihn zu etwas sehr Einfachem und Offensichtlichem, zu dem Bewusstsein, dass er schwach ist, beschränkt, verurteilt, und sich deshalb über alles freuen sollte, was die Welt ihm gibt, ohne das aggressive Verlangen, sich die Welt unterzuordnen, weil das immer mit dem Begehren einher geht, sich andere Menschen zu unterwerfen.

Andrzej Szczypiorski, 1924–2000, polnischer Schriftsteller

- *Welchen Wert misst Szczypiorski der Demut bei?*
- *Worin zeigt sich in der heutigen Zeit der Mangel an Demut? Geben Sie Beispiele. Welche Gefahren birgt der Mangel an Demut?*
- *Nehmen Sie Stellung zu Szczypiorskis Aussagen.*
- *Beziehen Sie die Aussagen Szczypiorski auf das Bild Kahlos.*
- *Verfassen Sie abschließend einen Essay über die Bedeutung der Tugend in der heutigen Zeit.*

7. Philosophinnen

Hat die Philosophie die Frauen vergessen?

Titelblatt zu: Gregor Reisch, Margarita philosophica, 1503

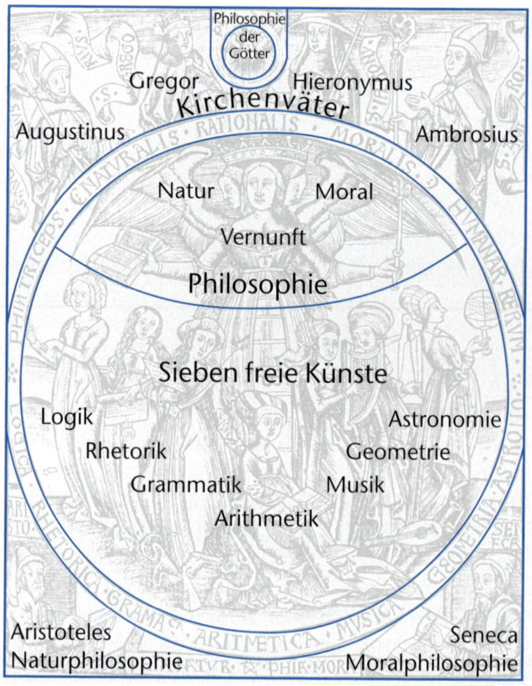

Kompositionsschema

> Das Weib ist sonach schon durch ihre Weiblichkeit vorzüglich praktisch, keineswegs aber spekulativ[1]. In das Innere über die Grenze ihres Gefühls hinaus eindringen, kann sie nicht, und soll sie nicht.
>
> spekulativ: hier: denkend
>
> *Johann G. Fichte, 1762–1814, deutscher Philosoph*

- *Beschreiben Sie die Darstellung der Philosophie auf dem Bild. Analysieren Sie die einzelnen Bildelemente und überlegen Sie, in welcher Beziehung sie zur Philosophie stehen.*

- *Warum haben Ihrer Meinung nach viele Künstler eine Frau für die bildliche Verkörperung der Philosophie gewählt, obwohl die Werke der philosophischen Tradition in der Mehrzahl von Philosophen verfasst wurden?*

> Frauen können wohl gebildet sein, aber für die höheren Wissenschaften, die Philosophie und für gewisse Produktionen der Kunst, die ein Allgemeines fordern, sind sie nicht gemacht. Frauen können Einfälle, Geschmack, Zierlichkeit haben, aber das Ideale haben sie nicht.
>
> ***Georg W. F. Hegel**, 1770–1831, deutscher Philosoph*

> Ein Frauenzimmer, das den Kopf voll Griechisch hat, wie die Frau Dacier, oder über die Mechanik gründliche Streitigkeiten führt, wie die Marquise von Châtelet, mag nur immerhin noch einen Bart dazu haben; denn dieser würde vielleicht die Miene des Tiefsinns noch kenntlicher ausdrücken, um welchen sie sich bewerben.
>
> ***Immanuel Kant**, 1724–1804, deutscher Philosoph*

- *Worin sehen Sie die Ursachen für die geringe Wertschätzung der geistigen Fähigkeiten von Frauen durch die genannten Philosophen?*

- *Wählen Sie einen Aphorismus aus und schreiben Sie dazu einen Gegen-Aphorismus. Vergleichen Sie anschließend Ihre Ideen im Kurs.*

Heilige oder Hetären?

Im folgenden Text begründet Marit Rullmann, warum ihrer Meinung nach Frauen in der Geschichte der Philosophie bisher eine untergeordnete Rolle gespielt haben.

Auch wenn sich die männliche Philosophie [...] redlich bemüht hat, keine dickleibigen Bücher über Philosophinnen zu schreiben, sondern möglichst viele Spuren ihres Lebens und vor allem ihrer Werke zu tilgen (oder Männern zuzuordnen), so sind zumindest seit dem Mittelalter Handschriften erhalten geblieben, z. B. von Hildegard von Bingen (vgl. S. 79) oder Christine de Pizan*. Die Überlieferungsgeschichte für die Antike ist dagegen besonders schwierig. Von keinem literarisch-philosophischen Werk, abgesehen von einigen Inschriften u. Ä., existiert mehr das Original. Erhaltene Handschriften sind häufig mehrere Jahrhunderte später entstanden, und beim Abschreiben sind Texte sowohl versehentlich wie auch wissentlich verändert worden. Abgesehen von den äußeren zerstörenden Einwirkungen auf die Originale wurden außerdem viele Texte bereits im Altertum bewusst vernachlässigt, weil sie nicht dem klassischen Kanon entsprachen. Davon waren sicher auch die meisten Werke der Philosophinnen betroffen. Erhalten geblieben sind von antiken Philosophinnen nur einige Fragmente und Briefe, deren Echtheit nicht immer verbürgt ist. Hinzu kommen Berichte, oder besser „Erzählungen" (wie z. B. von Diogenes Laertius[1]), über das Leben und Werk antiker Denkerinnen. Aus diesen häufig entstellenden und diffamierenden Schilderungen [...] ein annähernd realistisches Bild zu erarbeiten, wird nur durch umfangreiche textkritische Untersuchungen möglich sein. So lässt sich an der Darstellung der Aspasia* in der historischen und philosophischen Forschung gleichzeitig die Geschichte ihrer Diffamierung wie auch der ihr entgegengebrachten Wertschätzung durch die Jahrtausende ablesen. Dabei fällt der Vergleich zwischen Historikern und Philosophen leider sehr zu Ungunsten der Letzteren aus. Sie verschweigen bis heute konsequent Aspasias Bedeutung für die Philosophiegeschichte: Der „sokratische" Dialog war ihre Erfindung. [...]

Die Auseinandersetzung mit dem Leben und Werk von Philosophinnen wird zusätzlich noch dadurch erschwert, dass sie besonders häufig sexistischem Klatsch ausgesetzt waren. [...] Sie wurden abwechselnd als „Blaustrümpfe" oder „Mannweiber" tituliert, galten als „Kuriosum" – intelligent, aber unfruchtbar –, als „frigide", „Hetären" oder „femmes fatales".

In krassem Gegensatz zu den letzten beiden Zuschreibungen haben sich Philosophinnen – und zwar nicht nur die Mystikerinnen – in vielen Fällen bewusst für ein keusches und damit auch weitgehend „männerfreies" Leben entschieden [...]; sie entsprachen damit am ehesten den Anforderungen der Gesellschaft, die weibliche Bildung nur bei Jungfrauen akzeptierte. Außerdem war es bis zur frühen Neuzeit fast undenkbar, dass eine verheiratete Frau, womöglich auch noch als Mutter, wissenschaftlich tätig sein könnte.

1 Diogenes Laertius: Verfasser einer Philosophiegeschichte, Lebenszeit und -umstände sind unbekannt, vermutlich Ende des 3. Jahrhunderts n. Chr. Er teilt die antike Philosophie in zwei Überlieferungsstränge ein, in die „ionische" und in die „italische" Richtung.

*Marit Rullmann, *1953, deutsche Philosophin*

Überall Spitze – nur nicht in der Philosophie?

Wir haben heute Richterinnen, Unternehmerinnen und vielleicht schon in naher Zukunft eine Staatspräsidentin. Aber wann hat sich eigentlich dieser Wandel vollzogen? Manche behaupten, in der legendären Zeit der Achtundsechziger, andere meinen, schon viel früher, in den Jahren zwischen 1917 und 1918. Als damals im Ersten Weltkrieg die meisten Männer an der Front waren, nahmen die Frauen zu Hause deren Plätze in der Produktion ein, wodurch sich so etwas wie ein weibliches Selbstbewusstsein auf ökonomischem Gebiet zu entwickeln begann. Einen Bereich gibt es aber, in dem Frauen noch nicht an der Spitze angelangt sind. Und das ist die Philosophie. [...] Dass wir in der Geschichte der griechischen Philosophie keiner Sokratessa und keiner Platona begegnen, ist natürlich kein Wunder. Na ja gut, eine gab es sogar, eine Dame namens Hipparcheia, die Gattin des Krates, aber bei ihr von einer Philosophin zu sprechen, wäre nun schon etwas gewagt. Sie hatte Umgang mit der Gruppe der Kyniker aus Athen, also den *squatters* des 5. Jahrhunderts v. Chr., wobei sie besonders die Nähe des Diogenesschülers Krates suchte. Ihre Familie setzte alles daran, sie dem Einfluss des Philosophen zu entziehen, doch sie war furchtbar dickköpfig und wollte ihn unbedingt, koste es was es wolle, heiraten. Hipparcheias Vater ging sogar so weit, Krates einen Tag vor der Hochzeit noch einmal aufzusuchen und ihn zu bitten, seiner Braut die ganze Sache abspenstig zu machen. Was dieser schließlich auch versuchte: Wohl wissend, wie wenig attraktiv, ja abstoßend sein Körper war, zeigte er sich ihr mitten auf der Straße vollkommen nackt. Doch Hipparcheia ließ sich nicht schockieren, ganz im Gegenteil. Sie entkleidete sich ebenfalls, und so trieben es die beiden in aller Öffentlichkeit miteinander.

Um auf eine weitere Philosophin neben dieser Hipparcheia zu treffen, müssen wir schon zweieinhalb Jahrtausende verstreichen lassen. Das 20. Jahrhundert hat nicht wenige hoch begabte und intelligente Frauen in den verschiedensten Bereichen hervorgebracht: Naturwissenschaftlerinnen, Schriftstellerinnen, Anthropologinnen, Forscherinnen, bildende Künstlerinnen, Psychologinnen usw., darunter auch einige, die sich der Philosophie oder der Geschichte der Philosophie verschrieben haben. Dennoch würde ich keine von ihnen im engeren Sinne als Philosophin bezeichnen, weil keine von ihnen ein eigenes Denkgebäude errichtet hat. Natürlich kann man auch, mit einigem Recht, jeden Menschen, der zu eigenständigem Denken fähig ist, als Philosophen bezeichnen, angefangen bei meinem stellvertretenden Pförtner Salvatore, der dies übrigens sogar verdient hätte. Oder wir einigen uns auf eine Messlatte philosophischen Denkens, oberhalb derer wir es mit wahren Philosophen und unterhalb derer mit ganz normalen Menschen zu tun haben.

*Luciano de Crescenzo, *1942, italienischer Philosoph*

- *Vergleichen Sie die Ansichten über Philosophinnen von de Crescenzo und Rullmann. Welche finden Sie überzeugender? Begründen Sie Ihren Standpunkt.*

- *Erarbeiten Sie Kurzreferate über die in den Texten genannten Philosophinnen Hildegard von Bingen, Christine de Pizan, Aspasia, Hypatia und Hipparcheia. Sie können als Literaturgrundlage verwenden: Marit Rullmann, Philosophinnen, Bd. I und II, Suhrkamp Verlag, Frankfurt/M. 1998.*

Ist Ethik auch weiblich?

Marie Marcks, Ohne Titel, o. J.

Notieren Sie Stichworte zu dieser Zeichnung und diskutieren Sie anschließend im Plenum, ob Sie ähnliche Erfahrungen gemacht haben. Überlegen Sie, worin die Ursachen für eine unterschiedliche Behandlung von Mädchen und Jungen bestehen.

Unschuld statt Verstand?

Bereits im 4. Jahrhundert v. Chr. verfasste die Philosophin Periktyone eine Schrift „Über die Harmonie der Frau", die nur in Fragmenten erhalten blieb. Darin forderte sie, dass Frauen Tugenden wie Weisheit und Gerechtigkeit entwickeln sollten. Sie war damit die erste Philosophin, die sich mit der weiblichen Moral beschäftigte. Ihr folgten im Mittelalter u. a. Hildegard von Bingen (vgl. S. 79) und in der Neuzeit die Französin Olympe de Gouges. Die englische Philosophin Mary Wollstonecraft forderte in Auseinandersetzung mit dem Erziehungsroman „Emile" von Jean-Jacques Rousseau*, dass Jungen und Mädchen gleiche Tugenden ausbilden sollten (vgl. Recht, Gerechtigkeit, Menschenrechte, Cornelsen, Berlin 2001, S. 40–43).*

Die Männer haben ihre Tyrannei mit sehr einfallsreichen Argumenten zu rechtfertigen versucht. Die beiden Geschlechter, so meinten sie, sollten auf ihrem Weg zur Tugend einen sehr unterschiedlichen Charakter entwickeln. Anders und deutlicher ausgedrückt heißt das: Sie billigen den Frauen nicht genügend Geistesstärke zu, um Tugenden zu erwerben, die diesen Namen wirklich verdienen. Doch es scheint unwahrscheinlich, dass die Vorsehung (vorausgesetzt, sie hat den Frauen eine Seele verliehen) für die Menschheit mehr als einen Weg zur Tugend oder zum Glück bestimmt hat.
Wenn Frauen aber kein Schwarm von Eintagsfliegen sind, warum hält man sie dann in einer Unwissenheit, die man beschönigend als Unschuld bezeichnet? Die Männer beklagen sich – nicht zu Unrecht – über die törichten Launen unseres Geschlechts und verspotten uns wegen unserer unbesonnenen Leidenschaften und Laster. Doch was ist das anderes als die natürliche Folge der Unwissenheit! Wenn sich das Denken nur auf Vorurteile stützen kann, muss es zwangsläufig ungefestigt bleiben; die Flut entfaltet ihre destruktive Wut stets da, wo es keine Dämme gibt. Schon im zartesten Kindesalter lernen Frauen, nicht zuletzt am Beispiel ihrer Mütter, dass sie sich durch eine geringe Kenntnis menschlicher Schwäche – die man zu Recht als Hinterlist bezeichnet –, durch Nachgiebigkeit, äußerlichen Gehorsam und eine kindische Form des Anstands den Schutz eines Mannes sichern können. Sind sie schön, ist alles andere sowieso überflüssig, zumindest in ihren ersten zwanzig Lebensjahren. [...]
Kinder sollten unschuldig sein, soviel ist richtig. Aber bei Männern oder Frauen ist Unschuld nur ein höfliches Wort für Schwäche. Wenn man zugesteht, dass das Schicksal auch die Frauen dazu ausersehen hat, nach Tugend zu streben und ihren Charakter mit Hilfe des Verstands so zu festigen, dass sich darauf die Zukunft bauen lässt, dann muss man ihnen auch den Zugang zur wahren Quelle des Lichts gewähren.

Mary Wollstonecraft, *1759–1797, englische Philosophin*

Worin sehen Sie die Ursachen dafür, dass Frauen und Mädchen über Jahrhunderte hinweg nicht die gleiche „Geistesstärke" zugebilligt wurde wie Männern? Ist dieses Problem auch heute noch aktuell? Beziehen Sie in Ihre Diskussion auch die Zeichnung von Marie Marcks mit ein.

Vorschlag für Referate und Facharbeiten: Informieren Sie sich über das Leben und die zentralen Themen, die Philosophinnen in der Tradition der Philosophischen Ethik bearbeitet haben. Sie können dazu lesen in: Marit Rullmann, Philosophinnen, Bd. I und II, Suhrkamp Verlag, Frankfurt/M. 1998. Weiterführende Literaturhinweise sind dort angegeben.

Man kommt nicht als Frau zur Welt, man wird es.

Simone de Beauvoir, 1908–1986, französische Philosophin

Erläutern Sie den Sinngehalt dieses Aphorismus. Stimmen Sie de Beauvoir zu? Warum bzw. warum nicht? Formulieren Sie einen Gegenaphorismus, oder verändern Sie den zweiten Teil „man wird es".

Was ist „Feministische Ethik"?

Nach dem Zweiten Weltkrieg hat sich Simone de Beauvoir in ihrem Buch „Le Deuxième Sexe" (1949) mit den biologischen und gesellschaftlichen Beziehungen zwischen den Geschlechtern beschäftigt. Zu den Gründerinnen der Forschungsrichtung „Feministische Ethik" einige Jahrzehnte später gehört die Philosophieprofessorin Annemarie Pieper.

Die Bezeichnung „Feministische Ethik" hat sich für einen Diskurs* über Moral eingebürgert, der in den vergangenen drei Jahrzehnten überwiegend von Frauen geführt wurde. Dennoch ist diese Bezeichnung irreführend, weil sie suggeriert, dass es sich um einen Typus von Ethik handelt, der nur Frauen angeht. Zwar waren es durchaus Frauenanliegen, die den Anstoß zu feministischen Überlegungen gegeben haben, [...] aber als Adressaten der Untersuchungen waren Frauen und Männer als gleichermaßen Betroffene gemeint. Daher ist festzuhalten: Feministische Ethik ist

– weder eine bloße Fortsetzung noch eine Ergänzung der traditionellen Ethik aus Frauenperspektive;

– kein Parallelunternehmen zur klassischen „androzentristischen[1]" Ethik, das in rivalisierender oder konkurrierender Absicht auf Konfrontationskurs geht;

– keine Plattform zum Gegenentwurf einer spezifisch „weiblichen" Moral, die als die bessere oder wahrhaft allgemeinmenschliche deklariert wird.

Die feministische Ethik verdankt sich einem Perspektivenwechsel, der durch die Einführung der neuen Kategorie „gender", das „Geschlecht", als soziales Konstrukt in den Blick rückte und damit eine Abgrenzung gegen das natürliche Geschlecht („sex") ermöglichte. Aus der Gender-Perspektive stellen sich menschliche Individuen nicht als biologische Wesen mit unterschiedlichen naturalen bzw. genetischen Ausstattungen dar, sondern als Wesen, die in ihrem Selbstverständnis durch historische, soziale, kulturelle Prozesse so geprägt sind, dass sich diese Prägungen tiefgreifend auch in ihre Körper „eingeschrieben" und die Geschlechtsidentität so entscheidend geformt haben, dass der Eindruck entstehen konnte, sie sei das Ergebnis von Naturgesetzen bzw. der biologischen Evolution. Auch wenn der Schwerpunkt feministischer Untersuchungen auf der weiblichen Sozialisation in einer patriarchalen Gesellschaft liegt, fällt doch von dort aus der Blick auch auf die männliche Sozialisation, die jene Stereotype[2] des Männlichen als Vorbild des Allgemeinmenschlichen herausgebildet hat, von denen her das Weibliche stets als minderwertig deklariert wurde. Das Reflektieren aus der Gender-Perspektive erschließt nicht nur eine ganz andere Sicht der Dinge, sondern auch eine neue Gegenständlichkeit: Das erkennende, fühlende, wollende, handelnde Subjekt, das weder geschlechtslos noch neutral ist, aber auch nicht unausweichlich determiniert ist durch soziale Geschlechterrollen. Vor allem jedoch wird der Blick für das Ausgegrenzte, Ausgeschlossene, Diffamierte, Diskriminierte geschärft, das dem blinden Fleck in der herkömmlichen Sichtweise zum Opfer fiel. Daher ist die feministische qua[3] gender-perspektivische Ethik im Wesentlichen kritisch:

– Auf der Ebene des Handelns analysiert sie die Defizite sowohl der „männlichen" wie Konstrukte der dieser entgegengesetzten „weiblichen" Moral, ausgehend von der Voraussetzung, dass alle bisherigen Moralvorstellungen „androzentristisch" bzw. „patriarchal" sind, d.h. sich männlichen Denk- und Handlungsgewohnheiten verdanken, die als durch ‚die Natur' vorgeprägte allgemeinmenschliche Normen unterstellt wurden. Dass die eine Hälfte der Menschheit diese Normen besser durchzusetzen wusste als die andere, gründete sich entsprechend auf die Annahme einer „natürlichen" Überlegenheit des männlichen Geschlechts, mit welcher die Geschlechterhierarchie legitimiert wurde.

– Auf der Ebene der Prinzipien analysiert die feministische Ethik traditionelle Ethikmodelle hinsichtlich ihrer Prämissen[4] und Methoden, in der Absicht, auch hier die androzentristische Fixiertheit auf Einheitskonstrukte und die damit im Sinne einer Wertehierarchie verbundenen (vertikalen) Über- und Unterordnungen aufzudecken, um Wege zu eröffnen für eine (horizontale) Ethik, die den unterschiedlichen Interessen und Bedürfnissen gleichberechtigter und gleichwertiger Individuen Rechnung trägt.

Die feministische Ethik versteht sich also als kritisches Instrument und damit als *Korrektiv der traditionellen Ethik.* Aus der Gender-Perspektive geht es ihr zunächst nicht um die Begründung und Rechtfertigung von angeblich geschlechterübergreifenden (allgemein menschlichen) Moralvorstellungen und Handlungsprinzipien, sondern um die Bloßlegung der *Konstruktion* von Geschlecht (gender), die sich unter deskriptivem Gesichtspunkt als ein kulturelles Apriori[5], unter normativem Gesichtspunkt als ein interessenbedingtes Apriori erweist – und damit gerade nicht als eine natürliche Determination. Ziel dieser Bloßlegung ist es, den biologischen Unterschied (die Kategorie „Sex") als immer schon mit ideologischen Vorurteilen behafteten, der Willkür der Natur zugeschriebenen Unterschied in den Hintergrund treten zu lassen und den Blick zu öffnen für eine durch keine Geschlechtsstereotype verstellte Perspektive.

1 androzentrisch: den Mann in den Mittelpunkt stellend
2 Stereotype (Pl.): verbreitete Vorurteile, mit festen Vorstellungsklischees innerhalb einer Gruppe
3 qua: Konjunktion: (in der Eigenschaft) als
4 Prämisse: Voraussetzung
5 Apriori: Vernunftsatz

*Annemarie Pieper, *1941, deutsche Philosophin*

Sammeln Sie alle Aussagen dieses Textes thesenartig an der Tafel und vollziehen Sie den Gedankengang nach, z. B. in einer Skizze. Schreiben Sie dann einen Lexikonartikel „Feministische Ethik" für ein Jugendlexikon „Ethik" und ergänzen Sie diesen im Laufe der Unterrichtseinheit.

Mit welchen Problemen sollte sich Ihrer Meinung nach eine Forschungsrichtung „Feministische Ethik" beschäftigen? Diskutieren Sie in Arbeitsgruppen und unterbreiten Sie weitere Vorschläge.

Unterschiedliche Moralvorstellungen?

Wie würden Sie entscheiden?

Monika Krah-Schulte hat aus den inhaltlichen Bausteinen einer amerikanischen Kurzgeschichte von Susan Glaspell (A Jury of her Peers) den „Fall Minni Foster" zusammengestellt.

Eine Frau namens Minni Foster wird verdächtigt, ihren Ehemann umgebracht zu haben. Da sie zutiefst verstört ist und im Gefängnis noch nicht vernommen werden konnte, begibt sich der Staatsanwalt, zusammen mit dem zuständigen Sheriff, dessen Frau und einer Nachbarin der Verdächtigten in das Haus der Familie Foster, um nach Hinweisen für die so unverständliche Mordtat zu suchen.
Während der Staatsanwalt und der Sheriff nach Beweisen ausschauen, die geeignet sind, um die Geschworenen von der Schuld der Verdächtigten zu überzeugen, ist die Suche der beiden Frauen von dem Impuls geleitet, Frau Foster, die sie beide kannten, einige persönliche Gegenstände ins Gefängnis zu bringen. Dadurch werden sie immer mehr in die Lebensumstände der Verdächtigten involviert. Sie beginnen Beobachtungen und Eindrücke zusammenzufügen, entdecken in diesen vertraute Muster eigener Erfahrungen und treten damit in einen Verstehensprozess ein, der ihnen Minni Foster immer näher bringt. Als sie dann unter Stoffresten deren geliebten Kanarienvogel erdrosselt vorfinden, wird ihnen das Geschehene immer verständlicher. Sie erinnern sich, dass Frau Foster ganze Tage allein in ihrem Haus war, während ihr Mann auswärts arbeitete; der Gesang des Vogels war das Einzige, das ihr das Alleinsein erträglich zu machen vermochte. Die beiden Frauen, vor allem die Nachbarin, empfinden während der Rekonstruktion der Ereignisse auch eigene Schuld, sich nicht mehr um Minni Foster gekümmert zu haben; Mrs Peters, die Frau des Sheriffs, erinnert sich an eigenes Leid, als in ihrer Kindheit ein Junge ihre Katze getötet hatte, auch an ihren Impuls, den Peiniger selbst zu richten – sie aber war nicht allein und wurde von anderen zurückgehalten. Wohin die Einsamkeit Frau Foster geführt hat, wird ihnen nur zu deutlich. Sicherlich sagt ihnen ihre Rechtskenntnis, dass man einen Mann nicht einfach umbringen darf, weil er einen Kanarienvogel getötet hat. Mit ihrer Entscheidung, die Beweisspuren zu beseitigen, statt sie offen zu legen, grenzen sie sich von einem Rechtssystem ab, in dem sie keine Stimme und keine Möglichkeit haben, dem Geltung zu verschaffen, was sie zu verstehen gelernt haben.

Anmerkung: 1927, als die Kurzgeschichte von Susan Glaspell entstand, gab es in der Regel nicht die Möglichkeit für Frauen, als Geschworene in einem Prozess mitzuwirken.

Diskutieren Sie den Mordfall Foster, indem Sie drei Geschworenen-Gruppen bilden: eine reine Mädchengruppe, eine reine Jungengruppe und eine gemischte Gruppe. Fällen Sie ein Urteil über diesen Mordfall und begründen Sie, welches Kriterium Sie bei Ihrer Entscheidung zu Grunde legen. Vergleichen Sie danach, ob es in den drei Gruppen unterschiedliche Kriterien gibt, und überlegen Sie, ob diese geschlechtsspezifisch bedingt sein könnten.

Monika Krah-Schulte

Kohlberg*: Stufen moralischer Entwicklung

6. Als gerecht erscheinen Handlungen, die sich an universellen ethischen Prinzipien, wie z. B. den Zehn Geboten aus der Bibel oder dem kategorischen Imperativ von Kant*, orientieren.

5. Als gerecht erscheinen Handlungen, die sich an fundamentalen Rechten des Menschen orientieren und auf Konsensfindung ausgerichtet sind.

4. Als gerecht erscheinen Handlungen, die sich an vereinbarten Regeln, Pflichten und Gesetzen orientieren.

3. Als gerecht erscheinen jene Handlungen, die in meiner Gruppe akzeptiert werden; moralische Entscheidungen orientieren sich an persönlichen Bindungen wie Vertrauen, Loyalität und Dankbarkeit.

2. Als gerecht erscheint jene Handlung, die auf Gegenseitigkeit beruht: Gibst du mir, so geb ich dir!

1. Als gerecht erscheint jene Handlung, für die ich belohnt werde. Moralische Entscheidungen orientieren sich an Bestrafung, Gehorsam und Autorität.

Fürsorglichkeit gegen Gerechtigkeit?

Carol Gilligan untersuchte mehrere Jahre lang das moralische Verhalten von Mädchen und Jungen. Sie war Mitarbeiterin des amerikanischen Wissenschaftlers Lawrence Kohlberg, der eine Stufentheorie der moralischen Entwicklung der Menschen aufstellte, die sechs Stufen umfasst und das moralische Prinzip der Gerechtigkeit als wesentliches Kriterium betrachtet (vgl. Schema). Wer die höchste Stufe erreicht, hat seiner Meinung nach das „beste" moralische Urteil gefällt. Gilligan stellte fest, dass nach diesem Schema Mädchen und Frauen in der Mehrzahl auf der Stufe 3 zu finden sind, während Jungen und Männer fast immer auf Stufe 4 stehen. Ihre empirischen Studien führten sie zu der Überzeugung, dass Frauen und Männer ihren moralischen Entscheidungen unterschiedliche Orientierungsmuster zu Grunde legen: Männer die Gerechtigkeitsperspektive und Frauen die Fürsorgeperspektive.

In einer Gerechtigkeitsperspektive hebt sich das Selbst, als moralische Instanz, als Gestalt gegen einen Hintergrund sozialer Beziehungen ab. Es beurteilt die konfligierenden[1] Ansprüche des Selbst und der Anderen nach einem Standard der Gleichheit und der gleichwertigen Beachtung (dem kategorischen Imperativ, der „Goldenen Regel"). In einer Fürsorgeperspektive wird zur Gestalt die Beziehung, die das Selbst und die Anderen definiert. Im Kontext einer Beziehung ist das Selbst als moralische Instanz darauf eingestellt, Bedürfnisse wahrzunehmen und auf sie zu reagieren. Der Wechsel in der moralischen Perspektive manifestiert sich in einer Veränderung des moralischen Problems: An die Stelle der Frage „Was ist gerecht?" tritt die Frage „Wie soll man reagieren?"

So sprechen z. B. Jugendliche, wenn man sie auffordert, ein moralisches Dilemma[2] zu beschreiben, häufig von Gruppendruck oder dem Druck ihrer Familie, und die moralische Frage lautet dann: Wie kann man moralische Prinzipien oder Standards aufrechterhalten und dem Einfluss seiner Eltern oder Freunde widerstehen? „Ich habe ein Recht auf meine religiösen Ansichten", erklärt ein Teenager mit Bezug auf religiöse Differenzen mit seinen Eltern. „Dennoch", fügt er hinzu, „respektiere ich ihre Sichtweise." Dasselbe Dilemma wird von Adoleszenten[3] aber auch als ein Problem der Bindung gedeutet. In diesem Fall lautet die moralische Frage: Wie berücksichtigt man in seiner Reaktion gleichzeitig sich selbst und seine Freunde oder Eltern, wie lässt sich die Bindung angesichts von Glaubensdifferenzen aufrechterhalten oder festigen? „Ich verstehe ihre Furcht vor meinen neuen religiösen Ideen", erklärt ein Teenager mit Bezug auf eine religiöse Meinungsverschiedenheit mit ihren Eltern, „aber sie sollten mir wirklich zuhören und versuchen, meine Glaubensanschauungen zu verstehen". Diese beiden Aussagen lassen sich als zwei Versionen von im Grunde ein und derselben Sache verstehen. Beide Teenager bringen Argumente über religiöse Meinungsverschiedenheiten vor, die der eigenen Selbstrechtfertigung dienen. Beide sprechen die eigenen Ansprüche und die der anderen in einer Weise an, die beide Seiten respektiert. Beide Teenager rekonstruieren aber das Problem in je anderen Begriffen, und die Verwendung der jeweiligen Moralsprachen zeigt, dass es ihnen um etwas je anderes geht. Der erste Sprecher begreift das Problem unter Rekurs auf individuelle Rechte, die es in Beziehungen zu respektieren gilt. Mit anderen Worten, die Gestalt, um die es geht, ist das Selbst, das auf die in Beziehung zueinander stehenden, nicht übereinstimmenden Anderen blickt; sein Ziel ist es, die anderen dazu zu bewegen, das Recht auf abweichende Meinung anzuerkennen. Im Falle der zweiten Sprecherin wechseln Gestalt und Hintergrund. Zur Gestalt, um die es geht, wird die Beziehung, und für Beziehungen wird als wesentlich angesehen, dass man zuhört und Anstrengungen unternimmt, unterschiedliche Glaubensauffassungen zu verstehen. Statt des Rechts, anderer Meinung zu sein, rückt die Sprecherin die Sorge ins Zentrum, zu hören und gehört zu werden. Die Aufmerksamkeit wechselt von Fragen der Einigung (Rechte und Achtung) zu solchen des Verstehens (Zuhören und Sprechen, Hören und Gehörtwerden). Dieser Wechsel dokumentiert sich in einer Veränderung der Sprache der Moral – an die Stelle der Darlegung individueller Ansprüche auf Rechte und Achtung („Ich habe ein Recht darauf … Ich achte ihre Ansichten.") treten Momente von ‚Beziehungsarbeit': Das Gebot, zuzuhören und sich um Verständnis zu bemühen („Ich verstehe … sie sollten zuhören … und versuchen, zu verstehen, …"). Die Metapher einer „Stimme der Moral" enthält als solche die Perspektive der Fürsorge; sie macht offenbar, dass die für die Moraltheorie gewählte Sprache nicht orientierungsneutral ist.

1 konfligierend: mit etwas in Konflikt geraten
2 Dilemma: Zwangslage, Wahl zwischen zwei (gleich unangenehmen) Dingen bzw. Situationen
3 Adoleszenten: Jugendliche im Alter von 17–20 Jahren

*Carol Gilligan, *1947, amerikanische Psychologin*

- *Entwerfen Sie eine Tabelle, in der Sie die Unterschiede zwischen dem Gerechtigkeitsprinzip und dem Prinzip der Fürsorge verdeutlichen.*
- *Diskutieren Sie anschließend das Beispiel der beiden Jugendlichen hinsichtlich der religiösen Ansichten und die von Gilligan daraus gezogenen Konsequenzen. Können Sie ihr zustimmen? Begründen Sie Ihre Auffassung.*
- *Wenden Sie die Überlegungen von Gilligan auf den Fall der Minnie Foster an, den Gilligan bei moralischen Befragungen von Männern und Frauen ebenfalls als Beispiel verwendet hat. Haben Sie jetzt eine andere Sicht des Problems? Warum bzw. warum nicht?*
- *Vorschlag für ein Referat: Lesen Sie den gesamten Beitrag von Carol Gilligan, Moralische Orientierung und moralische Entwicklung, in: Gertrud Nunner-Winkler (Hrsg.), Weibliche Moral, dtv, München 1995, S. 79–100, und diskutieren Sie die von Gilligan angeführten Fallbeispiele.*

Neue Frauen – neue Männer?

Mutterliebe

Ich bin in einer Kultur geboren,
in der die Frauen nicht
in der Mutterliebe unterwiesen wurden.
Und doch ist dies
das wichtigste Wissen und Können …

*Luisa Muraro, *1940, italienische Philosophin*

Pieter de Hooch, Mutter und Kind, o. J.

- *Beschreiben Sie die Beziehungen zwischen Mutter und Kind auf diesem Bild, indem Sie nach Begriffen suchen, durch die sich das Verhältnis zwischen Mutter und Tochter charakterisieren lässt.*
- *Warum ist die Beziehung zur Mutter oder die Mutterliebe, wie es Luisa Muraro ausdrückt, für die Entwicklung eines Kindes wichtig? Begründen Sie Ihre Meinung.*

Mütterlichkeit

Der Darmstädter Philosoph Gernot Böhme ist Vater von fünf Töchtern. Er veröffentlichte 1995 das Buch „Briefe an meine Töchter", in dem er seinen Töchtern Anregungen für eine gute Lebensführung gibt. In diesem Buch stellt Böhme auch seine Ansichten über die Beziehungen zwischen den Geschlechtern dar.

Nehmen wir als weiteres Element von Weiblichkeit, weil es jetzt nahe liegt, die Mütterlichkeit und die Fürsorge. Hier haben wir es mit Verhaltensweisen zu tun, die von modernen Frauen gegebenenfalls nur für eine relativ kurze Lebensperiode verlangt sein könnten und in der Klein- oder Kleinstfamilie vielleicht ebenso gut dem Mann zufallen können. Aber diese Sichtweise übergeht die außerordentliche Bedeutung, die der Mütterlichkeit und Fürsorge für andere im menschlichen Leben zukommt, und das Bedürfnis, das im Grunde jeder hat, wenigstens irgendwo eine Instanz der Mütterlichkeit zu finden. Worin besteht Mütterlichkeit eigentlich? Mütterlichkeit hat primär mit Leiblichkeit zu tun und ist wohl vor allem die Fähigkeit, jemanden fraglos in der Nähe aufnehmen zu können. Fraglos, d. h. unter Absehung von gesellschaftlichen Normen, insbesondere von Leistungskriterien. Und in der Nähe, d. h. ohne gleichzeitig eigene Räume zu beanspruchen und Distanzierung spüren zu lassen. Mütterlichkeit ist also wahrhaft nicht einfach und unter modernen Lebensbedingungen keineswegs selbstverständlich. Sicher wird man Mütterlichkeit nur gegenüber einem eingeschränkten Kreis von anderen Menschen, nahe verbundenen, d. h. ursprünglich nur den eigenen Kindern gegenüber üben können. Aber man weiß, dass gerade Frauen, etwa in pflegerischen Berufen oder als Lehrerinnen, diesen Kreis haben durchaus erweitern können.

Fürsorge heißt, sich um das Wohl des anderen um seiner selbst willen kümmern. Das ist ein Prinzip, das zunächst auch auf die Verwandten oder gar die Kinder eingeschränkt ist. Fürsorge wird in der Regel in unvollständiger Weise geübt, entweder indem abstrakt die Rahmenbedingungen für das Leben des anderen erschaffen werden – in diesem Sinne sorgt traditionell der Vater für seine Familie – oder indem die Sorge für den anderen primär eine Sorge für sich ist, indem man etwa mit seinen Kindern Erfolg haben will oder die Reputation[1] wahren. Fürsorge verlangt aber genaugenommen ein hohes Maß an Absehen von sich selbst und wiederum Einfühlung bzw. vorgreifende Identifizierung mit dem, was aus dem anderen, für den man sorgt, werden soll. Fürsorge könnte man als entfaltete Mütterlichkeit bezeichnen. Also, was sagt ihr zu Mütterlichkeit und Fürsorge? Ich habe diese Elemente traditioneller Weiblichkeit von vornherein so formuliert, dass sie nicht als Attribute erscheinen, die die Frau durchschnittlich charakterisieren. Lohnt es sich, frage ich euch, auf sie hin sich zu entwickeln? Man kann sagen, dass es sich bei Mütterlichkeit und Fürsorge gar nicht so sehr um spezifische Kompetenzen handelt, sondern vielmehr um eine bestimmte Persönlichkeitsstruktur, die verlangt ist. Einen anderen Menschen fraglos in der Nähe aufnehmen zu können verlangt eine bestimmte Reife der Persönlichkeit, eine Art Reichtum, der sich nicht vergibt, und eine Sicherheit, die sich nicht durch Abgrenzung definieren muss. Fürsorge kann im Leben immer mal wieder ad hoc[2] verlangt werden, braucht also keineswegs ein ‚Beruf' zu sein. Aber gerade dieses ad hoc zu können, wenn es nötig ist, nämlich von sich selbst absehen, sich ganz auf das einlassen, was jetzt für den anderen gut ist, verlangt vom Einzelnen viel. Was dann im Konkreten nötig ist, könnte in der Tat auszubildende Kompetenzen enthalten, die wohl traditionell unter den Begriff der Hausfrauenarbeit fallen. Diese Kompetenzen können natürlich zu einer hohen Kunst entfaltet werden. Aber einerseits muss man sagen, dass, was hier nötig ist, unter modernen Lebensbedingungen wesentlich vereinfacht ist und mehr oder weniger von jedem beherrscht werden kann. Und dass andererseits, worauf es ankommt, viel mehr die fürsorgende Haltung ist, die den anderen aufnimmt und fördert, als alles, was dann im Einzelnen geschehen mag. Es wird euch nicht schwer fallen zu entscheiden, ob ihr Mütterlichkeit in euch ausbilden sollt oder nicht. Hier ist die Beziehung zu einem biografischen Schlüsselereignis, das ihr mit einer gewissen Wahrscheinlichkeit erfahren werdet, nämlich Mutter zu werden, zu eindeutig. Mutter zu sein ohne Mütterlichkeit, das wäre schlimm. Aber schließlich gibt es auch das, und nicht jede Frau muss Mutter werden. Mütterlichkeit ist allerdings etwas, was sich durchaus nicht nur auf Kinder bezieht. Auch eine Zweierbeziehung, in der es kein Moment[3] von Mütterlichkeit gibt, wäre schlimm. Es fällt mir also nicht schwer, euch hier zuzuraten.

1 Reputation: (guter) Ruf, Ansehen
2 ad hoc: aus dem Augenblick heraus, sofort
3 Moment: hier: Merkmal

Gernot Böhme, **1937, deutscher Philosoph*

Antworten Sie in einem fiktiven Brief an Gernot Böhme auf seine Frage, was Sie von Mütterlichkeit und Fürsorge halten. Diskutieren Sie Ihre Briefe im Kurs.

Was bedeutet für Sie Mütterlichkeit in einer Zweierbeziehung? Können auch Männer die von Böhme charakterisierte Mütterlichkeit entwickeln? Warum bzw. warum nicht?

Falls Sie die weiteren Anregungen von Gernot Böhme interessieren, können Sie in seinem Buch lesen: Briefe an meine Töchter, Insel Verlag, Frankfurt/M. 1995.

Die neuen Väter

Elisabeth Badinter lehrt Philosophie in Paris. Sie veröffentlichte 1994 das Buch „L'un est l'autre", in dem sie die These aufstellt, dass sich die Verhaltensweisen von Männern und Frauen immer mehr angleichen.

Seit rund 15 Jahren verwischt sich in den meisten westlichen Gesellschaften nach und nach die Grenze zwischen dem Bereich der Mütterlichkeit und dem der Väterlichkeit. Die Männer beginnen unmittelbar zu erfahren, was es heißt, ein Kind zu haben und für das Kind all das zu tun, was die Frauen seit jeher getan haben. Mit der neuen Väterlichkeit bekunden sie ihr „nährendes Selbst" und eine Weiblichkeit, von der sie vielfach nicht einmal wussten, dass sie in ihnen steckte.
James Levine hat die neue Väterlichkeit in den Vereinigten Staaten erforscht und kommt zu dem Schluss, dass die fortschreitende Verwischung der Grenze zwischen Mütterlichkeit und Väterlichkeit sich in verschiedenen Bereichen äußert. Im Rechtswesen haben die Jahre zwischen 1960 und 1980 bedeutende Veränderungen gebracht. In mehreren amerikanischen Staaten ist es im Falle einer Scheidung zulässig, dass die Eltern das Sorgerecht für die Kinder gemeinsam wahrnehmen, und man kann feststellen, dass der Anteil der Väter, die das Sorgerecht für ihre Kinder haben, in den letzten zehn Jahren ständig gestiegen ist. In Frankreich wird in neun bis elf Prozent aller Fälle das Sorgerecht für die Kinder dem Vater übertragen. Seit einigen Jahren wächst dieser Anteil nicht mehr, vor allem wegen hartnäckiger Vorurteile und der Mentalität der Richter. Die Väter haben doch ihre Forderungen mit hinreichender Lautstärke vorgetragen, so dass die Gerichte jetzt allmählich zur Kenntnis nehmen, dass Väter wie Mütter gleichermaßen geeignet sind, die elterlichen Aufgaben zu erfüllen.
Die Wissenschaft interessiert sich immer mehr für die „neuen Väter". Noch vor zwanzig Jahren waren die Väter für die Verhaltensforscher eine praktisch nicht existierende Gattung; heute hat die Forschung über die Vaterschaft in den USA und in anderen westlichen Ländern gute Aussichten, zu einem führenden Sektor zu werden. Die meisten Untersuchungen ziehen die Behauptung in Zweifel, dass es im Hinblick auf die Fähigkeit, die Kleinen zu versorgen, Unterschiede zwischen Müttern und Vätern gebe. […]
Zu den neuen Verhaltensweisen gehört etwa, dass in mehr als der Hälfte der amerikanischen Bundesstaaten allein stehende Männer Kinder adoptieren; in Filmen und Zeitschriften wird die Wichtigkeit des Körperkontakts zwischen dem Vater und seinem Kind betont, aber die neue Väterlichkeit bleibt Sache einer Minderheit. Wir sollten sie jedoch nicht als eine flüchtige Mode betrachten, zumal sie einer Forderung der jungen Mutter entspricht und neue Aspekte des männlichen Unbewussten aufdeckt. Im Übrigen zieht sich eine solche Umwälzung der Lebensformen über mehrere Generationen hin.
Es gibt mittlerweile zahlreiche Untersuchungen über die neuen Väter, und daraus geht hervor, dass sie jung sind, dass sie an der Schwangerschaft und der Entbindung ihrer Frau teilnehmen und dass sie ihr Baby mit aller notwendigen Liebe füttern, trockenlegen und baden. Diese Männer zeigen gegenüber ihrem Nachwuchs komplexe und ambivalente Reaktionen, die man bislang allein der Mutter vorbehalten glaubte.
Erstmals interessiert man sich für die Empfindungen von Männern, die ein Kind erwarten. Man spricht ohne Ironie vom „schwangeren Mann" und von einem „Erstvater".

Elisabeth Badinter, **1944, französische Philosophin*

Stimmen Sie Badinter zu, dass sich die Einstellung von Vätern ihren Kindern gegenüber geändert hat? Begründen Sie Ihre Entscheidung.

Schreiben Sie zwei Lexikonartikel für ein Jugendlexikon „Ethik", in dem sie auf der Grundlage der Überlegungen von Gernot Böhme und Elisabeth Badinter die neue Väterlichkeit und Mütterlichkeit charakterisieren.

Entwerfen Sie in Analogie zu dem Gemälde von Pieter de Hooch eine Skizze für ein Bild, das die neue Väterlichkeit zum Ausdruck bringt.

III. Angewandte Ethik

Ethik lässt sich nicht nur als autonome, sondern auch als angewandte Wissenschaft betreiben; sie wird durch Anwendung allgemeiner ethischer Prinzipien auf bestimmte Lebens- und Handlungsbereiche zu einer speziellen, „konkreten" Ethik, die den Unbedingtheitsanspruch der Moralität im Zusammenhang mit der Moral bzw. dem Ethos einer einzelnen Handlungswissenschaft auslegt.

*Annemarie Pieper, *1941, deutsche Philosophin*

Bioethik
Probleme aller in der Natur lebender Organismen

Medizinethik
Probleme des menschlichen Lebens

- Apparatemedizin
- Sterbehilfe
- Schwangerschaftsabbruch
- Manipulation von Erbgut
- Organverpflanzung
- Gehirntherapie
- Klonieren
- gentechnische Veränderungen von Mikroorganismen
- Embryonalforschung

....

Ökologische Ethik
Probleme der menschlichen Verantwortung für die Umwelt

- Analyse ökologischer Probleme
- normative Orientierung für menschliches Handeln
- Probleme eines nachhaltigen Umweltschutzes

....

Humorlos

Die Jungen
werfen
zum Spaß
mit Steinen
nach Fröschen.

Die Frösche
sterben **im Ernst**.

Erich Fried, 1921–1988, österreichischer Dichter

Ein Chirurg, der im Begriff war, eine Organverpflanzung vorzunehmen, stoppte die Operation. Durfte er angesichts der ungeprüften Herkunft und des überprüfbaren Alters des Gewebes ein, wenn auch noch so kleines Risiko eingehen und sich der Dringlichkeit beugen? Musste er, vielleicht aus übertriebener Vorsicht, verzichten? Professor Pouliquen traf seine Entscheidung. Im Namen eines einfachen Prinzips, wie er mir sagte, das jeder begreifen müsste: „Was würde ich tun, wenn es sich um meinen Sohn oder mein Enkelkind handelte? Die Übertragung von Aids riskieren, und sei es noch so unwahrscheinlich?" Er brach den Eingriff ab …

*André Glucksmann, *1937, französischer Philosoph*

Nicht, indem der Mensch
sein Leben hergibt,
sondern indem er es wagt,
erhebt sich der Mensch über das Tier.

Simone de Beauvoir, 1908–1986, französische Philosophin

Ich behaupte, dass man, wenn man an der Konzeption der gleichen Würde aller Menschen ohne religiöse oder metaphysische Prämissen festhalten will, automatisch zu einer Moral kommt, die sich auf alle leidensfähigen Wesen bezieht – dass diese Ausdehnung im eigenen Sinn in der Konzeption der Menschenwürde schon angelegt ist. Die Position, die sich ergibt, hat den Vorteil, dass sie ohne weiteres erklären kann, warum auch diejenigen Menschen, die aus dem Kreis vernünftiger Wesen herausfallen, nach unseren alltäglichen Überlegungen moralisch zählen.

*Ursula Wolf, *1949, deutsche Philosophin*

Technikethik
Verhältnis von Mensch und Technik

- Analyse technischer Probleme
- Abschätzung der Folgen technischer Entwicklungen

....

Wirtschaftsethik
ethische Prinzipien der Wirtschaft

- Unternehmensführung
- Folgen der Globalisierung
- Verhältnis ökonomischer und ethischer Werte

....

Von den Massenkommunikationsmitteln sagt man manchmal, sie hätten aus der Erde ein weltweites Dorf gemacht und nationale und sogar globale Stadtversammlungen ermöglicht. Aber im Gegensatz zur traditionellen Stadtversammlung Neu-Englands, die eine Übung in Mitbestimmung bei politischen Angelegenheiten war – und in meiner Heimatstadt auch heute noch ist –, erlauben die Massenmedien in der Regel keine Gegenrede. [...] In gewissem Sinn ist der Computer ein Werkzeug derselben Art. Er hat dazu beigetragen, die Tür zu neuen Räumen aufzustoßen. [...] Aber unter seinem Einfluss haben sich auch bestimmte Türen geschlossen.

*Joseph Weizenbaum, *1923, amerikanischer Computerwissenschaftler*

Was aber wird geschehen, wenn die Weltwirtschaft, nicht nur ihr Kapitalfluss, sondern auch ihr Arbeitsmarkt, wirklich ohne nationale Grenzen funktioniert, wirklich global sein wird? Wer werden im grenzenlosen Wettbewerb der Unternehmen, der Regionen und Standorte die Gewinner sein und wer die Verlierer? Wird das nicht eine „ökonomisierte“ und so möglicherweise unfreundliche, undemokratische, ja inhumane Welt sein, in der wir durch Globalisierung um einer höheren Produktivität und Rentabilität willen beinahe über Nacht hineinkatapultiert werden?

*Hans Küng, *1928, schweizerischer Theologe*

Diskutieren Sie über die Aussagen der Zitate. Wo stimmen Sie zu, wo haben Sie eine andere Meinung? Halten Sie die Ergebnisse der Diskussion thesenartig fest und besprechen Sie sie am Ende des Kapitels noch einmal. Stellen Sie dann zuerst fest, ob sich Ihre Einstellungen geändert haben und Sie einige Thesen anders formulieren würden. Verfassen Sie abschließend kurze Begründungen zu den einzelnen Thesen.

Suchen Sie sich ein Teilgebiet aus der „Angewandten Ethik“ heraus und sammeln Sie dazu Kurzbeiträge aus der aktuellen Presse. Wählen Sie anschließend ein Beispiel aus und erläutern sie schriftlich, welche ethischen Probleme es aufwirft.

Ergänzen Sie das Schema durch weitere Teilgebiete und bereiten Sie Kurzreferate vor. Sie können dazu lesen: Urs Thurnherr, Angewandte Ethik, A. E. Junius Verlag, Hamburg 2000, S. 34–131.

Überlegen Sie, weshalb die „Angewandte Ethik“ als ein Teilgebiet der Philosophischen Ethik erst im 20. Jahrhundert entstanden ist.

Literaturempfehlungen

- Kurt Bayertz, Politik und Ethik, Reclam, Ditzingen 1996
- Dieter Birnbacher (Hrsg.), Ökologie und Ethik, Reclam, Ditzingen 1980
- Dieter Birnbacher (Hrsg.), Ökophilosophie, Reclam, Ditzingen 1997
- André Glucksmann, Der Stachel der Liebe – Ethik im Zeitalter von Aids, Artemis & Winkler, München 1995
- Hans Lenk, Matthias Maring, Wirtschaft und Ethik, Reclam, Ditzingen 1992
- Hans Lenk, Günter Ropohl, Technik und Ethik, Reclam, Ditzingen 1987
- Hans-Martin Sass (Hrsg.), Medizin und Ethik, Reclam, Ditzingen 1989
- Urs Thurnherr: Angewandte Ethik, A. E. Junius Verlag, Hamburg 2000
- Zeitschrift: Ethik und Unterricht, Heft 4, 2001: Ethik im medizinischen Alltag, Friedrich Verlag, Seelze/Hannover

Ethik und Medizin

> Wenn wir bessere Menschen herstellen könnten durch das Hinzufügen von Genen, warum sollten wir das dann nicht tun?
>
> *James D. Watson, *1928, amerikanischer Mediziner, Nobelpreis für Medizin*

- *Formulieren Sie eine Antwort an Watson.*
- *Inwiefern könnten Sie in Ihrem zukünftigen Leben durch den medizinischen Fortschritt beeinflusst werden?*
- *Beschreiben Sie Ihre Erfahrungen mit der Medizin, mit der Sie in Ihrem Lebensumfeld konfrontiert werden. Wie beurteilen Sie deren Vorzüge und Nachteile?*

Verantwortung der Ärztinnen und Ärzte

Der medizinisch-technische Fortschritt des 20. Jahrhunderts hat […] zu einer wesentlichen Verbesserung der Lebensqualität […] geführt. Angesichts dieser positiven Entwicklung dürfen jedoch die Gefahren der modernen Medizin nicht vernachlässigt werden. […] Heute gilt es mehr denn je, zu fragen, ob der Arzt alles Machbare uneingeschränkt einsetzen muss oder darf. […] Die technischen Möglichkeiten entwickeln sich offenbar rascher als die Fähigkeit der Beteiligten, diese zu reflektieren und mit ihnen angemessen umzugehen. Die Rechte und die Würde des Patienten einerseits, die Pflichten des Arztes andererseits veranlassen uns, dieses Verhältnis neu zu überdenken. […] Dennoch kann die ärztliche Verantwortung nicht von einer individuellen zu einer kollektiven Verpflichtung umgemünzt werden. Die Verantwortung der einzelnen Ärztin und des Arztes dafür, dem Patienten eine medizinisch fundierte und menschlich angemessene Vorgehensweise zu empfehlen, bleibt letztlich unteilbar, auch wenn die moderne Medizin von Arbeitsteiligkeit und Kooperation zwischen vielen Spezialisten geprägt ist. Auch die Hierarchie im Krankenhaus kann und darf die Verantwortung des einzelnen Arztes für die jeweilige Maßnahme nicht auflösen oder verwässern. Hier ist zum einen die Ethik in der Medizin gefordert, darüber hinaus muss aber auch die Forderung erhoben werden, bereits in der studentischen Ausbildung den Grundstein für Bewusstsein, Reflexion und Konsequenz des ärztlichen Handelns zu legen. Aber […] auch die zunehmende Konfrontation mit dem Problem, dass grundsätzlich vorhandene Therapiemöglichkeiten nicht unabhängig von Budgetvorgaben und beschränkten Ressourcen genutzt werden können, stellt das traditionelle Verständnis von der Verantwortung des Arztes empfindlich infrage. […] Welche anderen Kriterien als die der medizinischen Indikation, der Bedürftigkeit des Patienten sind hier akzeptabel? Welchen Grundkonflikt mutet eine Gesellschaft ihren Ärzten, Pflegekräften und Therapeuten zu, wenn diese […] nicht mehr jeden bedürftigen Patienten „ohne Ansehen der Person" in gleicher Weise behandeln sollen und können?

Wolfgang Hiddemann, deutscher Professor für Medizin
Stella Reiter-Thiel, deutsche Professorin für Medizinethik

- *Erarbeiten Sie in Kleingruppen fünf Grundsätze, die Ihrer Meinung nach in einer Medizinethik enthalten sein müssten und tragen Sie sie im Plenum zusammen.*

Arztgelöbnis

Das Arztgelöbnis ist ein der Berufsordnung für die deutschen Ärzte vorangestelltes, vom Weltärztebund empfohlenes Gelöbnis, das den früheren „Eid des Hippokrates" ersetzt. Es lautet: „Bei meiner Aufnahme in den ärztlichen Berufsstand gelobe ich feierlich, mein Leben in den Dienst der Menschlichkeit zu stellen. Ich werde meinen Beruf mit Gewissenhaftigkeit und Würde ausüben. Die Erhaltung und Wiederherstellung der Gesundheit meiner Patienten soll oberstes Gebot meines Handelns sein. Ich werde alle mir anvertrauten Geheimnisse wahren. Ich werde mit allen meinen Kräften die Ehre und die edle Überlieferung des ärztlichen Berufes aufrechterhalten und bei der Ausübung meiner ärztlichen Pflichten keinen Unterschied machen, weder nach Religion, Nationalität, Rasse noch nach Parteizugehörigkeit oder sozialer Stellung. Ich werde jedem Menschenleben von der Empfängnis an Ehrfurcht entgegenbringen und selbst unter Bedrohung meine ärztliche Kunst nicht in Widerspruch zu den Geboten der Menschlichkeit anwenden. Ich werde meinen Lehrern und Kollegen die schuldige Achtung erweisen. Dies alles verspreche ich feierlich auf meine Ehre."

- *Wie beurteilen Sie die Formulierungen dieses Arztgelöbnisses? Gibt es etwas, das fehlt oder das Ihrer Meinung nach überflüssig ist? Notieren Sie in Kleingruppen, was unbedingt enthalten sein sollte, und formulieren Sie einen eigenen Text.*
- *Weitere Informationen über Medizinethik finden Sie unter* ***www.who.int*** *und unter* ***www.ierm.at***
- *Diskutieren Sie in einer Pro-und-Contra-Diskussion die Frage: Sollten die Grundsätze der Medizinethik für alle Mitarbeiter in der Gesundheitsfürsorge gelten oder nicht? (Vgl. Z. 4–9.) Halten Sie die Argumente dafür und dagegen schriftlich fest. Beziehen Sie in Ihre Diskussion auch die Haltung der Pharmafirmen bei der Gipfelkonferenz der WHO* 2001 mit ein: Die WHO hatte an die Pharmaindustrie appelliert, Medikamente zu erschwinglichen Preisen an Patienten in Entwicklungsländern zu verkaufen. Die Vertreter der Pharmafirmen hatten das Ansinnen weitgehend abgelehnt, da der Aufbau einer medizinischen Versorgung in den ärmeren Ländern der Welt nicht Aufgabe der Industrie sei.*
- *Projektvorschlag: Informieren Sie sich über die aktuelle Diskussion über ethische Grundsätze in der Medizin, z. B. in der Literatur, in Arztpraxen, Krankenhäusern, an der Universität (Medizin), beim Ethikrat, bei der WHO usw. Zwei Beispiele finden Sie unter* ***www.mlk-berlin.de/deutsch/portrait/leitbild.htm*** *und unter* ***www.aviva-berlin.de/profile/jenny_delatorre.html****. Bereiten Sie Fragen vor und laden Sie medizinische Fachleute in den Unterricht ein, mit denen Sie ein Expertengespräch führen, z. B. eine Ärztin, einen Krankenpfleger, eine Vertreterin der Pharmaindustrie, Mitarbeiter einer medizinischen Sozialstation u. a. Abschließend können Sie eine Dokumentation erstellen: z. B. eine Wandzeitung, eine Ausstellung, einen Artikel in der Schülerzeitung, evtl. ein Diskussionsforum im Internet usw.*

„Hättest du mich abgetrieben?"

Im folgenden Interview, das von der Zeitschrift „DIE ZEIT" geführt wurde, spricht Gisela Steinert, die an der Parkinson-Krankheit leidet, mit Christian Judith, der von Geburt an körperbehindert ist. Beide sprechen über Möglichkeiten, die sich durch die moderne medizinische Forschung auf dem Gebiet der Gendiagnose, der Gentherapie und der Pränataldiagnostik bieten könnten.

DIE ZEIT Wie äußert sich Ihre Krankheit?

Gisela Steinert Bei der Parkinson-Krankheit gehen Nervenzellen im Gehirn nach und nach zugrunde. Meine rechte Körperhälfte verlangsamt sich, die Muskeln verkrampfen. Das Schreiben geht schlechter, und irgendwann ergreift das den ganzen Körper.

Christian Judith Ich leide nicht und meine Behinderungsform hat nichts zu sagen.

DIE ZEIT Wie prägt der Zustand Ihres Körpers Ihr Verhältnis zur Genforschung?

Gisela Steinert Ich hoffe, dass sie mir helfen kann – mit besseren Medikamenten, die keine Nebenwirkungen haben, oder mit der Verpflanzung embryonaler Stammzellen ins Gehirn.

Christian Judith Ich habe Angst vor der Genforschung. Es entwickelt sich ein normierender Druck, der zu einer Art menschlicher Monokultur führt. […]

Gisela Steinert Die Leute sehen immer nur die Gefahren – aber die Patienten, denen die neuen Methoden helfen könnten, drängt man vor lauter Angst in den Hintergrund.

Christian Judith Die Sehnsucht nach Heilung verstehe ich vollkommen. Doch die Gentechnik wird nicht bei der Behandlung von Krankheiten stehen bleiben, sondern bald auch Qualitätsmerkmale in den Blick nehmen. […]

DIE ZEIT Sie sprechen von Gentests an ungeborenem Leben, Frau Steinert, von der Therapie bereits Geborener. Muss man das nicht trennen?

Christian Judith Das hängt zusammen. […] Wird Behinderung – und sei es nur die von Embryonen – negativ bewertet, entsteht ein Druck auch auf behinderte Erwachsene.

Gisela Steinert […] Diskriminierung Andersartiger gab es schon immer. Daran ändert die Gentechnik nichts.

Christian Judith Doch die Genforschung eröffnet die Möglichkeit, Krankheiten auszumerzen. Damit senkt sie die Bereitschaft, diese zu tolerieren. […]

DIE ZEIT Heißt das, Sie plädieren dafür, Behinderung unbedingt zu akzeptieren und nichts zu Ihrer Vermeidung zu unternehmen? Oder könnten Sie sich doch andere Fälle vorstellen?

Christian Judith Wir erleben immer wieder, wie die Wissenschaft einmal gezogene Grenzen durchbricht. Mag sein, dass ich mir bestimmte Fälle vorstellen kann. Aber mit solchen Erwägungen gerät man leicht auf die schiefe Ebene. Das ist wie in der Debatte um die Sterbehilfe. […] Wir werden keine Grenze festlegen können. Deshalb bin ich ebenso gegen Gentests vor der Geburt wie gegen Sterbehilfe. […]

DIE ZEIT Teilen Sie denn Herrn Judiths Befürchtung, dass die Forschung an embryonalen Stammzellen missbraucht werden könnte?

Gisela Steinert Die Bedenken habe ich auch. Aber erst muss doch erforscht werden, was sich überhaupt bewerkstelligen lässt. Vielleicht stellt sich heraus, dass sich mit Stammzellen von Erwachsenen das Gleiche erreichen lässt wie mit Embryonenzellen. Dann wird man die Ethikdiskussion abbrechen können. Aber bis man das weiß, muss man mit Embryonen forschen.

Christian Judith Mein Problem dabei ist, dass die Ethik nicht so schnell ist wie das Skalpell. […]

DIE ZEIT Sehen Sie beide denn eine Möglichkeit, dass man in den moralischen Fragen, die die Gentechnik aufwirft, zum Konsens kommt?

Gisela Steinert Mit einem Gesetz, das Politiker erlassen, ist es nicht getan. Denn dabei entscheiden im Wesentlichen die Gesunden über die Kranken. Es muss ein Gremium her, das auch aus Behinderten besteht.

Christian Judith Genau darauf setze ich auch: sich zusammensetzen, sich schlau machen, etwas entwickeln. Dafür brauchen wir Zeit, und so lange sollten wir nichts machen, was wir nicht beherrschen können. […] Die Wissenschaft muss endlich die Verantwortung für ihr Handeln übernehmen – bevor sie auf den roten Knopf gedrückt hat. Bevor wir beschließen, dass ein paar Menschen nicht in unser Glücksempfinden hineinpassen, sollte man ein Moratorium vereinbaren. […]

Gisela Steinert Aber du redest jetzt von Wissenschaftlern. Wissenschaftler haben eben wenig mit den normalen Kranken zu tun.

Christian Judith Aber wie kann ich mich denn in die Hände der Wissenschaft begeben, wenn die vom Leben keine Ahnung hat?

DIE ZEIT 7/2001

- *Notieren Sie die Argumente für und gegen die Gentechnik.*
- *Zeigen Sie die Konsequenzen auf, die der medizinische Fortschritt für die Betroffenen mit sich bringen kann.*
- *Beide Befragten plädieren für einen stärkeren Austausch zwischen allen Beteiligten. Weshalb ist dieser so wichtig? Beziehen Sie bei der Diskussion auch die von Ihnen erarbeiteten Grundsätze der Medizinethik sowie das Arztgelöbnis mit ein.*

Ethik und Umwelt

Roy Lichtenstein, Landscape with Figures and Rainbow, 1980

- *Beschreiben Sie die spontanen Assoziationen, die das Bild von Roy Lichtenstein in Ihnen auslöst.*
- *Wie wird die Beziehung von Mensch und Natur dargestellt? Formulieren Sie einen eigenen Titel für das Bild.*

Was ist Umweltethik?

Umweltethik oder auch ökologische Ethik ist im Kontext der Betroffenheit über zunehmende Naturzerstörung entstanden und setzt sich mit Wertvorstellungen auseinander, die den Umgang mit der außermenschlichen Natur betreffen, versucht also den Prozess der menschlichen Naturaneignung an ethische Normen zu binden. Dazu muss geklärt werden, ob dem Menschen (anthropozentrischer Ansatz), allen Lebewesen (biozentrischer Ansatz) oder der belebten und unbelebten Natur (holistischer oder ökozentristischer Ansatz) ein eigenständiger Wert zugesprochen werden soll.
Beim anthropozentrischen Ansatz […] wird Natur nur in ihrer Beziehung zum Menschen thematisiert. Dass der Mensch im Mittelpunkt der Betrachtung steht, heißt nicht, dass Natur auf einen Gegenstand technischer Manipulation bzw. den Aspekt der Nutzbarkeit reduziert werden muss. Bei diesem Ansatz würde z. B. die ästhetische Dimension der Natur, die von den Vertretern des holistischen Ansatzes als stärkstes Argument für den Selbstzweckcharakter der Natur angeführt wird, jedoch nur als Wert für den Menschen und nicht als Wert an sich thematisiert werden. […]
Trotz aller Orientierungslosigkeit und dem Bedürfnis nach einem anderen Umgang mit der Natur können die Normen desselben aus der Natur bzw. der Beschreibung ihrer Strukturen und Prozesse nicht abgeleitet werden. Auch wenn man von der Natur lernen kann, sind Achtung, Zurückhaltung, Schonung und Vorsorge keine natürlichen Züge von Lebewesen, sondern kulturell vermittelte Werte. „Die außermenschliche Natur prämiert ausschließlich das Überleben. Überleben ist aber eine allzu schmale Wertbasis für die Ethik." (Birnbacher)

- *Fassen Sie schriftlich in einer kurzen Definition den Begriff „Umweltethik" zusammen.*
- *Diskutieren Sie über die Vor- und Nachteile des anthropozentrischen, biozentrischen und ökozentristischen Ansatzes und begründen Sie Ihre Meinung.*

Nachhaltigkeit

Der Begriff Nachhaltigkeit schließt Wirtschaftsentwicklung, sozialen Fortschritt und Umweltschutz ein. In der EU wurde das Leitbild einer nachhaltigen Entwicklung 1997 nachträglich in den Amsterdamer Vertrag über die Ziele der EU aufgenommen. Im Juni 2001 stellte die EU-Kommission in Göteborg Leitlinien vor, die Umweltaspekte in die Politik integrieren sollen. Notfalls sollen EU-Vorschriften geändert werden, z. B. zu Klimawandel, Gesundheit und Transportwesen. Bei der vom Umweltprogramm der UNO (UNEP) und dem Bundesumweltministerium 2001 veranstalteten Ministerkonferenz zu Umwelt, nachhaltiger Entwicklung und Handel wurde betont, dass Umweltaspekte bei Verhandlungen im Rahmen der Welthandelsorganisation (WTO) stärker berücksichtigt werden müssten. Handelsregeln dürften multilateralen Umweltabkommen […] nicht entgegenstehen.

- *Über die aktuelle Diskussion können Sie sich informieren unter **www.johannesburgsummit.org**.*

UNEP

UNEP ist die Abkürzung für „United Nations Environment Programme", das 1972 gegründet wurde und seinen Sitz in Nairobi/Kenia hat. Mitglieder sind alle UNO-Staaten. Die UNEP fungiert als Unterorganisation der UNO zur Koordination von Umweltschutzmaßnahmen und zur Beratung der Regierungen in den Entwicklungsländern.

- *Sie können sich weiter informieren unter **www.unep.org***

Die Verantwortung des Menschen für seine Umwelt

Sir Frank Fraser-Darling setzt sich mit der Frage auseinander, wie der Mensch seiner vorherrschenden Stellung innerhalb der Natur gerecht werden kann, ohne sie nachhaltig zu schädigen, und welche Aufgaben der ökologischen Ethik zukommen.

Der Aspekt der Nützlichkeit

Sobald das außermenschliche Leben erst einmal auf den Status nützlichen Materials zurückgestuft ist oder als Material betrachtet wird, das der Entdeckung seiner Nützlichkeit für den Menschen noch harrt, ist die Rückkehr zu einer ethischen Betrachtungsweise dieses Lebens äußerst schwierig. Ich bin nicht sonderlich beeindruckt, wenn ich aus dem Munde von Förderern der Nationalpark- und Naturschutzbewegung Sätze höre wie: Flora und Fauna haben beträchtlichen pädagogischen Wert; die Naturschönheiten gereichen den Menschen zur Freude; sie haben wissenschaftlichen Wert oder sind von potentiellem Nutzen: Deshalb können wir uns ihren Verlust nicht leisten. Das Leben besitzt sein eigenes Recht – das müssen wir anerkennen.

Biologische Komplexität

Die Ökologie als Wissenschaft ermöglicht Verständnis für und Einsicht in das, was man die Physiologie dieser Gemeinschaft nennen könnte. Wendet man ökosystematische Methoden an, um die Landnutzung und ihre Probleme zu studieren und praktisch zu betreiben, so entsteht eine größere Bereitschaft, die ethischen Prinzipien der Umwelterhaltung zu akzeptieren. Das Verständnis für die komplizierten Strukturen der biologischen Gemeinschaften kann uns dazu verhelfen, Abkürzungswege in unserem praktischen Denken nur zögernd einzuschlagen. Wir gehen dann nicht gleich mit einem mechanisch zu versprühenden Vertilgungsmittel gegen irgendeine scheinbare Seuche vor, bevor wir die Folgen eines solchen Vorgehens für die Allgemeinheit kennen. Sogar das Wort „Seuche" erweist sich für den Ökologen als zweifelhaft, weil die Seuche oftmals die Folge früheren menschlichen Fehlverhaltens ist. Aus bloßen Nützlichkeitserwägungen eine Kettenreaktion im ökologischen Gefüge einer Gemeinschaft auszulösen, ist nicht nur töricht, sondern meiner Meinung nach auch unmoralisch. In der Vergangenheit haben wir dies aus Unwissenheit getan, z. B. bei der Bekämpfung der Anopheles-Mücke, die die Malaria verursacht, und schließlich bemerkt, dass dabei andere Bakterienerreger frei wurden, die viel schwerer unter Kontrolle zu bringen sind. Ähnlich verhielt es sich bei der Rotmilbenbekämpfung in englischen Gärten. Dasselbe könnte auch bei der afrikanischen Tsetse-Fliege der Fall sein. Das erklärte Ziel ist es jeweils, ein anstehendes Problem zu lösen oder dringend benötigte Nahrung für eine nicht dringend benötigte menschliche Bevölkerung zu beschaffen. Manchmal ist auch ganz gewöhnliches Profitdenken der Grund.

Ökologen, die sich mit den sozialen Problemen des biologischen Gleichgewichts befassen, sind dem allgemeinen ethischen Denken inzwischen so weit voraus, dass man sie für unrealistisch halten könnte. Was ich für nötig halte, ist eine intensive Diskussion zwischen den Landwirtschaftsfachleuten und der landnutzenden Wirtschaft auf der einen und den Ökologen auf der anderen Seite über das Thema ethische Normen. Kaum jemand kann sich damit zufrieden geben, dass die Degradierung lebender Geschöpfe im Namen gesteigerter Nahrungsproduktion einfach hingenommen wird.

Die Methoden intensiver Kalbfleischproduktion, die Eingriffe an Schnäbeln bei Hennen und andere derartige Praktiken stehen in genauem Gegensatz zum aristokratischen Ideal. Man muss sich fragen, ob solche so genannten Farmer sich wirklich so weit selbst belügen (eine ausschließlich menschliche Fähigkeit), dass sie glauben, zur ehrenvollen Sache der Nahrungsproduktion für die Massen beizutragen. Eher dürfte es allein um den Profit gehen.

Ökologie und Ethik

Ökologen sind Entdecker, keine Prediger, aber wie sollten sie in dieser unserer Welt ruhig bleiben können? Freilich, sie sollen keine bloßen Protestler sein, wie es die so genannten Umweltschützer meist sind. Die Umweltethik ist in einer Phase schwindender religiöser Überzeugungen entstanden, aber ich glaube, dies wäre eine unzulässige Korrelation. Sie entwickelte sich vielmehr im Gefolge unserer wachsenden Schwierigkeiten, wenn auch nicht rasch genug. Wie ich zu Beginn andeutete, sorgten in den Selbstversorgungskulturen soziale Normen für die Erhaltung des Lebensraumes. Eine Welt, die in so starkem Maße aus Selbstversorgungskulturen hervorgegangen ist, ist versucht, Teile dieser Normen aufzugeben, ohne sie zu verstehen, und dann geht zusammen mit der Kultur selbst auch der Lebensraum zu Grunde; und dies umso eher, wenn die Technologie so mächtig wird, dass sie falsches Vertrauen einflößt. Man könnte meinen, ich schweife hier von der ökologischen Ethik ins Gebiet der ökologischen Sozialwissenschaften ab. Gut und schön, aber es gibt einen Punkt in diesen Entwicklungen, an dem sich ethische Fragen des Verhaltens und der Kultur stellen und uns beunruhigen, falls wir sie beiseite zu schieben versuchen. Zum jetzigen Zeitpunkt können wir uns ihnen nicht mehr entziehen. Zusammen mit vielen anderen bin ich auf der Suche, und zwar im Geiste der Wissenschaft, aber auch mit der Überzeugung, dass hinsichtlich der Wahrheit, die für uns überhaupt nur erreichbar ist, Wissenschaft und Religion nicht weit auseinander liegen können.

Als das beherrschende Säugetier auf der Erdoberfläche, als das kluge und das einzige, das – soweit uns bekannt ist – die Fähigkeit besitzt, zu denken und Wissen anzusammeln, haben wir die Pflicht, der niedrigeren Kreatur zu dienen, unsere Welt sauber zu halten und der Nachwelt ein Zeugnis zu hinterlassen, dessen wir uns nicht zu schämen brauchen.

*Sir Frank Fraser-Darling, *1903, englischer Ökologe*

- *Wie begründet Fraser-Darling die Verantwortung, die er dem Menschen in Bezug auf den Schutz seiner Umwelt zuschreibt? Zeigen Sie in schriftlicher Form seinen Gedankengang auf.*
- *Diskutieren Sie in einer Pro-und-Contra-Diskussion die Frage: Sind die Forderungen von Fraser-Darling realisierbar?*
- *Formulieren Sie eine Antwort aus der Sicht eines Naturwissenschaftlers oder eines Konzernmanagers an Fraser-Darling.*

Ethik und Technik

Die Technik und Technologie hilft dem Menschen, sein Leben zu erleichtern. Schon die ersten handwerklichen Geräte aus der Steinzeit zeugen von diesen Bestrebungen. Die Technik hat jedoch nicht nur Träume des Menschen erfüllt, sondern auch Albträume wahr gemacht. Dies zeigt sich z. B. an der Kernspaltung, die als Atomstrom zur unerschöpflichen Energiequelle genutzt werden kann, aber als Atombombe zugleich eine unermessliche Zerstörungsmacht besitzt. Es stellt sich die Frage, wie viel Verantwortung derjenige, der die Technik ermöglicht, für diejenigen trägt, die sie nutzen. Können ethische Handlungsregeln Richtlinien setzen, nach denen sich Techniker und Wissenschaftler orientieren können?

Roy Lichtenstein, Study for „Preparedness", 1968

Eine Maschine

Eine Maschine, die wie eine Guillotine ist, schneidet von einer sich langsam fortbewegenden Gummimasse große Stücke ab und lässt sie auf ein Fließband fallen, das sich einen Stock tiefer fortbewegt und an welchem Hilfsarbeiterinnen sitzen, die die abgeschnittenen Stücke zu kontrollieren und schließlich in große Kartons zu verpacken haben. Die Maschine ist erst neun Wochen in Betrieb, und den Tag, an welchem sie der Fabrikleitung übergeben wurde, wird niemand, der bei der Feierlichkeit anwesend war, vergessen. Sie war auf einem eigens für sie konstruierten Eisenbahnwaggon in die Fabrik geschafft worden, und die Festredner betonten, dass diese Maschine eine der größten Errungenschaften der Technik darstelle. Sie wurde bei ihrem Eintreffen in der Fabrik von einer Musikkapelle begrüßt, und die Arbeiter und die Ingenieure empfingen sie mit abgenommenen Hüten. Ihre Montage dauerte vierzehn Tage, und die Besitzer konnten sich von ihrer Arbeitsleistung und Zuverlässigkeit überzeugen. Sie muss nur regelmäßig, und zwar alle vierzehn Tage, mit besonderen Ölen beschmiert werden. Zu diesem Zweck muss eine Arbeiterin eine Stahlwendeltreppe erklettern und das Öl durch ein Ventil langsam einfließen lassen. Der Arbeiterin wird alles bis ins Kleinste erklärt. Trotzdem rutscht das Mädchen so unglücklich aus, dass es geköpft wird. Sein Kopf platzt wie die Gummistücke hinunter. Die Arbeiterinnen, die am Fließband sitzen, sind so entsetzt, dass keine von ihnen schreien kann. Sie behandeln den Mädchenkopf gewohnheitsmäßig wie die Gummistücke. Die letzte nimmt den Kopf und verpackt ihn in einen Karton.

Thomas Bernhard, 1931–1989, österreichischer Schriftsteller

- *Beschreiben Sie Ihre spontanen Ideen und Gefühle beim Betrachten des Bildes von Roy Lichtenstein.*
- *Wie wird die Verbindung zwischen Mensch und Maschine bzw. Mensch und Technik im Bild und Text dargestellt?*

Der Wissenschaftler ist für die Gesetze der Natur nicht verantwortlich. Seine Aufgabe ist es lediglich, herauszufinden, in welcher Weise diese Gesetze funktionieren. Die Aufgabe des Wissenschaftlers besteht darin, Wege zu suchen, diese Gesetze dem menschlichen Willen untertan zu machen. Es ist hingegen nicht die Aufgabe des Wissenschaftlers zu entscheiden, ob Bomben gebaut, ob sie angewandt oder wie sie angewandt werden.

*Eduard Teller, *1908, ungarisch-amerikanischer Physiker*

In der Vergangenheit konnten die Wissenschaftler jede unmittelbare Verantwortung für den Gebrauch, den die Menschheit von ihren uneigennützigen Entdeckungen machte, ablehnen. Jetzt aber sind wir gezwungen, einen aktiven Standpunkt einzunehmen, weil die Erfolge, die wir auf dem Gebiet der Kernenergie errungen haben, mit unendlich viel größeren Gefahren verbunden sind als bei allen Erfindungen der Vergangenheit.

James Franck, 1882–1964, deutsch-amerikanischer Physiker, Nobelpreis für Physik

- *Bilden Sie Kleingruppen, in denen Sie die beiden Zitate besprechen. Zum Hintergrund der beiden Physiker: Teller war an der Entwicklung der Atombombe beteiligt. Franck leitete u. a. das Team, das für das US War Department den „Franck-Report" verfasste, der am 11. 6. 1945 erschien und sich mit den politischen und sozialen Folgen der Weiterentwicklung der Kernenergie befasste. Sie können ihn in der „postwar version" nachlesen unter* ***www.nuclearfiles.org/docs/1945/450611-franck-report.html***
- *Formulieren Sie eine Stellungnahme in der Kleingruppe zu diesen beiden Zitaten und diskutieren Sie in einer Pro-und-Contra-Diskussion über die Frage: Sind Wissenschaftler für die Folgen ihrer Forschungsergebnisse verantwortlich?*

Macht und Wissen verpflichten

Macht und Wissen verpflichten – auch technologische (überpersönliche) Macht. Die Schaffung neuer Abhängigkeiten schafft eine neue moralische Verantwortung persönlicher und überpersönlicher Art. Eine ins Utopische gewachsene technologische Verfügungsmacht (im Blick auf Zeiträume und die Aktionsweite der Auswirkungen – samt deren manchmal unabsehbaren, unkontrollierbaren Nebenfolgen) führt heutzutage zu einer ethischen Problematik.

Diese technologische Verfügungsmacht erzeugt eine erweiterte Verantwortlichkeit: Über die traditionelle Verursacherverantwortung hinaus übernimmt der Mensch eine „sorgende" Heger- und Verhinderungsverantwortung […]. Die Präventions- und Hegerverantwortlichkeit kann nicht nur Einzelnen zugerechnet werden. Angesichts der Gefahren zusammenwirkender und kumulativer Effekte und technologischer Großprojekte (an denen Tausende Einzelne beteiligt sind) ist Gemeinschaftsverantwortung von den kollektiv Handelnden und von allen über Eingriffsmöglichkeiten Verfügenden zu übernehmen: Teamverantwortung, Verantwortung der Gesamtgeneration sowie Spezialistenverantwortung.

Die Verantwortung der wissenschaftlichen und technischen Experten an strategischen Positionen ist Teil dieser Präventionsverantwortung. (Man stelle sich vor, dass statt der Fluglotsen die Chemiker und Ingenieure streiken, die die Wasserversorgung überwachen!) An strategischer Schaltstelle wird die Präventionsverantwortung in negativer Weise auch individuell zurechenbar. […] Die Verantwortung des Forschers in Wissenschaft und Technik unter Berücksichtigung der präventionsorientierten und hegerischen Verantwortung ist Gebot, wo immer schädliche Effekte vorausgeschätzt und abgewendet werden können – z. B. bei direkt anwendungsorientierten technologischen Projekten. Eine persönliche Mitverursacherverantwortung ist fallweise gegeben. Eine allgemeine strikte Verursacherverantwortung der Wissenschaftler und Techniker kann angesichts der Ambivalenz und kollektiven Entstehung der Forschungsergebnisse (besonders in der Grundlagenforschung) nicht erhoben werden. Umso wichtiger ist die präventive Verantwortung. Die Unterscheidung zwischen dem „Entdecker"-Typ des reinen Wissenschaftlers und dem „Erfinder"-Techniker ist zur Groborientierung nützlich, aber ein idealtypisches Modell. Alle Mischungen kommen vor und ergeben gemischte Verantwortlichkeiten innerhalb der allgemeinen Vorsorgeverantwortung. Der Mensch darf sicherlich nicht alles herstellen, was er technisch kann, nicht alles anwenden, was er herstellen kann. „Können impliziert Sollen" ist kein ethischer Imperativ – und darf auch kein unbeschränkter technologischer Imperativ sein. Andererseits ist die Innovativität des technologischen Menschen nicht über die Gebühr zu beschränken, zumal technologische Entwicklungen ambivalent sind, also auch positiv genutzt werden können, ja müssen: Die Menschheit ist vom technischen Fortschritt abhängig geworden und könnte sich nur um den Preis von Katastrophen wieder von ihm befreien. Der Mensch von heute kann es sich nicht mehr leisten, den technischen Fortschritt stillzustellen (wie Marcuse vorschlug) oder ihn auch nur abschätzig zu bewerten und dadurch zu behindern. Das bedeutet freilich nicht, dass die Menschheit auf einen überzogenen industriellen Wachstumsfetischismus oder einen „technologischen Imperativ" angewiesen wäre, alles Machbare auch herzustellen bzw. zu innovieren.

Angesichts der Entwicklungsdynamik, der Orientierungs- und Bewertungsschwierigkeiten können kaum ethische Generalrezepte über die konstanten Grundverantwortlichkeiten für Menschheit, Mitmensch, künftige Generation, Natur und Kreatur hinaus gegeben werden. Daher ist die einzige Möglichkeit, sich den künftigen ethischen Herausforderungen gewachsen zu zeigen, die moralische Bewusstheit, wo überhaupt möglich, zu fördern – besonders auch in konkreten projekt- und berufsbezogenen Zusammenhängen. Die Entwicklung von Berufsethiken ist vordringlich – und die entsprechende Ausbildung: Kaum ein Medizinstudent nimmt vorerst noch an Kursen in medizinischer Ethik teil. Techniker und Forscher werden, soweit ich sehe, überhaupt noch nicht auf die ethischen Probleme ihrer Disziplinen – weder im allgemeinen Zusammenhang (Studium generale) noch in projektnaher Konkretisierung – hingewiesen. Ethik sollte nicht nur als Schulfach (und Religionsunterrichtsersatz) gefordert und gefördert werden, sondern besonders auch als berufsethische Bewusstmachungs- und moralische „Wächterdisziplin". Wir werden den technischen Fortschritt in der Tat nur dann moralisch zähmen können, wenn wir nicht in vordergründiger Pragmatik moralische Vogel-Strauß-Politik betreiben und blind den moralischen Kopf in den Treibsand scheinbarer technologischer Eigendynamik stecken.

*Hans Lenk, *1935, deutscher Philosoph, Olympiasieger*

- *Worin sieht Hans Lenk die veränderte Verantwortung des Wissenschaftlers und Technikers?*
- *Stellen Sie sich vor, Sie würden mit Hans Lenk in einer Podiumsdiskussion sitzen, die über das Thema „Verantwortung des Forschers in Wissenschaft und Technik" debattiert und in der er die Aussagen dieses Textes thesenartig vorgetragen hat. Formulieren Sie ein eigenes Statement, das Sie als Antwort vortragen würden.*

Hans Lenk

*1935. Hans Lenk ist emeritierter Professor für Philosophie an der Universität Karlsruhe. Als Gastprofessor hat er u. a. in den USA, in Brasilien, Venezuela, Norwegen, Japan, Österreich, Indien, Chile und in der Schweiz gelehrt. Er ist Vizepräsident der Weltgesellschaft für Philosophie (FISP) und deutscher Präsident von fünf bilateralen Philosophiegesellschaften (Ungarn, Argentinien, Chile, Rumänien, Russland). Mit dem Sport verbindet Lenk nicht nur ein philosophisches bzw. wissenschaftliches Interesse. Er war selbst Leistungssportler, Olympiasieger (1960 im Achter) und gewann mehrere Europameisterschaften im Rudern. Sein Interesse gilt einer praxisnahen Philosophie und einer Philosophie der „Eigenleistung." Schwerpunktthemen sind die Gebiete Philosophie und Methodologie, das Realismusproblem, Wissenschaftstheorie, Technikfolgenbewertung, Handlungstheorien in interdisziplinärer Sicht, Sozialphilosophie der Leistung und des Sports sowie die Chance der Vernunft in der gegenwärtigen Gesellschaft.

Sonntagsreden-Business?

München, 3. April. Der Siemens-Konzern, die Wirtschaftsverbände und das Magazin „Wirtschaftswoche" haben zum Kongress geladen – Titel: Corporate Citizenship. Der Kanzler spricht das Grußwort, die deutschen Konzernlenker sind angereist und alle haben die richtigen Vokabeln gepaukt. „Stakeholder-Value statt Shareholder-Value", beschwor Heinz-Horst Deichmann vom gleichnamigen Schuhhersteller. Um „die Rolle des Unternehmens als Mitgestalter der Gesellschaft" ging es BDI-Chef Michael Rogowski. Siemens-Chef Heinrich von Pierer hat das schon immer gepredigt: „Wir alle tragen gesellschaftliche Verantwortung." Nach mehr als zehn Jahren „Downsizing", nach „Reengineering" mit Massenentlassungen und dem allgegenwärtigen Aktionärskult erklingt in Deutschlands Chefetagen das Hohelied auf die Zivilgesellschaft. Ursprünglich kommen die neuen Töne aus den USA – woher auch das gegenläufige Konzept stammt, nämlich dass in einem Unternehmen der Aktionär herrscht und sonst niemand. Die rhetorische Revolution hat das Davoser Weltwirtschaftsforum erfasst und Geschäftsberichte und Vorträge der Chefs erreicht. Von der „Corporate Social Responsibility" ist die Rede, der Verantwortung der Konzerne für das Gemeinwesen. Von der „Triple Bottom Line". Nicht nur auf den Gewinn komme es an, sondern auch auf die Leute und die Umwelt. Vom „Stakeholder Balance Management" – dem Ausloten der Interessen aller Teilhaber am Unternehmen. Für Anfang Juli ist die nächste Kundgebung dieser Art geplant. […] Ist Corporate Citizenship also nicht mehr als ein Sonntagsreden-Business? Natürlich wird niemand Engelchen auf dem Chefsessel erwarten – so beantworten Unternehmensethiker oft den Vorwurf, dass es bei der Suche der Chefs nach Moral nur um Selbstdarstellung gehe. Es gehöre zu den Selbstregulierungskräften der Wirtschaft, wenn die Chefs sich von Corporate Citizenship auch konkrete wirtschaftliche Vorteile ausrechneten. „Ethisches Betragen von Unternehmen erfordert keine unproduktive Wohltätigkeit", beteuert Elaine Sternberg vom Centre for Business and Professional Ethics an der Universität Leeds. Die Idee: Wenn alle sittlich ihren Geschäften nachgehen, herrscht größeres Vertrauen, man bekommt mehr Aufträge und spart Bestechungsgelder. Oder: Wer seinen Mitarbeitern Moral einbläut, muss weniger Skandale fürchten und kann nebenbei auch einmal thematisieren, ob das Frisieren von Spesenabrechnungen eigentlich moralisch okay sei. Selbst die traditionell gewaltigen Spenden US-amerikanischer Unternehmer sind zweckgebunden: Die Großspender erhalten sich den Goodwill, den Frieden mit Nachbarschaft und Politik. Für den Rest der Gesellschaft wirft die Debatte trotzdem eine heikle Frage auf: Wie weit kann sie sich auf solche Selbstläuterungskräfte der Wirtschaft verlassen? Wird ein Unternehmen nicht irgendwann immer vor dem Dilemma stehen: Geld oder Moral?

1 Shareholder: Aktionäre, Anteilseigner
2 Stakeholder: Interessengruppe

DIE ZEIT 23/2001

Diskutieren Sie in einer Pro-und-Contra-Diskussion die Frage: Schließen sich moralische Grundsätze und Gewinnorientierung aus?

Was ist Wirtschaftsethik?

Ethisches Handeln und wirtschaftlicher Erfolg stehen auf den ersten Blick in einem Gegensatz. Doch die Komplexität und Globalität ökonomischer Entscheidungen fordert den Einbezug sozialethischer Aspekte, um die Menschlichkeit im wirtschaftlichen Handeln nicht dem Streben nach ökonomischem Erfolg zu opfern.

Die Wirtschaftsethik ist ein interdisziplinäres Teilgebiet der Wirtschaftswissenschaft und der Philosophie, die sich mit der theoretischen Reflexion über die moralischen Aspekte wirtschaftlichen Handelns und seine institutionellen Bedingungen befasst. Die Grundlage für das Interesse an ethischen Fragestellungen bildet eine Sensibilisierung des öffentlichen Bewusstseins für die augenscheinlich nicht allein auf ökonomischer Basis zu lösenden weltweiten wirtschaftlichen Probleme. So stehen einem hohen materiellen Wohlstand in den Industriegesellschaften und wirtschaftlichem und technischem Fortschritt zugleich Hunger und Armut, Umweltzerstörung, Wirtschaftskriminalität und organisierte Kriminalität gegenüber. Darüber hinausgehend hat die Marktwirtschaft mit ihrer Wettbewerbs-, Leistungs-, Konsum- und Gewinnorientierung die Industriegesellschaften tiefgreifend im Sinne einer Ökonomisierung der Lebensverhältnisse geprägt. Ökonomisierung meint dabei nicht nur, dass der Wunsch nach materiellem Wohlstand zum vorherrschenden Bedürfnis geworden ist. Sie besteht vielmehr zunächst darin, dass immer weitere Bereiche des Denkens und Handelns in ökonomischen Kategorien, insbesondere in solchen der Kosten-Nutzen-Abschätzung, erfasst und geprägt werden (z. B. Bildung, Kultur, Wissenschaft). Weiterhin ist die Ökonomisierung mit einer verengten Zweckrationalität verbunden, d. h. einer Konzentration des ökonomischen wie überhaupt des auf Effizienz ausgerichteten Denkens nur auf den unmittelbar erwünschten Erfolg. Damit werden die möglichen Fern- und Tiefenwirkungen des Handelns auf die natürlichen und sozialen Umwelten und die sich daraus ergebenden fundamentalen Veränderungen der Erde (z. B. durch eine immer stärkere Umweltbelastung und technologische Prägung) noch wenig in die Wirtschaftsplanung einbezogen, allenfalls im politischen und gesellschaftlichen Diskurs* thematisiert. Auch die modernen Wirtschaftstheorien bauen weitgehend darauf auf, dass die Akteure im Wirtschaftsgeschehen ausschließlich dem eigenen Nutzen und ökonomisch rationalen Kalkulationen folgen. Damit werden andere Wertvorstellungen, Interaktionsformen und Seiten der menschlichen Existenz ausgeblendet. […]

Zur Frage der Begründung einer Wirtschaftsethik

Für die Wirtschaftsethik sind besonders zwei ethische Ansätze wichtig geworden, die Weber* mit der Unterscheidung einer Gesinnungsethik, bei der die moralische Qualität einer Handlung auf der Gesinnung des Handelnden beruht, und einer Verantwortungsethik, die die moralische Qualität einer Handlung an deren Folgen bemisst, bezeichnet. […] Der Verlust einer einheitlichen, sinnstiftenden Basis der traditionalen Gesellschaft wie auch die Einsicht in die geschichtliche Vielgestaltigkeit menschlicher Wertorientierungen und der für die posttraditionale Gesellschaft charakteristische Pluralismus von Wertsystemen und -orientierungen der einzelnen gesellschaftlichen Gruppen hat dazu geführt, dass sich auch die Wirtschaftsethiker meistens nicht auf einen allgemein verbindlichen letzten Maßstab berufen. Vielmehr soll einheitsstiftendes moralisches Handeln in einem Verständigungsprozess der Betroffenen durch vernünftige Argumente und Einsicht in die Richtigkeit bestimmter Lösungsvorschläge begründet werden. In einem weiteren Sinne geht es im Rahmen einer Diskursethik darum, geeignete Leitwerte für eine friedliche Lösung von Konflikten zu finden. Dabei sollen, ausgehend von schon verfügbaren Erfahrungen, ethisch relevante Unterscheidungen aufgegriffen und argumentativ gerechtfertigt werden. Die normative Leitfunktion eines ethisch relevanten Arguments beruht dann auf seiner vernünftigen Überzeugungskraft und einem damit zusammenhängenden potentiellen Konsens aller Betroffenen. Der Komplexität wirtschaftlicher und technischer Zusammenhänge kann weitgehend nur durch eine differenzierte, auf eingehende Sachanalyse gestützte Begründung von Normen entsprochen werden. […]

Unternehmensethik

Die Moralfragen im Unternehmensbereich konzentrieren sich auf die Konfliktmöglichkeiten, die zwischen den Interessen und Maximen eines gewinnorientierten Unternehmers und den allgemeinen gesellschaftlichen Gerechtigkeitsvorstellungen auftreten. Die Unternehmensethik stellt das Gewinnprinzip als Leitziel unternehmerischen Handelns, das Bestandteil der wirtschaftlichen Rahmenordnung ist, nicht in Frage. […] Fälle ethisch bedenklichen Handelns wie Zahlung von Bestechungsgeldern, um Aufträge zu erhalten, Unterlassen von Emissionsschutzinvestitionen, obgleich die Technologien verfügbar sind, machen jedoch deutlich, dass die Tendenz zur Vernachlässigung moralischer Aspekte, um Wettbewerbsvorteile zu erreichen, der Marktwirtschaft inhärent[1] ist.

Grundsätzlich wird in der Wirtschaftsethik davon ausgegangen, dass die Unternehmen nicht nur den ökonomischen Sachzwängen des Marktes unterliegen, sondern dass ihnen Handlungsspielräume offen stehen, die eine Berücksichtigung ethischer Aspekte zulassen. Die Unternehmensethik wird aber auch als Ergänzung zu den Steuerungs- und Koordinationsmechanismen des Rechts und der Sozialpolitik gesehen. Weder ist es dem Gesetzgeber möglich, die Vielfalt möglicher Einzelhandlungen und Konflikte im Rahmen komplexer wirtschaftlicher Zusammenhänge in gesetzliche Regelungen zu transformieren, noch lässt sich etwa unter den Bedingungen eines Großunternehmens, das durch Arbeitsteilung, Anonymisierung der Beziehungen und Diffusion von Entscheidungen in der Unternehmenshierarchie gekennzeichnet ist, die Einhaltung komplexer gesetzlicher Regelungen durchgängig überprüfen und personelle Verantwortlichkeit etwa bei Verstößen zuweisen. Zudem unterliegt die Rechtsentwicklung bezogen auf neuartige Sachverhalte (z. B. Gentechnologie, Informationstechnologie) immer einer Verzögerung. In der Unternehmensethik lassen sich zwei Argumentationsrichtungen unterscheiden: Individualethische Konzepte versuchen über Appelle an das Gewissen eines Unternehmers oder Managers und eine Sensibilisierung für ethische Fragen moralische Intentionen im Unternehmensprozess durchzusetzen. Häufig verweisen diese Ansätze auf Studien, in denen eine vorwiegend ökonomisch-erfolgsorientierte Grundeinstellung bei jungen Führungskräften aufgezeigt wird. Eine Institutionenethik richtet sich auf die institutionellen Rahmenbedingungen unternehmerischen Handelns. Die wirtschaftliche Rahmenordnung wie auch unternehmensspezifische Strukturen, Hierarchien, Anreiz- und Belohnungssysteme, Führungsgrundsätze und Unternehmensleitlinien setzen hier die Maßstäbe und den Spielraum, innerhalb derer ethische Reflexion wirksam werden kann. Unternehmensethik richtet sich sowohl nach innen („Unternehmenskultur", Führungsstil, Mitbestimmung, Leistungsbewertung) als auch nach außen (gegenüber Kunden u. a. Bezugsgruppen sowie der Öffentlichkeit). Die Durchsetzung ethischer Regelungen und Fragestellungen in der Praxis ist angewiesen auf Selbstbindung der einzelnen Unternehmen, z. B. durch Kodizes, in denen ein Verhalten und bestimmte Grundsätze festgeschrieben werden, oder durch Kommissionen, die im Vorfeld von Entscheidungen mitwirken und später die Einhaltung festgelegter Grundsätze überwachen können (z. B. Beauftragte oder Abteilungen für Verbraucherschutz, Umwelt- und Sicherheitsfragen, neutrale Ethikkommissionen).

Ethik in der Weltwirtschaft

Ethische Überlegungen im Rahmen der Weltwirtschaft befassen sich mit Problemen wie dem wirtschaftlichen Gefälle zwischen Industrie- und Entwicklungsländern (z. B. gemessen am Pro-Kopf-Einkommen) und der Frage nach der Gerechtigkeit einer Weltwirtschaftsordnung, der internationalen Verschuldung und Abhängigkeit der Entwicklungsländer von den Industrieländern, dem ethischen Status von Institutionen wie der Weltbank und dem Internationalen Währungsfonds, den Strukturen und Verfahren von internationalen Organisationen und multinationalen Unternehmen. Auf der Ebene wirtschaftspolitischen Handelns entstehen ethische Fragen im Zusammenhang mit Ausmaß und Gestaltung von Entwicklungshilfe, von Handelshemmnissen sowie um die Zusammenhänge zwischen Wachstum und Entwicklung einerseits, Umweltschutz, Frieden und Freiheit andererseits. Dabei geht es grundsätzlich darum, zu fragen, ob es bestimmte, in allen Ländern anerkannte ethische Werte gibt, die für die Weltwirtschaft leitend sein können; und wenn dies nicht der Fall ist, nach welchen ethischen Kriterien wirtschaftliche Entscheidungen, Erwartungen und die Gestaltung von Geschäftsbeziehungen beurteilt und ausgerichtet werden können. Nicht nur ökonomische Aspekte spielen in der Weltwirtschaft, für die eine einheitliche Wirtschaftsordnung noch weitgehend fehlt, eine Rolle, sondern auch die politischen und kulturellen Differenzen zwischen den verschiedenen Staaten, Staatengemeinschaften und Volkswirtschaften. Daher treten hier besondere Anforderungen an eine zu entwickelnde Wirtschaftsethik auf, die auch kritische Verständnisbildung zur interkulturellen und internationalen Situation einschließen muss.

1 inhärent: hier: das Zusammengehören von Ding und Eigenschaft betreffend

- *Stellen Sie sich vor, in einer Jugendsendung im Fernsehen berichten Sie über die Entstehung und die Probleme der Wirtschaftsethik. Entwerfen Sie einen Text für einen fünfminütigen Beitrag und tragen Sie ihn im Kurs vor.*
- *Schreiben Sie eine Definition zum Begriff „Wirtschaftsethik".*
- *Bilden Sie Arbeitsgruppen mit Unternehmerinnen/Unternehmern und Arbeitnehmerinnen/Arbeitnehmern aus verschiedenen Kontinenten. Schreiben Sie thesenartig auf, was Sie – in dieser Rolle – von einer Wirtschaftsethik erwarten.*
- *Stellen Sie Ihre Ergebnisse im Plenum vor und diskutieren Sie, auf welche Grundlagen Sie sich einigen könnten.*

IV. Metaethik

Warum moralisch sein?

In der Auseinandersetzung mit den in diesem Buch vorgestellten ethischen Positionen und Problemen konnten Sie Ihre eigenen moralischen Grundsätze reflektieren und formulieren. Sie haben Wege kennen gelernt, diese in Abgrenzung von moralisch Andersdenkenden zu beschreiben und Ihre Handlungsprinzipien und -motive argumentativ zu fundieren. Wie aber lassen sich Ihre Vorstellungen vom guten Handeln, vom Guten überhaupt begründen? Auf welche Weise lassen moralische Prinzipien sich letzten Endes rechtfertigen? Gibt es so etwas wie eine letzte Instanz, die mich berechtigt, meine persönliche Moral als gut anzusehen?

Worin sehen Sie persönlich die letzte Rechtfertigung Ihrer moralischen Grundsätze?

Die Idee des Guten

Platon nimmt eine Idee des Guten an, welche als Urbild alles wirkliche Gute überrage und somit Aufforderungscharakter hat. Die Idee des Guten ist somit für Platon Ursache alles wirklichen Guten.

Das ist also, was dem Erkannten Wahrheit verleiht und was dem Erkennenden das Vermögen […] gibt: verkünde es nur, das sei die Idee des Guten. Denke sie dir als die Ursache des Wissens und der Wahrheit, die wir erkennen. […] Gib auch zu, dass das Erkannte vom Guten nicht nur das Erkanntwerden bekommt, sondern es ihm auch sein Dasein und sein Wesen verdankt.

***Platon**, 427–348/347 v. Chr., griechischer Philosoph*

Überprüfen Sie anhand der Textausschnitte, wie sich Platons Vorstellung von der Letztbegründung des Guten auf traditionelle religiöse Moralvorstellungen ausgewirkt hat.

Göttliches Eingreifen, Fresko, Dura Europus, o. J.

Wenn dich meine Diener über mich befragen, so sage ihnen, dass ich nahe bin und die Gebete der Flehenden gern erhöre, wenn sie zu mir beten; doch müssen sie auch auf mich hören und an mich glauben, auf dass sie recht geleitet sind

Koran, 2. Sure (187)

Als Mose zu Gott hinaufstieg, rief ihm Jahwe vom Berge herab zu: So rede zum Hause Jakob und verkünde den Söhnen Israels: „Ihr habt gesehen, was ich den Ägyptern angetan, wie ich euch auf Adlerflügeln getragen und euch zu mir hierher gebracht habe. Wenn ihr nun auf eine Stimme hört und meinen Bund haltet, dann sollt ihr unter allen Völkern mein besonderes Eigentum sein, denn mir gehört die ganze Erde. Ihr sollt mir ein Königreich von Priestern und ein heiliges Volk sein. Das sind die Worte, die du den Israeliten kundtun sollst." Mose ging hin, rief die Ältesten des Volkes zusammen und trug ihnen alle diese Worte vor, die ihm Jahwe aufgetragen hatte. Das ganze Volk antwortete einmütig: „Alles, was Jahwe befohlen hat, wollen wir tun!" Und Mose überbrachte die Antwort des Volkes Jahwe.

2. Mose 19, 3–8

Vergleichen Sie Ihre persönliche Rechtfertigung Ihrer moralischen Grundsätze mit den hier vorgestellten. Stellen Sie Ähnlichkeiten, Abweichungen oder Gegensätze fest?

[Es ist offensichtlich], dass der Mensch notwendigerweise alles, was er anstrebt, um des letzten Zieles anstrebt. Und das aus zweifachem Grund. Erstens nämlich, weil der Mensch alles, was er anstrebt, unter dem Gesichtspunkt des Guten anstrebt. Wenn dieses aber nicht angestrebt wird als vollkommenes Gut, welches das letzte Ziel ist, dann wird es notwendigerweise angestrebt als hinneigend zum vollkommenen Gut: weil immer der Anfang von etwas auf dessen vollkommene Ausschöpfung hingeordnet ist […]. Zweitens, weil das letzte Ziel sich in Bewegung des Strebevermögens so verhält, wie sich das erste Bewegende in allen Bewegungsvorgängen verhält. Es ist ferner offenbar, dass sich die bewegenden Zweitursachen nur bewegen, insofern sie vom ersten Bewegenden bewegt werden. […]
Denn alle Schöpfung hat nur Anteil an dem Guten. Deshalb kann nur Gott den Willen des Menschen ausfüllen […]. In Gott allein besteht also die Glückseligkeit des Menschen.

Thomas von Aquin, 1225–1274, italienischer Theologe und Philosoph

Die Vernunft als Rechtfertigungsgrund?

„Sapere aude" – diese von Kant formulierte Aufforderung wurde zum Wahlspruch der Aufklärung, wo man sich von Traditionen und Konventionen befreite, um Wissen und Erkenntnis, aber auch Wertmaßstäbe neu und vor dem Maßstab der Vernunft zu begründen. Die hiermit eingeleitete große politische und kulturelle Emanzipationsbewegung erschütterte das bisherige Moralsystem. Mit der Emanzipation des Individuums aus vorgegebenen Zwängen und Normen einher geht die Emanzipation der Moral von der Religion: Moralische Prinzipien werden nicht länger religiös legitimiert. Damit entsteht aber ein Rechtfertigungsvakuum der Moral, das man auf unterschiedlichen Wegen zu füllen versucht.

Immanuel Kant

David Hume

Die Vernunft als Quelle der Moral

Jedermann muss eingestehen, dass ein Gesetz, wenn es moralisch, d. i. als Grund einer Verbindlichkeit, gelten soll, absolute Notwendigkeit bei sich führen müsse […], dass mithin der Grund der Verbindlichkeit hier nicht in der Natur des Menschen, oder den Umständen in der Welt, darin er gesetzt ist, gesucht werden müsse, sondern a priori lediglich in Begriffen der reinen Vernunft […].
Also unterscheiden sich die moralischen Gesetze samt ihren Prinzipien unter aller praktischen Erkenntnis von allem übrigen, darin irgendetwas Empirisches ist, nicht allein wesentlich, sondern alle Moralphilosophie beruht gänzlich auf ihrem reinen Teil, und auf den Menschen angewandt, entlehnt sie nicht das Mindeste von der Kenntnis desselben (Anthropologie), sondern gibt ihm, als vernünftigem Wesen, Gesetze a priori.

***Immanuel Kant**, 1724–1804, deutscher Philosoph*

Vergleichen Sie die unterschiedlichen Rechtfertigungsgründe menschlicher, mithin auch moralischer Handlungsziele und versuchen Sie Unterscheidungskriterien zu bestimmen. Ordnen Sie die jeweiligen Aussagen den in den Kästen vorgestellten Positionen zu.

Das Gefühl als Impuls des Wollens

Es scheint klar zu sein, dass der Verstand über die letzten Ziele menschlichen Handelns niemals und in keinem Fall Rechenschaft ablegen kann, sondern dass sie gänzlich den Gefühlen und Neigungen der Menschen überlassen sind […]. So sind also die getrennten Gebiete und Aufgaben des Verstandes und des Geschmacks leicht zu bestimmen. Von jenem stammt das Wissen um Wahrheit und Falschheit; von diesem das Gefühl für Schönheit und Hässlichkeit, für Laster und Tugend. Der eine entdeckt Gegenstände, wie sie sich in Wirklichkeit in der Natur finden, ohne etwas hinzuzufügen oder wegzunehmen; der andere besitzt eine produktive Kraft und bringt gleichsam eine neue Schöpfung hervor, indem er alle Gegenstände der Natur mit den Farben, die aus dem inneren Gefühl stammen, entweder vergoldet oder befleckt. Der Verstand, weil kühl und gleichgültig, liefert kein Handlungsmotiv und weist nur dem von Begierde oder Neigung empfangenen Impuls den Weg […]. Der Geschmack, da er Lust oder Unlust bringt und dadurch Glück oder Unglück schafft, wird zu einem Handlungsmotiv und ist der erste Antrieb oder Impuls zum Begehren oder Wollen.

***David Hume**, 1711–1776, englischer Philosoph*

Vergleichen Sie die hier vorgestellten Positionen mit Ihren persönlichen Antwortversuchen (vgl. S. 110) und diskutieren Sie deren Plausibilität.

Je nachdem, was man als Quelle der Moral ansieht – die Vernunft oder das Gefühl –, wird man zu unterschiedlichen Aussagen über die Geltung moralischer Maßstäbe kommen. Man unterscheidet zwischen ethischem Objektivismus und Subjektivismus.

Objektivismus
Normative Aussagen hängen ihrer Geltung nach nicht von subjektiven Präferenzen oder sozialen Konventionen ab.
Es gibt objektiv-gültige Maßstäbe.

Subjektivismus
Normative Aussagen beziehen sich auf subjektive Präferenzen. Diese können entweder individuell oder gesellschaftlich motiviert sein.
Es gibt keine objektiv-gültigen Maßstäbe.

Ist Ihrer Meinung nach der Utilitarismus eine objektivistische oder eine subjektivistische ethische Theorie? Können Sie der These zustimmen: Nach dem Prinzip des Utilitarismus ist die moralische Wertordnung zwar von subjektiven Präferenzen abhängig, aber dieses moralische Grundprinzip selbst gilt objektiv.

Zeigen Sie auf, mit welchen Letztbegründungsproblemen sowohl die Vertreter des Objektivismus wie des Subjektivismus sich auseinander setzen müssen. Führen Sie ein Streitgespräch zu der Frage des interkulturellen Dialogs.

Muss ich moralisch sein?

Diese Frage stellt sich zwangsläufig jeder, dem letzte und absolute Rechtfertigungsgründe einer sittlichen Wertordnung fragwürdig geworden sind. Die Notwendigkeit normativer Ethik wird infrage gestellt. Karl O. Apel zeigt die aktuelle paradoxe Problemsituation auf, die sich aus der Schwierigkeit ergibt, auf dem Hintergrund des Bedürfnisses nach universell gültigen Normen moralische Normen rational zu begründen.

Ist die Moral im Zeitalter der Wissenschaft überholt?

Wer über das Verhältnis von Wissenschaft und Ethik in der modernen, erdumspannenden Industriegesellschaft nachdenkt, der sieht sich m. E. vor eine paradoxe Situation gestellt. Einerseits nämlich war das Bedürfnis nach einer universalen, d. h. für die menschliche Gesellschaft insgesamt verbindlichen Ethik noch nie so dringend wie in unserem Zeitalter einer durch die technologischen Konsequenzen der Wissenschaft hergestellten planetaren Einheitszivilisation. Andererseits scheint die philosophische Aufgabe einer rationalen Begründung allgemeiner Ethik noch nie so schwierig, ja aussichtslos gewesen zu sein wie im Zeitalter der Wissenschaft [...].
Am deutlichsten wird die ethisch relevante Seite dieses Phänomens, wenn man das Handlungsrisiko, etwa die Gefährdung menschlichen Lebens, in Betracht zieht. Konnte etwa bis vor kurzem der Krieg als ein Instrument der biologischen Auslese und u. a. der räumlichen Expansion der menschlichen Rasse durch Verdrängung der jeweils Schwächeren in unbesiedelte Gebiete interpretiert werden, so ist diese Auffassung durch die Erfindung der Atombombe endgültig überholt: [...] Ähnlich steht es aber heute mit den Wirkungen und Nebenwirkungen der industriellen Technik insgesamt. In den letzten Jahren ist uns dies schlagartig klar gemacht worden durch die Entdeckung der progressiven Umweltverschmutzung. Diese ökologische Problematik der Nebenwirkungen der technischen Zivilisation hat ja u. a. die Frage aufgeworfen, ob nicht das übliche ökonomisch-technologische Wachstumsdenken der konkurrierenden Industriestaaten radikal revidiert werden muss, wenn die Rettung der menschlichen Ökosphäre noch gelingen soll. [...]
Die wissenschaftlich-technische Zivilisation hat alle Völker, Rassen und Kulturen ohne Rücksicht auf ihre gruppenspezifischen kulturrelativen Moral-Traditionen mit einer gemeinsamen ethischen Problematik konfrontiert. Zum ersten Mal in der menschlichen Gattungsgeschichte sind die Menschen praktisch vor die Aufgabe gestellt, die solidarische Verantwortung für die Auswirkungen ihrer Handlungen im planetarischen Maßstab zu übernehmen. Man sollte meinen, dass diesem Zwang zur solidarischen Verantwortung die intersubjektive Geltung der Normen oder wenigstens des Grundprinzips einer Ethik der Verantwortung entsprechen müsste.

Der zweite Aspekt der Problemsituation, der sie, wie schon angedeutet, zu einer paradoxen macht, drängt sich dem Fachphilosophen auf, wenn er die theoretische – oder besser: metatheoretische – Problemlage des Verhältnisses von Wissenschaft und Ethik ins Auge fasst. [...]
So scheint die Idee wissenschaftlicher Objektivität den Geltungsanspruch moralischer Normen oder Werturteile in den Bereich der unverbindlichen Subjektivität zu verweisen. Die in weltanschaulich-ideologischen Kontexten implizit oder explizit vertretenen Geltungsansprüche der Ethik müssen – so scheint es – auf irrationale, emotionale Reaktionen oder ebenso irrationale Willkürentscheidungen zurückgeführt werden. Rational begründbar sind demzufolge nicht die ethischen Normen selbst, sondern nur die wertfreien Beschreibungen der faktisch befolgten moralischen Normen bzw. die kausalen oder statistischen Erklärungen des Zustandekommens moralischer Normen oder Wertsysteme durch die so genannten empirischen Sozialwissenschaften.
Diese Wissenschaften [...] kommen nämlich – wie man oft hört – zu dem objektiv gültigen Tatsachenurteil, dass die von Menschen anerkannten oder praktisch befolgten moralischen Normen in hohem Maße kultur- bzw. epochenrelativ, d. h. also wiederum: subjektiv sind.
So scheint es denn nur konsequent zu sein, wenn zuletzt die professionelle Philosophie, die sich wissenschaftlich versteht, selbst das Geschäft der Ethik im Sinne unmittelbarer Begründung ethischer Normen bzw. eines letzten Prinzips ethischer Normen aufgegeben hat. Aus der traditionellen Ethik oder praktischen Philosophie wurde in diesem Zusammenhang die analytische „Metaethik", die sich selbst im Allgemeinen als wertfreie wissenschaftlich-theoretische Beschreibung des Sprachgebrauchs oder der logischen Regeln des so genannten „moralischen Diskurses" („moral discourse") versteht. Jede Philosophie, die mit dieser Transformation nicht konform geht, d. h. jede Philosophie, welche die „Neutralitätsthese" der analytischen Metaethik zugunsten einer Begründung moralischer Normen zu überwinden sucht, scheint Normen aus Fakten herzuleiten und damit gegen das Humesche* Prinzip der strikten Unterscheidung dessen, was ist, und dessen, was sein soll, zu verstoßen. Damit scheint jede normative Ethik logisch überholt zu sein.

*Karl O. Apel, *1922, deutscher Philosoph*

- *Zeigen Sie die von Apel beschriebenen gegenläufigen philosophischen Tendenzen der aktuellen Situation auf und erklären Sie deren paradoxe Züge.*
- *Informieren Sie sich über die Gegenstandsbereiche deskriptiver, präskriptiver (normativer) und Metaethik.*

Deskriptive Ethik
Empirische Beschreibung und Untersuchung faktischer Normen-Systeme, die sich normativer Aussagen und Bewertungen enthält.

Präskriptive Ethik
Form der praktischen Philosophie, die, ausgehend von der Frage „Was sollen wir tun?", normative Aussagen und Behauptungen über gutes Handeln und eine sittliche Wertordnung macht.

Metaethik
Wissenschaftstheoretische Ausrichtung der Ethik, die nicht so sehr Aussagen über den Inhalt moralischer Systeme macht, sondern deren Form untersucht.

- *Halten Sie die Konsequenz, normative Ethik zugunsten deskriptiver und Metaethik aufzugeben, für schlüssig und wünschenswert?*

Sind normative Aussagen Behauptungen oder nicht?

Die grundsätzlichste metaethische Unterscheidung von ethischen Theorien resultiert aus der Frage, ob normative Aussagen Behauptungen sind, d. h. ob sie einen Wahrheitswert haben. Behauptungen unterscheiden sich von anderen Sätzen wie Imperativen oder Wunschsätzen dadurch, dass sie entweder wahr oder falsch sind. So kann die Behauptung: „Die Aufgabe ist erfüllt!", entweder wahr oder falsch sein, während der Imperativ: „Erfülle die Aufgabe!", oder der Wunsch: „Ich wünschte, du erfülltest die Aufgabe!", weder wahr noch falsch sind. Ethische Theorien, nach denen normative Aussagen Behauptungen sind, bezeichnet man als kognitive Theorien. Die Vertreter nichtkognitivistischer ethischer Theorien vertreten dagegen die Auffassung, normative Aussagen hätten keinen Wahrheitswert, da sie als Empfehlungen oder Wünsche rein subjektiv seien. Die Konsequenzen eines nichtkognitivistischen Ansatzes ethischer Theorien für den Einzelnen verdeutlicht P. H. Nowell-Smith.

Moral philosophy is a practical science; its aim is to answer questions in the form „What shall I do?". But no general answer can be given to this type of question. The most a moral philosopher can do is to paint a picture of various types of life in the manner of Plato and ask which type of life you really want to lead. But this is a dangerous task to undertake. For the type of life you most want to lead will depend an the sort of man you are [...] My purpose has been the less ambitious one of showing how the concepts that we use in practical discourse, deciding, choosing, advising, appraising, praising and blaming and selecting and rejecting moral rules are related to each other. The questions „What shall I do?" and „What moral principles should I adopt?" must be answered by each man for himself.

*P. H. Nowell-Smith, *1914, englischer Philosoph*

- *Der Text liefert hier keine genaue Begründung für seine Thesen. Verfassen Sie diese an seiner Stelle aus der Sicht Nowell-Smiths.*

- *Reflektieren und diskutieren Sie die Konsequenzen von Nowell-Smiths Position für eine normative Ethik in Form eines Streitgesprächs zwischen je einem Vertreter kognitivistischer und nichtkognitivistischer Ethik.*

Was will Metaethik?

Die Differenzen zwischen der kognitivistischen und nichtkognitivistischen Ethik machen die Bedeutung der relativ jungen Disziplin der Metaethik gerade heute deutlich.

Kann man moralische Urteile beweisen, begründen oder rechtfertigen? Wenn ja, in welchem Sinn und wie? Diese Fragen umschreiben das *Begründungsproblem* der Ethik. Sie sind deswegen von fundamentaler Bedeutung, weil eine Ethik nur dann als wissenschaftliche Disziplin angesehen werden kann, wenn ihre Aussagen sich begründen lassen und wenn diese Begründungen einer intersubjektiven Kontrolle zugänglich sind. [...]

Das Begründungsproblem hat nicht nur theoretisch-wissenschaftliche Relevanz, sondern auch eminent praktische Bedeutung. Wenn es mir nicht klar ist, welche von zwei alternativen Verhaltensweisen in einer gegebenen Situation moralisch besser ist, so werde ich nach Gründen suchen, so oder so zu handeln, d. h., ich werde meine Entscheidung begründen müssen. Das wird insbesondere dann dringlich, wenn ich mich in einer Zwangslage befinde, in der ich in jedem Fall etwas tun muss, was *prima facie*[1], moralisch nicht richtig ist; wenn ich z. B. zwischen dem Bruch eines gegebenen Versprechens und der Unterlassung einer Hilfeleistung wählen muss. Was immer wir in solchen moralischen Konfliktfällen tun, wir setzen uns Vorwürfen aus – mögen sie von anderen kommen oder von uns selbst –, denen gegenüber wir uns rechtfertigen müssen. Und dann ist die Frage: Welche Gründe gibt es, so und nicht anders zu handeln? [...]

Sind nun Präferenzen nicht einfach naturgegeben oder Produkte von Umständen, die sich unserer Kontrolle entziehen, so macht es Sinn, sie kritisch zu überprüfen. Tatsächlich bewerten wir ja auch unsere eigenen Interessen und Zielsetzungen wie die anderer unter moralischen Gesichtspunkten [...]. Eine kritische Reflexion auf die eigenen Präferenzen ist nun ebenfalls eine Form praktischer Reflexion. [...]

Dazu wird man sich – so weit wie möglich – seine tatsächlichen Präferenzen vor Augen stellen und sie in einen kohärenten Zusammenhang bringen. Das ist schon eine Forderung der Rationalität. Beruhen unsere Präferenzen auf eigenen Entscheidungen, so sind wir für sie zudem verantwortlich, sind also auch aus moralischen Gründen verpflichtet, sie einer Kritik zu unterziehen. Jede Bewertung eigener Präferenzen muss nun wieder von Präferenzen ausgehen, die den Bewertungsmaßstab bilden. [...]

Den Maßstab der Urteile über unsere faktischen Präferenzen bilden nun typischerweise nicht diese Präferenzen selbst, sondern unsere Ansichten über objektive Wertverhältnisse. Die Frage, ob unsere Präferenzen richtig sind, entscheiden wir nicht mit diesen selbst, sondern unter Bezugnahme auf das, was wir für objektiv gut oder schlecht halten.

1 prima facie: aufgrund des ersten Anscheins

*Franz von Kutschera, *1932, deutscher Philosoph*

> Es gibt auch eine Rechtfertigung von Urteilen durch ihre Evidenz oder durch Erfahrungen.
>
> *Franz von Kutschera, *1932, deutscher Philosoph*

- *Erläutern Sie diese These und nehmen Sie kritisch Stellung.*

- *Zeigen Sie an fiktiven oder realen Beispielen die praktische Bedeutung des Begründungsproblems ethischer Fragestellungen auf.*

- *Schließen die Tatsache, dass ich Anhänger eines ethischen Nichtkognitivismus bin und dass ich fähig bin, meine Entscheidung im Konfliktfall zu begründen, einander aus? Vollziehen Sie eine beliebige Entscheidung bis in ihre letzten Handlungsgrundsätze nach, z. B.: Ich benutze nur Kosmetikprodukte, die nicht mit Hilfe von Tierexperimenten hergestellt wurden.*

- *Definieren Sie die Begriffe „Begründung" und „Handlungsgründe".*

Worauf gründen moralische Urteile?

„Müssen" beruht auf „Wollen"

Nachdem man aufgegeben hatte, die Moral durch objektive und absolute Instanzen wie in den Religionen zu begründen, versuchten die meisten traditionalistischen Ethiken eine quasi-objektivistische Rechtfertigung der Moral durch die menschliche Natur oder durch die Vernunft. Ernst Tugendhat wendet sich im folgenden Text gegen solche, wie er sagt, theologischen Relikte.

So wie ich den Zusammenhang sehe, besteht die Ausbildung des Gewissens darin, dass das Individuum sich seinerseits als Mitglied der Gemeinschaft verstehen will. Dieses „ich will" […] impliziert erstens, dass es dieses So-Sein als Mitglied der Gesellschaft bzw. als Kooperationspartner, zu dem die Skala des grammatisch absolut verstandenen „gut" und „schlecht" gehört, in seine Identität aufnimmt (und d. h. in das, als was es sich verstehen will), und d. h. dann zweitens, dass es sich als zu einer Totalität von Personen zugehörig versteht, die mittels der inneren Sanktion von Empörung und Scham wechselseitig voneinander fordern, die diese Identität ausmachenden Normen nicht zu verletzen. […]
Der Zusammenhang kann erläutert werden mithilfe einer entsprechenden Einsicht Freuds*. Freud bezeichnete das Gewissen als Über-Ich. Und er hat mehr oder weniger klar gesehen, dass sich ein Über-Ich nur ausbilden kann, wenn sich (strukturell vorgängig, faktisch gleichzeitig) das herausbildet, was er als Ich-Ideal bezeichnet hat. Für das männliche Kind ist der Vater nach Freud das Ich-Ideal, d. h. das Kind sagt sich: So will ich sein. Indem es sich so das Bild des Vaters introjiziert, muss es notgedrungen auch den Vater als Strafinstanz in die eigene Identität aufnehmen, und so bildet sich das Über-Ich aus. Es scheint logisch zwingend zu sein: Nur wenn man sich identifiziert, kann man zur Strafinstanz ja sagen, und nur dann kann diese zu einer inneren Sanktion werden.
Dem Müssen liegt also notwendigerweise ein (freilich so gut wie nie explizites und bewusstes) „ich will" zugrunde. Dieses „ich will" unterscheidet sich natürlich von dem „ich will" des Ausbildenwollens bestimmter Fähigkeiten wesentlich. Denn jetzt bedeutet das So-sein-Wollen, dass man Mitglied eines moralischen Kosmos sein will, der durch wechselseitige Forderungen, bezogen auf ein Konzept des Gutseins, definiert ist, und erst auf dem Umweg über diesen Kosmos kann man (muss aber nicht) in dieser Hinsicht faktisch gut sein wollen. Auch wer im Sinn seiner Moral schlecht handelt, gehört, wenn er sich als zugehörig versteht, zu diesem Kosmos. Ob er sich so versteht, zeigt sich daran, ob er sich dann schämt. […]
Wer keinen moralischen Sinn hat, kann sich weder moralisch schämen noch sich über andere entrüsten. Er kann nur ein instrumentelles Verhältnis zu den moralischen Normen ausbilden. Wir werden sehen, dass dieser Möglichkeit philosophisch der moralische Kontraktualismus[1] entspricht.
In der Entwicklung meiner ethischen Reflexionen war es ein wichtiger Schritt, dass ich begriff, dass man den *lack of moral sense* nicht nur als einen Unfall ansehen kann. Indem wir einsehen, dass das moralische Bewusstsein erst das Ergebnis eines – natürlich nicht unmotivierten – „ich will" ist, überwinden wir die von fast allen traditionellen Ethiken – insbesondere der Kantischen* – gemachte Annahme, das moralische Bewusstsein sei etwas in unser Bewusstsein von Natur Eingerammtes. Es ist diese Annahme, die dazu geführt hat, die Moral, sei es von der menschlichen „Natur" überhaupt, sei es von einem Aspekt von ihr wie der „Vernunft", irgendwie ableiten zu wollen. Ich halte die Vorstellung so eines Eingerammtseins für ein theologisches Residuum[2]. Wir sind in Wirklichkeit freier, unsere Autonomie reicht weiter, als es von solchen Ansätzen gesehen wird, und wir werden sehen, dass dieser Umstand die Frage der Begründung eines Moralbewusstseins im Allgemeinen und einer modernen Moral im Besonderen wesentlich komplizierter machen wird. Was man hier vor allem einsehen muss, ist, dass ein absolutes „ich muss", das nicht von einem wie immer impliziten „ich will" abgestützt ist, *logisch* gesehen ein Unding ist.

1 Kontraktualismus: Vertragstheorie; Auffassung, nach der Grundsätze und Wertmaßstäbe von vernünftigen Menschen in einem Vertrag gewählt werden und sich daher legitimieren (z. B. die Position von Rawls*, vgl. S. 44/45).
2 Residuum: Rückstand, Rest

*Ernst Tugendhat, *1930, deutscher Philosoph*

- *Erklären Sie mit Hilfe der Unterscheidung von „müssen" und „wollen" die von Tugendhat aufgezeigten sozialen und psychologischen Komponenten des moralischen Empfindens und deren Verhältnis zueinander.*
- *Für Tugendhat beruht das moralische Verhalten letztlich immer auf einer subjektiven Entscheidung: dem „ich will". Erklären Sie die Bedeutung dieser These für die ethische Begründungsproblematik.*
- *Lässt sich das Gute oder Gut-Sein nach Tugendhat noch in etwas anderem begründen? Welche Konsequenz hat Tugendhats Analyse für die Beurteilung des zwischenmenschlichen Verhaltens?*

Der naturalistische Fehlschluss

Beispiel
Prämisse:
XY ist ein Diktator.
Moralischer Schluss:
Man sollte XY stürzen.

Tugendhats These, dass das Gute oder Gut-Sein seinerseits nicht aus Bestehendem abgeleitet werden könne, steht im Zusammenhang mit einer philosophischen Diskussion, die schon mit David Hume einsetzte und von der logischen Unmöglichkeit, Normen oder Werte empirisch zu begründen, handelt (Humes Gesetz).

Humes Gesetz

Aus dem Sein folgt kein Sollen.

Ein Schlussverfahren, das wider alle Logik so argumentierte, erwies sich als unhaltbar; stattdessen betrachtete man moralische Urteile als durch die menschliche Autonomie der Entscheidung bedingt.

Aus dem Sein folgt kein Sollen

Hare erläutert Humes Argumentation im Folgenden und erweitert seine Aussagen dahingehend, dass man auch Wertwörter grundsätzlich nicht aus deskriptiven Sätzen oder Eigenschaften ableiten könne.

Nehmen wir um der Argumentation willen an, dass es einige ‚definierende Eigenschaften' eines guten Bildes gibt. […] Nennen wir die Gruppe dieser Eigenschaften ‚Q'. „B ist ein gutes Bild" wird dann dasselbe bedeuten wie „B ist ein Bild und B ist Q". Lassen wir z. B. ‚Q' folgendes bedeuten: „Hat die Fähigkeit, in Leuten, die zu der Zeit Mitglieder der Akademie der Künste (oder einer anderen genau spezifizierten Gruppe von Leuten) sind, ein klar erkennbares Gefühl, ‚Bewunderung' genannt, zu erregen." Die Wörter ‚genau spezifiziert' und ‚klar erkennbar' müssen eingefügt werden, denn sonst könnte es sich herausstellen, dass die Wörter im *Definiens* wertend gebraucht würden, und dann wäre die Definition nicht mehr ‚naturalistisch'. Nehmen wir nun an, wir wollen sagen, dass die Mitglieder der Akademie der Künste guten Geschmack in Bildern haben. Guten Geschmack in Bildern haben bedeutet das genannte, klar erkennbare Gefühl der Bewunderung für solche und nur solche Bilder haben, die gute Bilder sind. Wenn wir also sagen wollen, dass die Mitglieder der Akademie der Künste guten Geschmack in Bildern haben, müssen wir der Definition entsprechend etwas sagen, das so viel bedeutet wie, dass sie dieses Gefühl der Bewunderung für Bilder haben, die in ihnen dieses bestimmte Gefühl zu erregen imstande sind.
Aber das wollten wir nun nicht sagen. Wir wollten sagen, dass sie gute Bilder bewundern; es ist uns lediglich gelungen zu sagen, dass sie Bilder bewundern, die sie bewundern. […] Verallgemeinern wir. Wenn man glaubt, dass „B ist ein gutes Bild" so viel bedeutet wie „B ist ein Bild und B ist Q", wird es unmöglich werden, Bilder wegen Q zu empfehlen; es wird nur noch möglich sein zu sagen, dass sie Q sind. […] Der Grund für die Schwierigkeit ist nicht, dass wir die falschen definierenden Eigenschaften gewählt haben, sondern vielmehr, dass, gleichgültig welche definierenden Eigenschaften wir wählen, der Einwand aufkommt, wir könnten einen Gegenstand nicht mehr empfehlen, weil er diese Eigenschaften besitzt.
Illustrieren wir dies mit einem anderen Beispiel. Ich schließe bewusst zunächst moralische Beispiele aus der Betrachtung aus, weil ich klar machen will, dass die logischen Schwierigkeiten, die wir antreffen, nichts mit Moral im Besonderen zu tun haben, sondern dass sie auf die allgemeinen Eigenschaften von Wertwörtern zurückzuführen sind. Betrachten wir den Satz „E ist eine gute Erdbeere". Wir könnten als selbstverständlich annehmen, dass dies nichts weiter bedeutet als „E ist eine Erdbeere und E ist süß, saftig, fest, rot und groß". Doch dann wird es uns unmöglich, gewisse Dinge zu sagen, die wir beim gewöhnlichen Sprechen sagen. Wir wollen manchmal sagen, dass eine Erdbeere eine gute Erdbeere ist, weil sie süß etc. ist. Das bedeutet […] nicht dasselbe, wie wenn man sagt, dass eine Erdbeere eine süße etc. Erdbeere ist, weil sie süß etc. ist. Doch das würde es bedeuten, wenn es nach der vorgeschlagenen Definition ginge. Hier würde uns die vorgeschlagene Definition also wieder hindern, etwas zu sagen, das wir beim gewöhnlichen Sprechen ohne weiteres sinnvoll sagen.

Richard M. Hare, 1919–2002, englischer Philosoph

Syllogistisches Schlussverfahren

Hare bedient sich eines Schlussverfahrens der traditionellen Logik: des Syllogismus. Beim Schließen in syllogistischer Form bedient man sich zweier Prämissen, von denen man auf eine Konklusion (Schluss) schließt.

1. Prämisse: Alle Menschen sind sterblich.

↓

2. Prämisse: Alle Deutschen sind Menschen.

↓

Konklusion: Alle Deutschen sind sterblich.

Hare sagt an anderer Stelle: „Kein Schlusssatz im Imperativ kann gültig aus einer Prämissenmenge gefolgert werden, die nicht mindestens einen Imperativ enthält." Daher ist es nicht möglich, den Imperativ: „Iss die Erdbeere" aus den Prämissen A und B abzuleiten.

A: E ist Erdbeere.

B: E ist süß, saftig.

→ nicht: Iss die Erdbeere.

- *Formulieren Sie die Prämissen so um, dass der Imperativ zu Recht folgt und der Syllogismus gültig ist.*

- *Kann ein Vertreter der Menschenrechte, insbesondere der Kantischen Menschheits-Zweck-Formel, einen überzeugten Gegner normativer Ethik argumentativ überzeugen? Verfassen Sie ein Streitgespräch.*

- *Kann man aus der Tatsache, dass eine Handlung die Existenz anderer Menschen bedroht, ableiten, dass man diese Handlung unterlassen sollte? Gründet die mögliche Forderung, diese Handlung zu unterlassen, in einem deskriptiven Satz? Versuchen Sie das Problem mit Hilfe des syllogistischen Schlussverfahrens zu lösen. Welche Schlüsse lassen sich hinsichtlich des Begründungsproblems von Normen und Werten ziehen?*

Die normative Kraft der Kommunikation

Ist das Bedürfnis nach universeller Moral berechtigt?

Die Teilnehmer an der Konferenz über die politische Neuordnung Afghanistans saßen am 27. 11. 2001 auf dem Petersberg bei Bonn zusammen. Zwei Wochen nach der Vertreibung der Taliban aus Kabul eröffneten UN-Generalsekretär Annan und Bundesaußenminister Fischer (Grüne) die Konferenz mit eindringlichen Mahnungen zu einem friedlichen Neuanfang und „historischem Kompromiss".

Wenn es zutrifft, dass sittliche Wertsysteme weder objektiv ableitbar noch empirisch begründbar sind, wenn tatsächlich alle Werturteile letzten Endes auf Entscheidungen basieren – seien sie individueller oder gesellschaftlich-konventioneller Art –, sind moralische Urteile dann nicht zwangsläufig subjektiv und ohne universelle Geltung? Kann dann nicht jeder Einzelne bzw. jede Wertegemeinschaft auf die Gültigkeit der eigenen Moral pochen?

> Fast alle von uns urteilen weiterhin moralisch absolut, aber auf die Gültigkeit dieser Urteile befragt neigen viele dazu, sie für relativ zu halten.
>
> *Ernst Tugendhat, *1930, deutscher Philosoph*

- *Verdeutlichen Sie sich die gesellschaftlichen und politischen Folgen einer solchen Analyse.*
- *Formulieren Sie die in dem Bild deutlich werdende Erwartungshaltung hinsichtlich einer Verständigung über unterschiedliche Wertvorstellungen und -systeme. Beziehen Sie die Diagnosen K. O. Apels (S. 112, 117) in Ihre Darstellung ein.*
- *Halten Sie die Hoffnung auf eine universelle Moral für aussichtslos? Wie ließe sich der Anspruch auf eine universelle Moral philosophisch begründen? Verfassen Sie ein Plädoyer für eine universell-gültige Moral.*

Sind moralische Urteile und rationale wissenschaftliche Argumentation unvereinbar?

Die heutigen Vorbehalte gegenüber der Begründbarkeit von Wertsystemen und damit gegenüber einer normativen Ethik als Wissenschaft resultieren aus der Annahme einer objektiv gültigen und empirisch begründeten rational strukturierten Wissenschaft. Diese wird zur „wertfreien" Zone erklärt. Im Folgenden fragt Karl O. Apel nach den Gemeinsamkeiten moralischer und wissenschaftlicher Argumentation. Dabei geht es ihm darum, die Vereinbarkeit von ethischen und wissenschaftlichen Prinzipien nachzuweisen.

Unser […] Ansatz geht heuristisch[1] von der *These* aus, dass die „Objektivität" der wertfreien *Wissenschaft selbst noch die intersubjektive Geltung moralischer Normen voraussetzt.* […]
Die logische Geltung von Argumenten kann nicht überprüft werden, ohne im Prinzip eine Gemeinschaft von Denkern vorauszusetzen, die zur intersubjektiven Verständigung und Konsensbildung befähigt sind. Selbst der faktisch einsame Denker kann seine Argumentation nur insofern explizieren und überprüfen, als er im kritischen „Gespräch der Seele mit sich selbst" (Platon*) den Dialog einer potentiellen Argumentationsgemeinschaft zu internalisieren vermag. Darin zeigt sich, dass die *Geltung* einsamen Denkens von der Rechtfertigung von sprachlichen Aussagen in der – prinzipiell unbegrenzten – Argumentationsgemeinschaft prinzipiell abhängig ist.
Es kann nicht „einer allein" einer Regel folgen und im Rahmen

einer „Privatsache" seinem Denken Geltung verschaffen; dieses ist vielmehr prinzipiell öffentlich. […]
Zugleich mit der wirklichen Argumentationsgemeinschaft setzt aber nun die logische Rechtfertigung unseres Denkens auch die Befolgung einer moralischen Grundnorm voraus. Lügen z. B. würde offenbar den Dialog der Argumentierenden unmöglich machen; aber dasselbe gilt auch schon von der Verweigerung des kritischen Verständnisses bzw. der Explikation und Rechtfertigung von Argumenten. Kurz: In der Argumentationsgemeinschaft ist die wechselseitige Anerkennung aller Mitglieder als gleichberechtigter Diskussionspartner vorausgesetzt. […]
Anders gesagt: Alle der sprachlichen Kommunikation fähigen Wesen müssen als Personen anerkannt werden, da sie in all ihren Handlungen und Äußerungen virtuelle Diskussionspartner sind und die unbegrenzte Rechtfertigung des Denkens auf keinen Diskussionspartner und auf keinen seiner virtuellen Diskussionsbeiträge verzichten kann. Diese Forderung wechselseitiger *Anerkennung von Personen als Subjekten der logischen Argumentation*, und nicht schon der logisch richtige Verstandesgebrauch der Einzelnen, rechtfertigt m. E. die Rede von der „Ethik der Logik".

1 Heuristik: Wissenschaft von den Verfahren, Probleme zu lösen

*Karl O. Apel, *1922, deutscher Philosoph*

- *Erklären Sie, was Apel unter „Ethik der Logik" versteht, indem Sie die unausgesprochenen Voraussetzungen formulieren, die Gesprächsteilnehmer machen, wenn sie beispielsweise über eine geeignete Methode zur technischen Verbesserung von Flugabwehrantennen diskutieren.*
- *Formulieren Sie die Grundvoraussetzung jedes Gesprächsteilnehmers in einem allgemeingültigen Satz.*

Das Faktum der Ethik

In Anlehnung an Kant versteht Apel das moralische Prinzip der gegenseitigen Anerkennung als „Faktum der Vernunft", welches im Sinne eines „apriorischen Perfekts" vorausgesetzt werden kann und nicht weiter abzuleiten ist. Dieses sei keineswegs ein irrationaler Glaubens- oder Entscheidungsakt, sondern eine notwendige, unhintergehbare Voraussetzung. Wer sie argumentativ bestreite, beseitige das, was den eigenen Ansatz der Argumentation erst ermögliche und verfalle somit in einen Selbstwiderspruch.*

Wie viel ist durch die transzendentale Reflexion auf die moralischen Normen der Kommunikationsgemeinschaft, die im Apriori der Argumentation mit vorausgesetzt sind, wirklich erreicht? Kann aufgrund dieser Voraussetzungen eine normative Ethik ausgearbeitet werden, die als Grundlage für eine solidarische Übernahme der moralischen Verantwortung im Zeitalter der Wissenschaft tauglich ist? […]
Im Apriori der Argumentation liegt der *Anspruch*, nicht nur alle „Behauptungen" der Wissenschaft, sondern darüber hinaus alle menschlichen *Ansprüche* […] zu *rechtfertigen*. Wer argumentiert, der anerkennt implizit alle möglichen *Ansprüche* aller Mitglieder der Kommunikationsgemeinschaft, die durch vernünftige Argumente gerechtfertigt werden können […], und er verpflichtet sich zugleich, alle eigenen Ansprüche an andere durch Argumente zu rechtfertigen. Darüber hinaus sind die Mitglieder der Kommunikationsgemeinschaft […] m. E. auch verpflichtet, alle virtuellen Ansprüche aller virtuellen Mitglieder zu berücksichtigen – und d. h. alle menschlichen „Bedürfnisse", sofern sie *Ansprüche* an die Mitmenschen stellen könnten. Menschliche „Bedürfnisse" sind als interpersonal kommunizierbare „Ansprüche" ethisch relevant; sie sind anzuerkennen, sofern sie durch Argumente interpersonal gerechtfertigt werden können. […]
Damit scheint mir das Grundprinzip einer Ethik der Kommunikation angedeutet zu sein, das zugleich die – eingangs vermisste – Grundlage einer Ethik der demokratischen Willensbildung durch *Übereinkunft* („Konvention") darstellt. Die angedeutete Grundnorm gewinnt ihre Verbindlichkeit nicht etwa erst durch die faktische *Anerkennung* derer, die eine Übereinkunft treffen („Vertragsmodell"), sondern sie verpflichtet alle, die durch den Sozialisationsprozess „kommunikative Kompetenz" erworben haben, in jeder Angelegenheit, welche die Interessen (die virtuellen *Ansprüche*) anderer berührt, eine Übereinkunft zwecks solidarischer Willensbildung anzustreben; und nur diese *Grundnorm* (zusammen mit der Norm, dass Verträge zu halten sind) – und nicht etwa das *Faktum* einer bestimmten Übereinkunft – sichert den einzelnen normgerechten Übereinkünften moralische Verbindlichkeit. […]
Das hier angedeutete Prinzip zu verstehen bedeutet freilich zugleich: Einzusehen, dass mit der Aufstellung des Prinzips wenig getan ist, wenn es nicht gelingt, die mit dem Prinzip gestellten langfristigen Aufgaben zu erfüllen: Nämlich erstens, *die Methode der moralischen Diskussion* (der praktischen „Beratung" überhaupt) zu entwickeln, und zweitens, diese Methode unter endlichen, politisch-juristischen Bedingungen wirksam zu institutionalisieren. Damit scheint mir nun freilich eine Grenze des bislang exponierten Prinzips selber angedeutet zu sein.

*Karl O. Apel, *1922, deutscher Philosoph*

- *Erklären Sie, inwiefern für Apel eine normative Ethik als Wissenschaft begründbar ist.*
- *Formulieren Sie die Grundprinzipien einer solchen normativen Ethik.*
- *Lässt sich eine universell gültige normative Ethik im Sinne Apels mit den Moralsystemen verschiedener Kulturen vereinbaren? An welche Bedingungen wäre eine solche Vereinbarkeit geknüpft?*
- *Rechtfertigt die Teilnahme einer Person/einer Moral an der Kommunikationsgemeinschaft grundsätzlich deren Ansprüche? Machen Sie sich dieses Problem an aktuellen politischen Beispielen klar.*
- *Vorschlag für eine Facharbeit: Eine metaethische Reflexion der Positionen des ethischen Relativismus und des Kulturrelativismus.*

Lassen sich moralische Konflikte rational lösen?

Moralische und ökonomische Rationalität

Die Vertreter der Diskurstheorie formulieren selbst, dass sie mit ihrer Annahme einer universell gültigen Ethik der Kommunikation von idealisierten Voraussetzungen ausgehen. Der Lebensalltag dagegen sei durch Interessenkonflikte geprägt. Die von den Mitgliedern der Kommunikationsgemeinschaft gewählten Konfliktlösungen orientieren sich in der Regel an unterschiedlichen Typen von Rationalität. Entgegen dem Vorurteil, moralische Entscheidungen seien eher subjektiv und irrational, schreiben vor allem die Vertreter der Wirtschaftsethik diesen einen eigenen Rationalitätstyp zu. Im Folgenden differenziert Wilhelm Vossenkuhl zwischen moralischer und ökonomischer Rationalität, um deren Vereinbarkeit aufzuzeigen.*

Moralität und Rationalität schließen sich nicht wechselseitig ein, jedenfalls nicht so wie die Teilmengen eines logischen Produkts. Dies zeigt ein Vergleich zwischen den unterschiedlichen Optionen der rationalen und der moralischen Wahl. Die Gründe für die rationale Wahl und die Gründe für die moralische Wahl können einander sogar ausschließen.
Dies ist etwa der Fall, wenn ich jemandem helfen soll, dies aber wie jeden Verlust an Zeit und Mitteln vermeiden will. Es gibt moralische Gründe dafür, zu helfen, und rationale Gründe dafür, nicht zu helfen. Dies ist unbefriedigend, wenn wir für beide Entscheidungen Rationalität fordern wollen. Die moralische Wahl soll so wenig irrational sein wie die rationale. Die Vermutung liegt nahe, dass wir der rationalen und der moralischen Wahl keinen einheitlichen Rationalitätsbegriff zugrunde legen können. [...]
Wenn es solche Konflikte und nicht nur Scheinkonflikte gibt, muss es zwei unterschiedliche, zumindest unterscheidbare Typen der Rationalität geben, die ihnen zugrunde liegen; wir nennen den einen ‚moralische', den anderen ‚ökonomische' Rationalität. Es wird sich erweisen, dass wir beide Typen nicht allein für das Verständnis von Konflikten, sondern auch für das des moralischen Handelns benötigen.
Der Überzeugung, dass sich die moralische Rationalität generell gegen das Selbstinteresse behaupten muss, stimmen Kantianer zu. Für sie kann es daher nur einen Scheinkonflikt zwischen moralischer und rationaler Wahl geben. Die Überzeugung, dass das eine mit dem andern vereinbar sei, teilen Utilitaristen. Letztere sind, vor allem als Handlungs-Utilitaristen, überzeugt, dass der moralischen und der ökonomischen Wahl ein einziger Typus der Rationalität zugrunde liege, nämlich das Selbstinteresse. Auch Kantianer nehmen lediglich einen Typus der Rationalität, und zwar den moralischen ernst. Sie sind überzeugt, dass dieser Typus mit dem ökonomischen Handeln unvereinbar ist. [...]
Die Typen der moralischen und ökonomischen Rationalität sind demgemäß als Motive besonderer Art bestimmt. Wir nehmen an, die Wahl einer Handlung sei moralisch rational, wenn sie externe, transsubjektive Gründe hat. Die Wahl einer Handlung sei ökonomisch rational, wenn sie interne, subjektive Gründe hat. Diese simple Unterscheidung bedarf weiterer Details.
Als externe, transsubjektive Gründe verstehen wir Verpflichtungen, deren Geltung mit ethischen Prinzipien begründbar ist. Kandidaten solcher Prinzipien sind z. B. die Idee der Menschheit, der kategorische Imperativ, das größte Glück der größten Zahl, Freiheit. Wir erwarten, dass Gründe, die sich auf solche Prinzipien berufen können, Folgen haben, an denen wir die Verpflichtungen erkennen, denen sie als externe Gründe entsprechen.
Zu solchen Verpflichtungen rechnen wir z. B. Gleichheit, Gerechtigkeit, Fairness, Wahrhaftigkeit, Wohlwollen, Unparteilichkeit. Idealiter sind solche Gründe untereinander kohärent[1], in den Handlungen evident und kontextunabhängig gültig. Wenn die Gründe nicht evident sind, benötigen wir einen indirekten, argumentativen Nachweis der befolgten Verpflichtungen.
Wir wollen nur dann von moralischer Rationalität sprechen, wenn diese drei Bedingungen erfüllt sind: Die Verpflichtungen sind direkt oder indirekt in der Wahl einer Handlung evident, kontextunabhängig gültig und durch ein ethisches Prinzip begründet. Diese letzte Bedingung benötigen wir, weil ohne sie zwar die allgemeine Gültigkeit, nicht aber der moralische Charakter einer Verpflichtung bestimmt wäre.
Mit diesem Verständnis moralischer Rationalität legen wir uns auf keine spezifische ethische Theorie fest. Kantianer können sich ebenso mit ihr identifizieren wie Utilitaristen. Wir erwarten von moralischer Rationalität, dass sie die Ansprüche der moralischen Wahl den drei obigen Bedingungen gemäß ethisch rechtfertigen kann. Die Maxime, die die moralische Rationalität empfiehlt, ist daher: Wähle diejenige Handlung, die ethisch gerechtfertigt werden kann. Die internen, subjektiven Gründe, die wir für die ökonomische Rationalität beanspruchen, sind aus der Sicht der dritten Person opaque[2]. Es sind meine Wünsche und Präferenzen. Freilich machen nicht beliebige Wünsche und Präferenzen eine Wahl ökonomisch rational, sondern allein solche, die von vollständiger Information und einer fehlerfreien Berechnung der nötigen Mittel und erwartbaren Folgen begleitet sind.
Der ökonomisch rational Wählende sucht in allem überlegt seinen Vorteil. Er kalkuliert die Erwartungen aller anderen, nimmt keine Nachteile in Kauf und schaut immer nach vorne, was immer er früher tat. In vielen Situationen des täglichen Lebens ist Nachgeben und Kooperieren unmittelbar nachteilig, das entsprechende Gegenteil dagegen vorteilhaft.

1 kohärent: zusammenhängend
2 opaque: undurchsichtig, dunkel

*Wilhelm Vossenkuhl, *1945, deutscher Philosoph*

- *Beschreiben Sie die von Vossenkuhl aufgestellten Kriterien für moralisch rationale und für ökonomisch rationale Handlungen. Worin besteht in beiden Fällen die Rationalität der Handlung?*

- *Halten Sie Vossenkuhls Definition von moralischer Rationalität für berechtigt? Wäre eine Handlung, die sich auf ein moralisches Gefühl beruft, moralisch nicht rational?*

Authentizität als Synthese aus Moral und Selbstinteresse

Handlungen, die sich am Typ ökonomischer Rationalität orientieren, tun dies aufgrund eines erwarteten Erfolgs, aus eigennützigen Motiven. Hier scheint der gravierende Unterschied zwischen Handlungen aus ökonomischer und Handlungen aus moralischer Rationalität zu liegen. Diese anerkannte Unterscheidung stellt Vossenkuhl im Folgenden infrage.

Die unterschiedlichen Typen der Rationalität stehen einer Rationalität, als einer vernünftigen Weise des Denkens und Sprechens, gegenüber. „Rational" hat im ökonomischen Kontext andere Kriterien als im moralischen. Denn in beiden Kontexten haben die Kriterien der Rationalität andere Aufgaben der Rechtfertigung. Wie können die Kriterien bei unterschiedlichen Aufgaben dennoch vernünftig aufeinander bezogen sein? [...]

Es gibt jedoch auch angesichts moralischer Konflikte und rationaler Dilemmata ein vernünftiges Interesse, worauf das soziale Selbst nicht verzichten kann: das Interesse an Identifikation und Kontinuität. Es ist ein doppeltes, moralisches und rationales Interesse. Wir haben ein vernünftiges Interesse daran, nicht primär über das moralische Versagen, sondern positiv durch die eigene moralische Wahl identifiziert zu werden. Dies ist das Interesse an moralischer Glaubwürdigkeit. Wir haben außerdem ein vernünftiges Selbstinteresse an der Identifizierbarkeit unseres sozialen Selbst.

Dieses vernünftige Interesse an Kontinuität und Identifikation ist keine Synthese aus Moral und Selbstinteresse im Sinn einer dritten, übergeordneten Qualität. Es ist eine hybride[1], synthetische Mischung heterogener[2] Anteile, die sich auch in der Mischung nicht verändern. Das Interesse an moralischer Glaubwürdigkeit und der rationalen Kontinuität des sozialen Selbst ist ein hybrides, synthetisches Motiv. Es ist im Vergleich zu den originären Quellen moralischer und ökonomischer Rationalität artifiziell[3] wie Kunststoff oder die Klänge eines Synthesizers. Weder die rationale noch die moralische Wahl machen jeweils für sich dieses synthetische Motiv notwendig.

Das Interesse an Identifikation und Kontinuität des sozialen Selbst ist vernünftig in dem Sinn, in dem das Interesse an Glaubwürdigkeit und Wahrhaftigkeit vernünftig ist. Ein „diskontinuierliches, nicht identifizierbares Selbst" ist eine sinnlose Reihung von Worten, weil es kein Selbst ohne Kontinuität und Identifizierbarkeit durch sich und andere gibt. Auch die Diskontinuität der Überzeugungen und Wünsche des Selbst lässt sich nur relativ zu seiner Kontinuität verstehen.

Es gibt kein originär moralisches, aber auch kein originär ökonomisches Motiv für die vernünftige Wahl, deren Präferenz die normative und rationale Identifizierbarkeit und Kontinuität ist. Die Einsicht, dass die Konflikte und Dilemmata, in die wir jeweils mit den beiden Typen der Rationalität geraten, das soziale Selbst gefährden, legt erst eine Synthetisierung nahe.

Die vernünftige Wahl ist trotz ihres hybriden Charakters eine Wahl wie jede andere. Ihre Präferenz für das längerfristige erfolgreiche eigene Überleben und das Überleben der anderen ist rational im Sinn des aufgeklärten Selbstinteresses.

Sie bestimmt den subjektiven Nutzen der Wahl. Ihre Überzeugung, dass die moralische Glaubwürdigkeit unverzichtbar für die längerfristige personale und soziale Identität ist, bestimmt, neben andern Überzeugungen, die subjektive Wahrscheinlichkeit der Wahl. Neuartig ist an der vernünftigen Wahl allerdings, dass der subjektive Nutzen und seine Wahrscheinlichkeit von einem einzigen Interesse geleitet sind, nämlich dem an Identifikation und Kontinuität des sozialen Selbst.

In traditioneller Lesart scheinen sich hinter jener Präferenz das bloße Selbstinteresse und hinter der subjektiven Wahrscheinlichkeit die Pflicht zu verbergen. Dies trifft nur oberflächlich zu. Denn das vernünftige Interesse des sozialen Selbst gibt beidem eine Richtung. Sie orientiert die vernünftige Wahl auf eine moralisch überzeugte Kooperation. Sie ist von der Einsicht geleitet, dass der zweckrationale Schein der Glaubwürdigkeit ebenso unnütz ist wie der Verzicht auf subjektiven Gewinn sinnlos. Die Maxime der vernünftigen Wahl ist: Wähle deine Handlungen kooperativ, solange du damit weder deine Glaubwürdigkeit noch dein Selbstinteresse gefährdest. In ihrer kürzesten, aber missverständlichen Fassung lautet die Maxime: Wähle dich selbst. Richtig verstanden schließt diese Maxime rationales Selbstinteresse und moralische Selbstbestimmung ein.

1 hybrid: hochmütig, überheblich, übersteigert, vermessen
2 heterogen: uneinheitlich
3 artifiziell: künstlich, gekünstelt

*Wilhelm Vossenkuhl, *1945, deutscher Philosoph*

- *Beziehen Sie kritisch Stellung zu Vossenkuhls Synthese. Kann er zu Recht von einer Synthese sprechen oder steht hier der Gedanke der Zweckrationalität im Vordergrund?*

- *Erörtern Sie die Problematik ökonomischer Ethik unter Berücksichtigung der folgenden Textpassage des Mathematikers Ulrich Krause. Berücksichtigen Sie dabei das Thema Wirtschaftsethik, S. 107/108. Sie können auch lesen in: Technikphilosophie und Wirtschaftsethik, Cornelsen, Berlin 2001.*

Moral als Konfliktlösungsmanagerin

Eine der wirklich umwälzenden Erkenntnisse der Neuzeit ist gerade die, dass, innerhalb eines präzise formulierbaren Rahmens, der von Eigeninteresse geleitete rationale Agent Moral überflüssig macht. Für die hier behandelte Frage der Rationalität bei Konflikten lässt sich sagen, dass die Erörterung von Moral überflüssig ist, falls Konflikte vom rationalen Agenten gelöst werden können. Moral wäre bloßer Paternalismus[1], denn die Individuen wüssten es selbst besser.

Nun ist aber gar nicht zu sehen, wie Rationalität, Eigeninteresse und Egoismus in einem Konflikt [...] eine Entscheidung herbeiführen könnten. Es ist vielmehr so, dass all diese – ansonsten oft einschneidenden Annahmen – im Fall von Konflikten ihren Geist aufgeben. [...] So wird das Fazit [...] nicht sein, dass man Rationalität, Egoismus usw. durch Moral anreichern solle, sondern, dass letztere dann ernsthaft ins Spiel kommt, wenn erstere, wie im Fall von Konflikten, nicht mehr greifen.

1 Paternalismus: Bestreben, andere zu bevormunden

Ulrich Krause, deutscher Mathematiker

Arendt, Hannah
1906–1975. A. studierte bei Heidegger, einem der bekanntesten Vertreter der Existenzphilosophie in Deutschland. 1929 promovierte sie bei Jaspers. 1933 musste sie nach Paris emigrieren u. ging später in die USA, wo sie als Philosophieprofessorin an mehreren Universitäten lehrte.

Aristoteles
384–322 v. Chr. Neben → Platon war er einer der bedeutendsten griech. Philosophen. In der „Nikomachischen Ethik" entwickelte er ein System der Tugenden u. begründete das Wesen der Handlungsfreiheit.

Aspasia
460–401 v. Chr., aus Milet. Sie wird von → Sokrates als eine seiner Lehrmeisterinnen genannt. In Athen gründete sie einen „Salon", in dem die einflussreichsten Männer u. später auch ihre Ehefrauen verkehrten.

Augustinus, Aurelius
354–430. Er gilt als der größte latein. Kirchenlehrer des christlichen Altertums. Seit 395 war er Bischof von Hippo Regius (Nordafrika). Wesentliche Inhalte seiner Lehre waren die Höherbewertung des Willens u. der Liebe gegenüber dem Verstandesdenken u. die Rückführung aller Wahrheitserkenntnis auf die Erleuchtung Gottes.

Badinter, Elisabeth
*1944. B. lehrt Philosophie an der Ecole Polytechnique in Paris. Sie ist vor allem mit Veröffentlichungen über Ursprung u. Formen von Gewalt sowie über die Geschlechterproblematik bekannt geworden.

Beauvoir, Simone de
1908–1986. Die Schriftstellerin, Philosophin u. Lebensgefährtin → Sartres gilt als Hauptvertreterin des französ. → Existentialismus. Die Grundgedanken der existentialist. Philosophie, insbesondere die These von der Freiheit des Menschen als Freiheit der Wahl, thematisierte sie in ihren Romanen u. philosoph. Untersuchungen.

Bentham, Jeremy
1748–1832. B. war ein engl. Jurist u. Moralphilosoph, der den Utilitarismus entwickelte. In Recht u. Gesetzgebung sah er eine rein irdische Angelegenheit u. unterstützte die Säkularisierung des Rechts im modernen Staat.

Beuys, Joseph
1921–1986. B. wurde durch provozierende Kunstwerke u. Kunstaktionen berühmt. In seinem Begriff der sozialen Plastik fasst B. seinen Anspruch an die Kunst, den Menschen zur kritischen Reflexion u. zum gesellschaftlichen Aktiv-Werden aufzufordern. Leitende Idee ist dabei für B. die wiederherzustellende Versöhnung der in Mensch u. Natur zerrissenen Lebenswelt.

Böhme, Gernot
*1937. B. ist Professor für Philosophie. Seine Forschungsschwerpunkte sind Naturphilosophie, Technikethik u. Ästhetik. Weitere bekannte Veröffentlichungen sind „Technik, Gesellschaft, Natur" u. „Theorie des Bildes".

Buddha
um 450–370 v. Chr. Der historische Gautama B. lebte in Nordindien. Nachdem er sich verschiedenen Heilslehren angeschlossen hatte, fand er schließlich die erlösende Einsicht u. damit den Ausweg aus dem Kreislauf der Wiedergeburten.

Camus, Albert
1913–1960. Franz. Schriftsteller u. Philosoph, der sich vorrangig Problemen der menschl. Existenz zuwandte. Sein Werk ist geprägt von der Revolte gegen die Absurdität des Seins.

Csikszentmihalyi, Mihalyi
C. lehrte Psychologie in Chicago. In seinen wissenschaftlichen Forschungen geht C. der Frage nach, wie glückliches Leben aussieht u. welchen Einfluss wir auf das Lebensglück haben.

Daimónion
→ Sokrates nannte die Kraft, von der er sich leiten ließ, D. Sie hielt ihn davon ab, durch Handlungen gegen das als richtig Erkannte zu verstoßen. Meistens wird sie als abratend u. hemmend beschrieben.

Dalí, Salvador
1904–1989, span. Maler. Nach dem Studium in Madrid schloss er sich 1928 in Paris dem Surrealismus an. Seine veritistische Traummalerei ist durch die Psychoanalyse angeregt, seinen theoret. Beitrag nannte er „Kritische Methode der Paranoia". 1941 brach er in den USA mit dem Surrealismus u. bekannte sich in seinen Gemälden zur Tradition in Form u. Thema, ohne jedoch auf techn. Experimente zu verzichten.

Descartes, René
1596–1650. Der Jesuitenschüler D. fragte als Mathematiker nach dem Wesen mathemat. Erkenntnis. An der mathemat. Wahrheit bildet D. seinen Begriff von Wahrheit überhaupt. Er versucht, von diesem Wahrheitsbegriff aus die Metaphysik auf neue, unerschütterliche Grundlagen zu stellen. Zweifeln ist ein Akt des Denkens u. denkend bin ich: *Cogito (ergo) sum.*

Diogenes
D. von Sinope, 5./4. Jh. v. Chr. Griech. Philosoph, der seine Zeitgenossen durch seinen Lebenswandel provozierte. Dahinter stand die Absicht, das Verhalten seiner Mitmenschen zu verspotten, da es von der Konvention geprägt u. unvernünftig sei.

Diskurstheorie
Eine kommunikationstheoretische Richtung der Philosophie, die vor allem durch Habermas u. Apel vertreten wird u. den gelingenden Dialog vernünftiger Gesprächsteilnehmer zum Maßstab des richtigen Handelns macht. Die D. geht davon aus, dass alle Geltungsansprüche der gleichberechtigten Kommunikationsteilnehmer einer dialogisch-argumentativen Prüfung, orientiert am Kriterium der Widerspruchsfreiheit, unterzogen werden müssen.

Eibl-Eibesfeldt, Irenäus
*1928. E. ist österreich. Zoologe u. Verhaltensforscher, der sich vor allem mit der Evolutionstheorie von Charles Darwin beschäftigt. Zu seinen wichtigsten Veröffentlichungen gehört das Buch „Zur Natur der menschlichen Unvernunft".

Epikur
341–271 v. Chr. E. war der Begründer der epikureischen Schule. 306 v. Chr. gründete er in Athen seine Philosophenschule. Dieser Gemeinschaft kam es nicht auf Erkenntnisgewinn als absoluten Wert an, sondern auf Bewährung der gewonnenen Erkenntnis im Zusammenleben. Erkenntnisse der Naturzusammenhänge haben ihren (relativen) Wert darin, den Menschen frei von Schmerz u. Unruhe zu machen.

Eudämonie
E. meint sowohl ein praktisches Verhalten als auch die Lehre, die für das menschl. Handeln die Qualität „gut" nur gelten lässt, wenn es auf Glück ausgerichtet ist. Unter Glück ist jedoch nicht die Lust, sondern die Erfüllung des Daseins zu verstehen.

Existentialismus
Richtung der relativ jungen, zu Beginn des 20. Jhs. entwickelten Existenzphilosophie. Die Existenzphilosophie entwickelte sich in Abgrenzung gegen die traditionelle Systemphilosophie u. setzt in der Frage nach dem Sinn des Lebens bei der Analyse der individuellen Existenz an. Man unterscheidet zwischen zwei Hauptströmungen der Existenzphilosophie, der christl. u. der atheist. Die christl. Existenzphilosophie wurde vor allem durch den deutschen Philosophen Jaspers vertreten, der den Einzelnen in Grenzsituationen des Lebens seine Sinngebung in Bezug auf ein Absolutes (Gott) erfahren lässt. Demgegenüber steht der sich nach dem Zweiten Weltkrieg ausbreitende atheist. franz. Existentialismus (→ Sartre, → Camus), der Sinn u. Wertordnung aus der absoluten Freiheit des Individuums ableitet. Der Einzelne muss den Sinn seiner Existenz selbst setzen, es gibt keinen festgelegten Sinn des Lebens.

Fatalisten
Vertreter einer Weltanschauung, nach der alle Abläufe der Natur, aber auch das menschliche Handeln vorherbestimmt sind u. notwendig stattfinden. Die Vorstellung von der Handlungsfreiheit wird in diesem Welterklärungsmodell aufgegeben.

Frankena, William
1908–1992. F. lehrte Philosophie an der Harvard University. Zu seinen Forschungsschwerpunkten gehörten die → Ethik Kants u. die Erziehungsphilosophie von Dewey.

Freud, Sigmund
1856–1939, österreich. Arzt u. Begründer der neuzeitlichen Tiefenpsychologie. F. tat den grundsätzlich neuen Schritt, dass er nach den Gründen seelischer Krankheiten suchte. Er ging zur „Wachbehandlung" über u. erhob zu deren Kern die Traumanalyse als Hauptmethode der Psychotherapie, zugleich mit der Erweiterung des Fragebereichs auf Assoziationen.

Glucksmann, André
*1937. G. gehört zu den führenden französ. Philosophen und hat sich auf dem Gebiet der politischen Philosophie international einen Namen gemacht. Seine Forschungsschwerpunkte sind Nuklearstrategie, Menschenrechte und Angewandte Ethik, z. B. Medizinethik und Aids.

Hegel, Georg W. F.
1770–1831. H. ist der prominenteste Vertreter der Philosophie des deutschen Idealismus. Sein gesamtes philosophisches System lässt sich als Geschichtstheologie deuten, denn für H. bedeutet Weltgeschichte der Prozess, in dem sich der sich selbst äußerliche u. entfremdete Geist allmählich im Denken des Menschen zu sich kommt. Am Ende dieses weltgeschichtlichen Prozesses steht das absolute Wissen des sich selbst wissenden Geistes.

Heller, Agnes
*1929. H. ist eine ungar. Philosophin, die in Budapest bei dem marxist. Ästhetiker Georg Lukács studierte. 1987 übernahm sie die → Hannah-Arendt-Professur an der New School for Social Research in New York.

Hume, David
1711–1776. H. war einer der führenden engl. Empiristen, die davon ausgingen, dass die Erkenntnis der Welt auf der Grundlage von Erfahrungen möglich ist. Er beschäftigte sich mit dem Problem der Kausalität, d. h. mit Ursachen u. Folgen von Ereignissen in der Welt. Die moralischen Gefühle charakterisierte er als Motor des ethischen Handelns.

Ideologie
In der philosoph. Tradition wird I. auch im Sinne von Weltanschauung oder falschem Bewusstsein verwendet. Ideologisches Wissen stützt sich demnach auf unbegründete u. unbewiesene Fakten oder Meinungen u. wird manipulativ.

Jonas, Hans
1903–1993, deutsch-amerikan. Philosoph u. Religionswissenschaftler. Er lehrte Philosophie in Israel, Kanada u. in den USA. Beherrschendes Thema seiner Arbeiten sind der Dualismus von Mensch u. Natur. Auf die Aufhebung des Dualismus zielt Jonas' Entwurf einer Ethik der technisierten Gesellschaft.

Kahlo, Frida
1907–1954. Mexikan. Malerin mit indian.-deutsch-ungar. Abstammung. Mit 18 Jahren wird sie schwer verletzt u. beginnt, zu malen. Ihre Gemälde zeigen ihr Leiden, ihre Kraft u. ihren Lebenswillen.

Kant, Immanuel
1724–1804, berühmtestes deutscher Philosoph der Aufklärung. Er entwickelte eine umfassende philosoph. Theorie der Erkenntnis. K. erarbeitete die durch die Vernunft gebotene Pflicht (den kategorischen Imperativ) als den Mittelpunkt der Wertordnung.

Kardinalstugenden
Grundtugenden, aus denen alle weiteren folgen. Die Lehre von den K. wurde von → Platon u. den christl.-mittelalterl. Philosophen geprägt. Nach → Platon sind die K. Weisheit, Tapferkeit (auch Willensenergie), Besonnenheit (Maßhalten, Selbstbeherrschung) u. die sie umgreifende (Gesamt-)Tugend Gerechtigkeit. Die christliche Philosophie fügte drei weitere Tugenden hinzu: Glaube, Liebe, Hoffnung.

Kohlberg, Lawrence
1927–1987. Professor an der Harvard University. Als Psychologe war K. von → Piaget beeinflusst, entwickelte jedoch durch seine Forschungen über die Veränderungen in der moralischen Denkweise und Argumentation in Dilemmasituationen eine eigene Stufentheorie der moralischen Entwicklung.

Kosmologie
Lehre vom materiellen Aufbau der Welt als Ganzer u. ihrer raumzeitlichen Struktur. Mit ihrem Ziel, den physischen Zustand der Welt rational zu erklären, ist die K. Teilgebiet der Naturphilosophie u. der Physik. Der Prozess der Modellbildung ist eng mit der Entwicklung eines Weltbildes verzahnt, das eine Antwort auf die Frage des Menschen nach seiner Stellung im Kosmos liefert.

Kubismus
Der K. bezeichnet eine bestimmte Richtung der neueren Malerei. Zwischen 1908 u. 1910 entwickelte sich der K. als Gegenrichtung zum Impressionismus.

Küng, Hans
*1928. Mit 34 Jahren wurde er zum offiziellen Berater des Zweiten Vatikanischen Konzils der kath. Kirche (1962–1965) ernannt. Seine theolog. Arbeit war auf die ökumen. Theologie hin ausgerichtet. Durch seine Kritik am Unfehlbarkeitsdogma geriet er in einen Widerspruch zur Spitze der kath. Kirche, so dass ihm 1979 die kirchliche Lehrerlaubnis entzogen wurde. Seitdem widmete K. sich dem neu geschaffenen Lehrstuhl für ökumen. Theologie und der „Stiftung Weltethos".

Kyrenaiker
Die kyrenaikische Schule ist eine griech. Philosophenschule. Von den K., die u. a. an → Sokrates anknüpften, wurde ein hedonist. Standpunkt vertreten: Der Mensch ist nicht frei, wenn er sich der Lust gänzlich entzieht, sondern er ist frei, wenn er sie anstrebt u. erreicht. Die K. suchten vor allem die körperliche Lust, lehnten aber die geistige nicht ab.

Lao-tse
604–520 v. Chr. Lao-tse war Staatsarchivar u. einer der größten chines. Denker. Seine Philosophie hat gegenüber der des Konfuzius einen betont metaphysischen Charakter.

Leibniz, G. Wilhelm
1646–1716. Lz.' akademische Schriften behandeln die Metaphysik u. die jurist. Logik. Er regte das Studium der dt. Sprache u. des Sprachvergleichs an u. wollte eine *Lingua rationalis* entwickeln, in der durch Definitionen alle Begriffe auf die sie konstituierenden Elementarbegriffe reduziert werden können.

Lessing, Gotthold E.
1729–1781. Dichter, Kritiker u. Religionsphilosoph, der in Abgrenzung zum französ. Konzept der Theaterdichtung eine eigenständige Form der Bühnendichtung entwickelte und sich zu einer toleranten Vernunftreligion (vgl. Nathan) bekannte.

Locke, John
1632–1704. L. übernahm Staatsämter u. war Anhänger der „Glorious Revolution". Seine Schriften haben wesentlich zur Aufklärung beigetragen. Ls. Absicht war es, das Recht des Einzelnen zu begründen, selbst zu denken u. zu handeln.

MacIntyre, Alasdair
*1929. M. lehrte in England und in den USA. Seine Schwerpunkte waren „Ethik" u. „Politische Philosophie". Er gehört zu den führenden Vertretern des Kommunitarismus, die besonders die Rolle der Gemeinschaften in der Gesellschaft betont.

Magritte, René
1898–1967. M. war ein belg. Maler, der zu einem typischen Vertreter des veristischen Surrealismus wude, der die banalen Dinge des Alltags, naturalistisch im Detail, verfremdet u. unabhängig von Schwerkraft u. Zeit wiedergibt.

Marc Aurel
121–180. Röm. Kaiser u. Philosoph span. Herkunft. Er widmete sich rhetor., philosoph. u. jurist. Studien. Durch Iustinus Rusticus u. die Lektüre von Epiktet bekam er Zugang zur → Stoa.

Matisse, Henri
1869–1954. M. war einer der einflussreichsten Maler des 20. Jh. Er entwickelte *decoupages* und *cut-outs*, indem er Formen mit der Schere ausschnitt und sie auf Papier klebte.

Meier-Seethaler, Carola
*1949. M. ist schweizer. Psychologin, die in Philosophie promovierte. Ihre philosoph. Hauptthemen umfassen die Rolle von Emotionen im Alltagsleben, Probleme der Erkenntnistheorie sowie die Geschlechterbeziehungen.

Montaigne, Michel de
1533–1592. M. war französ. Jurist u. wurde Parlamentsrat u. Bürgermeister in Bordeaux. Er verfasste philosoph. Essays, die philosoph. Reflexion u. lebensweltl. Erfahrungen verbinden.

Nietzsche, Friedrich
1844–1900. Für N. spielte der altgriech. Mythos eine wesentliche Rolle. Wichtige Problemfelder seiner Philosophie waren „Der Wille zur Macht" als universelles Prinzip der Menschheitsgeschichte, die „Ewige Wiederkehr des Gleichen" sowie eine radikale Religionskritik.

Nussbaum, Martha C.
*1949. N. ist Professorin für Philosophie in Chicago. Sie hat sich, angeregt durch → Rawls, mit der Konzeption einer gerechten Gesellschaft beschäftigt.

Periktyone
ca. 4./3. Jh. v. Chr. Sie war eine griech. Philosophin. Sie gehörte zum Kreis der Pythagoreer, die sich der Philosophie widmeten. Dieser Kreis wurde ca. um 540 v. Chr. in der italienischen Stadt Krolon von dem Philosophen → Protagoras gegründet.

Piaget, Jean
1896–1980, schweizer. Prof. für Psychologie. Er analysierte die frühkindliche Entwicklung u. führt eine Deutung der Anpassung ein, die er als Gleichgewicht zwischen psycholog. Assimilation u. Akkommodation sieht.

Picasso, Pablo
1881–1973. P. war ein span. Künstler, der internationale Bedeutung gewann. Zusammen mit Braque entwickelte er eine Art zu malen, in der Motive in ihre geometrischen Formen zerlegt wurden, den → Kubismus. Seine Werke nach 1915 sind keiner künstlerischen Richtung mehr verpflichtet.

Pieper, Annemarie
*1941. P. war Professorin für Philosophie in Basel mit den Schwerpunkten „Ethik" u. „Geschlechterdifferenz".

Pizan, Christine de
1365–1429/30. P. wurde in Venedig geboren u. wuchs in Paris am Hof des Königs auf. Sie entfachte einen Literaturstreit, als sie Gegenthesen zum „Roman de la Rose" aufstellte. Sie wehrte sich gegen die stereotype Darstellung von Männern u. Frauen.

Platon
427–348/347 v. Chr., griech. Philosoph. Er entwickelte auf dem Gebiet der Erkenntnistheorie seine Ideenlehre u. beschäftigte sich auch mit ethischen u. politischen Fragen In der „Politeía" (Der Staat) entwirft er seine Konzeption eines gerechten Staates, die er mit drei Gleichnissen verdeutlicht.

Prometheus
Nach antiken griech. Mythen gehörte P. zu den Titanen. P. gilt als Erschaffer des Menschen, den er nach der Überlieferung aus Lehm als sein Ebenbild u. das der Götter formte. Durch verschiedene Listen, die darin kulminierten, dass P. den Göttern das Feuer raubte, um es den Menschen zu bringen, verlor er die Freundschaft der Götter. Zeus ließ ihn zur Strafe an einen Felsen schmieden, wo täglich ein Adler seine Leber zerriss. Da diese nachwuchs, wiederholten sich P.s Qualen. Nach 30 000 Jahren soll Herakles ihn von dem Felsen befreit haben.

Protagoras von Abdera
um 485–um 415 v. Chr. Als einer der ersten Sophisten prägte er den *homo-mensura*-Satz: Der Mensch ist Maßstab aller Dinge: Für die Seienden, dass sie sind; für die nicht Seienden, dass sie nicht sind.

Rawls, John
*1921–2002. R. lehrte Philosophie an der Havard University. Er entwickelte die Konzeption einer gerechten Gesellschaft, die auf den Prinzipien der gleichen Freiheitsrechte für alle Menschen innerhalb der Gesellschaft basiert.

Rousseau, Jean-Jacques
1712–1778. R. wurde in der freien Republik Genf geboren u. dort calvinist. erzogen. Seine Grundannahme, dass das Gewissen des Einzelnen über jeglicher Konvention u. staatlicher Bevormundung stehe, veranlasste sowohl die Kirche als auch den Staat, gegen R. vorzugehen.

Sartre, Jean-Paul
1905–1980. Schriftsteller und Philosoph, der zu einem der umstrittensten Denker Frankreichs wurde. S. entwickelte eine Existenzphilosophie in kritischer Anlehnung an → Hegel, Marx, → Freud u. bes. an Husserl u. Heidegger. 1964 sollte er den Nobelpreis für Literatur erhalten, lehnte ihn jedoch ab.

Schopenhauer, Arthur
1788–1860. S. war Professor für Philosophie in Berlin. Da er als provokanter Geist seine Vorlesungen zeitgleich mit dem damals bekannteren → Hegel hielt, war seine Dozententätigkeit zum Scheitern verurteilt. Ab 1832 lebte er als Privatgelehrter in Frankfurt. Er litt zeit seines Lebens an der mangelnden Anerkennung seines Werkes, u. als streitbarer, temperamentvoller Charakter sparte er nicht mit drastischer Kritik an seinen Philosophiekollegen u. Kritikern.

Seneca
um 4 v. Chr.–65 n. Chr. Röm. Philosoph u. Erzieher Neros. S. gilt als einer der bedeutendsten → Stoiker. Von der moral. Schwäche des Menschen ausgehend verlangt er sittliche Strenge gegenüber dem eigenen Ich u. verstehende, von Mitleid freie Milde gegenüber den Mitmenschen. Die höchste Tugend ist die Treue gegen sich selbst.

Sokrates
um 470–399 v. Chr. S. lebte als Philosoph in Athen. S. deckte durch insistierendes Fragen auf, dass seine Gesprächspartner zwar meinten, etwas über die Dinge zu wissen, dies aber in Wahrheit nicht zutraf. Dies führte ihn zu der Einsicht „Ich weiß, dass ich nichts weiß."

Spaemann, Robert
*1927, Professor für Philosophie in München. Er lehrte über die Naturphilosophie, über prakt. u. polit. Philosophie u. über die Ideengeschichte der Neuzeit. In dem von ihm vertretenen eth. Neuansatz fasst er die Ethik als Lehre von der intuitiven Wahrnehmung der Wirklichkeit auf und versucht, den Antagonismus von eudämonist. Klugheitsethik u. universalist. Pflichtethik zu überwinden.

Stoa, Stoizismus
Als erste Moralphilosophie, die die Pflicht zur Grundlage menschl. Handelns erklärt, gilt der Stoizismus. Der Stoizismus bestand als philosoph. Bewegung über einen Zeitraum von fünf Jahrhunderten u. erstreckte sich weit über die griech. Kultur hinaus. Die berühmtesten erhaltenen Schriften stammen von den späten Stoikern: → Seneca, → Marc Aurel.

Thrasymachos
5. Jh. v. Chr., 2. Hälfte. Griech. Rhetor u. Sophist in Athen, der die Entwicklung der Rhetorik entscheidend gefördert hat. Wie stark er sich mit philosoph. Problemen beschäftigt hat, bleibt unklar, trotz der wichtigen Rolle, die ihm → Platon im ersten Buch des „Staates" zugeteilt hat.

Weber, Max
1864–1920. Jurist, Nationalökonom u. Soziologe. W.s Hauptanliegen war es, zu wirtschafts- u. sozialpolitisch anwendbaren Ergebnissen der Sozialwissenschaft zu gelangen. In seiner bekanntesten Studie leitet W. die psych. „Antriebe" des modernen Kapitalismus aus den verweltlichten Glaubensinhalten des Puritanismus ab u. stellt damit eine „positive Kritik des historischen Materialismus" auf.

WHO
Abkürzung für „World Health Organization". Die W. ist eine Sonderorganisation der UNO, deren Arbeit sich auf folgende Bereiche konzentriert: Weltweiter Gesundheitswarndienst, Unterstützung bei Auf- und Ausbau leistungsfähiger Gesundheitsdienste in Staaten der Dritten Welt, Förderung der medizinischen Forschung, Aids-Bekämpfung.

Wollstonecraft, Mary
1759–1797. W. veröffentlichte forderte die Rechtsgleichheit von Mann u. Frau. Die Erziehung als Motor für eine Gleichstellung der Geschlechter stellte sie in den Mittelpunkt ihrer philosoph. Reflexion.

S. 4/5 Annemarie Pieper, Einführung in die Ethik, Francke, Tübingen 1991, S. 12; Mary Wollstonecraft, Plädoyer für die Rechte der Frau, übers. v. Irmgard Hölscher, Hermann Böhlaus Nachfolger, Weimar 1999, S. 178; Friedrich Nietzsche, Man muss seine Augen auch hinten im Kopfe haben, Hanser, München 2000, S. 25; Seyla Benhabib: Dan Diner (Hg.), Zivilisationsbruch–Denken nach Auschwitz, übers. v. Angelika Schweikhart, Fischer, Frankfurt/M. 1988, S. 167; Hildegard v. Bingen, Der Mensch in der Verantwortung, Hg. u. übers. v. Heinrich Schipperges, Otto Müller, Salzburg 1972, S. 118; Jean Piaget, Das moralische Urteil beim Kinde, Suhrkamp, Frankfurt/M. 1981, S. 458; Schopenhauer zit. nach: Franz M. Wuketis, Verdammt zur Unmoral? Piper, München 1993, S. 6; Grillparzer zit. nach: Ulrich Wickert (Hg.), Das Buch der Tugenden, Heyne, München 1995, S. 66; Camus zit. nach: Franz M. Wuketis, Verdammt zur Unmoral?, o. Übersetzer, Piper, München 1993, S. 6; Karoline von Günderrode, Der Schatten eines Traumes, dtv, München 1997, S. 142
S. 6/7 Asta Gröting, Berlin (Originaltext für diese Ausgabe); Hannah Arendt, Zwischen Vergangenheit u. Zukunft, Piper, München 2000, S. 129; Annemarie Pieper, Einführung in die Ethik, Francke, Tübingen 1991, S. 24, S. 25/26, S. 28; William Frankena, Analytische Ethik, übers. v. Norbert Hoerster, dtv, München 1981, S. 26
S. 8/9 Platon, Der Staat, zit. nach: Hans-Ludwig Freese, Abenteuer im Kopf, übers. v. ders., Beltz/Quadriga, Berlin 1995, S. 263/264; Lichtenberg zit. nach: Eberhard Puntsch, Das neue Zitatenhandbuch, Weltbild, Augsburg 1995, S. 320; William Frankena, Analytische Ethik, übers. v. Norbert Hoerster, dtv, München 1981, S. 22–24
S. 10/11 Deutsche Shell (Hg.), Jugend 2000, Bd. 2, Leske + Budrich, Opladen 2000, S. 61, 145, 213, 270/271; Alexander Ulfig, Lexikon der philosophischen Begriffe, Bechtermünz, Eltville 1993, S. 481; Immanuel Kant, Grundlegung zur Metaphysik der Sitten, in: Werke in 6 Bänden, Hg. v. Wilhelm Weischedel, Suhrkamp, Frankfurt/M. 1977, S. 41; Immanuel Kant, Eine Vorlesung über Ethik, hrsg. v. Gerd Gebhardt, Frankfurt/M., Fischer, S. 261–263, zit. nach: Ulrich Wickert (Hg.), Das Buch der Tugenden, Heyne, München 1995, S. 69/70
S. 12/13 Wolfgang Horn, Recht, Bundeszentrale für politische Bildung, Bonn 1991, S. 3/4; Friedrich Nietzsche, Menschliches, Allzumenschliches, Könemann, Köln 1994, S. 325–327
S. 14/15 Ulf-Preuss-Lausitz, Schulische Werte unter Pluralitätsbedingungen, in: Ethik & Unterricht 4/1996, S. 38; Franz M. Wuketis, Verdammt zur Unmoral?, Piper, München 1993, S. 185
S. 16/17 Waris Dirie, Wüstenblume, Weltbild, Würzburg 1999, S. 62–64; Franz M. Wuketis, Verdammt zur Unmoral?, Piper, München 1993, S. 186/187; Alain Finkielkraut, Die Niederlage des Denkens, übers. v. in Nicola Volland, Rowohlt, 1989, S. 106/107; Proust: zit. nach: Eberhard Puntsch, Das neue - Zitatenhandbuch, o. Übersetzer, Weltbild, Augsburg 1995, S. 625
S. 18/19 Platon, Sämtliche Werke, Bd. 1, Rowohlt, Reinbek 1967, S. 101/102; Gustav Heckmann, Dieter Krohn, Über Sokratisches Gespräch und sokratische Arbeitswochen, in: Zs. für die Didaktik der Philosophie, 1/1988, S. 41/42
S. 22/23 Aristoteles, Nikomachische Ethik, übers. v. Franz Dirlmeier, Reclam, Stuttgart 1969, S. 54/55, 66/67; John Locke, Versuch über den menschlichen Verstand, 1. Bd., übers. v. Carl Winckler, Meiner, Philosophische Bibliothek 75/76, Leipzig 1988, S. 296/297, 286; Franz v. Kutschera, Grundlagen der Ethik, de Gruyter, Berlin 1999, S. 343–346
S. 24/25 Gottfried W. Leibniz, Die Theodizee I, hg. u. übers. v. Herbert Herring, Suhrkamp, S. 277, 279–283; David Hume, Traktat über die menschliche Natur, übers. v. Theodor Lipps, Buch II, Voss 1906, S. 138/139, 145, 146, 148/149
S. 26/27 Immanuel Kant, Kritik der praktischen Vernunft, hg. v. Joachim Kopper, Reclam, Stuttgart 1961, S. 152–154, 156–158, 139–141
S. 28/29 Adam Smith, Theorie der ethischen Gefühle, übers. u. hg. v. Walther Eckstein, Philosophische Bibliothek 200 A/B, Felix Meiner, Hamburg 1994, S. 170/171, 297–298, Georg W. F. Hegel, Grundlinien der Philosophie des Rechts. In: Werke in 20 Bdn., Suhrkamp 1970, S. 254–256
S. 30/31 Jean-Paul Sartre, Ist der Existentialismus ein Humanismus, übers. v. Walter Schmiele, Ullstein, München 1973, S. 11–12; ders., a. a. O., S. 16, 31/32; Simone de Beauvoir, Das andere Geschlecht, übers. v. Grete Osterwald, Uli Aumüller, Rowohlt, Hamburg 1951, S. 69–73, 75–83; Zitat: Jean-Paul Sartre, Marxismus und Existentialismus, übers. v. Herbert Schmitt, Rowohlt, Reinbek 1964, S. 121
S. 32/33 Friedrich Nietzsche, Zur Genealogie der Moral, Reclam, Stuttgart 1988, S. 110; Hans Jonas, Das Prinzip Verantwortung, Suhrkamp, Frankfurt/M. 1984, S. 31–38, 80/81
S. 32/33 Friedrich Nietzsche. Zur Genealogie der Moral. Reclam, Stuttgart 1988, S. 110
S. 36/37 Seneca, Aus den Briefen an Lucilius, in: Vom glückseligen Leben, hg. v. Heinrich Schmidt, übers. v. Forbiger (o. Vorname), Kröner, Stuttgart 1978, S. 237/238
S. 38/39 Immanuel Kant, Grundlegung zur Metaphysik der Sitten, Reclam, Stuttgart 1961, S. 28–30, 33–36
S. 40/41 Immanuel Kant, Grundlegung zur Metaphysik der Sitten, Reclam, Stuttgart 1961, S. 85–89
S. 34/35 Platon, Apologie des Sokrates, übers. v. Manfred Fuhrmann, Reclam, Stuttgart 1987, S. 19–22; Siegfried Lenz, Die Deutschstunde, dtv, München 1973, S. 71–73
S. 36/37 Marc Aurel, Selbstbetrachtungen, übers. v. Wilhelm Capelle, Kröner, Stuttgart 1973, S. 54/55, 129, 96/97; Seneca, Aus den Briefen an Lucilius, in: Vom glückseligen Leben. Hg. v. Heinrich Schmidt, übers. v. Forbiger (o. Vorname), Kröner, Stuttgart 1978, S. 237/238; Marc Aurel, a. a. O., S. 140–142
S. 38/39 Immanuel Kant, Grundlegung zur Metaphysik der Sitten, Reclam, Stuttgart 1961, S. 28–30, 33–36; Gotthold E. Lessing, Nathan der Weise, Reclam, Stuttgart 1964, S. 110/111; Immanuel Kant, a. a. O., S. 37–42
S. 40/41 Wilhelm Weischedel, Die philosophische Hintertreppe, dtv, München 1966, S. 177/178; Immanuel Kant, Grundlegung zur Metaphysik der Sitten, Reclam, Stuttgart 1961, S. 85–89
S. 42/43 Jean-Paul Sartre, Der Existentialismus ist ein Humanismus, Ullstein, München 1973, S. 28/29, 12/13, 17/18, 32
S. 44/45 John Rawls, Eine Theorie der Gerechtigkeit, übers. v. Hermann Vetter, Suhrkamp 1979, S. 28–32, 134–138
S. 46/47 Günther Bien, Über das Glück, in: Joachim Schummer, Glück und Ethik, Königshausen & Neumann, Würzburg 1998, S. 29–31, 34, 35; Alexander Mitscherlich, in: Glück, Gerechtigkeit, hg. v. Alexander Mitscherlich, G. Kalow, Piper Verlag, München 1976, S. 1; Anselm Grün, Das kleine Buch vom wahren Glück, Herder, Freiburg 2001, S. 114–115, 120
S. 48/49 Lance Armstrong, Tour des Lebens, Lübbe, Bergisch Gladbach 2000, S. 278–279; Robert Spaemann, in: Stephan

Wehowsky, Gespräche über Ethik, Robert Spaemann, C. H. Beck, München 1995, S. 104, 107
S. 50/51 Mihaly Csikszentmihalyi, Flow, Klett-Cotta, Stuttgart 1992, S. 69–71, 73–75
S. 52/53 Epikur, in: Epikur. Briefe, Sprüche, Werkfragmente, übers. v. H.-W. Krautz, Reclam, Stuttgart 1985, S. 4; nach: Peter Prechtl, Art.: Hedonismus, in: Metzler Philosophie Lexikon, hg. v. ders. u. Franz-Peter Burkard, Stuttgart 1996; Rathenau zit. nach: Eberhard Puntsch, Das neue Zitatenhandbuch, o. Übersetzer, Weltbild, Augsburg 1995, S. 631; Aristoteles, Nikomachische Ethik, übers. v. Adolf Lasson, Jena 1909, S. 227/228
S. 54/55 Frisch, Max, Tagebuch 1946–1949, Suhrkamp, 1950, S. 31/32; Wittgenstein: zit. nach: Werner Scholze-Stubenrecht, Zitate u. Aussprüche, Duden, Mannheim 1993, S. 560; Martin Seel, Versuch über die Form des Glücks, 1999, S. 194–196
S. 56/57 Schopenhauer, Welt und Mensch, hg. v. Arthur Hübscher, Stuttgart 1960, S. 163–165; Walter Kaufmann, Der Glaube eines Ketzers, übers. v. Bernhard Mieke, Alfred Zeller, München 1965, S. 385, 387, 391–392
S. 58/59 Otfried Höffe (Hg.), Einführung in die utilitaristische Ethik, UTB, Stuttgart 1992, o. S.; Bentham, a. a. O., S. 57; Epikur, Von der Überwindung der Furcht, hg. u. übers. v. Olof Gigon, dtv, München 1983, S. 114; John S. Mill, Utilitarismus, London 1863, Kap. II u. IV, übers. v. Dieter Birnbacher, Reclam, Stuttgart 1975, zit. nach: Otfried Höffe, a. a. O., o. S.; Peter Singer, Praktische Ethik, übers. v. Oscar Bischoff, Jean-Claude Wolf, Dietrich Klose, Reclam, Stuttgart 1994, S. 30; Wissenskasten: Inge Denzin
S. 60/61 Jeremy Bentham, Eine Einführung in die Prinzipien der Moral und Gesetzgebung, übers. v. Annemarie Pieper nach der krit. Ausgabe v. H. L. A. Hart, hg. v. S. H. Burns, London 1970, S. 11–12
S. 62/63 John S. Mill, Utilitarismus, London 1863, Kap. II u. IV, übers. v. Dieter Birnbacher, Reclam, Stuttgart 1975, zit. nach: Otfried Höffe, a. a. O., S. 87–91; Zitat Bentham: a. a. O., S. 90
S. 64/65 Norbert Hoerster, Handlungs- u. Regelutilitarismus, aus: ders.: Utilitaristische Ethik u. Verallgemeinerung, Karl Alber Vlg., Freiburg 1971, S. 20–28; Richard B. Brandt, in: University of Colorado Studies in Philosophy 3, 1967, S. 39–65; zit. nach: Otfried Höffe, Einführung, a. a. O., übers. v. Annemarie Pieper, S. 20, 27–28
S. 66/67 Otfried Höffe, aus: ders., Einführung, a. a. O., S. 45; Der Spiegel, 1. 8. 2001, o. Autor; J. Rawls, Theorie der Gerechtigkeit, Suhrkamp, 1979, S. 43–45
S. 68/69 Peter Singer, Praktische Ethik, übers. v. Oscar Bischoff, Jean-Claude Wolf, Dietrich Klose, Reclam, Stuttgart, 1994, S. 25–31 (Auszüge)
S. 70/71 Peter Singer, Praktische Ethik, übers. v. Oscar Bischoff, Jean-Claude Wolf, Dietrich Klose, Reclam, Stuttgart, 1994, S. 115–129 (Auszüge)
S. 72/73 Peter Singer, Praktische Ethik, übers. v. Oscar Bischoff, Jean-Claude Wolf, Dietrich Klose, Reclam, Stuttgart 1994, S. 196–197, S. 212–216; Michael Wunder, Bioethik und Gewissen, aus: Bioethik als Tabu, hrsg. v. Dieter Birnbacher, Günter Patzig, Litt, Münster 2000, S. 41
S. 74/75 Georg Lohmann, Moralische Gefühle und moralische Verpflichtungen, in: Ethik & Unterricht 1/2001, S. 2; Karoline v. Günderrode, Der Schatten eines Traumes, hg. v. Christa Wolf, dtv, München 1997, S. 164/165; Agnes Heller, Ist die Moderne lebensfähig?, übers. v. Felix Ensslin, Campus, Frankfurt 1995, S. 86/87
S. 76/77 Platon, Protagoras, übers. v. Friedrich Schleiermacher, Rowohlt, Reinbek 1977, S. 88; David Hume, Eine Untersuchung über die Prinzipien der Moral, übers. v. Gerhard Streminger, Reclam, Stuttgart 1996, S. 88, 89/90, 216/217
S. 78/79 Hans Christian Andersen, Märchen, o. Übersetzer, Lechner Vlg., Limassol 1998, S. 198–201; Hildegard v. Bingen, Der Mensch in der Verantwortung, Hg. u. übers. v. Heinrich Schipperges, Otto Müller, Salzburg 1972, S. 60, 74
S. 80/81 Giraudoux zit. nach: Eberhard Puntsch, Das neue Zitatenhandbuch, o. Übersetzer, Weltbild, Augsburg 1995, S. 602; Arthur Schopenhauer, Über die Grundlage der Moral, Diogenes, Zürich 1977, S. 266–268; Friedrich Nietzsche, Also sprach Zarathustra, Manesse, Zürich o. J., S. 120–122
S. 82/83 Martha C. Nussbaum, Gerechtigkeit oder Das gute Leben, übers. v. Ilse Utz, Suhrkamp, Frankfurt/M. 1999, S.134–136; Carola Meier-Seethaler, Gefühl und Urteilskraft, C. H. Beck, München 2001, S. 316/317
S. 84/85 Aristoteles, Nikomachische Ethik, übers. v. Olof Gigon, Artemis & Winkler, Düsseldorf 1967, I. Buch, 1094 b; zit. nach: Otfried Höffe (Hg.), Lesebuch zur Ethik, C. H. Beck, München 1999, S. 96, 97; Seneca zit. nach: Eberhard Puntsch, Das neue Zitatenhandbuch, o. Übersetzer, Weltbild, Augsburg 1995, S. 337; Nicolai Hartmann, Selbstbeherrschung–Besonnenheit, aus: Nicolai Hartmann, Ethik, de Gruyter, Berlin 1949, 435–437, Kap. 47
S. 86/87 Lucilius: Fragment über die Tugend, übers. v. Karl Büchner; zit. nach: Karl Büchner, Altrömische und horazische Virtus. In: Hans Oppermann (Hg.), Römische Wertbegriffe, Darmstadt 1967, S. 387–388; Alasdair McIntyre, Der Verlust der Tugend, Wolfgang Rhiel, Frankfurt/M. 1997, S. 19–22
S. 88/89 zit. nach: Eberhard Puntsch, Das neue Zitatenhandbuch, o. Übersetzer, Weltbild, Augsburg 1995, S. 270–272; Seneca, Von der Seelenruhe, übers. v. Heinz Berthold, Frankfurt/M., 1984, S. 152; Hermann Hesse, Lektüre für Minuten, hg. v. Volker Michels, Frankfurt/M. 1971, S. 113; Fabeln des Aesop, bearb. v. Victor Zobel, Leipzig o. J., S. 44/45, zit. nach Steinhöwels „Erneuertem Esopus", Insel Bücherei Bd. 272, o. J.; Christa Wolf, Kindheitsmuster, Hermann Luchterhand, Darmstadt, 1977, S. 110/111; Zitat Wolf: a. a. O. S.111; Franz-Peter Burkard, Art. Weisheit, in: Metzler Philosophie Lexikon, Hg. v. Franz-Peter Burkard, Peter Prechtl, J. B. Metzler, Stuttgart 1996, S. 566/567
S. 90/91 Thomas v. Aquin, Summe der Theologie, Band III, hg. u. übers. v. Joseph Bernhart, Kröner, Stuttgart 1954, S. 530ff.; Adaption einer Rede, die Häuptling Seattle 1855 an den Präsidenten der Vereinigten Staaten gerichtet haben soll. Der Text ist eine freie Bearbeitung eines Redetextes, der erstmalig publiziert wurde im „Seattle Sunday Star" 1887 und später auch in der „Washington Historical Quarterly" erschienen ist. Die deutschen Rechte liegen bei der Dedo Weigert Film GmbH, München; Andrzej Szczypiorski, Europa ist unterwegs, übers. v. Klaus Staemmler, Diogenes, Zürich 1996, S. 326–328
S. 92/93 zit. nach: Renate Feyl, Sein ist das Weib, Denken der Mann, Diana, München 2002, S. 48 (Fichte), S. 34 (Hegel), S. 18 (Kant); Marit Rullmann (Hg.), Philosophinnen I, Suhrkamp, Frankfurt/M. 1998, S. 16/17; Luciano de Crescenzo, Und ewig lockt das Weib, übers. v. Bruno Genzler, Goldmann, München 2001, S. 50/51
S. 94/95 Mary Wollstonecraft, Ein Plädoyer für die Rechte der

Frau, übers. v. Irmgard Hölscher, Hermann Böhlau, Weimar 1999, S. 22/23; Simone de Beauvoir, Das andere Geschlecht, übers. v. Fritz Montfort, Rowohlt, Reinbek 1990, S. 265; Annemarie Pieper zit. nach: Ethik & Unterricht, 2/1998, S. 2, aus: Annemarie Pieper, Urs Thurnherr (Hg.), Angewandte Ethik, C. H. Beck, München 1998, o. S.

S. 96/97 Monika Krah-Schulte, Feministische Ethik oder: Fürsorglichkeit versus Gerechtigkeit, in: Zeitschrift für die Didaktik der Philosophie u. Ethik 3/1995, S. 194. Der Text wurde nach den inhaltlichen Bausteinen der folgenden Kurzgeschichte geschrieben: Susan Glaspell, A Jury of her Peers. Diese Kurzgeschichte wird erwähnt bei: Carol Gilligan, Moralische Orientierung und moralische Entwicklung, in: Gertrud Nunner-Winkler, Weibliche Moral, Frankfurt 1991, S. 94ff.; Schema nach: Lawrence Kohlberg, The Philosophy of Moral Development. Moral Stages and the Idea of Justice, University Press, San Francisco 1981, S. 173–175; Carol Gilligan, Moralische Orientierung u. moralische Entwicklung, übers. v. Elisabeth Seyfarth-Konau, in: Gertrud Nunner-Winkler (Hg.), Weibliche Moral, dtv, München 1995, S. 83–85

S. 98/99 Luisa Muraro, Die symbolische Ordnung der Mutter, übers. v. Gesa Schröder, Campus, Frankfurt/M. 1993, S. 21; Gernot Böhme, Briefe an meine Töchter, Insel, Frankfurt/M. 1995, S. 42–44; Elisabeth Badinter, Ich bin du, übers. v. Friedrich Griese, dtv, München 1987, S. 197/198

S. 100/101 Annemarie Pieper, Einführung in die Ethik, Francke, Tübingen 1991, S. 84; André Glucksmann, Der Stachel der Liebe, o. Übersetzer, Artemis & Winkler, München 1995, S. 130; Erich Fried, Anfechtungen, Wagenbach, Berlin 1967, S. 18; de Beauvoir in: Marit Rullmann, Frauen denken anders, o. Übersetzer, Suhrkamp, Frankfurt/M. 2000, S. 37; Ursula Wolf, Tierversuche als ethisches Problem, in: Ethik & Unterricht 1/1997, S. 17; Joseph Weizenbaum, Die Macht der Computer u. die Ohnmacht der Vernunft, Suhrkamp, Frankfurt/M. 1977, S. 62/63; Hans Küng, Weltethos für Weltpolitik und Weltwirtschaft, Piper, München 1997, S. 217

S. 102/103 Watson aus: Dieter Birnbacher, Günter Patzig (Hg.), Bioethik als Tabu, o. Übersetzer, Litt, Münster 2000, S. 41; Der Brockhaus multimedial 2002 CD, Art.: Verantwortung des Arztes im 21. Jahrhundert (Auszug), © Bibliographisches Institut & F. A. Brockhaus AG, 2001; Art.: Arztgelöbnis: Brockhaus, Die Enzyklopädie 1, F. A. Brockhaus, Leipzig 2001; Die Zeit 7/2001

S. 104/105 Umweltethik: www.umweltlexikon-online.de, ©Katalyse Institut für angewandte Umweltforschung e.V., Nachhaltigkeit: Aktuell 2002, Harenberg Lexikon, Dortmund 2001, S. 364; UNEP nach: ebd., S. 667; Frank Fraser-Darling, Die Verantwortung des Menschen für seine Umwelt. In: Ökologie u. Ethik, Hg. v. Dieter Birnbacher, Reclam, Stuttgart, 1996, S. 12–13, 16–17, 18–19

S. 106/107 Thomas Bernhard, Eine Maschine, zit. nach: ders., Ereignisse, Suhrkamp, Frankfurt/M. 1991, S. 37; Zitate Teller/Frank aus: Alexander Ritter (Hg.), Erläuterungen und Dokumente, Friedrich Dürrenmatt, Die Physiker, Reclam, Stuttgart, 1991, S. 217, dort zit. nach: Walter Jens, Wo bleibt der Codex?, Quellenangabe des Jens-Textes in den Reclam-Erläuterungen: Die Zeit, 11. Mai 1984, o. Übersetzer; Hans Lenk, Macht und Wissen verpflichten, aus: Technik und Ethik, Reclam, Stuttgart 1992, S. 83–94; Biografie nach: www.theo.tu-cottbus.de/wolke/deu/namen/lenk.htm

S. 108/109 Thomas Fischermann, Die Zeit 23/2001; Art.: Wirtschaftsethik nach: Brockhaus, Die Enzyklopädie 24, F. A. Brockhaus, Leipzig 2001

S. 110/111 Platon, Der Staat, übers. v. Rudolf Rufener, dtv, München 1991, S. 293–294; Thomas von Aquin, Summa theologica I-II qu 1, art 6; qu 2 art 8. In: Philosophie, hg. v. Jürgen Hengelbrock, Hirschgraben, Frankfurt/M. 1981, Immanuel Kant, Grundlegung zur Metaphysik der Sitten, Reclam, Stuttgart 1961, S. 21/22; David Hume, Eine Untersuchung über die Prinzipien der Moral, Hg. u. übers. v. Gerhard Streminger, Reclam, Stuttgart 1996, S. 224–226

S. 112/113 Karl-Otto Apel, Transformation der Philosophie 2, Das Apriori der Kommunikationsgemeinschaft, Suhrkamp, Frankfurt/M. 1976, S. 359–363; P. H. Nowell-Smith, Ethics, Harmondsworth, 1954, S. 319–320, im Original zit. nach Franz v. Kutschera, Grundlagen der Ethik, de Gruyter, Berlin 1999, S. 111; Franz v. Kutschera, Grundlagen der Ethik, de Gruyter, Berlin 1999, S. 49

S. 114/115 Ernst Tugendhat, Vorlesungen über Ethik, Suhrkamp, Frankfurt/M. 1993, S. 60–62; Richard. M. Hare, Die Sprache der Moral, übers. v. Petra v. Morstein, Suhrkamp Frankfurt/M. 1997, S. 114–116

S. 116/117 Ernst Tugendhat. Vorlesungen über Ethik, Suhrkamp, Frankfurt/M. 1995, S.18; Karl-Otto Apel, Transformation der Philosophie 2, Das Apriori der Kommunikationsgemeinschaft, Suhrkamp, a. a. O., S. 395, 399–401, 420–426

S. 118/119 Wilhelm Vossenkuhl, Vernünftige Wahl, rationale Dilemmas und moralische Konflikte, in: Moralische Entscheidung und rationale Wahl, hg. v. Martin Hollis und Wilhelm Vossenkuhl, Oldenbourg, München 1992, S.153–157, 161; 168–169; Ulrich Krause. Rationalität angesichts von Konflikten. In: Moralische Entscheidung u. rationale Wahl, hg. v. Martin Hollis und Wilhelm Vossenkuhl, Oldenbourg, München 1992, S. 103

Weiterführende Literatur

I. Wozu Ethik?

- Alain Finkielkraut, Die Niederlage des Denkens, Rowohlt Verlag, Reinbek 1989 (Kulturrelativismus)
- William Frankena, Analytische Ethik, dtv, München 1994
- Annemarie Pieper, Einführung in die Ethik, Uni-TB, Stuttgart 2000
- Fernando Savater, Tu, was du willst – Ethik für die Erwachsenen von morgen, Campus, Frankfurt/M. 2000
- Platon: Ion, in: Sämtliche Werke Bd. 1, Rowohlt, Reinbek 1977, S. 101/102
- Gustav Heckmann, Dieter Krohn, Über Sokratisches Gespräch und sokratische Arbeitswochen, in: Zeitschrift für die Didaktik der Philosophie, Heft 1, 1988, S. 41/42
- Sokrates, Themenheft der Zeitschrift Ethik & Unterricht, Heft 1, 2000

II. Themen der Philosophischen Ethik

1. Freiheit
- Franz von Kutschera, Grundlagen der Ethik, de Gruyter, Berlin 1999
- Jean-Paul Sartre, Der Existentialismus ist ein Humanismus, Rowohlt, Reinbek 2000
- Simone de Beauvoir, Das andere Geschlecht. Sitte und Sexus der Frau, Rowohlt, Reinbek 2000
- Hans Jonas, Das Prinzip Verantwortung. Versuch einer Ethik für die technologische Zivilisation, Suhrkamp, Frankfurt/M. 1989

2. Pflicht
- Wilhelm Weischedel, Die philosophische Hintertreppe. Vierunddreißig Philosophen in Alltag und Denken, dtv, München 1999
- CD: Platon, Apologie des Sokrates, Headroom 2001, ISBN: 39348870823
- Romano Guardini, Der Tod des Sokrates, M. Grünewald Verlag, Mainz 2001

2. Glück
- Lance Armstrong, It's Not About The Bike: My Journey Back to Life, Berkley Publishing Group, 2001, ISBN: 0425179613
- Mihaly Csikszentmihalyi, Flow. Das Geheimnis des Glücks, Klett-Cotta, Stuttgart 2001
- Epikur. Briefe, Sprüche, Werkfragmente, Reclam, Stuttgart 1985
- Martin Seel, Versuch über die Form des Glücks, Suhrkamp, Frankfurt/M. 1999
- Thomas Mann, Der Wille zum Glück, Erzählungen 1893–1903, Fischer, Frankfurt/M. 1991

4. Utilitarismus
- William Frankena, Analytische Ethik, dtv, München 1994, Kap. 3: Utilitarismus und Gerechtigkeit
- Otfried Höffe, Einführung in die utilitaristische Ethik, UTB, Stuttgart 1992, Kap.: Einleitung
- Bryan Magee, Geschichte der Philosophie, Gerstenberg, Hildesheim 2000, Kap.: Die Utilitaristen
- Bertrand Russell, Philosophie des Abendlandes, Europa Verlag, München, 1997, Kap.: 2. Teil: Die Utilitarier
- Peter Singer, Praktische Ethik, Lernmaterialien, Reclam, Stuttgart 1997

5. Moralische Gefühle
- Themenheft „Gefühle", Ethik & Unterricht, Heft 1, 2001
- David Hume, Eine Untersuchung über die Prinzipien der Moral, Reclam, Stuttgart 1996
- Carola Meier-Seethaler, Gefühl und Urteilskraft, C. H. Beck, München 2001
- Martha Nussbaum, Gerechtigkeit oder Das gute Leben, Suhrkamp, Frankfurt/M. 1999, Kap.: Gefühle und Fähigkeiten von Frauen

6. Tugend
- Ulrich Wickert, Das Buch der Tugenden, Heyne, München 1998
- Alasdair MacIntyre, Der Verlust der Tugend. Frankfurt/M. 1997

7. Philosophinnen
- Themenheft „Feministische Ethik" der Zeitschrift „Ethik & Unterricht", Heft 2 1998.
- Themenheft „Das denkende Geschlecht" der Zeitschrift für die Didaktik der Philosophie und Ethik, Heft 3/1995.
- Gernot Böhme, Briefe an meine Töchter, Insel, Frankfurt/M.
- Ingeborg Gleichauf, Denken aus Leidenschaft – Sieben Philosophinnen und ihre Lebensgeschichte, Beltz & Gelberg, Weinheim 2001
- Marit Rullmann (Hg.), Philosophinnen, Band I und II, Suhrkamp, Frankfurt/M. 1998
- Mary Wollstonecraft, Ein Plädoyer für die Rechte der Frau, Hermann Böhlau, Weimar 1999
- Gertrud Nunner-Winkler (Hg.), Weibliche Moral, dtv, München 1995

III. Angewandte Ethik

- Dieter Birnbacher (Hg.), Ökophilosophie, Reclam, Stuttgart 1997
- André Glucksmann, Der Stachel der Liebe – Ethik im Zeitalter von Aids, Artemis & Winkler, München 1995
- Karl Homann, Franz Blome-Drees, Wirtschafts- und Unternehmensethik, Vandenhoeck & Ruprecht, Göttingen 1992
- Hans Lenk, Matthias Maring, Wirtschaft und Ethik, Reclam, Stuttgart 1992
- Hans Lenk, Günter Ropohl, Technik und Ethik, Reclam, Stuttgart 1987
- Hans-Martin Sass (Hg.), Medizin und Ethik, Reclam, Stuttgart 1989
- Urs Thurnherr, Angewandte Ethik, A. E. Junius Verlag, Hamburg 2000

IV. Metaethik

- Franz von Kutschera, Grundlagen der Ethik, de Gruyter, Berlin 1999
- Richard. M. Hare, Die Sprache der Moral, Suhrkamp, Frankfurt/M. 1997

Bildnachweis

Cover: bpk Berlin
S. 3 bpk Berlin
S. 4 IFA-Bilderteam: Junge Malerin, Foto: Lescourret; Untersuchung, Foto: Garet; Fichtensprößling, Foto: Weststock; Pärchen im Kino, Foto: LDW; © Mauritius: Musik hören, Urheber: Mauritius–age
S. 6 Asta Gröting, Berlin
S. 8 © Demart pro Arte B. V./VG Bild-Kunst, Bonn 2002
S. 12 The Bridgeman Art Library
S. 14 Hans Hinz, Artothek, © VG Bild-Kunst, Bonn 2002; SZ-Zeichnung „Das ist mein Lebensabschnittsvater", 20. 4. 2002, Tomaschoff
S. 19 Ludion, Gent, © Succession H. Matisse/VG Bild-Kunst, Bonn 2002; Artothek, Foto: Hans Hinz
S. 20 Prometheus: Foto: © AKG/Jost Schilgen; Sokrates: © AKG Berlin; Armstrong: dpa/epa, epa:afp Patrick Kovarik
S. 21 Illustration: Barbara Schumann, Berlin; Samariter: Foto: © AKG Berlin, Privatbesitz; Kahlo: © AKG Berlin; Margarita philosophica: © Foto: AKG Berlin
S. 22 Foto: © AKG/Jost Schilgen
S. 24 Universitätsbibliothek Groningen, Foto: Paul Schuurmans
S. 27 © VG Bild-Kunst, Bonn 2002
S. 28 © AKG Berlin
S. 30 © K. Appel Foundation/VG Bild-Kunst, Bonn 2002
S. 32 © VG Bild-Kunst, Bonn 2002; Barbara Klemm/Frankfurter Allgemeine Zeitung; © documenta archiv, Foto: Dieter Schwerdle
S. 34 © AKG Berlin
S. 36 Codex 12.600 fol. 29r, Chronologische und astronomische Sammelhandschrift, Prüfening bei Regensburg; Foto: Bildarchiv, Österreichische Nationalbibliothek, Wien
S. 40 Foto: AKG Berlin
S. 43 Artothek; © The Munch Museum/The Munch Ellingsen Group/VG Bild-Kunst, Bonn 2002
S. 44 Rheinisches Landesmuseum, Bonn; Foto: H. Lilienthal, St. Schröder
S. 46 The Bridgeman Art Library, © Succession H. Matisse/ VG Bild-Kunst, Bonn 2002
S. 48 dpa/epa B2800 AFP Pascal Pavani
S. 51 Pablo Picasso, Bildnis Ambroise Vollard, Moskau, Puschkin Museum, © Succession Picasso/VG Bild-Kunst, Bonn 2002
S. 53 © Rheinisches Bildarchiv, © VG Bild-Kunst, Bonn 2002
S. 54 Dora Maar: Foto: AKG Foto, © Succession Picasso/ VG Bild-Kunst, Bonn 2002
S. 56 Germaine Richier, La griffu, 1952, © Rheinisches Bildarchiv, © VG Bild-Kunst, Bonn 2002
S. 59 Barbara Schumann, Berlin
S. 62 AVA international GmbH, Herrsching/Breitbrunn, © Michael Ende Erben/VG Bild-Kunst, Bonn 2002
S. 70 © Photothèque R. Magritte – ADAGP, Paris 2002, © VG Bild-Kunst, Bonn 2002
S. 74 Mauritius Die Bildagentur: 3 Herren: 03496718 The Mix-19904; ältere Dame: 01613817 AGE2-2913, Gesicht mit Strichcode: 03001568 AGE-C39-171310; Junge: 03001567 AGE-J32-166754
S. 76 © MUMOK, Museum moderner Kunst, Stiftung Ludwig, Wien, © VG Bild-Kunst, Bonn 2002
S. 78 Staatsoper Stuttgart, Foto: © A. T. Schaefer
S. 80 Foto: © AKG Berlin, Privatbesitz
S. 82 © AKG Berlin; © VG Bild-Kunst, Bonn 2002
S. 83 © Judy Chicago, 1985; Foto: © Donald Woodman; © VG Bild-Kunst, Bonn 2002
S. 87 © Rheinisches Bildarchiv, VG Bild-Kunst, Bonn 2002
S. 90 © AKG, Berlin
S. 90 Privatsammlung, Foto: akg-images
S. 92 Foto: © AKG Berlin; Kompositionsschema nach: Ethik und Unterricht 2/2002, S. 28
S. 94 © Marie Marcks, Heidelberg
S. 98 © Rijksmuseum Amsterdam
S. 104 © Rheinisches Bildarchiv, © VG Bild-Kunst, Bonn 2002
S. 106 © Rheinisches Bildarchiv, © VG Bild-Kunst, Bonn 2002
S. 110 Universitätsbibliothek Groningen, Foto: Paul Schuurmans
S. 111 Kant: bpk, Berlin; Hume: Scotish National Portrait Gallery
S. 115 dpa/Oliver Multhaup

Nicht in allen Fällen war es möglich, die Rechteinhaber für Texte oder Bilder ausfindig zu machen. Berechtigte Ansprüche werden selbstverständlich im Rahmen der üblichen Vereinbarungen abgegolten.

Adressen und Internetadressen

Information Philosophie
Deutschsprachige Zeitschrift, die fünfmal jährlich erscheint und die wichtigsten Adressen und Aktivitäten von Philosophinnen und Philosophen, philosophischen Cafés und die neuesten Publikationen vorstellt.

Claudia Moser
Verlag & Buchhandel
Hauptstraße 42
79540 Lörrach
Tel. 0 76 21/8 71 25
Fax: 0 76 21/16 99 93
E-Mail: Claudia.Moser@information-philosophie.de
http://www.information-philosophie.de

http://www. philo. de
Nach Stichworten sortierte Philosophie-Webseiten.

http://www.denkbar-frankfurt.de
Eine gemeinnützige Frankfurter Organisation, die Veranstaltungsreihen organisiert und publiziert, in deren Mittelpunkt philosophischen Themen stehen.

http://www.sokrates.org
Sammlung von Links zum Leben des Philosophen Sokrates

http://www.philosophenlexikon.de und
http://www.philosophenlexikon.de/women